Kontaktadresse nach EU-Produktsicherheitsverordnung:
produktsicherheit@fischerverlage.de

Dieser Taschenbuchedition liegt die Kritische Ausgabe der Werke von Franz Kafka zugrunde. Sie wurde anhand der Originalmanuskripte erarbeitet und bietet die authentischen, oft fragmentarischen Texte unter Beibehaltung von Orthographie und Zeichensetzung. »Mag die Interpunktion auf den ersten Blick auch willkürlich erscheinen, weil man die Anwendung der erlernten Regeln vermißt, so erkennt man doch ihre Konsequenz, sobald man mit Hilfe des Ohrs zu lesen beginnt. Denn Kafkas Zeichensetzung dient nicht so sehr der Verdeutlichung der grammatischen Struktur als vielmehr der leichteren Erfassung ihres Sinnes und der Markierung von Rhythmus und Tonfall.« (Malcolm Pasley)

In Kafkas Tagebüchern mischen sich autobiographische und literarische Aufzeichnungen. Die am Anfang entwikkelte Form behält er grundsätzlich bei, variiert sie aber immer wieder. In dieser Edition verteilen sich die Tagebuchaufzeichnungen auf drei Bände und einen weiteren Band mit den Reiseaufzeichnungen.

Franz Kafka wurde am 3. Juli 1883 als Sohn jüdischer Eltern in Prag geboren, der Stadt, in der er nahezu sein ganzes Leben verbrachte. Nach Schulbesuch und Jurastudium, das er 1906 mit der Promotion abschloß, absolvierte er zunächst ein einjähriges Rechtspraktikum, bevor er 1907 in die Prager Filiale der *Assicurazioni Generali* und 1908 schließlich in die *Arbeiter-Unfall-Versicherungs-Anstalt* eintrat, deren Beamter er bis zu seiner frühzeitigen Pensionierung im Jahre 1922 blieb. Im Spätsommer 1917 erlitt Franz Kafka einen Blutsturz; es war der Ausbruch der Tuberkulose, an deren Folgen er am 3. Juni 1924, noch nicht 41 Jahre alt, starb.

Franz Kafka
Gesammelte Werke in zwölf Bänden

Nach der Kritischen Ausgabe
herausgegeben von Hans-Gerd Koch

1
Ein Landarzt
und andere Drucke zu Lebzeiten

2
Der Verschollene

3
Der Proceß

4
Das Schloß

5
Beschreibung eines Kampfes
und andere Schriften aus dem Nachlaß

6
Beim Bau der chinesischen Mauer
und andere Schriften aus dem Nachlaß

7
Zur Frage der Gesetze
und andere Schriften aus dem Nachlaß

8
Das Ehepaar
und andere Schriften aus dem Nachlaß

9
Tagebücher
Band 1: 1909–1912

10
Tagebücher
Band 2: 1912–1914

11
Tagebücher
Band 3: 1914–1923

12
Reisetagebücher

Franz Kafka
Tagebücher

Bd. 1: 1909–1912

in der Fassung der Handschrift

Fischer Taschenbuch Verlag

Eine Auswahl aus den ›Tagebüchern‹
erschien erstmals in dem Band ›Tagebücher und Briefe‹,
herausgegeben von Max Brod im Jahre 1937 bei Heinr. Mercy Sohn in Prag,
die erste vervollständigte Ausgabe unter dem Titel ›Tagebücher 1910–1923‹,
herausgegeben von Max Brod, 1951 im S. Fischer Verlag, Frankfurt am Main.

Textgrundlage dieses Bandes
sind die Seiten 7–342 des Bandes
Franz Kafka, ›Tagebücher‹, Kritische Ausgabe,
herausgegeben von Hans-Gerd Koch, Michael Müller und Malcolm Pasley,
Frankfurt am Main: S. Fischer Verlag 1990.

3. Auflage

Druck und Bindung: BoD – Books on Demand GmbH,
Norderstedt, Germany
ISBN 978-3-596-18117-9

Unsere Adresse im Internet: www.fischerverlage.de

Tagebücher
Band 1: 1909–1912

Erstes Heft

Die Zuschauer erstarren, wenn der Zug vorbeifährt.

»Wenn er mich immer frägt« das ä losgelöst vom Satz flog dahin wie ein Ball auf der Wiese.

Sein Ernst bringt mich um. Den Kopf im Kragen, die Haare unbeweglich um den Schädel geordnet, die Muskeln unten an den Wangen an ihrem Platz gespannt

---

Ist der Wald noch immer da? Der Wald war noch so ziemlich da. Kaum aber war mein Blick zehn Schritte weit, ließ ich ab wieder eingefangen vom langweiligen Gespräch.

Im dunklen Wald im durchweichten Boden fand ich mich nur durch das Weiß seines Kragens zurecht.

Ich bat im Traum die Tänzerin Eduardowa, sie möchte doch den Czardas noch einmal tanzen. Sie hatte einen breiten Streifen Schatten oder Licht mitten im Gesicht zwischen dem untern Stirnrand und der Mitte des Kinns. Gerade kam jemand mit den ekelhaften Bewegungen des unbewußten Intriganten, um ihr zu sagen, der Zug fahre gleich. Durch die Art wie sie die Meldung anhörte, wurde mir schrecklich klar, daß sie nicht mehr tanzen werde. »Ich bin ein böses schlechtes Weib nicht wahr?« sagte sie. Oh nein sagte ich das nicht und wandte mich in eine beliebige Richtung zum Gehn.

Vorher fragte ich sie über die vielen Blumen aus, die in ihrem Gürtel steckten. »Die sind von allen Fürsten Europas« sagte sie. Ich dachte nach, was das für einen Sinn habe, daß diese Blumen, die frisch in dem Gürtel steckten der Tänzerin Eduardowa von allen Fürsten Europas geschenkt worden waren.

Die Tänzerin Eduardowa, eine Liebhaberin der Musik fährt wie überall so auch in der Elektrischen in Begleitung zweier Violinisten, die sie häufig spielen läßt. Denn es besteht kein Verbot, warum in der Elektrischen nicht gespielt werden dürfte, wenn das Spiel gut, den Mitfahrenden angenehm ist und nichts kostet d. h. wenn nachher nicht eingesammelt wird. Es ist allerdings im Anfang ein wenig überraschend und ein Weilchen lang findet jeder, es sei unpassend. Aber bei voller Fahrt, starkem Luftzug und stiller Gasse klingt es hübsch.

Die Tänzerin Eduardowa ist im Freien nicht so hübsch wie auf der Bühne. Die bleiche Farbe, diese Wangenknochen, welche die Haut so spannen, daß im Gesicht kaum eine stärkere Bewegung ist, die große Nase – die sich wie aus einer Vertiefung erhebt –, mit der man keine Späße machen kann, wie die Härte der Spitze prüfen oder sie am Nasenrücken leicht fassen und hin und her ziehn wobei man sagt »jetzt aber kommst Du mit«, die breite Gestalt mit hoher Taille in allzu faltigen Röcken, wem kann das gefallen – sie sieht fast einer meiner Tanten einer ältlichen Dame ähnlich, viele ältere

Tanten vieler Leute sehn ähnlich aus. Für diese Nachteile aber findet sich bei der Eduardowa im Freien außer den ganz guten Füßen, eigentlich kein Ersatz, da ist wirklich nichts, was zum Schwärmen Staunen oder auch nur zur Achtung Anlaß gäbe. Und so habe ich auch die Eduardowa sehr oft mit einer Gleichgültigkeit behandelt gesehn, die selbst sonst sehr gewandte, sehr korrekte Herren nicht verbergen konnten, obwohl sie sich natürlich viele Mühe in dieser Richtung gaben einer solchen bekannten Tänzerin gegenüber, wie es die Eduardowa immerhin war.

Meine Ohrmuschel fühlte sich frisch rauh kühl saftig an wie ein Blatt.

Ich schreibe das ganz bestimmt aus Verzweiflung über meinen Körper und über die Zukunft mit diesem Körper

Wenn sich die Verzweiflung so bestimmt gibt so an ihren Gegenstand gebunden ist, so zurückgehalten wie von einem Soldaten, der den Rückzug deckt und sich dafür zerreißen läßt, dann ist es nicht die richtige Verzweiflung. Die richtige Verzweiflung hat ihr Ziel gleich und immer überholt, (Bei diesem Beistrich zeigte es sich, daß nur der erste Satz richtig war)

Bist Du verzweifelt?
Ja? du bist verzweifelt?
Laufst weg? Willst Dich verstecken?

Ich gieng an dem Bordell vorüber, wie an dem Haus einer Geliebten.

Schriftsteller reden Gestank

Die Weißnähterinnen in den Regengüssen.

Aus dem Coupeefenster

Endlich nach fünf Monaten meines Lebens, in denen ich nichts schreiben konnte womit ich zufrieden gewesen wäre und die mir keine Macht ersetzen wird, trotzdem alle dazu verpflichtet wären, komme ich auf den Einfall wieder einmal mich anzusprechen. Darauf antwortete ich noch immer, wenn ich mich wirklich fragte, hier war noch immer etwas aus mir herauszuschlagen, aus diesem Strohhaufen, der ich seit fünf Monaten bin und dessen Schicksal es zu sein scheint, im Sommer angezündet zu werden und zu verbrennen, rascher als der Zuschauer mit den Augen blinzelt. Wollte das doch nur mit mir geschehn! Und zehnfach sollte mir das geschehn, denn ich bereue nicht einmal die unglückselige Zeit. Mein Zustand ist nicht Unglück, aber er ist auch nicht Glück, nicht Gleichgültigkeit nicht Schwäche, nicht Ermüdung, nicht anderes Interesse, also was ist er denn? Daß ich das nicht weiß hängt wohl mit meiner Unfähigkeit zu schreiben zusammen. Und diese glaube ich zu verstehn, ohne ihren Grund zu kennen. Alle Dinge nämlich die mir einfallen, fallen mir nicht von der Wurzel aus ein, sondern erst irgendwo gegen ihre Mitte. Versuche sie dann jemand zu halten, versuche jemand ein Gras und sich an ihm zu halten das erst in der Mitte des Stengels zu wachsen anfängt. Das können wohl einzelne z. B. japanische Gaukler, die auf einer Leiter klettern, die nicht auf dem Boden aufliegt, sondern auf den emporgehaltenen Sohlen eines halb Liegenden und die nicht an der Wand lehnt sondern nur in die Luft hinaufgeht. Ich kann es nicht, abgesehen davon daß meiner Leiter nicht einmal jene Sohlen zu Verfügung stehn. Es ist das natürlich nicht alles, und eine solche Anfrage bringt mich noch nicht zum Reden. Aber jeden Tag soll zumindest eine Zeile gegen mich gerichtet werden wie man die Fernrohre jetzt gegen den Kometen richtet. Und wenn ich dann einmal vor jenem Satze erscheinen würde, hergelockt von jenem Satze, so wie ich z. B. letzte Weihnachten gewesen bin und wo ich so weit war, daß ich mich nur noch gerade fassen konnte und wo ich wirklich auf der letzten Stufe meiner Leiter schien, die aber ruhig auf dem Boden stand und an der Wand. Aber was für ein Boden! was für eine Wand! Und doch fiel jene Leiter nicht, so drückten sie meine Füße an den Boden, so hoben sie meine Füße an die Wand.

Ich habe heute z. B. drei Frechheiten gemacht, gegenüber einem Kondukteur, gegenüber einem mir Vorgestellten, so es waren nur 2, aber sie schmerzen mich wie Magenschmerzen. Von Seite eines jeden Menschen wären es Frechheiten gewesen, wie erst von meiner Seite. Ich gieng also aus mir heraus, kämpfte in der Luft im Nebel und das ärgste daß es niemand merkte, daß ich auch gegenüber meinen Begleitern die Frechheit als eine Frechheit machte, machen mußte, die richtige Miene, die Verantwortung tragen mußte; das schlimmste aber war, als einer meiner Bekannten diese Frechheit nicht einmal als Zeichen eines Charakters, sondern als den Charakter selbst nahm, mich auf meine Frechheit aufmerksam machte und sie bewunderte. Warum bleibe ich nicht in mir? Jetzt sage ich mir allerdings: schau, die Welt läßt sich von Dir schlagen, der Kondukteur und der Vorgestellte blieben ruhig als Du weggiengst, der letztere grüßte sogar. Das bedeutet aber nichts. Du kannst nichts erreichen, wenn Du Dich verläßt, aber was versäumst Du überdies in Deinem Kreis. Auf diese Ansprache antworte ich nur: auch ich ließe mich lieber im Kreis prügeln, als außerhalb selbst zu prügeln, aber wo zum Teufel ist dieser Kreis? Eine Zeitlang sah ich ihn ja auf der Erde liegen, wie mit Kalk ausgespritzt, jetzt aber schwebt er mir nur so herum, ja schwebt nicht einmal.

17/18 ⟨*18./19.*⟩ Mai ⟨*1910*⟩
Kometennacht

Mit Blei, seiner Frau u. seinem Kind beisammengewesen, mich aus mir heraus zeitweilig gehört, wie das Winseln einer jungen Katze beiläufig, aber immerhin.

Wieviel Tage sind wieder stumm vorüber; heute ist der 29. Mai. Habe ich nicht einmal die Entschlossenheit, diesen Federhalter, dieses Stück Holz täglich in die Hand zu nehmen. Ich glaube schon, daß ich sie nicht habe. Ich rudere, reite, schwimme, liege in der Sonne. Daher sind die Waden gut, die Schenkel nicht schlecht, der Bauch geht noch an, aber schon die Brust ist sehr schäbig und wenn mir der Kopf im Genick

---

Sonntag, den 19. Juni $\overline{10}$ geschlafen aufgewacht, geschlafen, aufgewacht, elendes Leben

---

Wenn ich es bedenke, so muß ich sagen, daß mir meine Erziehung in mancher Richtung sehr geschadet hat. Ich bin ja nicht irgendwo abseits, vielleicht in einer Ruine in den Bergen erzogen worden, dagegen könnte ich ja kein Wort des Vorwurfes herausbringen. Auf die Gefahr hin, daß die ganze Reihe meiner vergangenen Lehrer dies nicht begreifen kann, gerne und am liebsten wäre ich jener kleine Ruinenbewohner gewesen, abgebrannt von der Sonne, die da zwischen den Trümmern von allen Seiten auf den lauen Epheu mir geschienen hätte, wenn ich auch im Anfang schwach gewesen wäre unter dem Druck meiner guten Eigenschaften, die mit der Macht des Unkrauts in mir emporgewachsen wären

Wenn ich es bedenke, so muß ich sagen, daß mir meine Erziehung in mancher Richtung sehr geschadet hat. Dieser Vorwurf trifft eine Menge Leute nämlich meine Eltern, einige Verwandte, einzelne Besucher unseres Hauses, verschiedene Schriftsteller, eine ganz bestimmte Köchin, die mich ein Jahr lang zur Schule führte, einen Haufen Lehrer, (die ich in meiner Erinnerung eng zusammendrücken muß, sonst entfällt mir hie und da einer da ich sie aber so zusammengedrängt habe, bröckelt wieder das ganze stellenweise ab) ein Schulinspektor langsam gehende Passanten kurz dieser Vorwurf windet sich wie ein Dolch durch die Gesellschaft. Auf diesen Vorwurf will ich keine Widerrede hören, da ich schon zuviele gehört habe und da ich in den meisten Widerreden auch widerlegt worden bin, beziehe ich diese Widerreden mit in meinen Vorwurf und erkläre nun meine Erziehung und diese Widerlegung haben mir in mancherlei Richtung sehr geschadet.

Oft überlege ich es und immer muß ich dann sagen, daß mir meine Erziehung in manchem sehr geschadet hat. Dieser Vorwurf geht gegen eine Menge Leute, allerdings sie stehn hier beisammen, wissen wie auf alten Gruppenbildern nichts miteinander anzufangen, die Augen niederzuschlagen fällt ihnen gerade nicht ein und zu lächeln wagen sie vor Erwartung nicht. Es sind da meine Eltern, einige Verwandte einige Lehrer, eine ganz bestimmte Köchin, einige Mädchen aus Tanzstunden, einige Besucher unseres Hauses aus früherer Zeit, einige Schriftsteller, ein Schwimmeister, ein Billeteur, ein Schulinspektor, dann einige denen ich nur einmal auf der Gasse begegnet bin und andere, an die ich mich gerade nicht erinnern kann und solche, an die ich mich niemals mehr erinnern werde und solche endlich, deren Unterricht ich irgendwie damals abgelenkt überhaupt nicht bemerkt habe, kurz es sind so soviele daß man acht geben muß einen nicht zweimal zu nennen. Und ihnen allen gegenüber spreche ich meinen Vorwurf aus, mache sie auf diese Weise mit einander bekannt, dulde aber keine Widerrede. Denn ich habe wahrhaftig schon genug Widerreden ertragen und da ich in den meisten widerlegt worden bin, kann ich nicht anders als auch diese Widerlegungen in meinen Vorwurf miteinzubeziehn und zu sagen daß mir außer meiner Erziehung auch diese Widerlegungen in manchem sehr geschadet haben.

Erwartet man vielleicht, daß ich irgendwo abseits erzogen worden bin? Nein, mitten in der Stadt bin ich erzogen worden mitten in der Stadt. Nicht zum Beispiel in einer Ruine in den Bergen oder am See. Meine Eltern und ihr Gefolge waren bis jetzt von meinem Vorwurf bedeckt und grau; nun schieben sie ihn leicht beiseite und lächeln, weil ich meine Hände von ihnen weg an meine Stirn gezogen habe und denke: Ich hätte der kleine Ruinenbewohner sein sollen, horchend ins Geschrei der Dohlen, von ihren Schatten überflogen, auskühlend unter dem Mond, abgebrannt von der Sonne, die zwischen den Trümmern hindurch auf mein Epheulager von allen Seiten mir geschienen hätte, wenn ich auch am Anfang ein wenig schwach gewesen wäre unter dem Druck meiner guten Eigenschaften die mit der Macht des Unkrauts in mir hätten wachsen müssen.

Oft überlege ich es und lasse den Gedanken ihren Lauf ohne mich einzumischen und immer, wie ich es auch wende, komme ich zum Schluß, daß mir in manchem meine Erziehung schrecklich geschadet hat. In dieser Erkenntnis steckt ein Vorwurf der gegen eine Menge Leute geht. Da sind die Eltern, mit den Verwandten, eine ganz bestimmte Köchin, die Lehrer, einige Schriftsteller, befreundete Familien, ein Schwimmeister, Eingeborene der Sommerfrischen, einige Damen im Stadtpark denen man es gar nicht ansehn würde, ein Friseur eine Bettlerin, ein Steuermann der Hausarzt und noch viele andere und es wären noch mehr, wenn ich sie alle mit Namen bezeichnen wollte und könnte kurz es sind so viele, daß man achtgeben muß damit man nicht im Haufen einen zweimal nennt. Nun könnte man meinen, schon durch diese große Anzahl verliere ein Vorwurf an Festigkeit, und müsse einfach an Festigkeit verlieren, denn ein Vorwurf sei kein Feldherr, er gehe nur geradeaus und wisse sich nicht zu verteilen. Gar in diesem Falle, wenn er sich gegen vergangene Personen richtet. Diese Personen mögen mit einer vergessenen Energie in der Erinnerung festgehalten werden, einen Fußboden werden sie kaum mehr unter sich haben und selbst ihre Beine werden schon Rauch sein. Und Leuten in solchem Zustand soll man nun mit irgendeinem Nutzen Fehler vorwerfen, die sie in früheren Zeiten einmal bei der Erziehung eines Jungen gemacht haben der ihnen jetzt so unbegreiflich ist wie sie uns. Aber man bringt sie ja nicht einmal dazu sich an jene Zeiten zu erinnern, sie können sich an nichts erinnern und dringt man auf sie ein, schieben sie einen stumm bei Seite, kein Mensch kann sie dazu zwingen, aber offenbar kann man gar nicht von zwingen reden, denn höchstwahrscheinlich hören sie gar nicht die Worte. Wie müde Hunde stehn sie da, weil sie alle ihre Kraft dazu verbrauchen um in der Erinnerung aufrecht zu bleiben. Wenn man sie aber wirklich dazu brächte zu hören und zu reden, dann würde es einem von Gegenvorwürfen nur so in den Ohren sausen, denn die Menschen nehmen die Überzeugung von der Ehrwürdigkeit der Toten ins Jenseits mit und vertreten sie von dort aus zehnfach. Und wenn diese Meinung vielleicht nicht richtig wäre und die Toten eine besonders große Ehrfurcht vor den Lebenden hätten, dann werden sie sich erst recht ihrer lebendigen Vergangenheit annehmen, die ihnen doch am nächsten steht und wieder würden uns die Ohren sausen. Und wenn auch diese Meinung nicht richtig wäre und die Toten gerade sehr unparteiisch wären, so könnten sie es auch dann niemals billigen, daß man mit unbeweisbaren Vorwürfen sie stört. Denn solche Vorwürfe sind schon von Mensch zu Mensch unbeweisbar. Weder das Dasein von vergangenen Fehlern in der Erziehung ist zu beweisen wie erst die Urheberschaft. Und nun zeige man den Vorwurf, der sich in solcher Lage nicht in einen Seufzer verwandelte.

Das ist der Vorwurf, den ich zu erheben habe. Er hat ein gesundes Innere, die Teorie erhält ihn. Das was an mir wirklich verdorben worden ist, aber vergesse ich vorerst oder verzeihe es und mache noch keinen Lärm damit. Dagegen kann ich jeden Augenblick beweisen, daß meine Erziehung einen andern Menschen aus mir machen wollte, als den der ich geworden bin. Den Schaden also, den mir meine Erzieher nach ihrer Absicht hätten zufügen können, den mache ich ihnen zum Vorwurf, verlange aus ihren Händen den Menschen der ich jetzt bin und da sie mir ihn nicht geben können mache ich ihnen aus Vorwurf und Lachen ein Trommelschlagen bis in die jenseitige Welt hinein. Doch dient das alles nur einem andern Zweck. Der Vorwurf darüber, daß sie mir doch ein Stück von mir verdorben haben ein gutes schönes Stück verdorben haben – im Traum erscheint es mir manchmal wie andern die tote Braut – dieser Vorwurf, der immer auf dem Sprung ist, ein Seufzer zu werden, er soll vor allem unbeschädigt hinüber kommen als ein ehrlicher Vorwurf der er auch ist. So geschieht es, der große Vorwurf dem nichts geschehen kann nimmt den kleinen bei der Hand, geht der große hüpft der Kleine, ist aber der kleine einmal drüben, zeichnet er sich noch aus, wir haben es immer erwartet und bläst zur Trommel die Trompete.

Oft überlege ich es und lasse den Gedanken ihren Lauf, ohne mich einzumischen, aber immer komme ich zu dem Schluß, daß mich meine Erziehung mehr verdorben hat als ich es verstehen kann. In meinem Äußern bin ich ein Mensch wie andere, denn meine körperliche Erziehung hielt sich ebenso an das Gewöhnliche, wie auch mein Körper gewöhnlich war, und wenn ich auch ziemlich klein und etwas dick bin, gefalle ich doch vielen, auch Mädchen. Darüber ist nichts zu sagen. Noch letzthin sagte eine etwas sehr Vernünftiges »Ach, könnte ich sie doch einmal nackt sehn da müssen Sie erst hübsch und zum küssen sein« sagte sie. Wenn mir aber hier die Oberlippe, dort die Ohrmuschel, hier eine Rippe, dort ein Finger fehlte, wenn ich auf dem Kopf haarlose Flecke und Pockennarben im Gesichte hätte, es wäre noch kein genügendes Gegenstück meiner innern Unvollkommenheit. Diese Unvollkommenheit ist nicht angeboren und darum desto schmerzlicher zu tragen. Denn wie jeder habe ich auch von Geburt aus meinen Schwerpunkt in mir, den auch die närrischeste Erziehung nicht verrücken konnte. Diesen guten Schwerpunkt habe ich noch aber gewissermaßen nicht mehr den zugehörigen Körper. Und ein Schwerpunkt, der nichts zu arbeiten hat, wird zu Blei und steckt im Leib wie eine Flintenkugel. Jene Unvollkommenheit ist aber auch nicht verdient, ich habe ihr Entstehn ohne mein Verschulden erlitten. Darum kann ich in mir auch nirgends Reue finden, so viel ich sie auch suche. Denn Reue wäre für mich gut, sie weint sich ja in sich selbst aus; sie nimmt den Schmerz bei Seite und erledigt jede Sache allein wie einen Ehrenhandel; wir bleiben aufrecht indem sie uns erleichtert.

Meine Unvollkommenheit ist, wie ich sagte nicht angeboren, nicht verdient, trotzdem ertrage ich sie besser, als andere unter großer Arbeit der Einbildung mit ausgesuchten Hilfsmitteln viel kleineres Unglück ertragen eine abscheuliche Ehefrau z. B., ärmliche Verhältnisse, elende Berufe und bin dabei keineswegs schwarz vor Verzweiflung im Gesicht, sondern weiß und rot

Ich wäre es nicht wenn meine Erziehung so weit in mich gedrungen wäre, wie sie wollte. Vielleicht war meine Jugend zu kurz dazu, dann lobe ich ihre Kürze noch jetzt in meinen vierziger Jahren aus voller Brust. Nur dadurch war es möglich, daß mir noch Kräfte bleiben, um mir der Verluste meiner Jugend bewußt zu werden, weiter, um diese Verluste zu verschmerzen, weiter, um Vorwürfe gegen die Vergangenheit nach allen Seiten zu erheben und endlich ein Rest von Kraft für mich selbst. Aber alle diese Kräfte sind wieder nur ein Rest jener die ich als Kind besaß und die mich mehr als andere den Verderbern der Jugend ausgesetzt haben, ja ein guter Rennwagen wird vor allen von Staub und Wind verfolgt und überholt und seinen Rädern fliegen die Hindernisse entgegen, daß man fast an Liebe glauben sollte.

Was ich jetzt noch bin, wird mir am deutlichsten in der Kraft mit der die Vorwürfe aus mir herauswollen. Es gab Zeiten wo ich in mir nichts anderes als von Wuth getriebene Vorwürfe hatte, daß ich bei körperlichem Wohlbefinden mich auf der Gasse an fremden Leuten festhielt, weil sich die Vorwürfe in mir von einer Seite auf die andere warfen, wie Wasser in einem Becken, das man rasch trägt.

Jene Zeiten sind vorüber. Die Vorwürfe liegen in mir herum, wie fremde Werkzeuge, die zu fassen und zu heben ich kaum den Muth mehr habe. Dabei scheint die Verderbnis meiner alten Erziehung mehr und mehr in mir von neuem zu wirken, die Sucht sich zu erinnern, vielleicht eine allgemeine Eigenschaft der Junggesellen meines Alters öffnet wieder mein Herz jenen Menschen, welche meine Vorwürfe schlagen sollten und ein Ereignis wie das gestrige früher so häufig wie das Essen ist jetzt so selten, daß ich es notiere.

Aber darüber hinaus noch bin ich selbst ich der jetzt die Feder weggelegt hat, um das Fenster zu öffnen, vielleicht die beste Hilfskraft meiner Angreifer. Ich unterschätze mich nämlich und das bedeutet schon ein Überschätzen der andern aber ich überschätze sie noch außerdem und abgesehen davon schade ich mir noch geradeaus. Überkommt mich Lust zu Vorwürfen, schaue ich aus dem Fenster. Wer leugnet es, daß dort in ihren Booten die Angler sitzen, wie Schüler, die man aus der Schule auf den Fluß getragen hat; gut, ihr Stillehalten ist oft unverständlich wie jenes der Fliegen auf der Fensterscheiben. Und über die Brücke fahren natürlich die Elektrischen wie immer mit vergröbertem Windesrauschen und läuten wie verdorbene Uhren, kein Zweifel, daß der Polizeimann schwarz von unten bis hinauf mit dem gelben Licht der Medaille auf der Brust an nichts anderes als an die Hölle erinnert und nun mit Gedanken ähnlich den meinen einen Angler betrachtet, der sich plötzlich, weint er hat er eine Erscheinung oder zuckt der Kork, zum Bootsrand bückt. Das alles ist richtig aber zu seiner Zeit jetzt sind nur die Vorwürfe richtig.

Sie gehn gegen eine Menge Leute, das kann ja erschrecken und nicht nur ich auch jeder andere würde lieber aus dem offenen Fenster den Fluß ansehn. Da sind die Eltern und die Verwandten, daß sie mir aus Liebe geschadet haben, macht ihre Schuld noch größer, denn wie sehr hätten sie mir aus Liebe nützen können, dann befreundete Familien mit bösem Blick aus Schuldbewußtsein machen sie sich schwer und wollen nicht in die Erinnerung hinauf, dann die Haufen der Kindermädchen, der Lehrer und der Schriftsteller und eine ganz bestimmte Köchin mitten unter ihnen, dann zur Strafe ineinander übergehend ein Hausarzt, ein Friseur, ein Steuermann, eine Bettlerin, ein Papierverkäufer, ein Parkwächter, ein Schwimmeister dann fremde Damen aus dem Stadtpark denen man es gar nicht ansehn würde, Eingeborene der Sommerfrischen als Verhöhnung der unschuldigen Natur und viele andere; aber es wären noch mehr, wenn ich sie alle mit

Namen nennen wollte und könnte, kurz es sind so viele daß man achtgeben muß, daß man nicht einen zweimal nennt.

Ich überlege es oft und lasse den Gedanken ihren Lauf ohne mich einzumischen, aber immer komme ich zu dem gleichen Schluß, daß die Erziehung mich mehr verdorben hat, als alle Leute, die ich kenne und mehr als ich begreife. Doch kann ich das nur einmal von Zeit zu Zeit ansprechen, denn fragt man mich danach: »Wirklich? Ist das möglich? Soll man das glauben« schon suche ich es aus nervösem Schrecken einzuschränken.

Außen schaue ich wie jeder andere aus; habe Beine Rumpf und Kopf, Hosen, Rock und Hut; man hat mich ordentlich turnen lassen und wenn ich dennoch ziemlich klein und schwach geblieben bin so war das eben nicht zu vermeiden. Im übrigen gefalle ich vielen, selbst jungen Mädchen, und denen ich nicht gefalle die finden mich doch erträglich.

Es wird berichtet und wir sind aufgelegt es zu glauben daß Männer in Gefahr selbst schöne fremde Frauen für nichts achten; sie stoßen sie an die Mauer, stoßen sie mit Kopf und Händen, Knien und Ellenbogen, wenn sie einmal durch diese Frauen an der Flucht aus dem brennenden Teater gehindert sind. Da schweigen unsere plauderhaften Frauen, ihr endloses Reden bekommt Zeitwort und Punkt, die Augenbrauen steigen aus ihrer Ruhelage auf, die Athembewegung der Schenkel und Hüften setzt aus, in den vor Angst nur lose geschlossenen Mund fährt mehr Luft als gewöhnlich und die Wangen scheinen ein wenig aufgeblasen.

Sand: die Franzosen sind alle Komödianten; aber nur die schwächsten unter ihnen spielen Komödie

---

Claqueure in den französischen Teatern: Befehlshaber im Parterre. Ha-Ha für die nächsten, Zeitung fallen lassen für die Galleriemänner

---

Holzhammer zeigt den Anfang an

---

19 / II 11
Wie ich heute aus dem Bett steigen wollte bin ich einfach zusammengeklappt. Es hat das einen sehr einfachen Grund, ich bin vollkommen überarbeitet. Nicht durch das Bureau aber durch meine sonstige Arbeit. Das Bureau hat nur dadurch einen unschuldigen Anteil daran, als ich, wenn ich nicht hinmüßte, ruhig für meine Arbeit leben könnte und nicht diese 6 Stunden dort täglich verbringen müßte, die mich besonders Freitag und Samstag, weil ich voll meiner Sachen war gequält haben daß Sie es sich nicht ausdenken können. Schließlich das weiß ich ja ist das nur Geschwätz, schuldig bin ich und das Bureau hat gegen mich die klarsten und berechtigsten Forderungen. Nur ist es eben für mich ein schreckliches Doppelleben, aus dem es wahrscheinlich nur den Irrsinn als Ausweg gibt. Ich schreibe das bei gutem Morgenlicht und würde es sicher nicht schreiben, wenn es nicht so wahr wäre und wenn ich sie nicht so liebte wie ein Sohn.
Im übrigen bin ich morgen schon wieder sicher beisammen und komme ins Bureau, wo ich als erstes hören werde, daß Sie mich aus Ihrer Abteilung weghabenwollen.

19. II 11

Die besondere Art meiner Inspiration in der ich Glücklichster und Unglücklichster jetzt um 2 Uhr nachts schlafen gehe [sie wird vielleicht, wenn ich nur den Gedanken daran ertrage, bleiben, denn sie ist höher als alle früheren] ist die, daß ich alles kann, nicht nur auf eine bestimmte Arbeit hin. Wenn ich wahllos einen Satz hinschreibe z. B. Er schaute aus dem Fenster so ist er schon vollkommen.

»Wirst Du noch lange hier bleiben?« fragte ich. Bei dem plötzlichen Reden flog mir etwas Speichel als schlechtes Vorzeichen aus dem Mund.

Stört's Dich? Wenn es Dich stört oder vielleicht vom Hinaufgehn abhält gehe ich gleich, sonst aber bliebe ich noch gern, weil ich müde bin.

28. III 11. Maler Pollak-Karlin, seine Frau zwei breite große Vorderzähne oben, die das große eher flache Gesicht zuspitzen, Frau Hofrath Bittner, Mutter des Komponisten, der das Alter ihr starkes Knochengerüst so hervortreibt, daß sie zumindest im Sitzen wie ein Mann aussieht: – Dr. Steiner wird so sehr von seinen abwesenden Schülern in Anspruch genommen – Beim Vortrag drängen sich die Toten so sehr an ihn. Wißbegierde? Haben sie es aber eigentlich nötig? Offenbar doch. – Schläft 2 Stunden. Seitdem man ihm einmal das Elektrische Licht eingestellt hat, hat er immer eine Kerze bei sich. – Er stand Christus sehr nahe. – Er führte in München sein Teaterstück auf. (»Da kannst Du es ein Jahr lang studieren und verstehst es nicht«) die Kleider hat er gezeichnet, die Musik geschrieben. – Einen Chemiker hat er belehrt. – Löwy Simon Seidenhändler in Paris Quai Moncey hat von ihm die

besten geschäftlichen Ratschläge bekommen. Er hat seine Werke ins Französische übersetzt. Die Hofrätin hatte daher in ihrem Notizbuch stehn »Wie erlangt man die Erkenntnis höherer Welten? bei S. Löwy in Paris.« – In der Wiener Loge ist ein Theosoph 65 Jahre alt, riesig stark, früher ein großer Trinker mit dickem Kopf, der immerfort glaubt und immerfort Zweifel hat. Es soll sehr lustig gewesen sein, wie er einmal bei einem Kongreß in Budapest bei einem Nachtmahl auf dem Blocksberg an einem Mondscheinabend, als unerwartet Dr. Steiner in die Gesellschaft kam, vor Schrecken mit seinem Krügel hinter einem Bierfaß sich versteckte (trotzdem Dr. Steiner darüber nicht böse gewesen wäre) – Er ist vielleicht nicht der größte gegenwärtige Geistesforscher, aber er allein hat die Aufgabe bekommen die Theosophie mit der Wissenschaft zu vereinigen. Daher weiß er auch alles. –

In sein Heimatsdorf kam einmal ein Botaniker, ein großer okkulter Meister. Der erleuchtete ihn. – Daß ich Dr. Steiner aufsuchen werde, wurde mir von der Dame als beginnende Rückerinnerung ausgelegt. – Der Arzt der Dame hat, als sich bei ihr die Anfänge einer Influenza zeigten, Dr. Steiner um ein Mittel gefragt, dieses der Dame verschrieben und sie damit gleich gesund gemacht – Eine Französin verabschiedete sich von ihm mit »Au revoir«. Er schüttelte hinter ihr die Hand. Nach 2 Monaten starb sie. Noch ein ähnlicher Münchner Fall. – Ein Münchner Arzt heilt mit Farben, die Dr. Steiner bestimmt. Er schickt auch Kranke in die Pinakothek mit der Vorschrift vor einem bestimmten Bild eine halbe Stunde oder länger sich zu koncentrieren. – Atlantische Weltuntergang, lemurische Untergang und jetzt der durch Egoismus. – Wir leben in einer entscheidenden Zeit. Der Versuch des Dr. Steiner wird gelingen, wenn nur die arrhimanischen Kräfte nicht überhand nehmen. – Er ißt 2 Liter Mandelmilch und

Früchte, die in der Höhe wachsen. – Er verkehrt mit seinen abwesenden Schülern vermittelst Denkformen, die er zu ihnen ausschickt, ohne sich nach der Erzeugung weiter mit ihnen zu beschäftigen. Sie nützen sich aber bald ab und er muß sie wieder herstellen – Frau Fanta: Ich habe ein schlechtes Gedächtnis. Dr. St. Essen Sie keine Eier.

Mein Besuch bei Dr. Steiner.
Eine Frau wartet schon (oben im 2. Stock des Viktoriahotel in der Jungmannsstraße) bittet mich aber dringend vor ihr hineinzugehn. Wir warten. Die Sekretärin kommt und vertröstet uns. In einem Korridordurchblick sehe ich ihn. Gleich darauf kommt er mit halb ausgebreiteten Armen auf uns zu. Die Frau erklärt, ich sei zuerst dagewesen. Ich geh nun hinter ihm wie er mich in sein Zimmer führt. Sein an Vortragabenden wie gewichst schwarzer Kaiserrock, (nicht gewichst, sondern nur durch sein reines Schwarz glänzend) ist jetzt bei Tageslicht (3^h nachmittag) besonders auf Rücken und Achseln staubig und sogar fleckig. In seinem Zimmer suche ich meine Demut, die ich nicht fühlen kann, durch Aufsuchen eines lächerlichen Platzes für meinen Hut zu zeigen; ich lege ihn auf ein kleines Holzgestell zum Stiefelschnüren. Tisch in der Mitte, ich sitze mit dem Blick zum Fenster, er an der linken Seite des Tisches. Auf dem Tisch etwas Papiere mit paar Zeichnungen, die an jene der Vorträge über okkulte Physiologie erinnern. Ein Heftchen Annalen für Naturphilosophie bedeckt einen kleinen Haufen Bücher, die auch sonst herumzuliegen scheinen. Nur kann man nicht herumschauen, da er einen mit seinem Blick immer zu halten versucht. Tut er es aber einmal nicht, so muß man auf die Wiederkehr des Blickes aufpassen. Er beginnt mit einigen losen Sätzen: Sie sind doch der Dr. Kafka? Haben Sie sich schon

länger mit Teosophie beschäftigt? Ich aber dringe mit meiner vorbereiteten Ansprache vor: Ich fühle wie ein großer Teil meines Wesens zur Teosophie hinstrebt, gleichzeitig aber habe ich vor ihr die höchste Angst. Ich befürchte nämlich von ihr eine neue Verwirrung, die für mich sehr arg wäre, da eben schon mein gegenwärtiges Unglück nur aus Verwirrung besteht. Diese Verwirrung liegt in Folgendem: Mein Glück, meine Fähigkeiten und jede Möglichkeit irgendwie zu nützen liegen seit jeher im Litterarischen. Und hier habe ich allerdings Zustände erlebt (nicht viele) die meiner Meinung nach den von Ihnen Herr Doktor beschriebenen hellseherischen Zuständen sehr nahestehen, in welchen ich ganz und gar in jedem Einfall wohnte, aber jeden Einfall auch erfüllte und in welchen ich mich nicht nur an meinen Grenzen fühlte, sondern an den Grenzen des Menschlichen überhaupt. Nur die Ruhe der Begeisterung, wie sie dem Hellseher wahrscheinlich eigen ist, fehlte doch jenen Zuständen, wenn auch nicht ganz. Ich schließe dies daraus, daß ich das Beste meiner Arbeiten nicht in jenen Zuständen geschrieben habe. – Diesem Literarischen kann ich mich nun nicht vollständig hingeben, wie es sein müßte, undzwar aus verschiedenen Gründen nicht. Abgesehen von meinen Familienverhältnissen könnte ich von der Litteratur schon infolge des langsamen Entstehens meiner Arbeiten und ihres besonderen Charakters nicht leben; überdies hindert mich auch meine Gesundheit und mein Charakter daran, mich einem im günstigsten Falle ungewissen Leben hinzugeben. Ich bin daher Beamter in einer socialen Versicherungsanstalt geworden. Nun können diese zwei Berufe einander niemals ertragen und ein gemeinsames Glück zulassen. Das kleinste Glück in einem wird ein großes Unglück im zweiten. Habe ich an einem Abend gutes geschrieben, brenne ich am nächsten Tag im Bureau und kann nichts fertig bringen. Dieses Hinundher wird immer ärger.

Im Bureau genüge ich äußerlich meinen Pflichten, meinen innern Pflichten aber nicht und jede nichterfüllte innere Pflicht wird zu einem Unglück, das sich aus mir nicht mehr rührt. Und zu diesen zwei nie auszugleichenden Bestrebungen soll ich jetzt die Teosophie als dritte führen? Wird sie nicht nach beiden Seiten hin stören und selbst von beiden gestört werden? Werde ich, ein gegenwärtig schon so unglücklicher Mensch die 3 zu einem Ende führen können? Ich bin gekommen Herr Doktor Sie das zu fragen, denn ich ahne, daß, wenn Sie mich dessen für fähig halten, ich es auch wirklich auf mich nehmen kann.

Er hörte äußerst aufmerksam zu, ohne mich offenbar im geringsten zu beobachten, ganz meinen Worten hingegeben. Er nickte von Zeit zu Zeit, was er scheinbar für ein Hilfsmittel einer starken Koncentration hält. Am Anfang störte ihn ein stiller Schnupfen, es rann ihm aus der Nase, immerfort arbeitete er mit dem Taschentuch bis tief in die Nase hinein, einen Finger an jedem Nasenloch

---

Da sich der Leser gewöhnt hat, in den westeuropäischen zeitgenössischen Judenerzählungen gleich unter oder über der Erzählung auch die Lösung der Judenfrage zu suchen und zu finden, in den »Jüdinnen« aber eine solche Lösung nicht gezeigt und nicht einmal vermuthet wird, so ist es möglich daß der Leser kurz entschlossen darin einen Mangel der »Jüdinnen« erkennt, und nur ungern zusieht wenn Juden im Tageslicht herumgehn sollen ohne politische Aufmunterung aus Vergangenheit oder Zukunft. Er muß sich hiebei sagen, daß, besonders seit dem Aufkommen des Zionismus, die Lösungsmöglichkeiten um das jüdische Problem herum, so klar angeordnet liegen, daß es schließlich nur einer Körperwendung des Schriftstellers bedarf um eine bestimmte, dem vorliegenden Teil des Problems gemäße Lösung zu finden.

Ich ahnte bei seinem Anblick die Anstrengungen die er um meinetwillen auf sich genommen hatte und die ihm jetzt – vielleicht nur weil er müde war – diese Sicherheit gaben. Hätte nicht noch eine kleine Anspannung genügt und der Betrug wäre gelungen, gelang vielleicht noch jetzt. Wehrte ich mich denn? Ich stand zwar hartnäckig hier vor dem Haus, aber ebenso hartnäckig zögerte ich hinaufzugehn. Wartete ich bis die Gäste kommen würden, mit Gesang mich zu holen?

---

15 August 1911 Die Zeit, die jetzt verlaufen ist und in der ich kein Wort geschrieben habe, ist für mich deshalb wichtig gewesen, weil ich auf den Schwimmschulen in Prag, Königssaal und Czernoschitz aufgehört habe, für meinen Körper mich zu schämen. Wie spät hole ich jetzt mit 28 Jahren meine Erziehung nach, einen verspäteten Start würde man das bei einem Wettlaufen nennen. Und der Schaden eines solchen Unglücks besteht nicht vielleicht darin, daß man nicht siegt; dieses letzte ist ja nur der noch sichtbare, klare, gesunde Kern des weiterhin verschwimmenden grenzenlos werdenden Unglücks, das einen, der man doch den Kreis umlaufen sollte, in das Innere des Kreises treibt. Übrigens habe ich auch vieles andere in dieser zum kleinen Teil auch glücklichen Zeit an mir bemerkt und werde es in den nächsten Tagen aufzuschreiben versuchen.

---

20 VIII 11
Ich habe den unglücklichen Glauben daß ich nicht zur geringsten guten Arbeit Zeit habe, denn ich habe wirklich nicht Zeit für eine Geschichte mich in alle Weltrichtungen auszubreiten, wie ich es müßte. Dann aber glaube ich wieder, daß meine Reise besser ausfallen wird, daß ich besser auffassen werde, wenn ich durch ein wenig Schreiben gelockert bin und so versuche ich es wieder.

Ich ahnte bei seinem Anblick die Anstrengungen, die er um meinetwillen auf sich genommen hatte und die ihm jetzt, vielleicht nur weil er müde war, diese Sicherheit gaben. Hätte nicht noch eine kleine Anspannung genügt und der Betrug wäre gelungen, gelang vielleicht noch jetzt. Wehrte ich mich denn? Ich stand zwar hartnäckig hier vor dem Haus, aber ebenso hartnäckig zögerte ich hinaufzugehn. Wartete ich bis die Gäste kämen, mit Gesang mich zu holen?

Ich habe über Dickens gelesen. Ist es so schwer und kann es ein Außenstehender begreifen, daß man eine Geschichte von ihrem Anfang in sich erlebt vom fernen Punkt bis zu der heranfahrenden Lokomotive aus Stahl, Kohle und Dampf, sie aber auch jetzt noch nicht verläßt sondern von ihr gejagt sein will und Zeit dazu hat, also von ihr gejagt wird und aus eigenem Schwung vor ihr läuft wohin sie nur stößt und wohin man sie lockt.

Ich kann es nicht verstehn und nicht einmal glauben. Ich lebe nur hie und da in einem kleinen Wort, in dessen Umlaut (oben »stößt«) ich z. B. auf einen Augenblick meinen unnützen Kopf verliere. Erster und letzter Buchstabe sind Anfang und Ende meines fischartigen Gefühls.

24 August 1911
Mit Bekannten an einem Kaffeehaustisch im Freien sitzen und eine Frau am Nebentisch ansehn, die gerade gekommen ist, schwer unter großen Brüsten atmet und mit erhitztem, bräunlich glänzendem Gesicht sich setzt. Sie neigt den Kopf zurück, ein starker Bartanflug wird sichtbar, sie dreht die Augen nach oben, fast so, wie sie vielleicht manchmal ihren Mann ansieht, der jetzt neben ihr eine illustrierte Zeitung liest. Wenn man ihr doch die Überzeugung beibringen könnte, daß man neben seiner Frau im Kaffeehaus höchstens eine Zeitung aber niemals eine Zeitschrift lesen darf. Ein Augenblick bringt ihr ihre Körperfülle zum Bewußten und sie rückt ein wenig vom Tisch weg.

---

26. Aug. *⟨1911⟩* Morgen soll ich nach Italien fahren. Jetzt Abend konnte der Vater vor Aufregung nicht einschlafen, da er ganz von der Sorge um das Geschäft und von seiner dadurch aufgeweckten Krankheit ergriffen war. Auf das Herz ein nasses Tuch, Brechreiz, Luftmangel, seufzendes Hin- und Hergehn. Die Mutter in ihrer Angst findet neuen Trost. Immer sei er doch so energisch gewesen, über alles sei er hinweggekommen und jetzt – Ich sage daß der Jammer mit dem Geschäft doch nur ein ¼ Jahr noch dauern könne, dann müsse doch alles gut werden. Er geht seufzend und den Kopf schüttelnd auf und ab. Es ist klar, daß von ihm aus gesehn, seine Sorgen durch uns nicht abgenommen und nicht einmal erleichtert werden, aber selbst von uns aus gesehn nicht, selbst in unserm besten Willen steckt etwas noch so traurige

Überzeugung, daß er für seine Familie sorgen muß. – Später dachte ich, er liegt bei der Mutter, soll er sich doch an sie pressen, nahes verwandtes Fleisch muß beruhigen. – Durch sein häufiges Gähnen oder sein übrigens nicht unappetitliches In-die-Nase-greifen erzeugt der Vater eine kleine kaum zum Bewußtsein kommende Beruhigung über seinen Zustand, trotzdem er dies wenn er gesund ist im Allgemeinen nicht macht. Die Ottla hat es mir bestätigt. – Die arme Mutter will morgen zum Hausherrn bitten gehn.

26. Sept. 1911 Der Zeichner Kubin empfiehlt als Abführmittel Regulin, eine zerstampfte Alge die im Darm aufquillt ihn zum Zittern bringt, also mechanisch wirkt zum Unterschied von der ungesunden chemischen Wirkung anderer Abführmittel, die bloß den Koth durchreißen ihn also an den Darmwänden hängen lassen. – Er ist mit Hamsun bei Langen zusammengekommen. Er feixt grundlos. Während des Gespräches, ohne daß er es unterbrochen hätte, hob er seinen Fuß aufs Knie, nahm vom Tisch eine große Papierschere und schnitt rund herum die Fransen seiner Hose ab. Schäbig angezogen mit irgend einem wertvolleren Detail z. B. Krawatte. – Geschichten von einer Künstlerpension in München, wo Maler und Veterinärärzte wohnten (die Schule der letztern war in der Nähe) und wo es so verlottert zugieng, daß die Fenster des gegenüberliegenden Hauses, von wo man eine gute Aussicht hatte vermietet wurden. Um diese Zuseher zu befriedigen, sprang manchmal ein Pensionär auf das Fensterbrett und löffelte in Affenstellung seinen Suppentopf aus. – Ein Erzeuger falscher Altertümer, der die Verwitterung durch Schrotschüsse erzeugte und der von einem Tisch sagte: Jetzt müssen wir noch dreimal auf ihm Kaffee trinken, dann kann er ans Innsbrucker Museum weggeschickt werden. – Kubin selbst:

sehr stark, aber etwas einförmig bewegtes Gesicht, mit der gleichen Muskelanspannung beschreibt er die verschiedensten Sachen. Sieht verschieden alt, groß und stark aus, je nachdem er sitzt, aufsteht, bloßen Anzug oder Überzieher hat

Do 27 IX 11 Gestern auf dem Wenzelsplatz 2 Mädchen begegnet, zu lange den Blick auf einer gehalten, während gerade die andere, wie sich zu spät zeigte, einen häuslich weichen braunen faltigen weiten vorn ein wenig offenen Mantel trug, zarten Hals und zarte Nase hatte. Das Haar war in einer schon vergessenen Weise schön. – Alter Mann mit locker hängenden Hosen auf dem Belvedere. Er pfeift; wenn ich ihn anschaue, hört er auf; schaue ich weg, fängt er wieder an; endlich pfeift er auch wenn ich ihn anschaue. – Der schöne große Knopf schön angebracht unten auf dem Ärmel eines Mädchenkleides. Das Kleid auch schön getragen über amerikanischen Stiefeln schwebend. Wie selten gelingt mir etwas Schönes und diesem unbeachteten Knopf und seiner unwissenden Schneiderin gelingts. – Die Erzählerin auf dem Weg zum Belvedere, deren lebhafte Augen unabhängig von den augenblicklichen Worten zufrieden ihre Geschichte bis an ihr Ende überblickten – Mächtige halbe Halswendung eines starken Mädchens,

29. IX 11 Goethes Tagebücher: Ein Mensch, der kein Tagebuch hat, ist einem Tagebuch gegenüber in einer falschen Position. Wenn er z. B. in Goethes Tagebüchern liest »11. I 1797 den ganzen Tag zuhause mit verschiedenen Anordnungen beschäftigt« so scheint es ihm, er selbst hätte noch niemals an einem Tag so wenig gemacht. – Reisebeobachtungen Goethes anders als die heutigen, weil sie aus einer Postkutsche

gemacht mit den langsamen Veränderungen des Geländes sich einfacher entwickeln und viel leichter selbst von demjenigen verfolgt werden können, der jene Gegenden nicht kennt. Ein ruhiges förmlich landschaftliches Denken tritt ein. Da die Gegend unbeschädigt in ihrem eingeborenen Charakter dem Insassen des Wagens sich darbietet und auch die Landstraßen das Land viel natürlicher schneiden als die Eisenbahnstrecken, zu denen sie vielleicht im gleichen Verhältnisse stehn wie Flüsse zu Kanälen, so braucht es auch beim Beschauer keine Gewalttätigkeiten und er kann ohne große Mühe systematisch sehn. Augenblicksbeobachtungen gibt es daher wenige, meist nur in Innenräumen wo bestimmte Menschen gleich grenzenlos einem vor den Augen aufbrausen z. B. österreichische Officiere in Heidelberg, dagegen ist die Stelle von den Männern in Wiesenheim der Landschaft näher »sie tragen blaue Röcke und mit gewirkten Blumen verzierte weiße Westen« (nach dem Gedächtnis citiert). Viel über den Rheinfall bei Schaffhausen niedergeschrieben mitten drin in größeren Buchstaben »Erregte Ideen«

Cabaret Lucerna. Lucie König stellt Photographien mit alten Frisuren aus. Abgeschabtes Gesicht. Manchmal gelingt ihr etwas mit der von unten her gehobenen Nase, mit dem emporgehaltenem Arm und einer Wendung aller Finger. Waschlappiges Gesicht. – Longhen (Maler Pittermann) mimische Scherze. Eine Leistung, die offenbar ohne Lust ist, und doch so lustlos nicht gedacht werden kann, da sie doch dann nicht jeden Abend durchgeführt werden könnte, besonders da sie selbst bei ihrer Erfindung so lustlos war, daß sich kein genügendes Schema ergeben hat, welches das genug häufige Eintreten des ganzen Menschen ersparen würde. Hübscher Clownsprung über einen Sessel weg ins Leere der

Seitenkoulisse. Das Ganze erinnert an eine Vorführung in einer Privatgesellschaft wo man einer mühseligen unbedeutenden Leistung aus dem geselligen Bedürfnis heraus besonders applaudiert, um mit Rücksicht auf das Minus der Leistung durch das Plus des Beifalls etwas glattes Abgerundetes zu erhalten. – Sänger Vašata. So schlecht, daß man sich in seinem Anblick verliert. Aber weil er ein starker Mensch ist, hält er doch mit einer sicher nur mir zum Bewußtsein kommenden tierischen Kraft die Aufmerksamkeit des Publikums halbwegs gesammelt. – Grünbaum wirkt mit der angeblich nur scheinbaren Trostlosigkeit seiner Existenz. – Odys Tänzerin. Steife Hüften. Richtige Fleischlosigkeit. Rote Knie passen mir zum Tanz »Frühlingsstimmung«.

30. IX 1911

Das Mädchen im Nebenzimmer vorgestern (Helli Haas). Ich lag auf dem Kanapee und hörte auf dem Rande des Halbschlafs ihre Stimme. Sie kam mir besonders stark angezogen vor, nicht nur in ihre Kleider, sondern auch in das ganze Nebenzimmer, nur ihre geformte, nackte runde, starke dunkle Schulter, die ich im Bad gesehen hatte, kam gegen ihre Kleider auf. Einen Augenblick schien sie mir zu dampfen und das ganze Nebenzimmer mit ihren Dämpfen zu füllen. Dann stand sie im Mieder von aschgrauer Farbe, das unten so weit vom Körper abstand, daß man sich darauf setzen und so gewissermaßen reiten konnte.

Noch Kubin: Die Gewohnheit die letzten Worte des andern auf jeden Fall in billigendem Tone nachzusprechen wenn sich auch durch die daran gesponnene eigene Rede herausstellt, daß man mit dem andern durchaus nicht übereinstimmt. Ärgerlich. – Im Anhören seiner vielen Geschichten kann man vergessen, was er wert ist. Plötzlich wird man daran erinnert und erschrickt. Es war davon die Rede, daß ein Lokal, in das wir gehn wollten, gefährlich sei; er sagte, da gehe er nicht hin; ich fragte ihn, ob er ängstlich sei darauf antwortete er und war zudem noch in mich eingehängt: Natürlich, ich bin jung und habe noch viel vor. – Den ganzen Abend sprach er oft und meiner Meinung nach ganz ernsthaft von meiner und seiner Verstopfung. Gegen Mitternacht sah er als ich meine Hand vom Tischrand hängen ließ, ein Stück meines Armes und rief: Aber Sie sind ja wirklich krank. Behandelte mich von da ab noch viel nachgiebiger und wehrte auch später den andern, die mir zureden wollten, noch mit ins B. zu gehn. Als wir uns schon verabschiedet hatten, rief er mir noch aus der Ferne zu »Regulin!«

Tucholski und Safranski. Das gehauchte Berlinerisch, in dem die Stimme Ruhepausen braucht, die von »nich« gebildet werden. Der erste ein ganz einheitlicher Mensch von 21 Jahren. Vom gemäßigten und starken Schwingen des Spazierstocks, das die Schulter jugendlich hebt, angefangen bis zum überlegten Vergnügen und Mißachten seiner eigenen schriftstellerischen Arbeiten. Will Verteidiger werden, sieht nur wenige Hindernisse – gleichzeitig mit der Möglichkeit ihrer Beseitigung: seine helle Stimme die nach dem männlichen Klang der ersten durchredeten halben Stunde angeblich mädchenhaft wird – Zweifel an der eigenen Fähigkeit zur Pose, die er sich aber von größerer Welterfahrung erhofft – endlich Angst vor einer Verwandlung ins Weltschmerzlerische, wie er es an ältern Berliner Juden seiner Richtung bemerkt hat, allerdings spürt er vorläufig gar nichts davon. Er wird bald heiraten.

Safranski, Schüler Bernhards, macht während des Zeichnens und Beobachtens Grimassen, die mit dem Gezeichneten in Verbindung stehn. Erinnert mich daran, daß ich für meinen Teil eine starke Verwandlungsfähigkeit habe, die niemand bemerkt. Wie oft mußte ich Max nachmachen. Gestern abend auf dem Nachhauseweg hätte ich mich als Zuschauer mit Tucholski verwechseln können. Das fremde Wesen muß dann in mir so deutlich und unsichtbar sein, wie das Versteckte in einem Vexierbild, in dem man auch niemals etwas finden würde, wenn man nicht wüßte daß es drin steckt. Bei diesen Verwandlungen möchte ich besonders gern an ein Sichtrüben der eigenen Augen glauben.

1. Oktober Mo *⟨Sonntag 1911⟩* Altneusynagoge gestern. Kolnidre. Gedämpftes Börsengemurmel. Im Vorraum Büchse mit der Aufschrift: »Milde Gaben im Stillen, besänftigen den Unwillen.« Kirchenmäßiges Innere. Drei fromme offenbar östliche Juden. In Socken. Über das Gebetbuch gebeugt, den Gebetmantel über den Kopf gezogen, möglichst klein geworden. Zwei weinen, nur vom Feiertag gerührt? Einer hat vielleicht nur wehe Augen, an die er das noch gefaltete Sacktuch flüchtig legt, um das Gesicht gleich wieder nahe an den Text zu halten. Nicht eigentlich oder hauptsächlich wird das Wort gesungen, aber hinter dem Wort her werden Arabesken gezogen aus dem haardünn weitergesponnenem Wort. Der kleine Junge, der ohne die geringste Vorstellung des Ganzen und ohne Orientierungsmöglichkeit, den Lärm in den Ohren, sich zwischen den gedrängten Leuten hinschiebt und geschoben wird. Der scheinbare Commis, der sich beim Beten rasch schüttelt, was nur als Versuch einer möglichst starken, wenn auch vielleicht unverständigen

Betonung jedes Wortes zu verstehen ist, wobei die Stimme geschont wird, die überdies in dem Lärm eine klare große Betonung nicht zustande brächte. Die Familie des Bordellbesitzers. In der Pinkassynagoge war ich unvergleichlich stärker vom Judentum hergenommen.

Im B. Suha vorvorgestern. Die eine Jüdin mit schmalem Gesicht, besser das in ein schmales Kinn verläuft, aber von einer ausgedehnt welligen Frisur ins Breite geschüttelt wird. Die drei kleinen Türen, die aus dem Innern des Gebäudes in den Salon führen. Die Gäste wie in einer Wachstube auf der Bühne, Getränke auf dem Tisch, werden ja kaum angerührt. Die Flachgesichtige im eckigen Kleid, das erst tief unten in einem Saum sich zu bewegen anfängt. Einige hier und früher angezogen wie die Marionetten für Kinderteater, wie man sie auf dem Christmarkt verkauft d. h. mit Rüschen und Gold beklebt und lose benäht, so daß man sie mit einem Zug abtrennen kann und daß sie einem dann in den Fingern zerfallen. Die Wirtin mit dem mattblonden über zweifellos ekelhaften Unterlagen straff gezogenem Haar, mit der scharf niedergehenden Nase, deren Richtung in irgendeiner geometrischen Beziehung zu den hängenden Brüsten und dem steif gehaltenen Bauch steht, klagt über Kopfschmerzen, die dadurch verursacht sind, daß heute Samstag ein so großer Rummel und nichts daran ist.

---

zu Kubin: Die Geschichte von Hamsun ist verdächtig. Solche Geschichten könnte man aus seinen Werken zu Tausenden als erlebt erzählen.

---

zu Goethe: »Erregte Ideen« sind bloß die Ideen, die der Rheinfall erregt. Man sieht das aus einem Brief an Schiller. – Die vereinzelte Augenblicksbeobachtung »Kastagnettenrythmus der Kinder in Holzschuhen« hat eine solche Wirkung gemacht, ist so allgemein angenommen, daß es undenkbar ist, daß jemand, wenn er auch diese Bemerkung niemals gelesen hätte, diese Beobachtung als eigene Originalidee fühlen könnte.

---

2 Oktober ⟨*1911*⟩ Schlaflose Nacht. Schon die dritte in einer Reihe. Ich schlafe gut ein, nach einer Stunde aber wache ich auf, als hätte ich den Kopf in ein falsches Loch gelegt. Ich bin vollständig wach, habe das Gefühl gar nicht oder nur unter einer dünnen Haut geschlafen zu haben, habe die Arbeit des Einschlafens von neuem vor mir und fühle mich vom Schlaf zurückgewiesen. Und von jetzt an bleibt es die ganze Nacht bis gegen 5 so, daß ich zwar schlafe daß aber starke Träume mich gleichzeitig wach halten. Neben mir schlafe ich förmlich, während ich selbst mit Träumen mich herumschlagen muß. Gegen 5 ist die letzte Spur von Schlaf verbraucht, ich träume nur, was anstrengender ist als Wachen. Kurz ich verbringe die ganze Nacht in dem Zustand, in dem sich ein gesunder Mensch ein Weilchen lang vor dem eigentlichen Einschlafen befindet. Wenn ich erwache sind alle Träume um mich versammelt aber ich hüte mich, sie zu durchdenken. Gegen Früh seufze ich in den Polster, weil für diese Nacht alle Hoffnung vorüber ist. Ich denke an jene Nächte, an deren Ende ich aus dem tiefen Schlaf gehoben wurde und erwachte, als wäre ich in einer Nuß eingesperrt gewesen. Eine schreckliche Erscheinung war heute in der Nacht ein blindes Kind scheinbar die Tochter meiner Leitmeritzer Tante die übrigens keine Tochter hat sondern nur Söhne, von denen einer einmal

den Fuß gebrochen hatte. Dagegen waren zwischen diesem Kind und der Tochter Dr. Marschners Beziehungen, die, wie ich letzthin gesehen habe, auf dem Wege ist, aus einem hübschen Kind ein dickes steif angezogenes kleines Mädchen zu werden. Dieses blinde oder schwachsichtige Kind hatte beide Augen von einer Brille bedeckt, das linke unter dem ziemlich weit entfernten Augenglas war milchgrau und rund vortretend, das andere trat zurück und war von einem anliegenden Augenglas verdeckt. Damit dieses Augenglas optisch richtig eingesetzt sei, war es nötig statt des gewöhnlichen über das Ohr zurückgehenden Halters, einen Hebel anzuwenden, dessen Kopf nicht anders befestigt werden konnte als am Wangenknochen, so daß von diesem Augenglas ein Stäbchen zur Wange hinuntergieng, dort im durchlöcherten Fleisch verschwand und am Knochen endete, während ein neues Dratstäbchen heraustrat und über das Ohr zurückgieng. – Ich glaube, diese Schlaflosigkeit kommt nur daher, daß ich schreibe. Denn so wenig und so schlecht ich schreibe, ich werde doch durch diese kleinen Erschütterungen empfindlich, spüre besonders gegen Abend und noch mehr am Morgen, das Wehen, die nahe Möglichkeit großer mich aufreißender Zustände, die mich zu allem fähig machen könnten und bekomme dann in dem allgemeinen Lärm der in mir ist und dem zu befehlen ich nicht Zeit habe, keine Ruhe. Schließlich ist dieser Lärm nur eine bedrückte, zurückgehaltene Harmonie, die freigelassen mich ganz erfüllen, ja sogar noch in die Weite spannen und dann noch erfüllen würde. Jetzt aber verursacht mir dieser Zustand neben schwachen Hoffnungen nur Schaden, da mein Wesen nicht genug Fassungskraft hat, die gegenwärtige Mischung zu ertragen, bei Tag hilft mir die sichtbare Welt, in der Nacht zerschneidet es mich ungehindert. Immer denke ich dabei an Paris, in dem zur Zeit der Belagerung und später bis zur Commune die dem Pariser bis dahin fremde Bevölkerung der nördlichen und östlichen Vorstädte in der Zeit von Monaten förmlich von Stunde zu Stunde durch die verbindenden Gassen stokkend wie Uhrzeiger in das Innere von Paris rückte.

Mein Trost ist – und mit ihm lege ich mich jetzt nieder – daß ich solange nicht geschrieben habe, daß sich daher dieses Schreiben in meine gegenwärtigen Verhältnisse noch nicht einordnen konnte, daß dies jedoch bei einiger Männlichkeit wenigstens provisorisch gelingen muß.

Ich war heute so schwach daß ich sogar meinem Chef die Geschichte von dem Kind erzählte. – Jetzt erinnerte ich mich, daß die Brille im Traum von meiner Mutter stammt, die am Abend neben mir sitzt und unter ihrem Zwicker während des Kartenspiels nicht sehr angenehm zu mir herüberschaut. Ihr Zwicker hat sogar, was ich früher bemerkt zu haben mich nicht erinnere das rechte Glas näher dem Auge als das linke.

3 Oktober ⟨*1911*⟩ Die gleiche Nacht, nur noch schwerer eingeschlafen. Beim Einschlafen ein vertikal gehender Schmerz im Kopf über der Nasenwurzel, wie von einer zu scharf gepreßten Stirnfalte. Um möglichst schwer zu sein, was ich für das Einschlafen für gut halte, hatte ich die Arme gekreuzt und die Hände auf die Schultern gelegt, so daß ich dalag wie ein bepackter Soldat. Wieder war es die Kraft meiner Träume die schon ins Wachsein vor dem Einschlafen strahlen, die mich nicht schlafen ließ. Das Bewußtsein meiner dichterischen Fähigkeiten ist am Abend und am Morgen unüberblickbar. Ich fühle mich gelockert bis auf den Boden meines Wesens und kann aus mir heben was ich nur will. Dieses Hervorlocken solcher Kräfte, die man dann nicht

arbeiten läßt, erinnern mich an mein Verhältnis zur B. Auch hier sind Ergießungen, die nicht entlassen werden, sondern im Rückstoß sich selbst vernichten müssen, nur daß es sich hier – das ist der Unterschied – um geheimnisvollere Kräfte und um mein Letztes handelt.

Auf dem Josefsplatz fuhr ein großes Reiseautomobil mit einer fest an einander sitzenden Familie an mir vorüber. Hinter dem Automobil gieng mir mit dem Benzingeruch ein Luftzug von Paris über das Gesicht.

Beim Diktieren einer größern Anzeige an eine Bezirkshauptmannschaft im Bureau. Im Schluß, der sich aufschwingen sollte, blieb ich stecken und konnte nichts als das Maschinenfräulein Kaiser ansehn, die nach ihrer Gewohnheit besonders lebhaft wurde, ihren Sessel rückte hustete, auf dem Tisch herumtipte und so das ganze Zimmer auf mein Unglück aufmerksam machte. Der gesuchte Einfall bekommt jetzt auch den Wert, daß er sie ruhig machen wird, und läßt sich je wertvoller er wird desto schwerer finden. Endlich habe ich das Wort »brandmarken« und den dazu gehörigen Satz, halte alles aber noch im Mund mit einem Ekel und Schamgefühl wie wenn es rohes Fleisch, aus mir geschnittenes Fleisch wäre (solche Mühe hat es mich gekostet). Endlich sage ich es, behalte aber den großen Schrecken, daß zu einer dichterischen Arbeit alles in mir bereit ist und eine solche Arbeit eine himmlische Auflösung und ein wirkliches Lebendigwerden für mich wäre, während ich hier im Bureau um eines so elenden Aktenstückes willen einen solchen Glückes fähigen Körper um ein Stück seines Fleisches berauben muß

---

4. ⟨*Oktober 1911*⟩ Ich bin unruhig und giftig. Gestern vor dem Einschlafen hatte ich links oben im Kopf ein flakkerndes kühles Flämmchen. Über meinem linken Auge hat sich eine Spannung schon eingebürgert. Denke ich daran so scheint es mir, daß ich es im Bureau auch dann nicht aushalten könnte, wenn man mir sagte, daß ich in einem Monat frei sein werde. Und doch tue ich im Bureau meist meine Pflicht, bin recht ruhig, wenn ich der Zufriedenheit meines Chefs sicher sein kann und empfinde meinen Zustand nicht als einen schrecklichen. Gestern abend habe ich mich übrigens mit Absicht dumpf gemacht, war spazieren, habe Dickens gelesen, war dann etwas gesünder und hatte die Kraft zu der Traurigkeit verloren, die ich als berechtigt ansah, wenn sie mir auch etwas in die Ferne gerückt schien, wovon ich mir einen bessern Schlaf erhoffte. Er war auch ein wenig tiefer, aber nicht genug und oft unterbrochen. Ich sagte mir zum Trost, daß ich zwar die große Bewegung, die in mir gewesen war, wieder unterdrückt hatte, daß ich mich aber nicht aus der Hand geben wollte, wie früher immer nach solchen Zeiten, sondern daß ich mir auch der Nachwehen jener Bewegung genau bewußt bleiben wolle, was ich früher nie getan hatte. Vielleicht könnte ich so eine verborgene Standhaftigkeit in mir finden.

Gegen Abend im Dunkel in meinem Zimmer auf dem Kanapee. Warum braucht man längere Zeit um eine Farbe zu erkennen wird dann aber nach der entscheidenden Biegung des Verständnisses rasch immer überzeugter von der Farbe. Wirkt auf die Glastür von außenher das Licht des Vorzimmers und jenes der Küche gleichzeitig, so gießt sich grünliches oder besser um den sichern Eindruck nicht zu entwerten, grünes Licht die Scheiben fast ganz hinab. Wird das Licht im Vorzimmer abgedreht und bleibt nur das Küchenlicht, so wird die der Küche nähere Scheibe tiefblau, die andere weißlich blau so weißlich, daß sich die ganze Zeichnung auf dem Mattglas (stilisierte Mohnköpfe, Ranken, verschiedene Vierecke und Blätter) auflöst. – Die von dem elektrischen Licht auf der Straße und Brücke unten auf die Wände und die Decke geworfenen Lichter und Schatten sind ungeordnet zum Teil verdorben einander überdeckend und schwer zu überprüfen. Es wurde eben bei der Aufstellung der elektrischen Bogenlampen unten und bei der Einrichtung dieses Zimmers keine hausfraumäßige Rücksicht darauf genommen, wie mein Zimmer zu dieser Stunde vom Kanapee aus ohne eigene Zimmerbeleuchtung aussehn wird. – Der von der unten fahrenden Elektrischen an die Decke emporgeworfene Glanz fährt weißlich, schleierhaft und mechanisch stokkend die eine Wand und Decke, in der Kante gebrochen, entlang. – Der Globus steht im ersten frischen vollen Widerschein der Straßenbeleuchtung auf dem oben grünlich rein überleuchteten Wäschekasten, hat einen Glanzpunkt auf seiner Rundung und ein Aussehn, als sei ihm der Schein doch zu stark, trotzdem das Licht an seiner Glätte vorüberfährt und ihn eher bräunlich, lederapfelartig zurückläßt. – Das Licht aus dem Vorzimmer bringt einen großflächigen Glanz an der Wand über dem Bett hervor, der in einer geschwungenen Linie vom Kopfende des Bettes aus begrenzt wird, das Bett im Anblick niederdrückt, die dunklen Bettpfosten verbreitert, die Zimmerdecke über dem Bette hebt

---

5. *⟨Oktober 1911⟩* Zum erstenmal seit einigen Tagen wieder Unruhe selbst vor diesem Schreiben. Wut über meine Schwester, die ins Zimmer kommt und sich mit einem Buch zum Tisch setzt; Abwarten der nächsten kleinen Gelegenheit

zum Losgehn dieser Wut. Endlich nimmt sie eine Visitkarte vom Behälter und stochert mit ihr zwischen den Zähnen herum. Mit abfahrender Wut, von der mir nur ein scharfer Dampf im Kopf zurückbleibt, und beginnender Erleichterung und Zuversicht fange ich zu schreiben an.

Gestern abend Cafe Savoy. Jüdische Gesellschaft – Frau Klug »Herrenimitatorin«. Im Kaftan kurzen schwarzen Hosen, weißen Strümpfen, einem aus der schwarzen Weste steigenden dünnwolligem weißen Hemd, das vorn am Hals von einem Zwirnknopf gehalten ist und dann in einen breiten, losen, langauslaufenden Kragen umschlägt. Auf dem Kopf, das Frauenhaar umfassend, aber auch sonst nötig und von ihrem Mann auch getragen, ein dunkles randloses Käppchen, darüber ein großer weicher schwarzer Hut mit hochaufgebogenem Rand. – Eigentlich weiß ich nicht, was für Personen das sind, die sie und ihr Mann darstellt. Wollte ich sie jemandem erklären, dem ich meine Unwissenheit nicht eingestehen will, würde ich sehn, daß ich sie für Gemeindediener halte, für Angestellte des Tempels, bekannte Faulenzer, mit denen sich die Gemeinde abgefunden hat, irgendwie aus religiösen Gründen bevorzugte Schnorrer, Leute, die infolge ihrer abgesonderten Stellung gerade ganz nahe am Mittelpunkt des Gemeindelebens sind, infolge ihres nutzlosen aufpasserischen Herumziehns viele Lieder kennen, die Verhältnisse aller Gemeindemitglieder genau durchschauen aber infolge ihrer Beziehungslosigkeit zum Berufsleben nichts mit diesen Kenntnissen anzufangen wissen, Leute, die in einer besonders reinen Form Juden sind, weil sie nur in der Religion aber ohne Mühe, Verständnis und Jammer in ihr leben. Sie scheinen sich aus jedem einen Narren zu machen, lachen gleich nach der Ermordung eines edlen Juden, verkaufen sich einem

Abtrünnigen, tanzen die Hände vor Entzücken am Wangenhaar, als der entlarvte Mörder sich vergiftet und Gott anruft, und doch alles nur weil sie so federleicht sind, unter jedem Druck auf dem Boden liegen empfindlich sind, gleich mit trockenem Gesicht weinen (sie weinen sich in Grimassen aus), sobald der Druck aber vorüber ist, nicht das geringste Eigengewicht aufbringen sondern gleich in die Höhe springen müssen. Sie müßten daher einem ernsten Stück wie es der »Meschumed« von Lateiner ist, eigentlich viel Sorge machen, da sie immer in ganzer Größe und oft auf den Fußspitzen oder mit beiden Beinen in der Luft vorn auf der Bühne sind und die Aufregung des Stückes nicht lösen, sondern zerschneiden. Nun wickelt sich aber der Ernst des Stückes in so geschlossenen, selbst in der möglichen Improvisation abgewogenen, von einheitlichem Gefühl gespannten Worten ab, daß selbst wenn die Handlung nur im Hintergrund der Bühne vor sich geht, sie sich ihre Bedeutung immer wahrt. Eher werden hie und da die 2 im Kaftan unterdrückt, was ihrer Natur entspricht und man sieht trotz ihrer ausgebreiteten Arme und schnippenden Finger nur hinten den Mörder, der das Gift in sich, die Hand an seinem eigentlich zu weiten Kragen zur Türe wankt. – Die Melodien sind lang, der Körper vertraut sich ihnen gerne an. Infolge ihrer gerade verlaufenden Länge wird ihnen am besten durch das Wiegen der Hüften, durch ausgebreitete in ruhigem Atem gehobene und gesenkte Arme, durch Annäherung der Handflächen an die Schläfen und sorgfältige Vermeidung der Berührung entsprochen. Erinnert etwas an den Šlapak – Bei manchen Liedern, der Aussprache »jüdische Kinderloch«, manchem Anblick dieser Frau, die auf dem Podium, weil sie Jüdin ist uns Zuhörer weil wir Juden sind an sich zieht, ohne Verlangen oder Neugier nach Christen, gieng mir ein Zittern über die Wangen. Der Regierungsvertreter, der vielleicht mit Ausnahme eines Kellners und zweier links von der Bühne stehender Dienstmädchen einzige Christ im Saal ist ein kläglicher Mensch mit einem Gesichtstik behaftet der besonders in der linken Gesichtshälfte und auch in die rechte stark einreißend, das Gesicht mit der fast schonungsvollen Geschwindigkeit ich meine Flüchtigkeit des Sekundenzeigers aber auch seiner Regelmäßigkeit zusammenzieht und läßt. Wenn er über das linke Auge hinfährt, löscht er es fast aus. Für dieses Zusammenziehn haben sich in dem sonst ganz verfallenen Gesicht neue kleine frische Muskeln entwickelt. – Die talmudische Melodie genauer Fragen, Beschwörungen oder Erklärungen: In eine Röhre fährt die Luft und nimmt die Röhre mit, dafür dreht sich dem Befragten aus kleinen fernen Anfängen eine große im ganzen stolze in ihren Biegungen demüthige Schraube entgegen.

6 *⟨Oktober 1911⟩* Die zwei alten Männer vorn bei dem langen Tisch an der Bühne. Der eine stützt sich mit beiden Armen auf den Tisch und hat nur sein Gesicht, dessen falsche gedunsene Röte mit einem unregelmäßig viereckigen, verfilzten Bart darunter sein Alter traurig verheimlicht, rechts zur Bühne emporgewendet, während der andere der Bühne gerade gegenüber sein vom Alter richtig trockengewordenes Gesicht frei vom Tisch zurückhält, an den er sich nur mit dem linken Arm lehnt, und seinen rechten Arm in der Luft gebogen hält um die Melodie besser zu genießen, der seine Fußspitzen folgen und der die kurze Pfeife in seiner Rechten schwach nachgibt. »Tateleben, so sing doch mit« ruft die Frau bald dem ersten bald dem zweiten zu, indem sie sich ein wenig bückt und die Arme antreibend vorstreckt.

– Die Melodien sind dazu geeignet, jeden aufspringenden Menschen aufzufangen und ohne zu zerreißen seine ganze Begeisterung zu umfassen, wenn man schon einmal nicht glauben will, daß sie sie ihm geben. Denn besonders die 2 im

Kaftan eilen zum Singen hin, als strecke es ihnen den Leib nach seinem eigentlichsten Bedürfnis und das Händezusammenschlagen während des Gesanges zeigt offenbar das beste Wohlsein des Menschen im Schauspieler an. – Die Kinder des Wirtes in einer Ecke bleiben mit der Frau Klug auf der Bühne in kindlicher Beziehung und singen mit, den Mund zwischen den sich aufstülpenden Lippen voll von der Melodie.
Das Stück: Seidemann, ein reicher Jude, hat sich in offenbarer Verdichtung aller seiner verbrecherischen Instinkte auf dieses Ziel hin, taufen lassen schon vor zwanzig Jahren und hat seine Frau damals, da sie sich zur Taufe nicht zwingen ließ, vergiftet. Seitdem hat er sich angestrengt, den Jargon zu vergessen, der freilich ohne Absicht in seiner Rede unten mitklingt, und äußert besonders am Anfang damit es sich die Zuhörer merken und weil die herankommenden Vorgänge dazu noch Zeit lassen immerfort einen großen Ekel vor allem Jüdischen. Seine Tochter hat er für den Officier Dragomirow bestimmt, während sie, die ihren Vetter den jungen Edelmann liebt, in einer großen Szene sich in einer ungebräuchlichen erst in der Taille gebrochenen steinernen Stellung aufrichtend ihrem Vater erklärt, daß sie fest am Judentum halte, und die einen ganzen Akt mit einem verächtlichen Lachen über den ihr angetanen Zwang beendet. [Die Christen des Stückes sind: ein braver polnischer Diener Seidemanns, der später zu seiner Entlarvung beiträgt, brav vor allem deshalb weil um Seidemann die Gegensätze versammelt sein müssen, der Officier, mit dem sich das Stück, abgesehen von der Darstellung seiner Verschuldung wenig abgibt, weil er als vornehmer Christ niemanden interessiert, ebenso wie ein später auftretender Gerichtspräsident und endlich ein Gerichtsdiener, dessen Bösartigkeit über die Anforderung seiner Stellung und der Lustigkeit der 2 Kaftanleute nicht hinausgeht, trotzdem ihn Max einen Pogromisten nennt.] Dragomirow kann aber aus

irgendwelchen Gründen nur heiraten, wenn seine Wechsel ausgelöst werden, die der alte Edelmann besitzt, die dieser aber, trotzdem er vor der Abreise nach Palästina steht und trotzdem sie Seidemann mit Bargeld bezahlen will, nicht hergibt. Die Tochter ist gegen den verliebten Officier stolz und rühmt sich ihres Judentums trotzdem sie getauft ist, der Officier weiß sich nicht zu helfen und sieht, die Arme schlaff die Hände unten lose verschlungen, hilfesuchend den Vater an. Die Tochter entflieht zu Edelmann, sie will den Geliebten heiraten, wenn auch vorläufig im Geheimen, da ein Jude nach dem weltlichen Gesetz eine Christin nicht heiraten darf und sie offenbar ohne Zustimmung ihres Vaters nicht zum Judentum übergehn kann. Der Vater kommt hin, sieht ein, daß ohne List alles verloren wäre und gibt äußerlich seinen Segen zu dieser Ehe. Alle verzeihen ihm, ja fangen ihn so zu lieben an, als wären sie im Unrecht gewesen, sogar der alte Edelmann und er besonders, trotzdem er weiß, daß Seidemann seine Schwester vergiftet hat. (Diese Lücke ist vielleicht durch eine Kürzung entstanden, vielleicht aber auch dadurch, daß das Stück hauptsächlich mündlich von einer Schauspielertruppe zur andern verbreitet ist) Durch diese Versöhnung erlangt Seidemann vor allem die Wechsel des Dragomirov, denn »weißt Du« sagt er »ich will nicht, daß dieser Dragomiriv schlecht von den Juden spricht« und Edelmann gibt sie ihm umsonst, dann ruft ihn Seidemann zur Portiere im Hintergrund, angeblich um ihm etwas zu zeigen, und sticht ihm von hinten ein Messer durch den Schlafrock tötlich in den Rücken. (Zwischen der Versöhnung und dem Mord war Seidemann eine Zeitlang von der Bühne entfernt, um sich den Plan auszudenken und das Messer zu kaufen) Dadurch will er den jungen Edelmann an den Galgen bringen, denn auf ihn muß der Verdacht fallen, und seine Tochter wird frei für Dragomirov. Er entläuft, Edelmann liegt hinter der Portiere. Die Tochter tritt mit dem Brautschleier auf, am Arm des jungen Edelmann der das Gebethemd angezogen hat. Der Vater ist wie sie sehn leider noch nicht da. Seidemann kommt und scheint glücklich über den Anblick des Brautpaares. Da erscheint ein Mann, vielleicht Dragomirov

8. X *⟨1911⟩*

selbst vielleicht bloß sein Schauspieler und eigentlich ein uns unbekannter Detektiv und erklärt eine Hausdurchsuchung vornehmen zu müssen »da man in diesem Hause seines Lebens nicht sicher sei«. Seidemann: Kinder. Macht Euch keine Sorgen, das ist natürlich ein Irrtum, selbstverständlich. Es wird sich alles aufklären. Die Leiche Edelmanns wird gefunden, der junge Edelmann von seiner Geliebten gerissen und verhaftet. Einen ganzen Akt lang instruiert Seidemann mit großer Geduld und sehr gut betonten kleinen Zwischenbemerkungen (Ja, ja. Ganz gut. Also das ist falsch. Ja das ist schon besser. Allerdings allerdings.) die beiden im Kaftan wie sie vor Gericht die angebliche jahrelange Feindschaft zwischen dem alten und dem jungen Edelmann bezeugen sollen. Sie kommen schwer in Gang, es gibt viele Mißverständnisse, so treten sie bei einer improvisierten Probe der Gerichtszene vor und erklären, Seidemann habe ihnen aufgetragen die Sache in folgender Weise darzustellen, bis sie sich endlich so sehr in jene Feindschaft einleben, daß sie sogar, – Seidemann kann sie nicht mehr aufhalten – zu zeigen im Stande sind, wie der Mord selbst sich ereignet hat und der Mann die Frau mit Hilfe eines Kipfels niedersticht. Das ist natürlich wieder mehr, als nötig sein wird. Trotzdem ist Seidemann mit den beiden genügend zufrieden und erhofft mit ihrer Hilfe einen guten Ausgang des Processes. Hier greift für den gläubigen Zuhörer, ohne daß es irgendwie ausgesprochen würde, weil es selbstverständlich ist, Gott selbst an Stelle des zurückweichenden Schriftstellers ein und schlägt den Bösen mit Verblendung. Im letzten Akt sitzt als Gerichtspräsident wieder der ewige Dragomirowschauspieler da (auch darin zeigt sich die Mißachtung des Christlichen ein jüdischer Schauspieler kann gut drei christliche Rollen spielen und wenn er sie schlecht spielt macht es auch nichts) und neben ihm als Verteidiger mit großem Haar und Schnurrbartaufwand, bald erkannt, Seidemanns Tochter. Man erkennt sie zwar bald, hält sie aber lange mit Rücksicht auf Dragomirow für einen Schauspielerersatz, bis man gegen die Mitte des Aktes einsieht, daß sie sich verkleidet hat, um ihren Geliebten zu retten. Die zwei im Kaftan sollen jeder einzeln Zeugenschaft ablegen, das wird ihnen aber sehr schwer da sie es zu zweit eingeübt haben. Auch verstehen sie das Hochdeutsch des Präsidenten nicht, dem allerdings der Verteidiger, wenn es zu arg wird aushilft, wie er ihm auch sonst einsagen muß. Dann kommt Seidemann, der schon früher die im Kaftan durch Amkleidzupfen zu dirigieren versucht hat, macht durch seine fließende bestimmte Rede, durch seine verständige Haltung, durch richtige Ansprache des Gerichtspräsidenten gegenüber den frühern Zeugen einen guten Eindruck, der in einem schrecklichen Gegensatz ist zu dem, was wir von ihm wissen. Seine Aussage ist ziemlich inhaltslos, er weiß leider sehr wenig von der ganzen Sache. Jetzt kommt aber im letzten Zeugen, dem Diener, der sich dessen nicht ganz bewußte eigentliche Ankläger Seidemanns. Er hat den Messereinkauf Seidemanns beobachtet, er weiß daß Seidemann in der entscheidenden Zeit bei Edelmann war, er weiß schließlich, daß Seidemann die Juden und besonders Edelmann haßte und seine Wechsel wollte. Die 2 im Kaftan springen auf und sind glücklich, das alles bekräftigen zu können. Seidemann wehrt sich als ein etwas verwirrter Ehrenmann. Da kommt die Rede auf seine Tochter. Wo ist sie? Zuhause natürlich und gibt ihm recht. Nein, das tut sie aber nicht, behauptet der Verteidiger und will es beweisen, wendet sich zur Wand, nimmt die Perücke ab und kehrt sich dem entsetzten Seidemann als seine Tochter zu. Strafend sieht das reine Weiß der Oberlippe aus, als sie auch den Schnurrbart entfernt. Seidemann hat Gift genommen, um der irdischen Gerechtigkeit zu entgehn, gesteht seine Übeltaten aber kaum mehr den Menschen, sondern dem jüdischen Gott, zu dem er sich jetzt bekennt. Inzwischen hat der Klavierspieler eine Melodie angeschlagen, die 2 im Kaftan fühlen sich von ihr ergriffen und müssen lostanzen. Im Hintergrund steht das vereinigte Brautpaar, sie singen, besonders der ernste Bräutigam die Melodie nach alter Tempelgewohnheit mit.

Erster Auftritt der zwei im Kaftan. Sie kommen mit Sammelbüchsen für Tempelzwecke in das Zimmer Seidemanns. Sehn sich um, fühlen sich unbehaglich, sehn einander an. Fahren die Türpfosten mit den Händen entlang, finden keine Mesusas. Auch bei den andern Türen nicht. Sie wollen es nicht glauben und springen an verschiedenen Türen in die Höhe und schlagen, wie beim Fliegenfangen, sich erhebend und niederfallend immer wieder ganz oben auf die Thürpfosten, daß es klatscht. Leider alles umsonst. Bisher haben sie kein Wort gesprochen.

Ähnlichkeit zwischen der Frau Klug und der vorjährigen Frau Weinberg. Frau Klug hat vielleicht ein um eine Kleinigkeit schwächeres und einförmigeres Temperament, dafür ist sie hübscher und anständiger. Die Weinberg hatte den ständigen Witz, ihre Mitspieler mit ihrem großen Hintern anzustoßen. Überdies hatte sie eine schlechtere Sängerin neben sich und war uns ganz neu.

Herrenimitatorin ist eigentlich eine falsche Benennung. Dadurch daß sie in ihrem Kaftan steckt, ist ihr Körper ganz vergessen. Nur durch ihr Schulterzucken und Rückendrehn, das wie unter Flohbissen geschieht, erinnert sie an ihren Körper. Die Ärmel müssen, trotzdem sie kurz sind, jeden Augenblick ein Stückchen hinaufgezogen werden, wovon sich der Zuschauer für die Frau, die soviel herauszusingen und auch in talmudischer Weise zu erklären hat, eine große Erleichterung verspricht und selbst aufpaßt, daß es geschieht.

Wunsch ein großes jiddisches Teater zu sehn, da die Aufführung doch vielleicht an dem kleinen Personal und ungenauer Einstudierung leidet. Auch der Wunsch, die jiddische Litteratur zu kennen, der offenbar eine ununterbrochene nationale Kampfstellung zugewiesen ist, die jedes Werk bestimmt. Eine Stellung also, die keine Litteratur auch die des unterdrücktesten Volkes in dieser durchgängigen Weise hat. Vielleicht geschieht es bei andern Völkern in Kampfzeiten, daß die nationale kämpferische Litteratur hochkommt und andere fernerstehende Werke durch die Begeisterung der Zuhörer einen in diesem Sinne nationalen Schein bekommen wie z. B. die verkaufte Braut, hier scheinen aber nur die Werke der ersten Art undzwar dauernd zu bestehen.

Der Anblick der einfachen Bühne, die die Schauspieler ebenso stumm erwartet wie wir. Da sie mit ihren 3 Wänden, dem Sessel und dem Tisch allen Vorgängen wird genügen müssen, erwarten wir nichts von ihr, erwarten mit unserer ganzen Kraft vielmehr die Schauspieler und sind daher widerstandlos von dem Gesang hinter den leeren Wänden angezogen, mit dem die Vorstellung eingeleitet wird.

9 X 11

Sollte ich das 40te Lebensjahr erreichen, so werde ich wahrscheinlich ein altes Mädchen mit vorstehenden, etwas von der Oberlippe entblößten Oberzähnen heiraten. Die obern Mittelzähne des Frl. Kaufmann, die in Paris u. London war, sind gegeneinander verschoben, wie Beine, die man in den Knien flüchtig kreuzt. Vierzig Jahre alt werde ich aber kaum werden, dagegen spricht z. B. die Spannung, die sich mir über die linke Schädelhälfte öfters legt, die sich wie ein innerer Aussatz anfühlt und die auf mich, wenn ich von den Unannehmlichkeiten absehe und nur betrachten will, den gleichen Eindruck macht wie der Anblick der Schädelquerschnitte in den Schullehrbüchern oder wie eine fast schmerzlose Sektion bei lebendem Leibe, wo das Messer ein wenig kühlend, vorsichtig, oft stehenbleibend und zurückkehrend, manchmal ruhig liegend blätterdünne Hüllen ganz nahe an arbeitenden Gehirnpartien noch weiter teilt.

Traum von heute nacht, den ich selbst früh noch nicht für schön hielt abgesehen von einer kleinen aus zwei Gegenbemerkungen bestehenden komischen Scene, die jenes ungeheuerliche Traumwohlgefallen zur Folge hatte, die ich aber vergessen habe. Ich gieng – ob gleich am Anfang Max dabei war weiß ich nicht – durch eine lange Häuserreihe in der Höhe des ersten bis 2ten Stockwerkes, so wie man in Durchgangszügen von einem Waggon zum andern geht. Ich gieng sehr rasch vielleicht auch weil manchmal das Haus so gebrechlich war, daß man schon deshalb eilte. Die Türen zwischen den Häusern fielen mir gar nicht auf, es war eben eine riesige Zimmerflucht und doch war nicht nur die Verschiedenheit der einzelnen Wohnungen sondern auch der Häuser zu erkennen. Es waren vielleicht lauter Zimmer mit Betten, durch die ich kam. Es ist mir ein typisches Bett in der Erinnerung geblieben, das seitwärts links von mir an der dunklen oder schmutzigen vielleicht dachbodenartig schiefen Wand steht, einen niedrigen Aufbau von Bettwäsche hat und dessen Decke, eigentlich nur ein grobes Leintuch, zusammengetreten von den Füßen dessen, der hier geschlafen hat in einem Zipfel hinunterhängt. Ich fühlte mich beschämt, zu einer Zeit, wo noch viele Leute in den Betten lagen, durch ihre Zimmer zu gehn, gieng daher auf den Fußspitzen mit großen Schritten, durch die ich irgendwie zu zeigen hoffte, daß ich nur gezwungen durchgehe, alles möglichst schone und schwach auftrete, daß mein Durchgehn förmlich gar nicht gelte. Deshalb drehte ich auch im gleichen Zimmer niemals den Kopf und sah nur entweder das was rechts zur Gasse zu, oder was links zur Rückwand zu lag. Die Reihe von Wohnungen war öfters von Bordellen unterbrochen, durch die ich aber, trotzdem ich scheinbar ihretwegen diesen Weg machte, besonders rasch gieng, so daß ich mir nichts als ihr Dasein gemerkt habe. Das letzte Zimmer aller Wohnungen war aber wieder ein Bordell und hier blieb ich. Die der Tür durch die ich eintrat gegenüberliegende Wand, also die letzte Wand der Häuserreihe war entweder aus Glas oder überhaupt durchbrochen und ich wäre beim Weitergehn hinuntergefallen. Es ist sogar wahrscheinlicher, daß sie durchbrochen war, denn es lagen gegen den Rand des Fußbodens die Dirnen, klar waren mir zwei, auf der Erde, der einen hieng der Kopf ein wenig über die Kante hinaus in die freie Luft hinunter. Links war eine feste Wand, dagegen war die Wand rechts nicht vollkommen, man sah in den Hof hinunter wenn auch nicht bis auf seinen Grund und eine baufällige graue Treppe führte in mehreren Abteilungen hinunter. Nach dem Licht im Zimmer zu schließen, war der Plafond so wie in den andern Zimmern. Ich hatte hauptsächlich mit der Dirne zu tun, deren Kopf herabhieng, Max mit der links neben ihr liegenden. Ich betastete ihre Beine und blieb dann dabei, ihre Oberschenkel regelmäßig zu drücken. Mein Vergnügen dabei war so groß, daß ich mich wunderte, daß man für diese Unterhaltung, welche doch gerade die schönste war, noch nichts zahlen müsse. Ich war überzeugt daß ich und ich allein die Welt betrüge. Dann erhob die Dirne bei ruhenden Beinen ihren Oberleib und wandte mir den Rücken zu, der zu meinem Schrecken mit großen siegellackroten Kreisen mit erblassenden Rändern und dazwischen versprengten roten Spritzern bedeckt war. Jetzt bemerkte ich, daß ihr ganzer Körper davon voll war, daß ich meinen Daumen auf ihren Schenkeln in solchen Flecken hielt und daß auch auf meinen Fingern diese roten Partikelchen wie von einem zerschlagenen Siegel lagen. Ich trat zurück unter eine Anzahl Männer die an der Wand nahe der Mündung der Treppe, auf der ein kleiner Verkehr stattfand, zu warten schienen. Sie warteten so, wie Männer auf dem Land am Sonntagmorgen auf dem Markt zusammenstehen. Deshalb war auch Sonntag. Hier spielte sich auch die komische Szene ab, indem ein Mann, vor dem ich und Max Grund hatten sich zu fürchten, weggieng, dann die Treppe heraufkam, zu mir trat und während ich und Max mit Angst irgend eine schreckliche Drohung von ihm erwarteten, eine lächerlich einfältige Frage an mich stellte. Dann stand ich dort und sah besorgt zu wie Max ohne Angst in diesem Lokal irgendwo links auf der Erde saß und eine dicke Kartoffelsuppe aß, aus der die Kartoffeln als große Kugeln heraussahen, hauptsächlich eine. Er drückte sie mit dem Löffel, vielleicht mit 2 Löffeln in die Suppe hinein oder wälzte sie bloß.

---

10. X 11 Einen sophistischen Artikel für und gegen die Anstalt in die Tetschner-Bodenbacher Zeitung geschrieben.

Gestern abend auf dem Graben. Mir entgegen drei Schauspielerinnen, die aus der Probe kamen. Es ist so schwer, sich in der Schönheit von 3 Frauen rasch auszukennen, wenn man auch noch 2 Schauspieler ansehn will, die hinter ihnen in dem allzu schwingenden und auch noch beschwingten Schauspielerschritt herankommen. Die zwei, von denen der linke mit seinem jugendlich fetten Gesicht, dem offenen um die starke Gestalt schlagenden Überzieher genug charakteristisch für beide ist, überholen die Damen, der linke auf dem Trottoir, der rechte in der Fahrbahn unten. Der linke faßt seinen Hut hoch oben, greift mit allen 5 Fingern hinein, hebt ihn hoch und ruft (jetzt erst erinnert sich der rechte): Auf Wiedersehn! Gute Nacht! Während aber dieses Überholen und Grüßen die Herren auseinandergebracht hat, gehn die gegrüßten Frauen, wie geführt von der zur Fahrbahn nächsten, die die schwächste und längste, aber auch jüngste und schönste zu sein scheint, ganz unbeirrt mit leichtem ihr abgestimmtes Gespräch kaum unterbrechendem Gruß ihren Weg weiter. Das Ganze schien mir im Augenblick ein starker Beweis dafür zu sein, daß die hiesigen Teaterverhältnisse geordnet und gut geführt sind.

Vorgestern bei den Juden im Cafe Savoy. Die »Sejdernacht« von Feimann. Zu Zeiten griffen wir (im Augenblick durchflog mich das Bewußtsein dessen) nur deshalb in die Handlung nicht ein, weil wir zu erregt, nicht deshalb weil wir bloß Zuschauer waren.

12. X 11. Gestern bei Max am Pariser Tagebuch geschrieben. Im Halbdunkel der Rittergasse die in ihrem Herbstkostüm dicke warme Rehberger, die wir nur in ihrer Sommerblouse und dem dünnen blauen Sommerjäckchen gekannt haben in denen ein Mädchen mit nicht ganz fehlerlosem Aussehn schließlich ärger als nackt ist. Da hatte man erst recht ihre starke Nase in dem blutleeren Gesicht gesehn, in dessen Wangen man lange die Hände hätte drücken können, ehe sich eine Rötung gezeigt hätte, den starken blonden Flaum, der sich auf der Wange und der Oberlippe häufte, den Eisenbahnstaub, der sich zwischen Nase und Wange verflogen hatte und das schwächliche Weiß im Blousenausschnitt. Heute aber liefen wir ihr respektvoll nach und als ich mich an der Mündung eines Durchhauses vor der Ferdinandstraße verabschieden mußte wegen Unrasiertheit und sonstigem schäbigem Aussehn (Max war gerade sehr schön mit schwarzem Überzieher, weißem Gesicht und Brillenglanz) fühlte ich nachher einige kleine Stöße von Zuneigung zu ihr. Und wenn ich nachdachte warum, mußte ich mir immer nur sagen, weil sie so warm angezogen war.

---

13 X 11 Kunstloser Übergang von der gespannten Haut der Glatze meines Chefs zu den zarten Falten seiner Stirn. Eine offenbare, sehr leicht nachzuahmende Schwäche der Natur, Banknoten dürften nicht so gemacht sein.

Die Beschreibung der Rehberger hielt ich nicht für gelungen, sie muß aber doch besser gewesen sein als ich glaubte oder mein vorgestriger Eindruck von der Rehberger muß so unvollständig gewesen sein, daß ihm die Beschreibung entsprach oder ihn gar überholte. Denn als ich gestern abend nachhause gieng, fiel mir augenblicksweise die Beschreibung ein, ersetzte unbemerkt den ursprünglichen Eindruck und ich glaubte die Rehberger erst gestern gesehn zu haben undzwar ohne Max, so daß ich mich vorbereitete, ihm von ihr zu erzählen, gerade so wie ich sie mir hier beschrieben habe.

Gestern abend auf der Schützeninsel, meine Kollegen nicht gefunden und gleich weggegangen. Ich machte einiges Aufsehen in meinem Röckchen mit dem zerdrückten weichen Hut in der Hand, denn draußen war kalt, hier aber heiß von dem Athem der Biertrinker, Raucher und Bläser des Militärorchesters. Dieses Orchester war nicht sehr erhöht, konnte es auch nicht sein, weil der Saal ziemlich niedrig ist und füllte das eine Ende des Saals bis an die Seitenwände aus. Wie eingepaßt war diese Menge von Musikern in dieses Saalende hineingeschoben. Dieser Eindruck des Gedrängtseins verlor sich dann ein wenig im Saal, da die Plätze nahe beim Orchester ziemlich leer waren und der Saal sich erst gegen die Mitte füllte.

Geschwätzigkeit des Dr. Kafka. Gieng zwei Stunden hinter dem Franz-Josefs-Bahnhof mit ihm herum, bat ihn von Zeit zu Zeit mich wegzulassen, hatte die Hände vor Ungeduld verflochten und hörte so wenig zu als möglich war. Es schien mir, daß ein Mensch, der in seinem Beruf Gutes leistet, wenn er sich in Berufsgeschichten hineinerzählt hat, unzurechnungsfähig werden muß; seine Tüchtigkeit kommt ihm zu Bewußtsein, von jeder Geschichte ergeben sich Zusammenhänge undzwar mehrere, er überblickt alle, weil er sie erlebt hat, muß in der Eile und aus Rücksicht auf mich viele verschweigen, einige zerstöre ich ihm auch durch Fragen, bringe ihn aber dadurch auf andere, zeige ihm dadurch, daß er auch weit in mein eigenes Denken hinein herrscht, seine Person hat in den meisten Geschichten eine schöne Rolle, die er nur andeutet, wodurch ihm das Verschwiegene noch Bedeutungsvoller scheint, nun ist er aber schon meiner Bewunderung so sicher, daß er auch klagen kann, denn selbst in seinem Unglück, seiner Plage, seinem Zweifel ist er bewunderungswürdig, seine Gegner sind auch tüchtige Leute und erzählenswert, in einer Advokatenkanzlei, die 4 Concipisten und 2 Chefs hat, war eine Streitsache, in der er allein dieser Kanzlei gegenüberstand durch Wochen das Tagesgespräch dieser 6 Juristen. Ihr bester Redner, ein scharfer Jurist, stand ihm gegenüber, daran fügt sich der oberste Gerichtshof, dessen Urteile angeblich schlecht, einander widersprechend sind, ich sage im Tone des Abschieds eine Spur von Verteidigung dieses Gerichtes, nun bringt er Beweise, daß dieses Gericht nicht verteidigt werden kann und wieder muß man die Gasse hinauf und hinab, ich wundere mich sofort über die Schlechtigkeit dieses Gerichtes, darauf erklärt er, warum das so sein muß das Gericht ist überbürdet, warum und wieso, gut ich muß weg, nun ist aber der Kassationshof besser und der Verwaltungsgerichtshof noch viel besser und warum und wieso, endlich bin ich nicht mehr zu halten, nun versucht er es mit meinen eigenen Angelegenheiten, wegen deren ich zu ihm gekommen bin (Gründung der Fabrik) und die wir schon längst durchgesprochen haben, er hofft unbewußt, mich auf diese Weise zu fangen und zu seinen Geschichten wieder verlocken zu können. Nun sage ich etwas, halte aber während meiner Worte die Hand ausdrücklich zum Abschied hin und werde so frei. Er erzählt übrigens sehr gut, in seinem Erzählen mischt sich das genaue Ausgebreitetsein der Schriftsätze mit der lebhaften Rede, wie man sie öfters bei so fetten, schwarzen, vorläufig gesunden, mittelgroßen, von fortwährendem Zigarettenrauchen erregten Juden findet. Gerichtliche Ausdrücke geben der Rede Halt. Paragraphen werden genannt, deren hohe Zahl sie in die Ferne zu verweisen scheint. Jede Geschichte wird von Anfang an entwickelt, Rede und Gegenrede wird vorgebracht und durch persönliche Zwischenbemerkungen förmlich geschüttelt, nebensächliches, an das niemand denken würde, wird zuerst erwähnt, dann nebensächlich genannt und bei Seite geschoben, (»ein Mann, wie er heißt, ist Nebensache« –) der Zuhörer wird persönlich herangezogen, ausgefragt, während die Geschichte nebenan sich verdichtet, manchmal wird der Zuhörer sogar vor einer Geschichte, die ihn gar nicht interessieren kann, natürlich nutzlos ausgefragt, um irgend eine provisorische Beziehung herzustellen, eingeschobene Bemerkungen des Zuhörers werden nicht sofort, was ärgerlich wäre (Kubin) sondern zwar bald aber doch erst im Laufe der Erzählung an richtiger Stelle eingelegt, was als sachliche Schmeichelei den Zuhörer in die Geschichte hineinzieht, weil es ihm ein ganz besonderes Recht giebt, hier Zuhörer zu sein.

14. X 11 Gestern abend im Savoy. Sulamit von A. Goldfaden. Eigentlich eine Oper, aber jedes gesungene Stück heißt Operette, mir scheint schon diese Kleinigkeit auf ein eigensinniges, übereiltes, auch aus falschen Gründen heißgewordenes, die europäische Kunst in einer zum Teil zufälligen Richtung durchschneidendes künstlerisches Bestreben zu deuten. Die Geschichte: Ein Held rettet ein Mädchen, das sich – »ich bet Dir großer starker Gott« – in der Wüste verirrt und vor Durstqualen in eine Cisterne gestürzt hat. Sie schwören einander Treue (meine Teuere, meine Liebst, mein Brillant gefunden in der Wüste) unter Anrufung des Brun-

nens und einer rotäugigen Wüstenkatze. Das Mädchen, Sulamith (Fr. Tschissik), wird von Cingitang, dem wilden Diener Absolons (Pipes) nach Betlehem zu ihrem Vater Monoach (Tschissik) zurückgeführt, während Absolon (Klug) noch eine Reise nach Jerusalem macht; dort aber verliebt er sich in Awigail ein reiches Mädchen aus Jerusalem (Klug), vergißt an Sulamit und heiratet. Sulamit wartet auf den Geliebten zuhause in Betlehem. »Viele Menschen gehen nach Jeruscholajim und kommen beschulim«. »Er der Feiner will mir untreu werden!« Durch verzweifelte Ausbrüche erwirbt sie sich eine auf alles gefaßte Zuversicht und beschließt sich wahnsinnig zu stellen um nicht heiraten zu müssen und warten zu können. »Mein Wille ist von Eisen, mein Herz mach ich zur Festung«. Und noch in dem Wahnsinn, den sie jetzt jahrelang spielt, genießt sie traurig und laut mit erzwungener Erlaubnis aller die Erinnerung an den Geliebten, denn ihr Wahnsinn handelt nur von der Wüste, dem Brunnen und der Katze. Durch ihren Wahnsinn vertreibt sie gleich ihre 3 Freier, mit denen Manoach nur durch Veranstaltung einer Lotterie in Frieden auskommen konnte: Joef Gedoni (Urich) »ich bin der stärkste jüdische Held«, Avidanov, den Gutsbesitzer (R. Pipes) und den bauchigen Priester Nathan (Löwy) der sich über allen fühlt »Gebt Sie mir, ich sterb nach ihr«. Absolon hatte Unglück ein Kind ist ihm von einer Wüstenkatze totgebissen worden, das zweite fällt in einen Brunnen. Er erinnert sich seiner Schuld, gesteht Awigail alles, »Mäßige Dein Gewein«. »Hör auf mit Dein Wort mir mein Herz zu spalten«. »Leider ist alles Eines, was ich sage«. Einige Gedankenkreise bilden sich um beide und vergehn. Soll Absolon zu Sulamith zurück und Awigail verlassen? Auch Sulamit verdient Rachmones. Endlich entläßt ihn Awigail. In Betlehem klagt Manoach über seiner Tochter »Wehe o meine alten Jahre«. Absolon heilt sie mit seiner Stimme. »Das übrige

Vater werde ich Dir schon später erzählen«. Awigail versinkt dort unten im Weingarten Jerusalems, Absolon hat als Rechtfertigung nur sein Heldentum.

Am Schluß der Vorstellung erwarten wir noch den Schauspieler Löwy, den ich im Staub bewundern möchte. Er soll wie üblich »annoncieren«. »Liebe Gäste, ich danke ihnen in unser aller Namen für ihren Besuch und lade Sie herzlich zur morgigen Vorstellung ein, in welcher das weltberühmte Meisterwerk – vom – zur Aufführung kommen wird. Auf Wiedersehn!« Ab mit Hüteschwenken. Statt dessen sehn wir den Vorhang einmal festzugehalten, dann wieder versuchsweise ein Stückchen auseinandergezogen werden. Es dauert ziemlich lange. Endlich wird er weit auseinandergezogen, in der Mitte hält ihn ein Knopf zusammen, dahinter sehn wir Löwy seinen Schritt zur Rampe machen und sich nur mit den Händen, das Gesicht uns dem Publikum zugewendet, gegen jemanden wehren, der ihn von unten angreift, bis plötzlich der ganze Vorhang mit seiner obern Drahtbefestigung von Löwy der einen Halt haben will, heruntergerissen und Löwy vor unsern Augen in den Knien einknickend von Pipes der den Wilden gespielt hat, und der sich noch als sei der Vorhang vorgezogen gebückt hält, umfaßt und förmlich mit dem Kopf vom Podium seitwärts hinuntergestoßen wird. Man lauft im seitlichen Saaltrakt zusammen. Den Vorhang vorziehn! ruft man auf der fast ganz enthüllten Bühne, auf der Frau Tschissik mit dem bleichen Sulamitgesicht so beklagenswert steht, kleine Kellner auf Tischen und Sesseln bringen den Vorhang halbwegs in Ordnung, der Wirt sucht den Regierungsvertreter zu beruhigen, der nur den einzigen Wunsch hat wegzukommen und durch diesen Beruhigungsversuch aufgehalten wird, hinter dem Vorhang hört man

Frau Tschissik: »Da wollen wir von der Bühne dem Publikum Moral predigen ....«; der Verein jüd. Kanzleidiener »Zukunft« der den morgigen Abend in eigener Regie übernommen und vor der heutigen Vorstellung eine ordentliche Generalversammlung abgehalten hat, beschließt, wegen dieses Vorfalles binnen einer halben Stunde eine außerordentliche Versammlung einzuberufen, ein tschechisches Vereinsmitglied prophezeit den Schauspielern, infolge ihres skandalösen Benehmens vollständigen Untergang. Da sieht man plötzlich Löwy, der wie verschwunden war, vom Oberkellner Roubitschek mit den Händen, vielleicht auch mit den Knien zu einer Tür hin gestoßen werden. Er soll einfach herausgeworfen werden. Dieser Oberkellner, der vor jedem Gast auch vor uns früher und später wie ein Hund dasteht, mit hündischer Schnauze die sich über einen großen von demütigen Seitenfalten geschlossenen Mund senkt, hat sein

16. X 11 Anstrengender Sonntag gestern. Dem Vater hat das ganze Personal gekündigt. Durch gute Reden, Herzlichkeit, Wirkung seiner Krankheit, seiner Größe und frühern Stärke, seiner Erfahrung, seiner Klugheit erkämpft er sich in allgemeinen und privaten Unterredungen fast alle zurück. Ein wichtiger Contorist Franz will Bedenkzeit, bis Montag, weil er unserem Geschäftsführer der austritt und das ganze Personal in sein neu zu gründendes Geschäft hinüberziehen möchte, das Wort gegeben hat. Am Sonntag schreibt der Buchhalter er könne doch nicht bleiben, der Roubitschek lasse ihn nicht aus dem Wort. Ich fahre zu ihm nach Zižkov. Seine junge Frau mit runden Wangen länglichem Gesicht und einer kleinen groben Nase wie sie tschechische Gesichter nie verdirbt. Zu langer sehr loser, geblümter und fleckiger Mor-

genrock. Er wird besonders lang und lose, weil sie besonders eilige Bewegungen macht, um mich zu begrüßen, zur letzten Verschönerung das Album auf dem Tisch richtig zu legen und zu verschwinden, um ihren Mann holen zu lassen. Der Mann mit ähnlichen vielleicht von der sehr abhängigen Frau nachgeahmten eiligen bei vorgebeugtem Oberkörper stark pendelnden Bewegungen, unterdessen der Unterleib auffallend zurückbleibt. Eindruck eines seit 10 Jahren gekannten, oft gesehenen, wenig beachteten Menschen, mit dem man plötzlich in nähere Beziehung kommt. Je weniger ich mit meinem tschechischen Zureden Erfolg habe (er hatte ja schon einen unterschriebenen Kontrakt mit Roubitschek, nur war er Samstag abend durch meinen Vater so bestürzt geworden, daß er vom Kontrakt nicht gesprochen hatte) desto katzenmäßiger wird sein Gesicht. Ich spiele gegen Schluß ein wenig mit sehr behaglichem Gefühl, so schaue ich mit etwas langgezogenem Gesicht und verkleinerten Augen stumm im Zimmer herum als verfolgte ich etwas Angedeutetes ins Unsagbare. Bin aber nicht unglücklich, als ich sehe daß es wenig Wirkung hat, und ich statt von ihm in einem neuen Tone angesprochen zu werden, von neuem anfangen muß, in ihn hineinzureden. Eingeleitet wurde das Gespräch damit, daß auf der andern Gassenseite ein anderer Tullach wohnt, beschlossen wurde es bei der Tür mit seiner Verwunderung über meinen leichten Anzug bei der Kälte. Bezeichnend für meine ersten Hoffnungen und schließlichen Mißerfolg. Ich verpflichtete ihn aber nachmittag zum Vater zu kommen. Meine Argumentation stellenweise zu abstrakt und formell. Fehler die Frau nicht ins Zimmer gerufen zu haben.

Nachmittag nach Radotin, um den Contoristen zu halten. Komme dadurch um das Zusammensein mit Löwy, an den ich fortwährend denke. Im Waggon: Nasenspitze der alten Frau mit fast noch jugendlich gespannter Haut. Endet also die Jugend auf der Nasenspitze und fängt dort der Tod an? Das Schlucken der Passagiere das den Hals heruntergleitet, die Mundverbreiterung als Zeichen daß sie die Eisenbahnfahrt, die Zusammensetzung der andern Passagiere, ihre Sitzordnung, die Temperatur im Waggon, selbst das Heft des Pan, das ich auf dem Knie habe und das einige von Zeit zu Zeit anschauen (da es immerhin etwas ist, was sie im Coupee unmöglich haben voraussehn können) als einwandfrei, natürlich, unverdächtig beurteilen, wobei sie noch glauben, daß alles auch viel ärger hätte sein können. Auf und ab im Hof des Herrn Haman, ein Hund legt eine Pfote auf meine Fußspitze, die ich schaukle. Kinder, Hühner, hie und da Erwachsene. Ein zeitweise auf der Pawlatsche heruntergebeugtes oder hinter einer Tür sich versteckendes Kindermädchen hat Lust auf mich. Ich weiß unter ihren Blicken nicht, was ich gerade bin, ob gleichgültig, verschämt, jung oder alt, frech oder anhänglich, Hände hinten oder vorn haltend, frierend oder heiß, Tierliebhaber oder Geschäftsmann, Freund des Haman oder Bittsteller, den Versammlungsteilnehmern, die manchmal in einer ununterbrochenen Schleife aus dem Lokal ins Pissoir und zurückgehn überlegen oder infolge meines leichten Anzugs lächerlich, ob Jude oder Christ u. s. w. Das Herumgehn, Naseabwischen, hie und da im Pan lesen, furchtsam mit den Augen die Pawlatsche meiden, um sie plötzlich als leer zu erkennen, dem Geflügel zuschauen, sich von einem Mann grüßen zu lassen, durch das Wirtshausfenster die flach und schief neben einander gestellten Gesichter der einem Redner zugewendeten Männer zu sehn, alles hilft dazu. Hr. Haman, der von Zeit zu Zeit aus der Versammlung kommt, und den ich bitte, seinen Einfluß auf den Contoristen, den er in unser Geschäft gebracht hat, für uns auszunützen. Schwarzbrauner Bart, Wangen und Kinn umwachsend, schwarze Augen, zwischen Augen und Bart die dunklen Tönungen der Wangen. Er ist Freund meines Vaters, ich kannte ihn schon als Kind und die Vorstellung, daß er Kaffeeröster war, hat mir ihn immer noch dunkler und männlicher gemacht als er war.

17. X 11 Nichts bringe ich fertig, weil ich keine Zeit habe und es in mir so drängt. Wenn der ganze Tag frei wäre und diese Morgenunruhe in mir bis zum Mittag steigen und bis zum Abend sich ermüden könnte dann könnte ich schlafen. So aber bleibt für diese Unruhe nur höchstens eine Abenddämmerungstunde, sie verstärkt sich etwas, wird dann niedergedrückt und gräbt mir die Nacht unnütz und schädlich auf. Werde ich es lange aushalten? Und hat es einen Zweck es auszuhalten, werde ich denn Zeit bekommen?

Wenn ich an diese Anekdote denke: Napoleon erzählt bei der Hoftafel in Erfurt: Als ich noch bloßer Lieutenant im 5. Regiment war . . (die königlichen Hoheiten sehn einander betreten an, Napoleon bemerkt es und korrigiert sich) als ich noch die Ehre hatte, bloßer Lieutenant . . .; schwellen mir die Halsadern vor leicht nachgefühltem, künstlich in mich eindringenden Stolz.

---

weiter in Radotin: ich gieng dann allein frierend im Wiesengarten herum, erkannte dann im offenen Fenster das mit mir auf diese Seite des Hauses gewanderte Kindermädchen –

20. ⟨*Oktober 1911*⟩ Den 18 bei Max, über Paris geschrieben. Schlecht geschrieben ohne eigentlich in das Freie der eigentlichen Beschreibung zu kommen, die einem den Fuß vom Erlebnis löst. Ich war auch dumpf nach der großen Erhebung des vorigen Tages, der mit der Vorlesung Löwys geendet hatte. Am Tage war ich noch in keiner außergewöhnlichen Verfassung gewesen, war mit Max seine von Gablonz angekommene Mutter holen, war mit ihnen im Kaffeehaus und dann bei Max, der mir aus dem »Mädchen von Perth« einen Zigeunertanz vorspielte. Ein Tanz in dem sich seitenlang nur die Hüften mit eintönigem Ticken wiegen und das Gesicht einen langsamen herzlichen Ausdruck hat. Bis dann gegen Ende kurz und spät die angelockte innere Wildheit kommt, den Körper schüttelt, ihn überwältigt, die Melodie zusammendrückt, daß sie in die Höhe und Tiefe schlägt, (besonders bittere dumpfe Töne hört man heraus) und dann einen unbeachteten Schluß macht. Am Anfang und unverlierbar während des Ganzen ein starkes Nahesein dem Zigeunertum, vielleicht weil ein im Tanz so wildes Volk sich ruhig nur dem Freunde zeigt. Eindruck großer Wahrheit des ersten Tanzes. Dann in »Aussprüche Napoleons« geblättert. Wie leicht wird man augenblicksweise ein Teilchen der eigenen ungeheueren Vorstellung Napoleons! Dann gieng ich schon kochend nach Hause, keiner meiner Vorstellungen konnte ich standhalten, ungeordnet, schwanger, zerrauft, geschwollen, in der Mitte meiner um mich herum rollenden Möbel, überflogen von meinen Leiden und Sorgen, möglichst viel Raum einnehmend, denn trotz meines Umfanges war ich sehr nervös, zog ich im Vortragssaal ein. Aus der Art, wie ich z. B. saß und sehr wahrhaftig saß, hätte ich als Zuschauer meinen Zustand gleich erkannt. Löwy las von Scholem aleichem Humoresken, dann eine Geschichte von Perez, ein Gedicht von Bialik (nur hier hat sich der Dichter um sein den

Kischenewer Pogrom für die jüdische Zukunft ausbeutendes Gedicht zu popularisieren, aus dem Hebräischen in den Jargon herabgelassen und sein ursprünglich hebräisches Gedicht selbst in Jargon übersetzt), die »Lichtverkäuferin« von Rosenfeld. Ein dem Schauspieler natürliches, wiederkehrendes Aufreißen der Augen, die nun ein Weilchen so stehen gelassen werden von den hochgezogenen Augenbrauen umrahmt. Vollständige Wahrheit der ganzen Vorlesung; die schwache von der Schulter aus veranlaßte Hebung des rechten Armes; das Rücken am Zwicker, der ausgeborgt scheint so schlecht paßt er auf die Nase; die Haltung des Beines unter dem Tisch, das so ausgestreckt ist, daß besonders die schwachen Verbindungsknochen zwischen Ober- und Unterschenkel in Tätigkeit sind; die Krümmung des Rückens, der schwach und elend aussieht, da sich der Beobachter einem einheitlichen einförmigen Rücken gegenüber im Urteil nicht betrügen läßt, wie dies beim Anschauen des Gesichtes durch die Augen, die Höhlungen und Vorsprünge der Wangen aber auch durch jede Kleinigkeit und sei es eine Bartstoppel geschehen kann. Nach der Vorlesung schon auf dem Nachhauseweg fühlte ich alle Fähigkeiten gesammelt und klagte deshalb meinen Schwestern, zuhause sogar der Mutter.

---

am 19 beim Dr. Kafka wegen der Fabrik. Die leichte teoretische Feindseligkeit, die bei Vertragsabschlüssen zwischen den Kontrahenten entstehen muß. Wie ich mit den Augen das Gesicht Karls absuchte, das dem Doktor zugewendet war. Diese Feindseligkeit muß umsomehr zwischen 2 Menschen entstehen, die sonst nicht gewohnt sind ihr gegenseitiges Verhältnis zu durchdenken und sich daher an jeder Kleinigkeit stoßen. – Die Gewohnheit des Dr. Kafka diagonal im Zimmer herumzugehn, mit dem gespannten, salonmäßigen, nach Vorneschwanken des Oberkörpers, dabei zu erzählen und häufig am Ende einer Diagonale die Asche seiner Zigarette in einen der 3 im Zimmer verteilten Aschenbecher abzuschütteln.

---

heute früh bei Löwy u. Winterberg. Wie sich der Chef mit dem Rücken seitlich in seinen Lehnstuhl stemmt, um Raum und Stütze für seine ostjüdischen Handbewegungen zu bekommen. Das Zusammenspiel und gegenseitige Sichverstärken des Hände- und Mienenspiels. Manchmal verbindet er beides, indem er entweder seine Hände ansieht oder sie zur Bequemlichkeit des Zuhörers nahe beim Gesicht hält. Tempelmelodien im Tonfall seiner Rede, besonders beim Aufzählen mehrerer Punkte führt er die Melodie von Finger zu Finger wie über verschiedene Register. Dann am Graben den Vater mit einem Hr. Preißler getroffen, der hebt sogar die Hand, damit der Ärmel etwas zurückfällt, (selbst will er den Ärmel doch nicht zurückziehn) und macht mitten auf dem Graben die mächtigen Schraubenbewegungen mit dem ausgleitenden Öffnen der Hand und Ausspreizen der Finger

---

Ich bin wahrscheinlich krank, seit gestern juckt mich der Körper überall. Nachmittag hatte ich ein so heißes, verschiedenfarbiges Gesicht, daß ich beim Haareschneiden fürchtete, der Gehilfe, der doch mich und mein Spiegelbild immerfort sehn konnte, werde an mir eine große Krankheit erkennen. Auch die Verbindung zwischen Magen und Mund ist teilweise gestört, ein guldengroßer Deckel steigt entweder auf und ab oder liegt unten und strahlt mit einer sich verbreitenden, die Brust an der Oberfläche überziehender, leicht drückender Wirkung empor.

weiter in Radotin: lud sie ein herunterzukommen. Die erste Antwort war ernst, trotzdem sie bisher mit dem ihr anvertrauten Mädchen zu mir hinüber so gekichert und kokettiert hatte, wie sie es von dem Augenblick an, wo wir bekannt waren, nie gewagt hätte. Wir lachten dann viel zusammen, trotzdem ich unten und sie oben beim offenen Fenster fror. Sie drückte ihre Brüste an die gekreuzten Arme und alles mit offenbar gebeugten Knien an die Fensterbrüstung. Sie war 17 Jahre alt und hielt mich für 15–16 jährig, wovon sie durch unser ganzes Gespräch nicht abgebracht wurde. Ihre kleine Nase gieng ein wenig schief und warf daher einen ungewöhnlichen Schatten auf die Wange, der mir allerdings nicht helfen könnte, sie wieder zu erkennen. Sie war nicht aus Radotin, sondern aus Chuchle (die nächste Station gegen Prag) was sie nicht vergessen lassen wollte. Dann Spaziergang mit dem Contoristen, der auch ohne meine Reise in unserem Geschäft geblieben wäre, im Dunkel auf der Landstraße aus Radotin heraus und zurück zum Bahnhof. Auf der einen Seite wüste von einer Cementfabrik für ihren Kalksandbedarf ausgenützte Anhöhen. Alte Mühlen. Erzählung von einer durch Windhose aus der Erde gequirlten Pappel sammt ihren zuerst steil in die Erde gehenden dann sich ausbreitenden Wurzeln. Gesicht des Contoristen: teigartiges rötliches Fleisch auf starken Knochen, sieht müde, aber in seinen Grenzen kräftig aus. Staunt nicht einmal im Tonfall darüber, daß wir hier zusammen spazieren gehn. Auf einem großen von einer Fabrik vorsichtsweise angekauften vorläufig brachgelassenen, mitten im Ort liegenden, von stark aber nur stellenweise von elektr. Licht beworfenen Fabriksgebäuden umgebenen Feld. Klarer Mond, von Licht erfüllter, daher wolkiger Rauch aus einem Kamin. Zugsignale. Rascheln von Ratten neben dem langen das Feld kreuzendem gegen den Willen der Fabrik von der Bevölkerung eingetretenen Weg.

Beispiele für die Kräftigung, die ich diesem im Ganzen doch geringfügigem Schreiben verdanke:

Montag, den 16. war ich mit Löwy im Nationalteater bei »Dubrovnická trilogie«. Stück und Aufführung war trostlos. Im Gedächtnis bleibt nur aus dem ersten Akt der schöne Klang einer Kaminuhr; das Singen der Marseillaise einziehender Franzosen vor dem Fenster, immer wieder wird das verhallende Lied von den neu Herankommenden aufgenommen und steigt an; ein schwarzgekleidetes Mädchen zieht ihren Schatten durch den Lichtstreifen, den die untergehende Sonne auf das Parkett legt. Aus dem 2ten Akt bleibt nur der zarte Hals eines Mädchens, der aus rotbraunbekleideten Schultern zwischen Puffärmeln zum kleinen Kopf sich dehnt und spannt. Aus dem dritten Akt der zerdrückte Kaiserrock, die dunkle Phantasieweste mit goldener quergezogener Uhrkette eines alten gebückten Nachkommen der früheren Gosparen. Viel ist das also nicht. Außerdem gestand mir L. seinen Tripper; dann berührte mein Haar das seine als ich seinem Kopf mich zuneigte, ich bekam Furcht wegen immerhin möglicher Läuse; die Sitze waren teuer, ich hatte als schlechter Wohltäter hier Geld herausgeworfen, während er in Not war; endlich langweilte er sich noch etwas mehr als ich. Kurz ich hatte wieder das Unglück bewiesen, daß alle Unternehmungen haben, die ich allein anfange. Während ich aber sonst mich mit diesem Unglück untrennbar vereinige, alle frühern Unglücksfälle zu mir herauf, alle späteren zu mir herunterziehe, war ich diesmal fast vollständig unabhängig, ertrug alles als etwas einmaliges ganz leicht und fühlte sogar zum erstenmal im Teater meinen Kopf als einen Zuschauerkopf aus dem gesammelten Dunkel der Fauteuils und Körper in ein besonderes Licht hochgehoben, unabhängig von der schlechten Veranlassung dieses Stückes und dieser Aufführung.

Ein zweites Beispiel: Gestern abend reichte ich meinen beiden Schwägerinnen in der Mariengasse gleichzeitig beide Hände mit einer Geschicklichkeit, wie wenn es zwei rechte Hände wären und ich eine Doppelperson.

---

21. ⟨*Oktober 1911*⟩ Ein Gegenbeispiel: Meinem Chef kann ich, wenn er mit mir Bureauangelegenheiten beräth (heute die Karthotek) nicht lange in die Augen schauen, ohne daß in meinen Blick gegen allen meinen Willen eine leichte Bitterkeit kommt, die entweder meinen oder seinen Blick abdrängt. Seinen Blick flüchtiger aber öfter, da er sich des Grundes nicht bewußt ist, jedem Anreiz wegzuschauen nachgibt, gleich aber den Blick zurückkehren läßt, da er das Ganze nur für eine augenblickliche Ermattung seiner Augen hält. Ich wehre mich dagegen stärker, beschleunige daher das zickzackartige meines Blickes, schaue noch am liebsten seine Nase entlang und in die Schatten zu den Wangen hin, halte das Gesicht in seiner Richtung oft nur mit Hilfe der Zähne und der Zunge im geschlossenen Mund, wenn es sein muß, senke ich zwar die Augen aber niemals tiefer als bis zu seiner Kravatte, bekomme aber gleich den vollsten Blick, wenn er die Augen wegwendet und ich ihm genau und ohne Rücksicht folge.

Die jüdischen Schauspieler: Frau Tschissik hat Vorsprünge auf den Wangen in der Nähe des Mundes. Entstanden teils durch eingefallene Wangen infolge der Leiden des Hungers, des Kindbetts, der Fahrten und des Schauspielens teils durch ruhende ungewöhnliche Muskeln die sich für die Schauspielbewegungen ihres großen ursprünglich sicher schwerfälligen Mundes entwickeln mußten. Als Sulamith hatte sie meist die Haare gelöst, die ihre Wangen verdeckten, so daß ihr Gesicht manchmal wie ein Mädchengesicht aus früherer Zeit aussah. Sie hat einen großen, knochigen, mittelstarken Körper und ist fest geschnürt. Ihr Gang bekommt leicht etwas feierliches, da sie die Gewohnheit hat, ihre langen Arme zu heben, zu strecken und langsam zu bewegen. Besonders als sie das jüdische Nationallied sang, in den großen Hüften schwach schaukelte und die parallel den Hüften gebogenen Arme auf und ab bewegte mit ausgehöhlten Händen, als spiele sie mit einem langsam fliegenden Ball.

22. ⟨*Oktober 1911*⟩ Gestern bei den Juden »Kol-Nidre« von Scharkansky ziemlich schlechtes Stück mit einer guten witzigen Briefschreibscene, einem Gebet der nebeneinander mit gefalteten Händen aufrecht stehenden Liebenden, dem Anlehnen des bekehrten Großinquisitors an den Vorhang der Bundeslade, er steigt die Stufe hinauf und bleibt dort den Kopf geneigt die Lippen am Vorhang stehn, hält das Gebetbuch vor seine klappernden Zähne. Zum erstenmal an diesem vierten Abend meine deutliche Unfähigkeit einen reinen Eindruck zu bekommen. Schuld daran war auch unsere große Gesellschaft und die Besuche beim Tisch meiner Schwester. Trotzdem, so schwach hätte ich nicht sein dürfen. Mit meiner Liebe zur Frau Tschissik, die nur durch Max neben mir saß, habe ich mich elend aufgeführt. Ich werde aber wieder hinaufkommen, schon jetzt ist es besser.

Frau Tschissik (ich schreibe den Namen so gerne auf) neigt bei Tisch auch während des Gansbratenessens gern den Kopf, man glaubt unter ihre Augenlider mit dem Blick zu kommen, wenn man zuerst vorsichtig die Wangen entlangschaut und dann sich kleinmachend hineinschlüpft, wobei man die Lider gar nicht erst heben muß, denn sie sind gehoben und lassen eben einen bläulichen Schein durch, der zu dem Versuch verlockt. Aus der Menge ihres wahren Spiels kommen hie und da Vorstöße der Faust, Drehungen des Armes, der unsichtbare Schleppen in Falten um den Körper zieht Anlegen der gespreizten Finger an die Brust weil der kunstlose Schrei nicht genügt. Ihr Spiel ist nicht mannigfaltig: das erschreckte Blicken auf ihren Gegenspieler, das Suchen eines Auswegs auf der kleinen Bühne, die sanfte Stimme, die in geradem kurzen Aufsteigen nur mit Hilfe größeren innerlichen Widerhalls ohne Verstärkung heldenmäßig wird, die Freude, die durch ihr sich öffnendes, über die hohe Stirn bis zu den Haaren sich ausbreitendes Gesicht in sie dringt, das Sichselbstgenügen beim Einzelgesang ohne Hinzunahme neuer Mittel, das Sichaufrichten beim Widerstand, das den Zuschauer zwingt, sich um ihren ganzen Körper zu kümmern; und nicht viel mehr. Aber da ist die Wahrheit des Ganzen und infolgedessen die Überzeugung daß ihr nicht die geringste ihrer Wirkungen genommen werden kann.

Das Mitleid, das wir mit diesen Schauspielern haben, die so gut sind und nichts verdienen und auch sonst bei weitem nicht genug Dank und Ruhm bekommen, ist eigentlich nur das Mitleid über das traurige Schicksal vieler edler Bestrebungen und vor allem der unseren. Darum ist es auch so unverhältnismäßig stark, weil es sich äußerlich an fremde Leute hält und in Wirklichkeit zu uns gehört. Trotzdem ist es aber mit den Schauspielern immerhin so eng verbunden, daß ich es nicht einmal jetzt von ihnen lösen kann. Weil ich es erkenne, bindet es sich zum Trotz noch mehr an sie.

Die auffallende Glätte der Wangen der Frau Tschissik neben ihrem muskulösen Mund. Ihr etwas unförmiges kleines Mädchen

---

Mit Löwy und meiner Schwester 3 Stunden spazieren.

---

23. ⟨*Oktober 1911*⟩ Die Schauspieler überzeugen mich durch ihre Gegenwart immer wieder zu meinem Schrecken, daß das meiste was ich bisher über sie aufgeschrieben habe, falsch ist. Es ist falsch, weil ich mit gleichbleibender Liebe (erst jetzt da ich es aufschreibe, wird auch dieses falsch) aber wechselnder Kraft über sie schreibe und diese wechselnde Kraft nicht laut und richtig an die wirklichen Schauspieler schlägt sondern dumpf sich an dieser Liebe verliert, die mit der Kraft niemals zufrieden sein wird und deshalb dadurch, daß sie sie aufhält, die Schauspieler zu schützen meint.

Streit zwischen Tschissik und Löwy. T.: Edelstatt ist der größte jüdische Schreiber. Er ist erhaben. Rosenfeld ist natürlich auch ein großer Schreiber aber nicht der erste. Löwy: Tsch. ist Socialist und weil Edelstatt social. Gedichte macht, er ist Redakteur einer soc. jüdischen Zeitung in London, deshalb hält ihn Tsch. für den größten. Aber wer ist Edelstatt, seine Partei kennt ihn, sonst niemand, aber Rosenfeld kennt die Welt. – Tsch.: Auf die Anerkennung kommt es nicht an.

Alles von Edelstatt ist erhaben. – L.: Ich kenne ihn ja auch genau. Der Selbstmörder z. B. ist sehr gut. – Tsch.: Was hilft der Streit? Einigen werden wir uns nicht. Ich werde meine Meinung bis morgen sagen und Du auch. – L.: Ich bis übermorgen.

Goldfaden, verheirathet, Verschwender, auch in großer Noth. An 100 Stücke. Gestohlene liturg. Melodien volkstümlich gemacht. Das ganze Volk singt sie. Der Schneider bei seiner Arbeit (wird nachgemacht) das Dienstmädchen u.s.w.

Bei so kleinem Raum fürs Anziehn muß man wie Tschissik sagt in Streit kommen. Man kommt aufgeregt von der Scene, jeder hält sich für den größten Schauspieler, tritt da einer dem andern z. B. auf den Fuß, was nicht zu vermeiden ist, so ist nicht nur ein Streit fertig, sondern ein großer Kampf. Ja in Warschau, da waren 75 kleine Einzelgarderoben, jede beleuchtet

---

Um 6 Uhr traf ich die Schauspieler in ihrem Kaffeehaus um zwei Tische herum, nach den 2 feindlichen Gruppen geordnet, sitzen. Auf dem Tisch der Tsch. Gruppe war ein Buch von Perez. L. hatte es eben geschlossen und stand auf um mit mir wegzugehn.

Bis 20 Jahren war L. ein bocher, der studierte und seines wohlhabenden Vaters Geld ausgab. Es war da eine Gesellschaft gleichaltriger, junger Leute, die gerade am Samstag in einem abgesperrten Lokal zusammenkamen und im Kaftan rauchten und sonst gegen die Feiertagsgebote sündigten.

»Der große Adler« der berühmteste jiddische Schauspieler aus New York, der Millionär ist, für den Gordon »den wilden Menschen« geschrieben hat und den L. in Karlsbad gebeten hat, ja nicht zur Vorstellung zu kommen, der er vor ihm auf ihrer schlecht ausgestatteten Bühne zu spielen nicht den Muth hätte. – Nur Dekorationen, nicht diese elende Bühne, auf der man sich nicht bewegen kann. Wie werden wir den wilden Menschen spielen! Dort braucht man ein Divan. Im Krystallspalast Leipzig war es großartig. Fenster, die man aufmachen konnte, die Sonne schien herein, man brauchte im Stück einen Thron, gut da war ein Thron, ich gieng durch die Menge zu ihm hin und war wirklich ein König. Da ist viel leichter zu spielen. Hier beirrt einen alles.

---

24. ⟨*Oktober 1911*⟩ Die Mutter arbeitet den ganzen Tag, ist lustig und traurig, wie es kommt, ohne mit eigenen Zuständen im geringsten in Anspruch zu nehmen ihre Stimme ist hell, zu laut für das gewöhnliche Sprechen, aber wohltätig wenn man traurig ist und nach einiger Zeit plötzlich sie hört. Seit längerer Zeit klage ich schon, daß ich zwar immer krank bin, niemals aber eine besondere Krankheit habe, die mich zwingen würde, mich ins Bett zu legen. Dieser Wunsch geht sicher zum größten Teil darauf zurück, daß ich weiß, wie die Mutter trösten kann, wenn sie z. B. aus dem beleuchteten Wohnzimmer in die Dämmerung des Krankenzimmers kommt oder am Abend, wenn der Tag einförmig in die Nacht überzugehn anfängt aus dem Geschäft zurückkehrt und mit ihren Sorgen und raschen Anordnungen den schon

so späten Tag noch einmal anfangen läßt und den Kranken aufmuntert, ihr dabei zu helfen. Das würde ich mir wieder wünschen, weil ich dann schwach wäre, daher von allem überzeugt, was die Mutter täte und mit der deutlicheren Genußfähigkeit des Alters kindliche Freuden haben könnte. Gestern fiel mir ein, daß ich die Mutter nur deshalb nicht immer so geliebt habe, wie sie es verdiente und wie ich es könnte, weil mich die deutsche Sprache daran gehindert hat. Die jüdische Mutter ist keine »Mutter«, die Mutterbezeichnung macht sie ein wenig komisch (nicht sich selbst, weil wir in Deutschland sind) wir geben einer jüdischen Frau den Namen deutsche Mutter, vergessen aber den Widerspruch, der desto schwerer sich ins Gefühl einsenkt, »Mutter« ist für den Juden besonders deutsch, es enthält unbewußt neben dem christlichen Glanz auch christliche Kälte, die mit Mutter benannte jüdische Frau wird daher nicht nur komisch sondern auch fremd. Mama wäre ein besserer Name, wenn man nur hinter ihm nicht »Mutter« sich vorstellte. Ich glaube, daß nur noch Erinnerungen an das Ghetto die jüdische Familie erhalten, denn auch das Wort Vater meint bei weitem den jüdischen Vater nicht.

Heute stand ich vor dem Rat Lederer, der sich unerwartet, ungebeten, kindisch, lügenhaft lächerlich und zum Ungeduldigwerden nach meiner Krankheit erkundigte. Wir hatten schon lange oder vielleicht noch überhaupt nicht so intim gesprochen, da fühlte ich, wie sich mein, von ihm noch nie so genau betrachtetes Gesicht für ihn in falsche, schlecht aufgefaßte aber ihn jedenfalls überraschende Partien eröffnete. Für mich war ich nicht zu erkennen. Ihn kenne ich ganz genau.

Zweites Heft

Als es schon unerträglich geworden war – einmal gegen Abend im November – und ich über den schmalen Teppich meines Zimmers wie in einer Rennbahn einherlief, durch den Anblick der beleuchteten Gasse erschreckt wieder wendete und in der Tiefe des Zimmers im Grund des Spiegels doch wieder ein neues Ziel bekam und aufschrie, um nur den Schrei zu hören, dem nichts antwortet und dem auch nichts die Kraft des Schreiens nimmt, der also aufsteigt ohne Gegengewicht und nicht aufhören kann, selbst wenn er verstummt, da öffnete sich aus der Wand heraus die Tür, so eilig, weil doch Eile nötig war und selbst die Wagenpferde unten auf dem Pflaster wie wildgewordene Pferde in der Schlacht irgendwo auf den gespreizten Hinterbeinen die Gurgeln preisgegeben sich erhoben.

Als kleines Gespenst fuhr ein Kind aus dem ganz dunklen Corridor, in dem die Lampe noch nicht brannte und blieb wie ein Balletmädchen auf den Fußspitzen stehn, auf einem unmerklich schaukelnden Fußbodenbalken. Von der Dämmerung des Zimmers gleich geblendet, wollte es mit dem Gesichte rasch in seine Hände, beruhigte sich aber unversehens mit dem Blick zum Fenster, vor dessen Kreuz der hochgetriebene Dunst der tiefen Straßenbeleuchtung endlich unter dem Dunkel liegen blieb. Mit dem rechten Ellbogen hielt sich das Kind vor der offenen Tür aufrecht an der Zimmerwand und ließ den Luftzug von draußen um die Gelenke der Füße streichen auch den Hals, auch die Schläfen entlang.

Ich sah ein wenig hin, dann sagte ich »Guntag« und nahm

meinen Rock vom Ofenschirm, weil ich nicht so halbnackt dastehn wollte. Ein Weilchen lang hielt ich den Mund offen, damit mich die Aufregung durch den Mund verlasse. Ich hatte schlechten Speichel in mir, im Gesicht zitterten mir die Augenwimpern, in der l. Stirnecke fühlte ich eine Spannung wie von einem schmerzlosen Flintenschuß, kurz es fehlte mir nichts, als dieser allerdings erwartete Besuch.

Das Kind stand noch an der Wand auf dem gleichen Platz, es hatte die rechte Hand an die Mauer gepreßt und konnte ganz rotwangig dessen nicht satt werden, daß die weißgetünchte Wand grobkörnig war und die Fingerspitzen rieb, die es immer wieder anschaute.

Ich sagte: Wollten Sie auch tatsächlich zu mir? Ist es kein Irrtum? Nichts leichter als ein Irrtum in diesem großen Hause. Ich heiße so und so, wohne im dritten Stock in Zimmer Nummer 11. Bin ich also der, den Sie besuchen wollten?

»Ruhe, Ruhe sagte das Kind über die Schulter weg alles ist schon richtig.«

»Dann kommen Sie weiter ins Zimmer herein, ich möchte die Türe schließen«

»Die Türe habe ich jetzt gerade geschlossen, machen Sie sich keine Mühe, beruhigen Sie sich überhaupt.«

Reden Sie nicht von Mühe. Aber auf diesem Gange wohnt eine Menge Leute, alle sind natürlich meine Bekannten; die meisten kommen jetzt aus den Geschäften; wenn sie in einem Zimmer reden hören, glauben sie einfach das Recht zu haben aufzumachen und nachzuschauen, was los ist. Es ist einmal schon so. Diese Leute haben die tägliche Arbeit hinter sich, wem würden sie sich in der provisorischen Abendfreiheit unterwerfen. Übrigens wissen Sie es ja auch. Lassen Sie mich also die Türe schließen

Ja was ist denn? Was haben Sie? Meinetwegen kann das ganze Haus hereinkommen. Und dann noch einmal, ich habe die Tür schon geschlossen, glauben Sie denn, nur Sie können die Tür schließen? Ich habe sogar mit dem Schlüssel zugesperrt.

Dann ist ja gut. Mehr will ich ja nicht. Mit dem Schlüssel hätten Sie gar nicht zusperren müssen. Und jetzt machen Sie es sich nur behaglich, wenn Sie schon einmal da sind. Sie sind mein Gast, vertrauen Sie mir völlig. Machen Sie sich nur breit ohne Angst. Ich werde Sie weder zum Hierbleiben zwingen, noch zum Weggehn. Muß ich das erst sagen? Kennen Sie mich so schlecht?

Nein, Sie hätten das wirklich nicht sagen müssen. Noch mehr, Sie hätten das gar nicht sagen sollen. Ich bin ein Kind warum soviel Umstände mit mir machen?

So schlimm ist es nicht. Natürlich ein Kind, aber gar so jung sind Sie nicht. Sie sind schon ganz erwachsen. Nehmen sie es mir nicht übel, sie sind schon in einem mir unangenehmen Alter. Wenn Sie ein Mädchen wären, dürften Sie sich nicht so einfach mit mir in einem Zimmer einsperren. Es müßte denn sein, ich gefiele Ihnen

Darüber müssen wir uns keine Sorgen machen. Ich wollte nur sagen, daß ich Sie gut kenne, schützt mich wenig, es enthebt Sie nur der Anstrengung, mir etwas vorzulügen. Trotzdem aber machen Sie mir Komplimente, lassen Sie das, ich fordere Sie auf, lassen Sie das. Dazu kommt, daß ich Sie nicht überall und immerfort kenne, gar bei dieser Finsternis. Es wäre viel besser, wenn Sie Licht machen ließen. Nein lieber nicht. Immerhin werde ich mir merken, daß Sie mir schon gedroht haben.

Wie? Ich hätte Ihnen gedroht? Aber ich bitte Sie. Ich bin ja so froh, daß Sie endlich hier sind. Ich sage endlich, weil es schon so spät ist. Es ist mir unbegreiflich, warum Sie so spät gekommen sind. Da ist es möglich, daß ich in der Freude so durcheinander gesprochen habe und daß Sie es gerade so verstanden haben. Daß ich so gesprochen habe, gebe ich zehnmal zu, ja ich habe Ihnen mit allem gedroht was Sie wollen. – Nur keinen Streit mit einem Gast. – Aber wie konnten Sie es für wahr halten, wie konnten Sie mich so kränken, warum wollen Sie mir mit aller Gewalt dieses kleine Weilchen Ihres Hierseins verderben. Ein fremder Mensch wäre entgegenkommender als Sie.

Das glaube ich, das war keine Weisheit, so nah, als Ihnen ein fremder Mensch entgegenkommen kann, bin ich Ihnen schon von Natur aus. Das wissen Sie auch, wozu also die Wehmut? Sagen sie daß Sie Komödie spielen wollen, gehe ich augenblicklich

So auch das wagen Sie mir zu sagen? Sie sind ein wenig zu kühn. Am Ende sind Sie doch in meinem Zimmer. Sie reiben Ihre Finger wie verrückt an meiner Wand. Mein Zimmer, meine Wand. Und außerdem ist das was Sie sagen lächerlich nicht nur frech. Sie sagen, Ihre Natur zwinge Sie mit mir in dieser Weise zu reden. Wirklich? Ihre Natur zwingt Sie? Das ist nett von Ihrer Natur. Aber was ist denn Ihre Natur? Ihre Natur ist meine Natur und wenn ich mich von Natur aus freundlich zu Ihnen verhalte, so dürfen auch Sie nicht anders

Ist das freundlich?

Ich rede von früher.

Wissen Sie wie ich später sein werde?

Nichts weiß ich.

Und ich gieng zum Nachttisch hin, auf dem ich die Kerze anzündete. (Ich hatte in jener Zeit weder Gas – noch elektrisches Licht in meinem Zimmer.) Ich saß dann noch eine Weile beim Tisch bis ich auch dessen müde wurde, den Überzieher anzog, den Hut vom Kanapee nahm und die Kerze ausblies. Beim Hinausgehn verfieng ich mich in ein Sesselbein. Auf der Treppe traf ich einen Mieter aus dem gleichen Stockwerk. Sie gehn schon wieder weg Sie Lump? sagte er auf seinen über zwei Stufen ausgebreiteten Beinen ausruhend. »Was soll ich machen sagte ich jetzt hab ich ein Gespenst im Zimmer gehabt.« Sie sagen das mit der gleichen Unzufriedenheit, wie wenn Sie ein Haar in der Suppe gefunden hätten. – Sie spaßen, aber merken Sie sich, ein Gespenst ist ein Gespenst. – Sehr wahr. Aber wie wenn man überhaupt nicht an Gespenster glaubt. – Ja meinen Sie denn ich glaube an Gespenster?

Der kleine Ruinenbewohner.

Du sagte ich und gab ihm einen kleinen Stoß mit dem Knie (bei dem plötzlichen Reden flog mir etwas Speichel als schlechtes Vorzeichen aus dem Mund) schlaf nicht ein.

Ich will ja weg, will die Treppe hinauf, wenn es sein muß unter Purzelbäumen. Von der Gesellschaft verspreche ich mir alles was mir fehlt, die Organisierung meiner Kräfte vor allem, denen eine solche Zuspitzung nicht genügt, wie sie die einzige Möglichkeit dieses Junggesellen auf der Gasse ausmacht. Dieser ist ja schon zufrieden, wenn er mit seiner allerdings schäbigen, aber festen Körperlichkeit standhält, seine paar Mahlzeiten schützt, Einflüsse anderer Menschen vermeidet, kurz soviel behält als in der auflösenden Welt nur möglich ist. Was er aber verliert, das sucht er mit Gewalt, sei es auch verändert, geschwächt, ja sei es auch nur scheinbar sein früheres Eigentum (und das ist es meistens) wieder zu bekommen. Sein Wesen ist also ein selbstmörderisches es hat nur Zähne für das eigene Fleisch und Fleisch nur für die eigenen Zähne. Denn ohne einen Mittelpunkt zu haben, ohne einen Beruf, eine Liebe, eine Familie, eine Rente zu haben d. h. ohne sich im Großen gegenüber der Welt versuchsweise natürlich nur zu halten ohne sie also durch einen großen Komplex an Besitztümern gewissermaßen zu verblüffen kann man sich vor augenblicklich zerstörenden Verlusten nicht bewahren. Dieser Junggeselle mit seinen dünnen Kleidern, seiner Betkunst, seinen ausdauernden Beinen, seiner gefürchteten Mietwohnung, seinem sonstigen gestückelten diesmal nach langer Zeit wieder hervorgerufenem Wesen hält alles dies mit beiden Armen beisammen und muß immer zwei seiner Sachen verlieren wenn er irgend eine geringe aufs geratewohl fängt. Natürlich liegt hier die Wahrheit, die nirgends so rein zu zeigende Wahrheit. Denn wer wirklich als vollendeter Bürger auftritt, also auf dem Meer in einem Schiff reist mit Schaum vor sich und mit Kielwasser hinter sich also mit vieler Wirkung ringsherum ganz anders als der Mann auf seinen paar Holzstückchen in den Wellen, die sich noch selbst gegenseitig stoßen und herunterdrücken, er dieser Herr und Bürger ist in keiner kleineren Gefahr. Denn er und sein Besitz ist nicht eins sondern zwei und wer die Verbindung zerschlägt, zerschlägt ihn mit. Wir und unsere Bekannten sind ja in dieser Hinsicht unkenntlich weil wir ganz verdeckt sind, ich z. B. bin jetzt verdeckt von meinem Beruf, von meinen eingebildeten oder wirklichen Leiden, von literarischen Neigungen u. s. w. Aber gerade ich spüre meinen Grund viel zu oft und viel zu stark, als daß ich auch nur halbwegs zufrieden sein könnte. Und diesen Grund brauche ich nur eine Viertelstunde ununterbrochen zu spüren, die giftige Welt wird mir in den Mund fließen wie das Wasser in den Ertrinkenden.

Zwischen mir und dem Junggesellen ist im Augenblick kaum ein Unterschied, nur daß ich noch an meine Jugend im Dorfe denken und vielleicht, wann ich will vielleicht selbst dann, wenn es nur meine Lage verlangt, mich dorthin zurückwerfen kann. Der Junggeselle aber hat nichts vor sich und deshalb auch hinter sich nichts. Im Augenblick ist kein Unterschied, aber der Junggeselle hat nur den Augenblick. Zu jener Zeit, die heute niemand kennen kann denn nichts kann so vernichtet sein wie jene Zeit, zu jener Zeit hat er es verfehlt als er seinen Grund dauernd spürte, so wie man plötzlich an seinem Leib ein Geschwür bemerkt, das bisher das letzte an unserem Körper war, ja nicht einmal das letzte, denn es schien noch nicht zu existieren, und jetzt mehr als alles ist was wir seit unserer Geburt leiblich besaßen. Waren wir bisher mit unserer ganzen Person auf die Arbeit unserer Hände auf das Gesehene unserer Augen, auf das Gehörte unserer Ohren, auf die Schritte unserer Füße gerichtet, so wenden wir uns plötzlich ganz ins Entgegengesetzte, wie eine Wetterfahne im Gebirge. Statt nun damals wegzulaufen, sei es auch in dieser letzten Richtung denn nur das Weglaufen konnte ihn auf den Fußspitzen und nur die Fußspitzen konnten ihn auf der Welt erhalten, statt dessen hat er sich hingelegt, wie sich im Winter hie und da Kinder in den Schnee legen, um zu erfrieren.

Er und diese Kinder, sie wissen ja, daß es ihre Schuld ist daß sie sich hingelegt oder sonstwie nachgegeben haben, sie wissen, daß sie es um keinen Preis hätten tun dürfen, aber sie können es nicht wissen, daß sie nach der Veränderung die jetzt mit ihnen auf den Feldern oder in der Stadt geschieht, an jede frühere Schuld und jeden Zwang vergessen und daß sie sich in dem neuen Element bewegen werden als sei es ihr erstes.

Ich schlafe nicht ein antwortete er und schüttelte während des Augenaufschlagens den Kopf. Wenn ich einschliefe, wie könnte ich Dich dann bewachen? Und muß ich das nicht? Hast Du Dich nicht damals vor der Kirche deshalb an mir festgehalten? Ja es ist schon lange her, wir wissen es, laß nur die Uhr in der Tasche.

Es ist nämlich schon sehr spät sagte ich. Ich mußte ein wenig lächeln und um es zu verdecken schaute ich angestrengt ins Haus hinein.

Gefällt es Dir wirklich so? Du möchtest also gerne hinauf, sehr gerne? Also sags doch, ich beiß Dich doch nicht. Schau, wenn Du glaubst, daß es Dir oben besser gehn wird, als hier unten, dann geh einfach hinauf, sofort, ohne an mich zu denken. Daß es meine Ansicht ist, also die Ansicht eines x beliebigen Passanten, daß Du bald wieder herunterkommen wirst, und daß es dann sehr gut sein wird, wenn hier auf irgendeine Weise jemand steht, dessen Gesicht Du gar nicht anschauen wirst, der Dich aber unter den Arm nimmt in einem nahen Lokal mit Wein stärkt und Dich dann in sein Zimmer führt, das so elend es ist, doch ein paar Scheiben zwischen sich und der Nacht hat, auf diese Ansicht kannst Du vorläufig pfeifen. Wahr ist es, das kann ich vor wem Du willst wiederholen, hier unten geht es uns schlecht, ja es geht uns sogar hundsmiserabel, aber mir ist nun nicht zu helfen ob ich hier in der Abflußrinne liege und das Regenwasser staue oder oben mit den gleichen Lippen Champagner trinke mir macht das keinen Unterschied. Übrigens habe ich ja nicht einmal zwischen diesen zwei Dingen die Wahl, mir geschieht ja niemals etwas derartiges das die Leute aufpassen läßt, wie könnte es auch geschehn unter dem Aufbau der für mich nötigen Ceremonien unter denen ich ja nur weiterkriechen kann nicht besser wie ein Ungeziefer. Du allerdings wer weiß was alles in Dir steckt, Mut hast Du, wenigstens glaubst Du ihn zu haben, versuchs doch, was wagst Du denn, oft erkennt man sich schon, wenn man aufpaßt im Gesicht des Dieners bei der Tür.

Wenn ich nur bestimmt wüßte, daß Du aufrichtig zu mir bist. Ich wäre schon längst oben. Wie könnte ich nur herausbringen ob Du aufrichtig zu mir bist. Du schaust mich jetzt an wie wenn ich ein kleines Kind wäre, das hilft mir nichts, das macht es ja noch ärger. Aber vielleicht willst Du es ärger machen. Dabei vertrage ich die Luft auf der Gasse nicht mehr, so gehöre ich in die Gesellschaft schon hinauf, wenn ich acht gebe, kratzt es mich im Hals, da hast Du es übrigens ich huste hast Du denn eine Ahnung, wie es mir oben gehn wird. Und der Fuß, mit dem ich den Saal betreten werde, wird schon verwandelt sein, ehe ich den andern nachziehe.

Du hast recht, ich bin nicht aufrichtig zu Dir

Aber Vergessen ist hier kein richtiges Wort. Das Gedächtnis dieses Mannes hat ebensowenig gelitten als seine Einbildungskraft. Aber Berge können sie eben nicht versetzen; der Mann steht nun einmal außerhalb unseres Volkes, außerhalb unserer Menschheit, immerfort ist er ausgehungert, ihm gehört nur der Augenblick, der immer fortgesetzte Augenblick der Plage, dem kein Funken eines Augenblicks der Erhöhung folgt, er hat immer nur eines: seine Schmerzen aber im ganzen Umkreis der Welt kein Zweites, das sich als Medicin aufspielen könnte, er hat nur soviel Boden als seine zwei Füße brauchen, nur soviel Halt als seine zwei Hände bedecken, also um soviel weniger als der Trapezkünstler im Variete, für den sie unten noch ein Fangnetz aufgehängt haben. Uns andere uns hält ja unsere Vergangenheit und Zukunft, fast allen unseren Müßiggang und wie viel von unserem Beruf verbringen wir damit, sie im Gleichgewicht auf und abschweben zu lassen. Was die Zukunft an Umfang voraus hat, ersetzt die Vergangenheit an Gewicht und an ihrem Ende sind ja die beiden nicht mehr zu unterscheiden früheste Jugend wird später hell wie die Zukunft ist und das Ende der Zukunft ist mit allen unsern Seufzern eigentlich schon erfahren und Vergangenheit. So schließt sich fast dieser Kreis, an dessen Rand wir entlang gehn. Nun dieser Kreis gehört uns ja, gehört uns aber nur solange als wir ihn halten, rücken wir nur einmal zur Seite, in irgendeiner Selbstvergessenheit, in einer Zerstreuung einem Schrecken, einem Erstaunen, einer Ermüdung, schon haben wir ihn in den Raum hinein verloren, wir hatten bisher unsere Nase im Strom der Zeiten stecken, jetzt treten wir zurück, gewesene Schwimmer, gegenwärtige Spaziergänger und sind verloren. Wir sind außerhalb des Gesetzes, keiner weiß es und doch behandelt uns jeder danach.

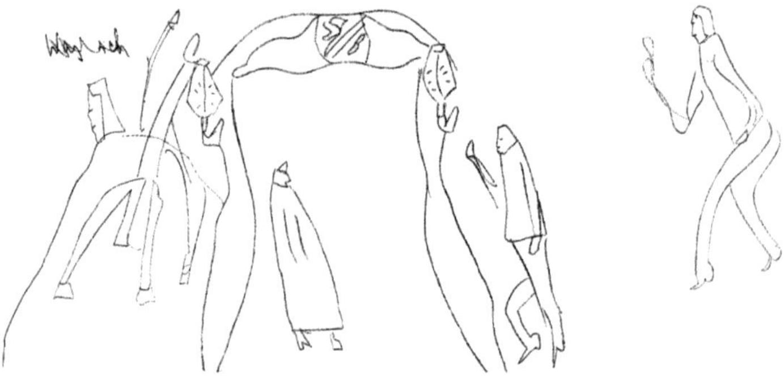

6/XI $\overline{10}$ Was ich übrigens leicht verschmerze, denn mir ist weder das eine noch das andere erlaubt und deshalb ist es nicht recht wenn ich mich mit Dir vergleiche. Denn Du! Wie lange bist Du eigentlich in der Stadt? Wie lange Du in der Stadt bist frag ich.

Fünf Monate. Aber ich kenne sie auch schon genau. Du, ich habe mir keine Ruhe gegeben. Wenn ich so zurückschau, weiß ich gar nicht ob Nächte vorgekommen sind, es kommt mir alles kannst Du es Dir denken, wie ein Tag vor und da gab es keine Tageszeiten, nicht einmal Lichtunterschiede

---

6 XI $\overline{10}$

Conference einer Madame Chenu über Musset. Jüdische Frauengewohnheit des Schmatzens, Verstehn des Französisch durch alle Vorbereitungen und Schwierigkeiten der Anekdote, bis knapp vor dem Schlußwort, das auf den Trümmern der ganzen Anekdote im Herzen weiterleben soll, das Französisch uns vor den Augen verlöscht, vielleicht haben wir uns bis dahin zu sehr angestrengt, die Leute, welche Französisch verstehn gehn vor dem Schluß weg, da sie schon genug gehört, die andern haben noch lange nicht genug gehört, Akustik des Saales, die das Husten in den Logen mehr begünstigt, als das vorgetragene Wort; Nachtmahl bei der Rachel sie liest Racine: Phädra mit Musset, das Buch liegt zwischen ihnen auf dem Tisch, auf dem übrigens alles mögliche liegt. Consul Claudel, Glanz in den Augen, den das breite Gesicht aufnimmt und widerstrahlt, er will sich immerfort verabschieden, es gelingt ihm auch im einzelnen, im allgemeinen aber nicht, denn wenn er einen verabschiedet, steht ein neuer da, an den sich der schon verabschiedete wieder anreiht. Über der Vortragsbühne ist eine Gallerie für das Orchester. Aller mögliche Lärm stört. Kellner aus dem Flur, Gäste in ihren Zimmern, ein Klavier, ein fernes Streichorchester, ein Hämmern endlich eine Zänkerei, deren Lokalisierung große Schwierigkeiten macht und deshalb reizt. In einer Loge eine Dame mit Diamanten in den Ohrringen, deren Licht fast ununterbrochen wechselt. An der Kassa junge schwarzgekleidete Leute eines französischen Cirkels. Einer grüßt mit einer scharfen Verbeugung, die seine Augen über den Boden hinfahren läßt. Dabei lächelt er stark. Das macht er aber nur vor Mädchen, Männern schaut er gleich darauf offen ins Gesicht mit ernst gehaltenem Mund, womit er gleichzeitig die vorige Begrüßung als eine vielleicht lächerliche aber jedenfalls unumgängliche Ceremonie erklärt.

---

7 XI 10
Vortrag Wiegler über Hebbel. Sitzt auf der Bühne in der Dekoration eines modernen Zimmers, als ob seine Geliebte durch eine Tür hereinspringen würde, um das Stück endlich zu beginnen. Nein, er trägt vor. Hunger Hebbels. Kompliciertes Verhältnis zu Elisa Lensing. Er hat in der Schule eine alte Jungfer zur Lehrerin, die raucht schnupft prügelt und den Braven Rosinen schenkt. Er fährt überall [Heidelberg, München, Paris] ohne recht sichtbare Absicht hin. Ist zuerst Diener beim Kirchspielvogt, schläft in einem Bett mit dem Kutscher unter der Treppe.

Jetzt kommt es Dir vielleicht so vor, als ob ich mich darüber beklagen wollte? Aber nein, warum mich darüber beklagen, mir ist doch weder das eine noch das andere erlaubt. Ich habe nur meine Promenaden zu machen und damit soll es genug sein, dafür gibt es aber auch keinen Ort in der Welt, auf dem ich nicht meine Promenaden machen könnte. Jetzt scheint es aber wieder so, als wäre ich eitel darauf

---

Ich habe es also leicht. Ich müßte vor dem Haus hier nicht stehn bleiben.

Darin also vergleich Dich mit mir nicht und laß Dich nicht von mir unsicher machen. Du bist doch ein erwachsener Mensch, bist überdies wie es scheint, in der Stadt hier ziemlich verlassen

---

Ja spürst Du es denn nicht an Deinem Muth, daß Du Dich in diesen Dingen mit mir nicht vergleichen kannst. Ich begreife das nicht. Wie lange bist Du denn schon hier in der Stadt?

»Fünf Monate« sagte ich so vorsichtig, daß ich nachher noch den Mund offen behielt. Ja, fünf Monate. Das war richtig. Ich ließ das Tor

---

Schließlich spürst Du es, wenn Du acht gibst, schon an Deinem

---

Darin kannst Du Dich eben mit mir nicht vergleichen. Aber muß ich Dir das sagen, schließlich spürst Du es ja wenn Du acht gibst schon an Deinem Muth. Wie lange bist Du eigentlich schon in der Stadt.

Fünf Monate sagte ich so vorsichtig daß ich nachher noch den Mund offen behielt.

Darin kannst Du Dich eben mit mir nicht vergleichen. Daß ich Dir das aber erst sagen muß! Spürst Du es denn, wenn Du acht gibst, nicht schon an Deinem Muth? Wie lange bist Du eigentlich schon in der Stadt?

Und diese Morgen, man schaut aus dem Fenster, zieht den Sessel vom Bett und setzt sich zum Kaffee. Und diese Abende man stützt den Arm auf und hält mit der Hand das Ohr. Ja wenn das nur nicht alles wäre! Wenn man doch wenigstens ein paar neue Gewohnheiten annähme, wie sie hier in den Gassen jeden Tag zu sehen sind

---

Julius Schnorr von Karolsfeld na Zeichnung Friedrich Olivier, er zeichnet auf einem Abhang wie schön und ernst ist er da (ein hoher Hut wie eine abgeplattete Clownmütze mit steifem ins Gesicht gehendem schmalen Rand, gewellte lange Haare, Augen nur für sein Bild, ruhige Hände, die Tafel auf den Knien, ein Fuß ist auf der Böschung ein wenig tiefer gerutscht.)
aber nein das ist Friedrich Olivier von Schnorr gezeichnet

An mich also darfst Du jetzt nicht denken. Wie willst Du Dich auch mit mir vergleichen. Ich bin ja schon über 20 Jahre hier in der Stadt. Stellst Du Dir auch nur richtig vor was das ist. Zwanzigmal habe ich jede Jahreszeit hier verbracht –

Jetzt schüttelte er die lose Faust über unseren Köpfen.

Die Bäume hier sind zwanzig Jahre lang hinaufgewachsen, wie klein sollte man unter ihnen werden. Und diese vielen Nächte, weißt Du, in allen den Wohnungen. Einmal liegt man an dieser, einmal an jener Mauer, so wandert das Fenster um einen herum. Und diese Morgen,

---

Ich bin ja nahe daran. Schon schien sich mein schützendes Wesen hier in der Stadt aufzulösen, ich war schön in den ersten Tagen denn diese Auflösung geschieht als eine Apotheose, wo alles was uns am Leben erhält uns entfliegt, aber noch im Entfliegen uns mit seinem menschlichen Licht zum letztenmal bestrahlt. So stehe ich vor meinem Junggesellen und er liebt mich deshalb höchstwahrscheinlich, ohne sich aber darüber klar zu sein warum. Gelegentlich scheinen seine Reden darauf zu deuten, daß er sich auskennt, daß er weiß, wen er vor sich hat und daß er sich deshalb alles erlauben darf. Nein, so ist es aber nicht. In dieser Weise würde er vielmehr jedem entgegentreten, denn er kann nur als Einsiedler oder als Schmarotzer leben. Er ist nur Einsiedler aus Zwang, wird dieser Zwang einmal durch ihm unbekannte Kräfte wie in diesem Falle überwunden, schon ist er Schmarotzer, der sich frech anhält wie er nur kann. Retten kann ihn allerdings nichts mehr auf der Welt und so kann man bei seinem Benehmen an die Leiche eines Ertrunkenen denken, die durch irgend eine Strömung an die Oberfläche getrieben an einen müden Schwimmer stößt, die Hände an ihn legt und sich festhalten möchte. Die Leiche wird nicht lebendig ja nicht einmal geborgen werden, aber den Mann kann sie hinunterziehn

---

An mich also darfst Du jetzt nicht denken. Es ist angenehm, ich weiß es, in einer fremden Stadt sich einem Mann, den man für erfahren hält, ein für alle Mal gleichzusetzen

---

An mich also darfst Du jetzt nicht denken.

---

10 Uhr 15. November 1910 Ich werde mich nicht müde werden lassen. Ich werde in meine Novelle hineinspringen und wenn es mir das Gesicht zerschneiden sollte.

16 Nov. ⟨*1910*⟩ 12 Uhr Ich lese Iphigenie auf Tauris. Darin ist wirklich von einzelnen offen fehlerhaften Stellen abgesehen die ausgetrocknete deutsche Sprache im Munde eines reinen Knaben förmlich anzustaunen. Jedes Wort wird von dem Vers vor dem Lesenden im Augenblick des Lesens auf die Höhe getragen, wo es in einem vielleicht magern aber durchdringenden Lichte steht.

27 ⟨*November 1910*⟩ Bernhard Kellermann hat vorgelesen: einiges ungedruckte aus meiner Feder, so fieng er an. Scheinbar ein lieber Mensch, fast graues stehendes Haar, mit Mühe glatt rasiert, spitze Nase, über die Backenknochen geht das Wangenfleisch oft wie eine Welle auf und ab. Er ist ein mittelmäßiger Schriftsteller mit guten Stellen (ein Mann geht auf den Korridor hinaus, hustet und sieht herum, ob niemand da ist) auch ein ehrlicher Mensch, der lesen will, was er versprochen hat, aber das Publikum ließ ihn nicht, aus Schrecken über die erste Nervenheilanstaltgeschichte, aus Langweile über die Art des Vorlesens giengen die Leute trotz schlechter Spannungen der Geschichte immerfort einzeln weg mit einem Eifer, als ob nebenan vorgelesen werde. Als er nach dem ⅓ der Geschichte ein wenig Mineralwasser trank, gieng eine ganze Menge Leute weg. Er erschrak. Es ist

gleich fertig, log er einfach. Als er fertig war, stand alles auf, es gab etwas Beifall, der so klang als wäre mitten unter allen den stehenden Menschen einer sitzen geblieben und klatschte für sich. Nun wollte aber Kellermann noch weiterlesen eine andere Geschichte, vielleicht noch mehrere. Gegen den Aufbruch öffnete er nur den Mund. Endlich nachdem er beraten worden war sagte er: Ich möchte noch gerne ein kleines Märchen vorlesen, das nur 15 Minuten dauert. Ich mache 5 Minuten Pause. Einige blieben noch, worauf er ein Märchen vorlas, das Stellen hatte, die jeden berechtigt hätten, von der äußersten Stelle des Saales mitten durch und über alle Zuhörer hinauszurennen.

Rudle 1 K
Kars 20 h schuldig

Du sagte ich und gab ihm einen kleinen Stoß mit dem Knie (bei dem plötzlichen Reden flog mir etwas Speichel als schlechtes Vorzeichen aus dem Mund) schlaf nicht ein

»Ich schlafe nicht ein« sagte er rasch und schüttelte während des Augenaufschlagens den Kopf. Wenn ich einschliefe, wie könnte ich Dich dann bewachen? Und muß ich das nicht? Hast Du Dich nicht damals vor der Kirche deshalb an mir festgehalten. Ja es ist schon lange her, wir wissen es, laß nur die Uhr in der Tasche.

Es ist nämlich schon sehr spät sagte ich und zuckte mit den Achseln, womit ich zugleich meine Ungeduld entschuldigte und ihm einen Vorwurf darüber machte, daß er mich so lange aufhielt.

»Du« sagte ich und gab ihm einen kleinen Stoß mit dem Knie (bei dem plötzlichen Reden flog mir etwas Speichel als schlechtes Vorzeichen aus dem Mund).

Ich habe an Dich nicht vergessen sagte er und schüttelte den Kopf schon während des Augenaufschlagens

Ich habe es auch nicht befürchtet sagte ich. Sein Lächeln übersah ich und schaute auf das Pflaster. »Ich wollte Dir nur sagen, daß ich jetzt auf jeden Fall hinaufgehn werde. Ja. Denn wie Du weißt bin ich oben eingeladen, es ist schon spät und die Gesellschaft wartet auf mich. Vielleicht werden einzelne Veranstaltungen aufgeschoben bis ich komme. Ich will es nicht behaupten aber möglich ist es immerhin. Du wirst mich jetzt fragen, ob ich nicht vielleicht überhaupt auf die Gesellschaft verzichten könnte.

Das werde ich nicht fragen, denn erstens brennst Du ja darauf, es mir zu sagen und zweitens kümmert es mich nichts, denn mir ist hier unten und dort oben ganz gleich. Ob ich hier unten in der Abflußrinne liege und das Regenwasser staue oder oben mit den gleichen Lippen Champagner trinke mir macht das keinen Unterschied, nicht einmal im Geschmack

---

15 XII $\overline{10}$ Meinen Folgerungen aus meinem gegenwärtigen nun schon fast ein Jahr dauerndem Zustand glaube ich einfach nicht, dazu ist mein Zustand zu ernst. Ich weiß ja nicht einmal ob ich sagen kann daß es kein neuer Zustand ist. Meine eigentliche Meinung allerdings ist: dieser Zustand ist neu, ähnliche hatte ich, einen solchen aber noch nicht. Ich bin ja wie aus Stein, wie mein eigenes Grabdenkmal bin ich, da ist keine Lücke für Zweifel oder für Glauben, für Liebe oder

Widerwillen, für Muth oder Angst im besonderen oder allgemeinen, nur eine vage Hoffnung lebt, aber nicht besser, als die Inschriften auf den Grabdenkmälern. Kein Wort fast das ich schreibe paßt zum andern, ich höre wie sich die Konsonanten blechern an einander reiben und die Vokale singen dazu wie Ausstellungsneger. Meine Zweifel stehn um jedes Wort im Kreis herum, ich sehe sie früher als das Wort, aber was denn! ich sehe das Wort überhaupt nicht, das erfinde ich. Das wäre ja noch das größte Unglück nicht, nur müßte ich dann Worte erfinden können, welche imstande sind, den Leichengeruch in einer Richtung zu blasen, daß er mir und dem Leser nicht gleich ins Gesicht kommt. Wenn ich mich zum Schreibtisch setze ist mir nicht wohler als einem der mitten im Verkehr des place de l'Opera fällt und beide Beine bricht. Alle Wagen streben trotz ihres Lärmens schweigend von allen Seiten nach allen Seiten, aber bessere Ordnung als die Schutzleute macht der Schmerz jenes Mannes, der ihm die Augen schließt und den Platz und die Gassen verödet, ohne daß die Wagen umkehren müßten. Das viele Leben schmerzt ihn, denn er ist ja ein Verkehrshindernis, aber die Leere ist nicht weniger arg, denn sie macht seinen eigentlichen Schmerz los.

16 ⟨*Dezember 1910*⟩ Ich werde das Tagebuch nicht mehr verlassen. Hier muß ich mich festhalten, denn nur hier kann ich es.

Gerne möchte ich das Glücksgefühl erklären, das ich von Zeit zu Zeit wie eben jetzt in mir habe. Es ist wirklich etwas moussierendes, das mich mit leichtem angenehmen Zucken ganz und gar erfüllt und das mir Fähigkeiten einredet von deren Nichtvorhandensein ich mich jeden Augenblick auch jetzt mit aller Sicherheit überzeugen kann.

Hebbel lobt Justinus Kerner »Reiseschatten« »Und solch ein Werk existiert kaum, niemand kennt es«

Die Straße der Verlassenheit von W. Fred. Wie werden solche Bücher geschrieben? Ein Mann, der im Kleinen Tüchtiges fertig bringt, dehnt hier sein Talent in einer so erbärmlichen Weise ins Große eines Romans aus, daß einem übel wird, selbst wenn man nicht vergißt, die Energie in der Mißhandlung des eigenen Talentes zu bewundern.

Dieses Verfolgen nebensächlicher Personen von denen ich lese in Romanen, Teaterstücken u. s. w. Dieses Zusammengehörigkeitsgefühl, das ich da habe! In den »Jungfern von Bischofsberg« (heißt es so?) wird von zwei Näherinnen gesprochen, die das Weißzeug für die eine Braut im Stücke machen. Wie geht es diesen 2 Mädchen? Wo wohnen sie? Was haben sie angestellt, daß sie nicht mit ins Stück dürfen, sondern förmlich draußen vor der Arche Noah unter den Regengüssen ertrinkend zum letztenmal nur ihr Gesicht an ein Kajütenfenster drücken dürfen, damit der Parterrebesucher für einen Augenblick etwas Dunkles dort sieht.

---

17 ⟨*Dezember 1910*⟩ Zeno sagte auf eine dringliche Frage hin, ob denn nichts ruhe: Ja der fliegende Pfeil ruht

---

Wenn die Franzosen ihrem Wesen nach Deutsche wären, wie würden sie dann erst von den Deutschen bewundert sein.

Daß ich soviel weggelegt und weggestrichen habe, ja fast alles was ich in diesem Jahre überhaupt geschrieben habe, das hindert mich jedenfalls auch sehr am Schreiben. Es ist ja ein Berg, es ist 5 mal soviel als ich überhaupt je geschrieben habe und schon durch seine Masse zieht es alles was ich schreibe, mir unter der Feder weg zu sich hin

---

18 ⟨*Dezember 1910*⟩ Wenn es nicht zweifellos wäre, daß der Grund dessen, daß ich Briefe (selbst solche voraussichtlich unbedeutenden Inhalts, wie eben jetzt einen) eine Zeitlang uneröffnet liegen lasse, nur Schwäche und Feigheit ist, die mit dem Aufmachen eines Briefes ebenso zögert, wie sie zögern würde die Tür eines Zimmers zu öffnen, in dem ein Mensch vielleicht schon ungeduldig auf mich wartet, dann könnte man dieses Liegenlassen der Briefe noch viel besser mit Gründlichkeit erklären. Angenommen nämlich, ich sei ein gründlicher Mensch so muß ich versuchen alles möglichst auszudehnen, was den Brief betrifft, also ihn schon langsam öffnen, langsam und vielmals lesen, lange überlegen, mit vielen Koncepten die Reinschrift vorbereiten und schließlich noch mit dem Wegschicken zögern. Das alles liegt in meiner Macht, nur eben das plötzliche Bekommen des Briefes läßt sich nicht vermeiden. Nun ich verlangsame auch das auf künstliche Weise, ich öffne ihn lange nicht, er liegt auf dem Tisch vor mir, immerfort bietet er sich mir an, immerfort bekomme ich ihn, nehme ihn aber nicht.

Schöngeist

---

abend ½ 12. Daß ich, solange ich von meinem Bureau nicht befreit bin, einfach verloren bin, das ist mir über alles klar, es handelt sich nur darum, so lange es geht den Kopf so hoch zu halten, daß ich nicht ertrinke. Wie schwer das sein wird, welche Kräfte es aus mir wird herausziehn müssen, zeigt sich schon daran, daß ich heute meine neue Zeiteinteilung, von 8–11^{h} abends beim Schreibtisch zu sein, nicht eingehalten habe, daß ich dieses sogar gegenwärtig für kein so großes Unglück halte, daß ich diese paar Zeilen nur eilig hingeschrieben habe, um ins Bett zu kommen.

19 ⟨*Dezember 1910*⟩ Im Bureau zu arbeiten angefangen. Nachmittag bei Max.

Ein wenig Goethes Tagebücher gelesen. Die Ferne hält dieses Leben schon beruhigt fest, diese Tagebücher legen Feuer dran. Die Klarheit aller Vorgänge macht sie geheimnisvoll, so wie ein Parkgitter dem Auge Ruhe gibt, bei Betrachtung weiter Rasenflächen und uns doch in unebenbürtigen Respekt setzt.

Gerade kommt meine verheiratete Schwester zum erstenmal zu uns zu Besuch.

20 ⟨*Dezember 1910*⟩ Womit entschuldige ich die gestrige Bemerkung über Goethe (die fast so unwahr ist, wie das von ihr beschriebene Gefühl, denn das wirkliche ist von meiner Schwester vertrieben worden)? Mit nichts. Womit entschuldige ich, daß ich heute noch nichts geschrieben habe? Mit nichts. Zumal meine Verfassung nicht die schlechteste ist. Ich habe immerfort eine Anrufung im Ohr: »Kämest Du unsichtbares Gericht!«

Damit diese falschen Stellen, die um keinen Preis aus der Geschichte herauswollen, mir endlich Ruhe geben schreibe ich zwei her:

»Seine Athemzüge waren laut wie Seufzer über einen Traum, in dem das Unglück leichter zu tragen ist, als in unserer Welt, sodaß einfache Athemzüge schon genügendes Seufzen sind.«

»Jetzt überblickte ich ihn so frei, wie man ein kleines Geduldspiel überblickt, von dem man sich sagt: »Was tut es, daß ich die Kügelchen nicht in ihre Höhlungen bringen kann, alles gehört mir ja, das Glas, die Fassung, die Kügelchen und was noch da ist; diese ganze Kunst kann ich einfach in die Tasche stecken.«

21 ⟨*Dezember 1910*⟩ Merkwürdigkeiten aus »Taten des großen Alexander« von Michail Kusmin:

»Kind, dessen obere Hälfte tot, untere lebend«, »Kindesleiche mit den sich bewegenden roten Beinchen«

»die unreinen Könige Gog und Magog, die sich von Würmern und Fliegen nährten, vertrieb er in geborstene Felsen und versiegelte sie bis ans Ende der Welt mit dem Siegel Salomonis«

»steinerne Flüsse, wo an Stelle des Wassers mit Getöse Steine sich wälzten, vorbei an den Sandbächen, die 3 Tage lang gegen Süden fließen und 3 Tage gegen Norden«

Amazonen, Frauen mit ausgebrannten rechten Brüsten, kurzen Haaren, Männerschuhwerk

Krokodile, die mit ihrem Harn Bäume verbrannten

Bei Baum gewesen, so schöne Sachen gehört. Ich hinfällig wie früher und immer. Das Gefühl haben, gebunden zu sein und gleichzeitig das andere, daß, wenn man losgebunden würde, es noch ärger wäre.

22 ⟨*Dezember 1910*⟩ Heute wage ich es nicht einmal, mir Vorwürfe zu machen. In diesen leeren Tag hineingerufen hätte das einen ekelhaften Widerhall.

---

24 ⟨*Dezember 1910*⟩ Jetzt habe ich meinen Schreibtisch genauer angeschaut und eingesehn, daß auf ihm nichts Gutes gemacht werden kann. Es liegt hier so vieles herum und bildet eine Unordnung ohne Gleichmäßigkeit und ohne jede Verträglichkeit der ungeordneten Dinge, die sonst jede Unordnung erträglich macht. Sei auf dem grünen Tuch eine Unordnung wie sie will, das durfte auch im Parterre der alten Teater sein. Daß aber aus den Stehplätzen

25 ⟨*Dezember 1910*⟩ aus dem offenen Fach unter dem Tischaufsatz hervor Broschüren, alte Zeitungen, Kataloge Ansichtskarten, Briefe, alle zum Teil zerrissen, zum Teil geöffnet in Form einer Freitreppe hervorkommen, dieser unwürdige Zustand verdirbt alles. Einzelne verhältnismäßig riesige Dinge des Parterres treten in möglichster Aktivität auf, als wäre es im Teater erlaubt, daß im Zuschauerraum der Kaufmann seine Geschäftsbücher ordnet, der Zimmermann hämmert, der Officier den Säbel schwenkt, der Geistliche dem Herzen zuredet, der Gelehrte dem Verstand, der Politiker dem Bürgersinn, daß die Liebenden sich nicht zurückhalten u. s. w. Nur auf meinem Schreibtisch steht der Rasier-

spiegel aufrecht, wie man ihn zum Rasieren braucht, die Kleiderbürste liegt mit ihrer Borstenfläche auf dem Tuch, das Portemonnaie liegt offen für den Fall daß ich zahlen will, aus dem Schlüsselbund ragt ein Schlüssel fertig zur Arbeit vor und die Kravatte schlingt sich noch teilweise um den ausgezogenen Kragen. Das nächst höhere, durch die kleinen geschlossenen Seitenschubladen schon eingeengte offene Fach des Aufsatzes ist nichts als eine Rumpelkammer, so als würde der niedrige Balkon des Zuschauerraumes, im Grunde die sichtbarste Stelle des Teaters für die gemeinsten Leute reserviert für alte Lebemänner, bei denen der Schmutz allmählich von innen nach außen kommt, rohe Kerle, welche die Füße über das Balkongeländer herunterhängen lassen, Familien mit soviel Kindern, daß man nur kurz hinschaut, ohne sie zählen zu können richten hier den Schmutz armer Kinderstuben ein (es rinnt ja schon im Parterre) im dunklen Hintergrund sitzen unheilbare Kranke, man sieht sie glücklicherweise nur wenn man hineinleuchtet u. s. w. In diesem Fach liegen alte Papiere die ich längst weggeworfen hätte wenn ich einen Papierkorb hätte, Bleistifte mit abgebrochenen Spitzen, eine leere Zündholzschachtel, ein Briefbeschwerer aus Karlsbad, ein Lineal mit einer Kante, deren Holprigkeit für eine Landstraße zu arg wäre, viele Kragenknöpfe, stumpfe Rasiermessereinlagen (für die ist kein Platz auf der Welt), Krawattenzwicker und noch ein schwerer eiserner Briefbeschwerer. In dem Fach darüber –

Elend, elend und doch gut gemeint. Es ist ja Mitternacht, aber das ist, da ich sehr gut ausgeschlafen bin, nur insoferne Entschuldigung als ich bei Tag überhaupt nichts geschrieben hätte. Die angezündete Glühlampe, die stille Wohnung, das Dunkel draußen, die letzten Augenblicke des Wachseins sie geben mir das Recht zu schreiben und sei es auch das Elendste. Und dieses Recht benütze ich eilig. Das bin ich also.

26 ⟨*Dezember 1910*⟩ zwei ½ Tage war ich – allerdings nicht vollständig – allein und schon bin ich, wenn auch nicht verwandelt, so doch auf dem Wege. Das Alleinsein hat eine Kraft über mich, die nie versagt. Mein Inneres löst sich (vorläufig nur oberflächlich) und ist bereit Tieferes hervorzulassen. Eine kleine Ordnung meines Innern fängt an sich herzustellen und nichts brauche ich mehr, denn Unordnung bei kleinen Fähigkeiten ist das Ärgste.

27 ⟨*Dezember 1910*⟩ Meine Kraft reicht zu keinem Satz mehr aus. Ja, wenn es sich um Worte handeln würde, wenn es genügte ein Wort hinzusetzen und man sich wegwenden könnte im ruhigen Bewußtsein, dieses Wort ganz mit sich erfüllt zu haben.

Zum Teil habe ich den Nachmittag verschlafen, während des Wachseins lag ich auf dem Kanapee, überdachte einige Liebeserlebnisse aus meiner Jugend, hielt mich ärgerlich bei einer versäumten Gelegenheit auf (damals lag ich etwas verkühlt im Bett und meine Gouvernante las mir die »Kreuzersonate« vor, wobei sie es verstand meine Aufregung zu genießen), stellte mir das vegetarische Nachtmahl vor, war mit meiner Verdauung zufrieden und hatte Befürchtungen, darüber, ob mein Augenlicht für mein ganzes Leben genügen wird.

---

28 ⟨*Dezember 1910*⟩ Wenn ich mich ein paar Stunden menschlich benommen habe, wie heute mit Max und später bei Baum, bin ich vor dem Schlafengehn schon hochmütig

3 I 11

»Du« sagte ich und gab ihm hierauf einen kleinen Stoß mit dem Knie. »Ich will mich verabschieden.« Bei dem plötzlichen Reden flog mir etwas Speichel als schlechtes Vorzeichen aus dem Mund.

»Das hast Du Dir aber lange überlegt« sagte er trat von der Wand weg und streckte sich.

Nein. Das habe ich mir gar nicht überlegt.

Worüber hast Du also nachgedacht?

Ich habe mich zum letzten Male noch für die Gesellschaft vorbereitet. Streng Dich so an, wie Du kannst, das wirst Du nicht verstehn. Ich, ein beliebiger Mann aus der Provinz, den man jeden Augenblick mit einem von jenen austauschen kann, wie sie vor den Bahnhöfen nach bestimmten Zügen zu hunderten beisammenstehn

4. I 11 »Glaube und Heimat« von Schönherr.
Die nassen Finger der Galeriebesucher unter mir, die sich die Augen wischen.

6 I 11

»Du« sagte ich, zielte und gab ihm einen kleinen Stoß mit dem Knie, jetzt geh ich aber. Wenn Du es mitansehn willst, mach die Augen auf

Also doch? fragte er, wobei er mich aus vollständig offenen Augen mit einem geraden Blick ansah der aber dennoch so schwach war, daß ich ihn mit einem Wehen des Armes hätte abwehren können. Du gehst also doch. Was soll ich machen? Halten kann ich Dich nicht. Und wenn ich es könnte, so will ich es nicht. Damit will ich Dich nur über Dein Gefühl aufklären, nach welchem Du doch von mir zurückgehalten werden könntest. Und sofort setzte er das Gesicht der niedrigen Dienstboten auf, mit dem diese innerhalb eines sonst geregelten Staates die herrschaftlichen Kinder folgsam oder ängstlich machen dürfen

7. I 11 Maxens Schwester, die in ihren Bräutigam so verliebt ist, daß sie es so einzurichten sucht, mit jedem Besucher einzeln zu reden, da man sich dem Einzelnen gegenüber besser über seine Liebe aussprechen und wiederholen kann

7 I 11 Wie durch Zauberei, denn weder äußere noch innere Umstände, die jetzt freundlicher sind als seit einem Jahr hinderten mich, wurde ich während des ganzen freien Tags, es ist ein Sonntag vom Schreiben abgehalten. – Einige neue Erkenntnisse über das Unglückswesen, das ich bin, sind mir tröstend aufgegangen.

Du sagte ich, zielte und gab ihm einen kleinen Stoß mit dem Knie, mach die Augen auf, ich will mich verabschieden. Bei dem plötzlichen Reden flog mir etwas Speichel als schlechtes Vorzeichen aus dem Mund.

Also doch sagte er und sah mich mit einem mehrmals über mein Gesicht hinfahrenden Blick an, der mich aber nur zufällig zu treffen schien, da ich ihn mit einem Wehen des Armes hätte abwehren können.

12. I 11 Ich habe vieles in diesen Tagen über mich nicht aufgeschrieben, teils aus Faulheit (ich schlafe jetzt so viel und fest

bei Tag, ich habe während des Schlafes ein größeres Gewicht) teils aber auch aus Angst, meine Selbsterkenntnis zu verraten. Diese Angst ist berechtigt, denn endgiltig durch Aufschreiben fixiert, dürfte eine Selbsterkenntnis nur dann werden, wenn dies in größter Vollständigkeit bis in alle nebensächlichen Konsequenzen hinein sowie mit gänzlicher Wahrhaftigkeit geschehen könnte. Denn geschieht dies nicht – und ich bin dessen jedenfalls nicht fähig – dann ersetzt das Aufgeschriebene nach eigener Absicht und mit der Übermacht des Fixierten das bloß allgemein Gefühlte nur in der Weise, daß das richtige Gefühl schwindet, während die Wertlosigkeit des Notierten zu spät erkannt wird.

Vor paar Tagen Leonie Frippon Kabaretteuse Stadt Wien. Frisur umbundener Lockenhaufen. Schlechtes Mieder, sehr altes Kleid (Ritterdame), aber sehr hübsch mit tragischen Bewegungen, Anstrengungen der Augenlider, Ausfällen der langen Beine, gut verstandenem Strecken der Arme den Leib entlang, Bedeutung des steifen Halses bei zweideutigen Stellen. Gesungen: Knopfsammlung im Louvre.

Schiller von Schadow 1804 in Berlin, wo er sehr geehrt worden war, gezeichnet. Fester als bei dieser Nase kann man ein Gesicht nicht fassen. Die Nasenmittelwand ist ein wenig herabgezogen infolge der Gewohnheit bei der Arbeit an der Nase zu zupfen. Ein freundlicher etwas hohlwangiger Mensch, den das rasierte Gesicht wahrscheinlich greisenhaft gemacht hat.

---

14 I 11
Roman »Eheleute« von Beradt. Viel schlechtes jüdisches. Ein plötzliches einförmiges neckisches Auftreten des Autors z. B. alle waren lustig, aber einer war da, der war nicht lustig oder da kommt ein Herr Stern (den wir bis in seine Romanknochen hinein schon kennen). Auch bei Hamsun gibt es ähnliches, aber dort ist es so natürlich wie die Knoten in Holz, hier aber tropft es in die Handlung wie eine Modemedizin auf Zucker. – An sonderbaren Wendungen wird grundlos festgehalten z. B. er war um ihre Haare bemüht, bemüht und wieder bemüht. – Einzelne Menschen sind, ohne in ein neues Licht gebracht zu werden, gut herausgebracht, so gut, daß selbst streckenweise Fehler nicht schaden. Nebenpersonen meist trostlos.

17 I 11 Max hat mir den ersten Akt des »Abschiedes von der Jugend« vorgelesen. Wie kann ich so, wie ich heute bin, diesem beikommen; ein Jahr müßte ich suchen, ehe ich ein wahres Gefühl in mir fände und soll im Kaffeehaus spät am Abend von verlaufenen Winden einer trotz allem schlechten Verdauung geplagt einem so großen Werk gegenüber irgendwie berechtigt auf meinem Sessel sitzen bleiben dürfen.

19 I 11
Ich werde, da ich von Grund aus fertig zu sein scheine – im letzten Jahr bin ich nicht mehr als 5 Minuten lang aufgewacht – jeden Tag entweder mich von der Erde wegwünschen müssen oder aber, ohne daß ich darin auch die mäßigste Hoffnung sehen dürfte, von vorn als kleines Kind anfangen müssen. Ich werde es hiebei äußerlich leichter haben als damals. Denn in jenen Zeiten strebte ich noch kaum mit matter Ah-

nung zu einer Darstellung, die von Wort zu Wort mit meinem Leben verbunden wäre, die ich an meine Brust ziehen und die mich von meinem Platz hinreißen sollte. Mit welchem Jammer (dem gegenwärtigen allerdings unvergleichbar) habe ich angefangen! Welche Kälte verfolgte mich aus dem Geschriebenen tagelang! Wie groß war die Gefahr und wie wenig unterbrochen wirkte sie, daß ich jene Kälte gar nicht fühlte, was freilich mein Unglück im Ganzen nicht viel kleiner machte.

Einmal hatte ich einen Roman vor, in dem zwei Brüder gegeneinander kämpften, von denen einer nach Amerika fuhr, während der andere in einem europäischen Gefängnis blieb. Ich fieng nur hie und da Zeilen zu schreiben an, denn es ermüdete mich gleich. So schrieb ich einmal auch an einem Sonntagnachmittag, als wir bei den Großeltern zu Besuch waren und ein dort immer übliches besonders weiches Brot mit Butter bestrichen aufgegessen hatten, etwas über mein Gefängnis auf. Es ist schon möglich, daß ich es zum größten Teil aus Eitelkeit machte und durch Verschieben des Papiers auf dem Tischtuch, Klopfen mit dem Bleistift, Herumschauen in der Runde unter der Lampe durch jemanden verlocken wollte, das Geschriebene mir wegzunehmen, es anzuschauen und mich zu bewundern. In den paar Zeilen war in der Hauptsache der Korridor des Gefängnisses beschrieben, vor allem seine Stille und Kälte; über den zurückbleibenden Bruder war auch ein mitleidiges Wort gesagt, weil es der gute Bruder war. Vielleicht hatte ich ein augenblicksweises Gefühl für die Wertlosigkeit meiner Schilderung, nur habe ich vor jenem Nachmittag auf solche Gefühle nie viel geachtet, wenn ich unter den Verwandten, an die ich gewöhnt war (meine Ängstlichkeit war so groß, daß sie mich im Gewohnten schon halb glücklich machte) um den runden Tisch im bekannten Zimmer saß und nicht vergessen konnte, daß ich jung und aus dieser gegenwärtigen Ungestörtheit zu großem berufen war. Ein Onkel der gern auslachte nahm mir endlich das Blatt, das ich nur schwach hielt, sah es kurz an, reichte es mir wieder sogar ohne zu lachen und sagte nur zu den andern, die ihn mit den Augen verfolgten »Das gewöhnliche Zeug«, zu mir sagte er nichts. Ich blieb zwar sitzen und beugte mich wie früher über mein also unbrauchbares Blatt, aber aus der Gesellschaft war ich tatsächlich mit einem Stoß vertrieben, das Urteil des Onkels wiederholte sich in mir mit schon fast wirklicher Bedeutung und ich bekam selbst innerhalb des Familiengefühls einen Einblick in den kalten Raum unserer Welt, den ich mit einem Feuer erwärmen mußte, das ich erst suchen wollte

20. II 11
Mella Mars in der »Lucerna«. Eine witzige Tragödin, die gewissermaßen auf einer verkehrten Bühne so auftritt, wie sich Tragödinnen manchmal hinter der Szene zeigen. Beim Auftreten hat sie ein müdes, allerdings auch flaches leeres altes Gesicht, wie dies für alle bewußten Schauspieler ein natürlicher Anlauf ist. Sie spricht sehr scharf auch ihre Bewegungen sind so von dem durchgebogenen Daumen angefangen, der statt der Knochen harte Sehnen zu haben scheint. Besondere Wandlungsfähigkeit ihrer Nase durch die wechselnden Lichter und Vertiefungen der ringsherum spielenden Muskeln. Trotz der ewigen Blitze ihrer Bewegungen und Worte pointiert sie zart.

Kleine Städte haben auch kleine Umgebungen für den Spaziergänger.

Die jungen reinen gut gekleideten Jungen neben mir im Promenoir erinnerten mich an meine Jugend und machten daher einen unappetitlichen Eindruck auf mich.

Kleist Jugendbriefe 22 Jahre alt. Gibt den Soldatenstand auf. Zuhause fragt man: Also welche Brodwissenschaft, denn die hielt man für selbstverständlich. Du hast die Wahl zwischen Jurisprudenz u. Kameralwissenschaft. Aber hast Du auch Konnexionen bei Hofe? »Ich verneinte anfänglich etwas verlegen, aber erklärte darauf umso viel stolzer, daß ich wenn ich auch Konnexionen hätte, mich nach meinen jetzigen Begriffen schämen müßte, darauf zu rechnen. Man lächelte, ich fühlte, daß ich mich übereilt hatte. Solche Wahrheiten muß man sich hüten auszusprechen«

21. II 11 Mein Leben hier ist so, als wäre ich eines zweiten Lebens ganz gewiß, so wie ich z. B. den mißlungenen Aufenthalt in Paris im Hinblick darauf verschmerzte, daß ich danach streben werde bald wieder hinzukommen. Hiebei der Anblick der scharf getrennten Licht- und Schattenpartien auf dem Gassenpflaster.

Einen Augenblick fühlte ich mich umpanzert.

Wie fern sind mir z. B. die Armmuskeln.

Marc Henry – Delvard. Das durch den leeren Saal erzeugte tragische Gefühl im Zuschauer begünstigt die Wirkung ernster Lieder, schadet den lustigen. – Henry prologiert, unterdes die Delvard hinter einem Vorhang, der, was sie nicht weiß durchscheinend ist sich die Haare ordnet. – Wetzler der Veranstalter scheint bei schlechtbesuchten Veranstaltungen seinen assyrischen Bart, der sonst tiefschwarz ist, graumeliert zu tragen. – Gut sich von so einem Temperament anblasen zu lassen, das hält für 24 Stunden, nein nicht solange. – Viel Kleideraufwand, bretonische Kostüme, der unterste Unterrock ist der längste, so daß man den Reichtum von der Ferne zählen kann. – Zuerst begleitet die Delvard, weil man einen Begleiter sparen wollte, in einem weiten ausgeschnittenen grünen Kleid und friert. – Pariser Straßenrufe. Zeitungsausträger sind ausgelassen. – Jemand spricht mich an, ehe ich aufatme bin ich verabschiedet. – Delvard ist lächerlich, sie hat das Lächeln alter Jungfern, eine alte Jungfer des deutschen Kabarets, mit einem roten Shawl, den sie sich hinter dem Vorhang holt, macht sie Revolution, Gedichte von Dauthendey mit der gleichen zähen nicht zu zerhackenden Stimme. Nur wie sie frauenhaft anfangs am Klavier saß, war sie lieb. – Bei dem Lied »a Batignolles« spürte ich Paris im Hals. Batignolles soll rentnerhaft sein, auch seine Apachen. Bruant hat jedem Quartier sein Lied gemacht.

Die städtische Welt.

Oskar M. ein älterer Student – wenn man ihn nahe ansah, erschrak man vor seinen Augen – blieb an einem Winternachmittag mitten im Schneefall auf einem leeren Platze stehn in seinen Winterkleidern mit dem Winterrock darüber einem Shawl um den Hals und einer Fellmütze auf dem Kopf. Er zwinkerte mit den Augen vor Nachdenken. So sehr hatte er sich in Gedanken verlassen, daß er einmal die Mütze abnahm und mit ihrem krausen Fell sich über das Gesicht strich. Endlich schien er zu einem Schluß gekommen und wendete sich mit einer Tanzdrehung zum Heimweg. Als er die Tür des elterlichen Wohnzimmers öffnete, sah er seinen Vater einen glattrasierten Mann mit schwerem Fleischgesicht der Tür zugekehrt an einem leeren Tische sitzen. »Endlich« sagte dieser kaum daß Oskar den Fuß ins Zimmer gesetzt hatte bleib ich bitte Dich bei der Tür, ich habe nämlich eine solche Wut auf Dich, daß ich meiner nicht sicher bin. Aber Vater sagte Oskar und merkte erst beim Reden wie er gelaufen war. Ruhe schrie der Vater und stand auf, wodurch er ein Fenster verdeckte. Ruhe befehle ich. Und Deine Aber laß Dir, verstehst Du. Dabei nahm er den Tisch mit beiden Händen und trug ihn einen Schritt Oskar näher. Dein Lotterleben ertrage ich einfach nicht länger. Ich bin ein alter Mann. In Dir dachte ich einen Trost des Alters zu haben, indessen bist Du für mich ärger als alle meine Krankheiten. Pfui über einen solchen Sohn, der durch Faulheit, Verschwendung, Bosheit, und Dummheit seinen alten Vater ins Grab drängt. Hier verstummte der Vater, bewegte aber sein Gesicht, als rede er noch. Lieber Vater sagte Oskar und gieng vorsichtig dem Tisch zu, beruhige Dich, alles wird gut werden. Ich habe heute einen Einfall gehabt, der mich zu einem tätigen Menschen machen wird, wie Du es Dir nur wünschen kannst. Wie das? fragte der Vater und sah in eine Zimmerecke. Vertraue mir nur, beim Abendessen werde ich Dir alles erklären. In meinem Innern war ich immer ein guter Sohn, nur daß ich es nach außen nicht zeigen konnte, verbitterte mich so, daß ich Dich lieber ärgerte, wenn ich Dich schon nicht erfreuen konnte. Jetzt aber laß mich noch ein wenig spazieren gehn damit sich meine Gedanken klarer entwickeln. Der Vater, der sich zuerst aufmerksam werdend auf den Tischrand gesetzt hatte, stand auf: Ich glaube nicht, daß das, was Du jetzt gesagt hast viel Sinn hat, ich halte es eher für Geschwätz. Aber schließlich bist Du mein Sohn – Komm rechtzeitig wir werden zuhause nachtmahlen und Du kannst Deine Sache dann vortragen. Dieses kleine Vertrauen genügt mir, ich bin Dir dafür vom Herzen dankbar. Aber ist es denn nicht schon an meinen Blicken zu sehn, daß ich mit einer ernsten Sache vollkommen beschäftigt bin? Ich sehe vorläufig nichts sagte der Vater. Aber es kann auch meine Schuld sein, denn ich bin aus der Übung gekommen, Dich überhaupt anzusehn. Dabei machte er, wie es seine Gewohnheit war, durch regelmäßiges Beklopfen der Tischplatte darauf aufmerksam, wie die Zeit vergieng. Die Hauptsache aber ist, daß ich gar kein Vertrauen mehr zu Dir habe Oskar. Wenn ich Dich einmal anschreie – wie Du gekommen bist, habe ich Dich doch angeschrien? nicht wahr? – so tue ich das nicht in der Hoffnung, es könnte Dich bessern, ich tue es nur in Gedanken an Deine arme gute Mutter, die jetzt vielleicht noch kein unmittelbares Leid über Dich verspürt, aber schon an der Anstrengung, ein solches Leid abzuwehren, denn sie glaubt Dir dadurch irgendwie zu helfen, langsam zugrundegeht. Aber schließlich sind das ja Sachen die Du sehr gut weißt und ich hätte schon aus Rücksicht auf mich nicht wieder an sie erinnert, wenn Du mich durch Deine Versprechungen nicht dazu gereizt hättest. Während der letzten Worte trat das Dienstmädchen ein, um nach dem Feuer im Ofen zu sehn. Kaum hatte sie das Zimmer verlassen, als Oskar ausrief: Aber Vater! Ich hätte das nicht erwartet. Wenn ich nur einen kleinen Einfall gehabt hätte, sagen wir, einen Einfall zu meiner Dissertation, die ja doch schon 10 Jahre in meinem Kasten liegt und Einfälle braucht wie Salz so ist möglich wenn auch nicht wahrscheinlich, daß ich wie es heute geschehen ist, vom Spaziergang nach Hause gelaufen wäre und gesagt hätte: Vater ich habe glücklicherweise diesen und diesen Einfall. Wenn Du daraufhin mit Deiner ehrwürdigen Stimme die Vorwürfe von vorhin mir ins

Gesicht gesagt hättest, dann wäre mein Einfall einfach weggeblasen gewesen und ich hätte sofort mit irgendeiner Entschuldigung oder ohne solche abmarschieren müssen. Jetzt dagegen! Alles was Du gegen mich sagst, hilft meinen Ideen, sie hören nicht auf, stark werdend füllen sie mir den Kopf. Ich werde gehn, weil ich nur im Alleinsein Ordnung in sie bringen kann. Er schluckte an seinem Athem in dem warmen Zimmer. Es kann ja auch eine Lumperei sein, die Du im Kopf hast sagte der Vater mit großen Augen dann glaube ich schon, daß sie Dich festhält. Wenn sich aber etwas Tüchtiges in Dich verirrt hat, entlauft es Dir über Nacht. Ich kenne Dich. Oskar drehte den Kopf, als halte man ihn am Halse. Laß mich jetzt. Du bohrst überflüssiger Weise in mich hinein. Die bloße Möglichkeit, daß Du mein Ende richtig voraussagen kannst, sollte Dich wahrhaftig nicht dazu verlocken, mich in meiner guten Überlegung zu stören. Vielleicht gibt Dir meine Vergangenheit das Recht dazu, aber Du solltest es nicht ausnützen. Da siehst Du am besten, wie groß Deine Unsicherheit sein muß, wenn sie Dich dazu zwingt, so gegen mich zu sprechen. Nichts zwingt mich sagte Oskar und zuckte im Genick. Er trat auch ganz eng an den Tisch heran, so daß man nicht mehr wußte wem er gehörte. Was ich sagte, sagte ich in Ehrfurcht und sogar aus Liebe zu Dir, wie Du später noch sehen wirst, denn an meinen Entschlüssen hat die Rücksichtnahme auf Dich und Mama den größten Anteil. Da muß ich Dir schon jetzt danken sagte der Vater da es ja sehr unwahrscheinlich ist, daß Deine Mutter und ich im rechten Augenblick noch dessen fähig sein werden. Bitte Vater laß doch die Zukunft noch schlafen, wie sie es verdient. Wenn man sie nämlich vorzeitig weckt, bekommt man dann eine verschlafene Gegenwart. Daß Dir das aber erst Dein Sohn sagen muß. Auch wollte ich Dich ja noch nicht überzeugen, sondern Dir nur die Neuigkeit melden. Und das wenigstens ist mir, wie Du selbst zugeben mußt gelungen. Jetzt Oskar wundert mich eigentlich noch eins: warum Du mit einer solchen Sache wie heute nicht schon öfters zu mir gekommen bist. Sie entspricht so Deinem bisherigen Wesen. Nein tatsächlich, es ist mein Ernst.

Ja hättest Du mich dann durchgehaut statt mir zuzuhören. Ich bin hergelaufen, das weiß Gott, um Dir rasch eine Freude zu machen. Verraten kann ich Dir aber nichts solange mein Plan nicht vollständig fertig ist. Warum strafst Du mich also für meine gute Absicht und willst von mir Erklärungen haben, die jetzt noch der Ausführung meines Planes schaden könnten.

Schweig ich will gar nichts wissen. Aber ich muß Dir sehr rasch antworten, weil Du Dich zur Tür zurückziehst und offenbar etwas sehr Dringendes vorhast: Meine erste Wut hast Du mit Deinem Kunststück beruhigt, nur mir ist jetzt noch trauriger zu Mut als früher und deshalb bitte ich Dich – wenn Du darauf bestehst kann ich auch die Hände falten – sage wenigstens der Mutter nichts von Deinen Ideen. Laß es mit mir genug sein.

Das ist ja nicht mein Vater der so mit mir spricht rief Oskar, der den Arm schon auf die Türklinke gelegt hatte. Es ist seit Mittag etwas mit Dir vorgegangen oder Du bist ein fremder Mensch, dem ich jetzt zum erstenmal im Zimmer meines Vaters begegne. Mein wirklicher Vater – Oskar schwieg einen Augenblick mit offenem Mund – er hätte mich doch umarmen müssen, er hätte die Mutter hergerufen. Was hast Du Vater?

Du solltest lieber mit Deinem wirklichen Vater nachtmahlen, mein ich. Es würde vergnügter zugehn.

Er wird schon kommen. Schließlich kann er nicht ausbleiben. Und die Mutter muß dabei sein. Und Franz den ich jetzt hole. Alle. Darauf drängte Oskar mit der Schulter gegen die leicht aufgehende Türe, als habe er sich vorgenommen, sie einzudrücken.

In Franzens Wohnung angekommen beugte er sich zur kleinen Hauswirtin mit den Worten: Der Herr Ingenieur schläft ich weiß, das macht nichts, und ohne sich um die Frau zu kümmern, die aus Unzufriedenheit mit dem Besuch nutzlos im Vorzimmer auf und ab gieng, öffnete er die Glastür, die als sei sie an einer empfindlichen Stelle gefaßt in seiner Hand erzitterte und rief unbekümmert um das Innere des Zimmers, das er noch kaum sah: Franz, aufstehn. Ich brauch Deinen fachmännischen Rat. Aber hier im Zimmer halte ich es nicht aus, wir müssen ein bischen spazierengehn, Du mußt auch bei uns nachtmahlen. Also rasch. Sehr gern sagte der Ingenieur von seinem Lederkanapee her aber was zuerst aufstehn nachtmahlen spazierengehn, Ratgeben? Einiges werde ich auch überhört haben. Vor allem keine Witze machen Franz. Das ist das Wichtigste, das habe ich vergessen. Den Gefallen mach ich Dir sofort. Aber das Aufstehn – Ich würde lieber zweimal für Dich nachtmahlen als einmal aufstehn. Also jetzt auf! Keine Widerrede. Oskar faßte den schwachen Menschen vorn beim Rock und setzte ihn auf. Du bist aber rabiat weißt Du. Alle Achtung. Er wischte sich mit beiden kleinen Fingern die geschlossenen Augen aus. Sag. Hab ich dich schon einmal so vom Kanape gerissen. Aber Franz sagte Oskar mit verzogenem Gesicht zieh Dich schon an. Ich bin doch kein Narr, daß ich Dich ohne Grund geweckt hätte. – Ebenso habe ich auch nicht ohne Grund geschlafen. Ich habe gestern Nachtdienst gehabt, dann bin ich heute schon um meinen Mittagsschlaf gekommen, auch Deinetwegen – Wieso? Ach was, es ärgert mich schon, wie wenig Rücksicht Du auf mich nimmst. Es ist nicht das erste Mal. Natürlich Du bist ein freier Student und kannst machen was Du willst. Jeder ist nicht so glücklich. Da muß man doch Rücksichten nehmen, zum Kuckuck. Ich bin zwar Dein Freund, aber deshalb hat man mir noch meinen Beruf nicht abgenommen. – Er zeigte das durch Hin- und Herschütteln der flachen Hände. Muß ich aber nach Deinem jetzigen Mundwerk nicht glauben, daß Du mehr als genug ausgeschlafen bist sagte Oskar der sich auf einen Bettpfosten hinaufgezogen hatte von wo er den Ingenieur ansah als habe er schon etwas mehr Zeit wie früher. Also was willst Du eigentlich von mir? oder besser gesagt warum hast Du mich geweckt fragte der Ingenieur und rieb sich stark den Hals unter seinem Ziegenbart in dieser nähern Beziehung, die man nach dem Schlaf zu seinem Körper hat. Was ich von Dir will sagte Oskar leise und gab dem Bett einen Stoß mit dem Fußabsatz. Sehr wenig. Ich habe es Dir doch schon aus dem Vorzimmer gesagt: daß Du Dich anziehst. Wenn Du damit Oskar andeuten willst, daß mich Deine Neuigkeit sehr wenig interessiert, so hast Du ganz recht. Das ist ja gut, so wird das Feuer, in das sie Dich setzen wird, ganz auf ihre eigene Rechnung gehn, ohne daß sich unsere Freundschaft eingemischt hätte. Die Auskunft wird auch klarer sein, ich brauche klare Auskunft, das halte Dir vor Augen. Wenn Du aber vielleicht Kragen und Kravatte suchst, sie liegen dort auf dem Sessel. Danke sagte der Ingenieur, und fieng an Kragen u. Kravatte zu befestigen auf Dich kann man sich halt doch verlassen.

---

26 III 11

Teosophische Vorträge des Dr. Rudolf Steiner Berlin. Retorische Wirkung: Behagliche Besprechung der Einwände der Gegner, der Zuhörer staunt über diese starke Gegnerschaft, weitere Ausführung und Belobung dieser Einwände, der Zuhörer geräth in Sorge, völlige Versenkung in diese Einwände als gebe es sonst nichts, der Zuhörer hält jetzt eine Widerle-

gung überhaupt für unmöglich und ist mit einer flüchtigen Beschreibung der Verteidigungsmöglichkeit mehr als zufriedengestellt.
Dieser rhetorische Effekt entspricht übrigens der Vorschrift der devotionellen Stimmung. – Dauerndes Anschauen der Fläche der vorgehaltenen Hand. – Auslassen des Schlußpunktes. Im allgemeinen fängt der gesprochene Satz mit seinem großen Anfangsbuchstaben beim Redner an, biegt sich in seinem Verlaufe so weit er kann zu den Zuhörern hinaus und kehrt mit dem Schlußpunkt zu dem Redner zurück. Wird aber der Punkt ausgelassen, dann weht der nicht mehr gehaltene Satz unmittelbar mit ganzem Atem den Zuhörer an.

---

früher Vortrag Loos und Kraus.

Wir sind jetzt fast gewöhnt, in westeuropäischen Erzählungen, sobald sie nur einige Gruppen von Juden umfassen wollen, unter oder über der Darstellung gleich auch die Lösung der Judenfrage zu suchen und zu finden. In den Jüdinnen nun wird eine solche Lösung nicht gezeigt ja nicht einmal vermuthet, denn gerade jene Personen, die sich mit solchen Fragen beschäftigen stehen in der Erzählung weiter vom Mittelpunkt ab, dort wo die Ereignisse sich schon rascher drehn, so daß wir sie zwar noch genau beobachten können, aber keine Gelegenheit mehr finden, um von ihnen eine ruhige Auskunft über ihre Bestrebungen zu erhalten. Kurz entschlossen erkennen wir darin einen Mangel der Erzählung und fühlen uns zu einer solchen Ausstellung umso mehr berechtigt, als heute seit dem Dasein des Zionismus die Lösungsmöglichkeiten so klar um das jüdische Problem herum angeordnet sind, daß der Schriftsteller schließlich nur einige Schritte hätte machen müssen, um die seiner Erzählung gemäße Lösungsmöglichkeit zu finden.

Dieser Mangel entspringt aber noch einem andern. Den Jüdinnen fehlen die nichtjüdischen Zuschauer, die angesehenen gegensätzlichen Menschen, die in andern Erzählungen das Jüdische herauslocken, daß es gegen sie vordringt, in Verwunderung, Zweifel, Neid Schrecken und endlich, endlich in Selbstvertrauen versetzt wird, jedenfalls sich aber erst ihnen gegenüber in seiner ganzen Länge aufrichten kann. Das eben verlangen wir, eine andere Auflösung von Judenmassen erkennen wir nicht an. Auch berufen wir uns auf dieses Gefühl nicht nur in diesem Fall, es ist in einer Richtung wenigstens allgemein. So freut uns auch auf einem Fußweg in Italien das Aufzucken der Eidechsen vor unsern Schritten ungemein immerfort möchten wir uns bücken, sehn wir sie aber bei einem Händler zu Hunderten in den großen Flaschen durcheinanderkriechen in denen man sonst Gurken einzulegen pflegt so wissen wir uns nicht einzurichten

Beide Mängel vereinigen sich zu einem dritten. Die »Jüdinnen« können jenen vordersten Jüngling entbehren, der sonst innerhalb seiner Erzählung die besten zu sich reißt und in schöner radialer Richtung an die Grenzen des jüdischen Kreises führt. Das eben will uns nicht eingehn, daß diesen Jüngling die Erzählung entbehren kann, hier ahnen wir einen Fehler mehr, als daß wir ihn sehn.

Du hast heute Geburtstag, aber ich schicke Dir nicht einmal das gewöhnliche Buch, denn es wäre nur Schein; im Grunde bin ich doch nicht einmal im Stande Dir ein Buch zu schenken. Nur weil ich es so nötig habe, heute einen Augenblick und sei es nur mit dieser Karte in Deiner Nähe zu sein, schreibe ich und habe mit der Klage deshalb angefangen, damit Du mich gleich erkennst.

Wir sind jetzt fast gewöhnt, in westeuropäischen Erzählungen, sobald sie nur einige Gruppen von Juden umfassen wollen, irgendwo unter oder über der Darstellung gleich auch die Lösung der Judenfrage zu suchen und zu finden. In den »Jüdinnen« aber wird eine solche Lösung nicht gezeigt, ja nicht einmal vermuthet, denn gerade jene Personen, die sich mit solchen Fragen befassen stehen in der Erzählung weiter vom Mittelpunkt ab, dort wo die Ereignisse sich schon rascher drehn, so daß wir sie zwar noch genau beobachten können, aber keine Gelegenheit mehr finden, um von ihnen eine ruhige Auskunft über ihre Bestrebungen zu erhalten. Kurz entschlossen erkennen wir darin einen Mangel der Erzählung und fühlen uns zu einer solchen Ausstellung umso mehr berechtigt, als heute seit dem Dasein des Zionismus die Lösungsmöglichkeiten so klar um das jüdische Problem herum angeordnet liegen, daß der Schriftsteller schließlich nur einige Schritte hätte machen müssen, um die seiner Erzählung gemäße Lösungsmöglichkeit zu finden.

Dieser Mangel entspringt wenn man genauer zusieht einem früheren. Den Jüdinnen fehlen

Es war schon eine Gewohnheit der vier Freunde Robert Samuel, Max und Franz geworden jeden Sommer oder Herbst ihre kleinen Ferien zu einer gemeinsamen Reise zu verwenden. Während des übrigen Jahres bestand ihre Freundschaft meist darin, daß sie gerne an einem Abend in der Woche alle vier zusammenkamen meist bei Samuel der als der wohlhabendste ein größeres Zimmer hatte, einander verschiedenes erzählten und dazu mäßig Bier tranken. Mit dem Erzählen waren sie um Mitternacht, wenn sie auseinandergiengen niemals fertig, da Robert Sekretär eines Vereins war, Samuel Angestellter eines kommerciellen Bureaus, Max Staatsbeamter und Franz Beamter in einem Bankgeschäft, so daß fast alles, was einer während der Woche in seinem Berufe erlebt hatte, den drei andern unbekannt und ihnen rasch erzählt sondern ohne umständliche Erklärung auch unverständlich war. Vor allem aber brachte es die Verschiedenheit dieser Berufe mit sich, daß jeder gezwungen war seinen Beruf den andern immer wieder darzustellen, denn diese Darstellungen wurden von den andern weil sie doch nur schwache Menschen waren nicht genug gründlich aufgefaßt gerade deshalb aber und auch aus guter Freundschaft immer wieder verlangt. Weibergeschichten wurden dagegen selten vorgenommen, denn wenn auch Samuel für seine Person an ihnen Geschmack gefunden hätte, so hütete er sich, zu verlangen, daß sich die Unterhaltung nach seinen Bedürfnissen einrichte, wobei ihm öfters das alte Mädchen, welches das Bier holte, als eine Mahnung erschien. Gelacht wurde aber so viel an diesen Abenden, daß Max auf dem Nachhauseweg sagte, dieses ewige Lachen sei eigentlich bedauerlich, weil man dadurch an alle ernsten Sachen vergesse, von denen doch jeder gerade genug zu tragen hätte. Während man lache denke man für den Ernst sei noch Zeit genug. Das sei aber nicht richtig, denn der Ernst stelle natürlich größere Ansprüche an den Menschen und es sei doch klar, daß man in Gesellschaft der Freunde auch größeren Ansprüchen zu genügen fähig sei als allein. Lachen solle man im Bureau, weil man dort nicht mehr zustandebringe. Diese Meinung war gegen Robert gerichtet, der in seinem in dem alten durch ihn sich verjüngenden Kunstverein viel arbeitete und gleichzeitig die komischesten Dinge bemerkte, mit denen er seine Freunde unterhielt.

Schon wenn er anfieng verließen die Freunde ihre Plätze, stellten sich zu ihm oder setzten sich auf den Tisch und lachten besonders Max und Franz so selbstvergessen, daß Samuel alle Gläser auf ein Seitentischchen hinübertrug. War man vom Erzählen ermüdet setzte sich Max mit plötzlich neuer Kraft zum Klavier und spielte, während Robert und Samuel ihm zur Seite auf dem Bänkchen saßen, Franz dagegen der nichts von Musik verstand, allein am Tisch Samuels Ansichtskartensammlung durchsah oder die Zeitung las. Wenn die Abende wärmer wurden und das Fenster schon offen bleiben konnte, kamen wohl alle vier zum Fenster und sahen die Hände auf dem Rücken in die Gasse hinunter ohne sich von dem freilich schwachen Verkehr in ihrer Unterhaltung beirren zu lassen. Nur hie und da gieng einer zum Tisch zurück, um einen Schluck zu machen, oder zeigte auf die Lockenfrisuren zweier Mädchen, die unten vor ihrer Weinstube saßen oder auf den Mond, der sie leicht überraschte oder Max beschrieb das, was er erzählte, mit ausgespannten Fingern draußen in der Luft über die Schulter des andern weg, bis endlich Franz sagte, es sei kühl, man solle das Fenster schließen. Im Sommer trafen sie einander manchmal in einem öffentlichen Garten, setzten sich an einen Tisch ganz am Rande, wo es dunkler war, tranken einander zu und merkten im Gespräch die Köpfe beisammen das ferne Blasorchester kaum. Arm in Arm, in gleichem Schritt giengen sie dann durch die Anlagen nach Hause. Die zwei am Rande drehten die Stöckchen oder schlugen in die Gebüsche, Robert [Man denkt man beschreibt ihn richtig, aber es ist nur angenähert und wird vom Tagebuch korrigiert.] forderte sie zum Singen auf, sang dann aber allein gut für vier, der zweite in der Mitte fühlte sich dabei besonders sicher aufgehoben. An einem solchen Abend sagte Franz und drückte seine zwei Nachbarn näher an sich, es wäre doch so schön, beisammen zu sein, daß er nicht verstehen könne, warum sie nur einmal in der Woche zusammenkommen, während es doch sicher leicht einzurichten wäre, wenn nicht öfters, so wenigstens zweimal wöchentlich einander zu sehn warum nicht lieber zweimal. Alle waren dafür, selbst der vierte der von außen her Franzens leises Sprechen nur undeutlich verstanden hatte. Ein solches Vergnügen sei sicher die kleine Mühe wert, die es hie und da einem machen würde. Franz schien es als bekomme er zur Strafe dafür daß er ungebeten für alle rede, eine hohle Stimme. Aber er ließ nicht ab. Und wenn einer einmal wirklich nicht kommen könne, so sei es eben sein Schade und er könne nächstens getröstet werden, aber müßten deshalb die andern auf einander verzichten, seien nicht drei für einander genug und wenn es sein muß auch zwei. Natürlich, natürlich sagten alle. Am Rande löste sich Samuel los und gieng knapp vor den 3 andern, weil sie so einander näher waren. Dann aber schien es ihm wieder nicht so und er hieng sich lieber ein. Robert machte einen Vorschlag: Wir kommen jede Woche zusammen und lernen italiänisch. Italiänisch zu lernen sind wir entschlossen denn schon voriges Jahr haben wir in dem kleinen Stückchen Italien, wo wir waren, gesehn, daß unser Italienisch nur dazu ausreicht, nach dem Weg zu fragen, wenn wir uns ihr erinnert Euch zwischen den Weingartenmauern der Campagna verirrt hatten. Und selbst dazu hat es doch nur unter großer Anstrengung der Gefragten ausgereicht. Lernen müssen wir also wenn wir heuer wieder nach Italien wollen. Da hilft nichts. Und ist es da nicht das Beste zusammen zu lernen? Nein sagte Max wir werden zusammen nichts erlernen. Das weiß ich ebenso bestimmt, wie daß Du Sam für das gemeinsame Lernen bist. Und ob sagte Samuel. Wir werden sicher sehr gut zusammen lernen, ich bedauere es nur immer, daß wir nicht schon auf der Schule beisammen waren. Wißt Ihr eigentlich, daß wir einander erst 2 Jahre lang kennen. Er beugte sich vor, um alle 3 zu sehn. Sie hatten ihren Schritt verlangsamt und die Arme gelockert. Erlernt haben wir aber zusammen noch nichts sagte Franz. Mir gefällt es ja sehr gut so. Ich will gar nichts lernen. Wenn wir aber Italienisch lernen müssen, dann ist es besser jeder lernt es für sich. Das versteh ich nicht sagte Samuel. Zuerst willst Du daß wir jede Woche zusammenkommen, dann willst Du es wieder nicht. »Aber geh sagte Max, ich und Franz wollen doch nur, daß unser Zusammensein durch das Lernen und unser Lernen nicht durch das Zusammensein gestört wird sonst nichts.« No ja sagte Franz. Es ist ja auch nicht mehr viel Zeit sagte Max jetzt ist Juni und im September wollen wir fahren. Deshalb will ich gerade daß wir zusammen lernen sagte Robert und machte große Augen auf die zwei die gegen ihn waren. Besonders sein Hals wurde gelenkig, wenn man ihm widersprach.

Es liegt wahrscheinlich im Wesen der Freundschaft und folgt ihr schattengleich – einer wird es begrüßen, der andere bedauern, der dritte gar nicht merken

⟨Fortsetzung des Textes aus ›Tagebücher, Band 2: 1912–1914‹; Seite 122.⟩

dem Schubal etwas vorzuwerfen war, so war es der Umstand, daß er die Widerspenstigkeit des Heizers im Laufe der Zeiten nicht so weit hatte brechen können, daß es dieser heute noch gewagt hatte vor dem Kapitän zu erscheinen.

Nun konnte man ja vielleicht noch annehmen die Gegenüberstellung des Heizers und Schubals werde die ihr vor einem höhern Forum zukommende Wirkung auch vor den Menschen nicht verfehlen, denn wenn sich auch Schubal gut verstellen konnte, er mußte es doch durchaus nicht bis zum Ende aushalten können. Ein kurzes Aufblitzen seiner Schlechtigkeit sollte genügen, um sie den Herren sichtbar zu machen, dafür wollte Karl schon sorgen. Er kannte doch schon beiläufig den Scharfsinn, die Schwächen, die Launen der einzelnen Herren und unter diesem Gesichtpunkt war die bisher hier verbrachte Zeit nicht verloren. Wenn nur der Heizer besser auf dem Platze gewesen wäre, aber der schien vollständig kampfunfähig. Wenn man ihm den Schubal hingehalten hätte, hätte er wohl dessen gehaßten Schädel mit den Fäusten aufklopfen können, wie eine dünnschalige Nuß. Aber schon die paar Schritte zu ihm hinzugehn, war er wohl kaum imstande. Warum hatte denn Karl das so leicht vorauszusehende, nicht vorausgesehn, daß Schubal endlich kommen müsse, wenn nicht aus eigenem Antrieb, so vom Kapitän gerufen. Warum hatte er auf dem Herweg mit dem Heizer nicht einen genauen Kriegsplan besprochen, statt wie sie es in Wirklichkeit getan hatten heillos unvorbereitet einfach dort einzutreten, wo eine Türe war? Konnte der Heizer überhaupt noch reden, ja und nein sagen, wie es bei dem Kreuzverhör, das allerdings nur im günstigsten Fall bevorstand nötig sein würde. Er stand da, die Beine auseinandergestellt, die Knie ein wenig gebogen, den Kopf etwas gehoben und die Luft verkehrte durch den offenen Mund als gebe es innen keine Lungen mehr, die sie verarbeiteten

Karl allerdings fühlte sich so kräftig und bei Verstand, wie er es vielleicht zu hause niemals gewesen war. Wenn ihn doch seine Eltern sehen könnten, wie er im fremden Land vor angesehenen Persönlichkeiten das Gute verfocht und wenn er es auch noch nicht zum Siege gebracht hatte, so doch zur letzten Eroberung sich vollkommen bereit stellte. Würden sie ihre Meinung über ihn revidieren? Ihn zwischen sich niedersetzen und loben? Ihm einmal einmal in die ihnen so ergebenen Augen sehn? Unsichere Fragen und ungeeignetester Augenblick sie zu stellen!

»Ich komme, weil ich glaube, daß mich der Heizer irgendwelcher Unredlichkeiten beschuldigt. Ein Mädchen aus der Küche sagte mir, sie hätte ihn auf dem Wege hierher gesehen. Herr Kapitän und sie alle meine Herren, ich bin bereit, jede Beschuldigung an der Hand meiner Schriften, nötigenfalls durch Aussagen unvoreingenommener und unbeeinflußter Zeugen, die vor der Türe stehn, zu widerlegen.« So sprach Schubal. Das war allerdings die klare Rede eines Mannes und nach der Veränderung in den Mienen der Zuhörer hätte man glauben können, sie hörten zum erstenmal nach langer Zeit wieder menschliche Laute. Sie bemerkten freilich nicht, daß selbst diese schöne Rede Löcher hatte. Warum war das erste sachliche Wort das ihm einfiel »Unredlichkeiten«? Hätte vielleicht die Beschuldigung hier einsetzen müssen, statt bei seinen nationalen Voreingenommenheiten? Ein Mädchen aus der Küche hatte den Heizer auf dem Weg ins Bureau gesehn und Schubal hatte sofort begriffen? War es nicht das Schuldbewußtsein, das ihm den Verstand schärfte? Und Zeugen hatte er gleich mitgebracht und nannte sie noch außerdem unvoreingenommen und unbeeinflußt? Gaunerei nichts als Gaunerei und die Herren duldeten das und anerkannten es noch als richtiges Benehmen? Warum hatte er zweifellos sehr viel Zeit zwischen der Meldung des Küchenmädchens und seiner Ankunft hier verstreichen lassen, doch zu keinem andern Zwecke als damit der Heizer die Herren so ermüde, daß sie allmählich ihre klare Urteilskraft verloren hätten, welche Schubal vor allem zu fürchten hatte? Hatte er der sicher schon lange hinter der Tür gestanden war nicht erst in dem Augenblick geklopft, als er infolge der nebensächlichen Frage jenes Herren hoffen durfte, der Heizer sei erledigt?

Alles war klar und wurde ja auch von Schubal wider Willen so dargeboten, aber den Herren mußte man es anders, noch handgreiflicher sagen. Sie brauchten Aufrüttelung. Also Karl, rasch, nütze jetzt wenigstens die Zeit aus, ehe die Zeugen auftreten und alles überschwemmen.

Eben aber winkte der Kapitän dem Schubal ab, der daraufhin sofort – denn seine Angelegenheit schien für ein Weilchen verschoben worden zu sein – bei seite trat und mit dem Diener, der sich ihm gleich angeschlossen hatte, eine leise Unterhaltung begann, bei der es an Seitenblicken nach dem Heizer und Karl sowie an den überzeugtesten Handbewegungen nicht fehlte. Schubal schien so seine nächste große Rede einzuüben.

»Wollten Sie nicht, den jungen Mann hier etwas fragen, Herr Jakob?« sagte der Kapitän unter allgemeiner Stille zu dem Herrn mit dem Bambusstöckchen.

»Allerdings« sagte dieser mit einer kleinen Neigung für die Aufmerksamkeit dankend. Und fragte dann Karl nochmals: »Wie heißen Sie eigentlich?«

Karl, welcher glaubte, es sei im Interesse der großen Hauptsache gelegen, wenn dieser Zwischenfall des hartnäkkigen Fragers bald erledigt würde, antwortete kurz, ohne wie es seine Gewohnheit war, durch Vorlage des Passes sich vorzustellen, den er erst hätte suchen müssen: »Karl Roßmann.«

»Aber« sagte der mit Jakob angesprochene und trat zuerst fast ungläubig lächelnd zurück. Auch der Kapitän, der Oberkassier, der Schiffsofficier ja sogar der Diener zeigten deutlich ein übermäßiges Erstaunen wegen Karls Namen. Nur die Herren von der Hafenbehörde und Schubal verhielten sich gleichgültig.

»Aber« wiederholte der Herr Jakob und trat mit etwas steifen Schritten auf Karl zu, dann bin ich ja Dein Onkel Jakob und Du bist mein lieber Neffe. Ahnte ich es doch die ganze Zeit über sagte er zum Kapitän hin, ehe er Karl umarmte und küßte, der alles stumm geschehen ließ.

Wie heißen Sie? fragte Karl nachdem er sich losgelass. fühlte zwar sehr höflich aber gänzlich ungerührt und strengte sich an, die Folgen abzusehn, welche dieses neue Ereignis für den Heizer haben könne. Vorläufig deutete nichts darauf hin, daß Schubal aus dieser Sache Nutzen ziehen könnte.

Begreifen Sie doch junger Mann ihr Glück sagte der Kapitän, der durch die Frage die Würde der Person des Herrn Jakob verletzt glaubte, der sich zum Fenster gestellt hatte, offenbar um sein aufgeregtes Gesicht, das er überdies mit einem Taschentuch betupfte, den andern nicht zeigen zu müssen. Es ist der Staatsrat Edward Jakob, der sich ihnen als ihr Onkel zu erkennen gegeben hat. Es erwartet sie nunmehr, doch wohl ganz gegen ihre bisherigen Erwartungen eine glänzende Laufbahn. Versuchen Sie das einzusehn, so gut es im ersten Augenblick geht und fassen sie sich.

Ich habe allerdings einen Onkel Jakob in Amerika sagte Karl zum Kapitän gewendet, aber wenn ich recht verstanden habe, lautet bloß der Zuname des Herrn Staatsrat, Jakob«

So ist es sagte der Kapitän erwartungsvoll.

Nun mein Onkel Jakob, welcher der Bruder meiner Mutter ist, heißt aber mit dem Taufnamen Jakob während sein

Zuname, natürlich gleich jenem meiner Mutter lauten müßte, welche eine geborene Bendelmayer ist.

»Meine Herren!« rief der Staatsrat, der von seinem Erholungsposten beim Fenster munter zurückkehrte, mit Bezug auf Karls Erklärung aus. Alle mit Ausnahme der Hafenbeamten brachen in Lachen aus, manche wie in Rührung, manche undurchdringlich.

So lächerlich war das was ich gesagt habe doch keineswegs dachte Karl.

»Meine Herren« wiederholte der Staatsrat Sie nehmen gegen meinen und gegen ihren Willen an einer kleinen Familienscene teil und ich kann deshalb nicht umhin, ihnen eine Erläuterung zu geben, da wie ich glaube nur der Herr Kapitän (diese Erwähnung hatte eine gegenseitige Verbeugung zur Folge) vollständig unterrichtet ist.

Jetzt muß ich aber wirklich auf jedes Wort achtgeben sagte sich Karl und freute sich als er bei einem Seitwärtsschauen bemerkte, daß in die Figur des Heizers das Leben zurückzukehren begann.

Ich lebe seit allen den langen Jahren meines amerikanischen Aufenthaltes – das Wort Aufenthalt paßt hier allerdings schlecht für den amerikanischen Bürger der ich mit ganzer Seele bin – seit allen den langen Jahren lebe ich also von meinen europäischen Verwandten vollständig abgetrennt, aus Gründen die erstens nicht hierhergehören und die zweitens zu erzählen mich wirklich zu sehr hernehmen würde. Ich fürchte mich sogar vor dem Augenblick, wo ich gezwungen sein werde, sie meinem lieben Neffen zu erzählen, wobei sich leider ein offenes Wort über seine Eltern und ihren Anhang nicht vermeiden lassen wird.

»Er ist mein Onkel kein Zweifel« sagte sich Karl und lauschte. »Wahrscheinlich hat er seinen Namen ändern lassen.«

Mein lieber Neffe ist nun von seinen Eltern – sagen wir nur das Wort, das die Sache auch wirklich bezeichnet – einfach beiseitegeschafft worden, wie man eine Katze vor die Tür wirft, wenn sie ärgert. Ich will durchaus nicht beschönigen, was mein Neffe gemacht, daß er so gestraft wurde – beschönigen ist nicht amerikanische Art – aber sein Verschulden ist von der Art daß dessen einfaches Nennen schon genug Entschuldigung enthält.

»Das läßt sich hören« dachte Karl »aber ich will nicht daß er es allen erzählt. Übrigens kann er es ja auch nicht wissen. Woher denn? Aber wir werden sehn, er wird schon alles wissen.«

»Er wurde nämlich« fuhr der Onkel fort und stützte sich mit kleinen Neigungen auf das vor ihm eingestemmte Bambusstöckchen wodurch es ihm tatsächlich gelang, der Sache einen Teil der unnötigen Feierlichkeit zu nehmen, den sie sonst unbedingt gehabt hätte – er wurde nämlich von einem Dienstmädchen Johanna Brummer, einer etwa 35jährigen Person verführt. Ich will mit dem Worte verführt meinen Neffen durchaus nicht kränken, aber es ist doch schwer, ein anderes gleich passendes Wort zu finden.

Karl der schon ziemlich nahe zum Onkel getreten war, drehte sich hier um, um den Eindruck der Erzählung von den Gesichtern der Anwesenden abzulesen. Keiner lachte, alle hörten geduldig und ernsthaft zu. Schließlich lacht man auch nicht über den Neffen eines Staatsrates bei der ersten Gelegenheit die sich darbietet. Eher hätte man schon sagen können, daß der Heizer wenn auch nur ganz wenig Karl anlächelte, was aber erstens als neues Lebenszeichen erfreulich und zweitens entschuldbar war, da ja Karl in der Kabine aus dieser Sache, die jetzt so publik wurde, ein besonderes Geheimnis hatte machen wollen.

Nun hat diese Brummer setzte der Onkel fort, von meinem Neffen ein Kind bekommen, einen gesunden Jungen, welcher in der Taufe den Namen Jakob erhielt, zweifellos in Gedanken an meine Wenigkeit, welche selbst in den sicher nur ganz nebensächlichen Erwähnungen meines Neffens auf das Mädchen einen großen Eindruck gemacht haben muß. Glücklicherweise sage ich. Denn da die Eltern zur Vermeidung der Alimentenzahlung oder sonstigen bis an sie selbst heranreichenden Skandales – ich kenne wie ich betonen muß, weder die dortigen Gesetze noch die sonstigen Verhältnisse der Eltern, sondern weiß nur von zwei Bettelbriefen der Eltern aus früherer Zeit, die ich zwar unbeantwortet gelassen aber aufgehoben habe und welche meine einzige und überdies einseitige briefliche Verbindung mit ihnen in der ganzen Zeit bedeuten – da also die Eltern zur Vermeidung der Alimentenzahlung und des Skandales ihren Sohn meinen lieben Neffen nach Amerika haben transportieren lassen, mit unverantwortlich ungenügender Ausrüstung, wie man sieht – wäre der Junge, wenn man von den gerade noch in Amerika lebendigen Zeichen und Wundern absieht, auf sich allein angewiesen, wohl schon gleich in einem Gäßchen im Hafen von Newyork verkommen, wenn nicht jenes Dienstmädchen in einem an mich gerichteten Brief, der nach langen Irrfahrten vorgestern in meinen Besitz kam, mir die ganze Geschichte, samt Personenbeschreibung meines Neffen und vernünftigerweise auch Namensnennung des Schiffes die Ankunft meines Neffen angezeigt hat. Wenn ich es darauf angelegt hätte, sie meine Herren zu unterhalten, könnte ich wohl einige Stellen jenes Briefes – er zog zwei riesige eng beschriebene Briefbogen aus der Tasche und schwenkte sie – hier vorlesen. Er würde sicher Wirkung machen, da mit einer etwas einfachen wenn auch immer gut gemeinten Schlauheit und mit viel Liebe zu dem Vater ihres Kindes geschrieben ist. Aber ich will weder sie mehr unterhalten, als es zur Aufklärung nötig ist noch vielleicht gar zum Empfang möglicherweise noch bestehende Gefühle meines Neffen verletzen, der den Brief, wenn er mag, in der Stille seines ihn schon erwartenden Zimmers zur Belehrung lesen kann.

Karl hatte aber keine Gefühle für jenes Mädchen. Im Gedränge einer immer mehr zurückgestoßenen Vergangenheit saß sie in ihrer Küche neben dem Küchenschrank, auf dessen Platte sie ihren Elbogen stützte. Sie sah ihn an, wenn er hin und wieder in die Küche kam, um ein Glas zum Wassertrinken für seinen Vater zu holen oder einen Auftrag seiner Mutter auszurichten. Manchmal schrieb sie in der vertrakten Stellung seitlich vom Küchenschrank einen Brief und holte sich die Eingebungen von Karls Gesicht. Manchmal hielt sie die Augen mit der Hand verdeckt, dann drang keine Anrede zu ihr. Manchmal kniete sie in ihrem engen Zimmerchen neben der Küche und betete zu einem hölzernen Kreuz, Karl beobachtete sie dann nur mit Scheu im Vorübergehn durch die Spalte der ein wenig geöffneten Tür. Manchmal jagte sie in der Küche herum und fuhr wie eine Hexe lachend zurück, wenn Karl ihr in den Weg kam. Manchmal schloß sie die Küchentüre, wenn Karl eingetreten war, und behielt die Klinke solange in der Hand bis er wegzugehn verlangte. Manchmal holte sie Sachen, die er gar nicht haben wollte, und drückte sie ihm schweigend in die Hände. Einmal aber sagte sie »Karl!« und führte ihn, der noch über die unerwartete Ansprache staunte, unter Grimassen seufzend in ihr Zimmerchen, das sie zusperrte. Würgend umarmte sie seinen Hals und während sie ihn bat sie zu entkleiden, entkleidete sie in Wirklichkeit ihn und legte ihn in ihr Bett, als wolle sie ihn von jetzt niemandem mehr lassen und ihn streicheln und pflegen bis zum Ende der Welt. »Karl, o Du mein Karl« rief sie als sehe sie ihn und bestätige sich seinen Besitz, während er nicht das geringste sah und sich unbehaglich in dem vielen warmen Bettzeug fühlte, das sie eigens für ihn aufgehäuft zu haben schien. Dann legte sie sich auch zu ihm und wollte irgendwelche Geheimnisse von ihm erfahren, aber er konnte ihr keine sagen und sie ärgerte sich im Scherz oder Ernst, schüttelte ihn, horchte sein Herz ab, bot ihre Brust zum gleichen Abhorchen hin, wozu sie Karl aber nicht bringen konnte, drückte ihren nackten Bauch an seinen Leib, suchte mit der Hand, so widerlich daß Karl Kopf und Hals aus den Kissen heraus schüttelte, zwischen seinen Beinen, stieß dann den Bauch einigemale gegen ihn, ihm war als sei sie ein Teil seiner selbst und vielleicht aus diesem Grunde hatte ihn eine entsetzliche Hilfsbedürftigkeit ergriffen. Weinend kam er endlich nach vielen Wiedersehenswünschen ihrerseits in sein Bett. Das war alles gewesen und doch verstand es der Onkel, daraus eine große Geschichte zu machen. Und die Köchin hatte also auch ihn gedacht und den Onkel von seiner Ankunft verständigt. Das war schön von ihr gehandelt und er würde es ihr wohl noch einmal vergelten.

»Und jetzt« rief der Senator will ich von Dir offen hören, ob ich Dein Onkel bin oder nicht.

»Du bist mein Onkel« sagte Karl und küßte ihm die Hand und wurde dafür auf die Stirn geküßt. »Ich bin sehr froh daß ich Dich getroffen habe, aber Du irrst, wenn Du glaubst, daß meine Eltern nur Schlechtes von Dir reden. Aber auch abgesehen davon sind in Deiner Rede einige Fehler enthalten gewesen d. h. ich meine es hat sich in Wirklichkeit nicht alles so zugetragen. Du kannst aber auch wirklich von hier aus die Dinge nicht so gut beurteilen und ich glaube außerdem, daß es keinen besondern Schaden bringen wird, wenn die Herren in Einzelheiten einer Sache, an der ihnen doch wirklich nicht viel liegen kann, ein wenig unrichtig informiert worden sind«

»Wohl gesprochen« sagte der Senator, führte Karl vor den sichtlich teilnehmenden Kapitän und sagte »Habe ich nicht einen prächtigen Neffen?«

»Ich bin glücklich« sagte der Kapitän mit einer Verbeugung wie sie nur militärisch geschulte Leute zu stande bringen »Ihren Neffen, Herr Senator, kennen gelernt zu haben. Es ist eine besondere Ehre für mein Schiff, daß es den Ort eines solchen Zusammentreffens abgeben konnte. Aber die Fahrt im Zwischendeck war wohl sehr arg, ja wer kann das wissen wer da mit geführt wird. Einmal ist z. B. auch der Erstgeborene des obersten ungarischen Magnaten, der Name und der Grund der Reise ist mir schon entfallen, in unserem Zwischendeck gefahren. Ich habe es erst viel später erfahren. Nun wir tun alles mögliche, den Leuten im Zwischendeck die Fahrt möglichst zu erleichtern, viel mehr z. B. als die amerikanischen Linien, aber eine solche Fahrt zu einem Vergnügen zu machen, ist uns allerdings noch immer nicht gelungen.«

»Es hat mir nicht geschadet« sagte Karl.

»Es hat ihm nicht geschadet!« wiederholte laut lachend der Senator.

Nur meinen Koffer fürchte ich verloren zu – Und damit erinnerte er sich an alles, was geschehen war und was noch zu tun übrig blieb sah sich um und erblickte alle Anwesenden stumm vor Achtung und Staunen auf ihren frühern Plätzen die Augen auf ihn gerichtet. Nur den Hafenbeamten sah man, soweit ihre strengen selbstzufriedenen Gesichter einen Einblick gestatteten, das Bedauern an, zu so ungelegener Zeit gekommen zu sein und die Taschenuhr die sie jetzt vor sich liegen hatten, war ihnen wahrscheinlich wichtiger als alles was im Zimmer vorgieng und vielleicht noch geschehen konnte.

Der erste welcher nach dem Kapitän seine Anteilnahme

aussprach, war merkwürdigerweise der Heizer. »Ich gratuliere Ihnen herzlich« sagte er und schüttelte Karl die Hand, womit er auch etwas wie Anerkennung ausdrücken wollte. Als er sich dann mit der gleichen Ansprache auch an den Senator wenden wollte, trat dieser jedoch zurück, als überschreite der Heizer damit seine Rechte; der Heizer ließ auch sofort ab.

Die übrigen aber sahen jetzt ein, was zu tun war und bildeten gleich um Karl und den Senator einen Wirrwarr. So geschah es, daß Karl sogar eine Gratulation Schubals erhielt, annahm und für sie dankte. Als letzte traten in der wieder entstandenen Ruhe die Hafenbeamten hinzu und sagten zwei englische Worte, was einen lächerlichen Eindruck machte.

Der Senator war ganz in der Laune, um das Vergnügen vollständig auszukosten, nebensächlichere Momente sich und den andern in Erinnerung zu bringen, was natürlich von allen nicht nur geduldet, sondern mit Interesse hingenommen wurde. So machte er darauf aufmerksam, daß er sich die in dem Brief der Köchin erwähnten hervorstechendsten Erkennungszeichen Karls in sein Notizbuch zu möglicherweise notwendigen augenblicklichen Gebrauch eingetragen hatte. Nun hatte er während des unerträglichen Geschwätzes des Heizers zu keinem andern Zweck, als um sich abzulenken, das Notizbuch herausgezogen und die natürlich nicht gerade detektivisch richtigen Beobachtungen der Köchin mit Karls Aussehn zum Spiel in Verbindung zu bringen gesucht. »Und so findet man seinen Neffen« schloß er in einem Tone, als wolle er noch einmal Gratulationen bekommen.

»Was wird jetzt dem Heizer geschehn?« fragte Karl, vorbei an der letzten Erzählung des Onkels. Er glaubte in seiner neuen Stellung, alles was er dachte auch aussprechen zu können.

»Dem Heizer wird geschehn, was er verdient« sagte der Senator »und was der Herr Kapitän erachtet. Ich glaube wir haben von dem Heizer genug und übergenug, wozu mir jeder der anwesenden Herren sicher zustimmen wird.«

»Darauf kommt es doch nicht an, bei einer Sache der Gerechtigkeit« sagte Karl. Er stand zwischen dem Onkel und dem Kapitän und glaubte vielleicht durch diese Stellung beeinflußt die Entscheidung in der Hand zu haben.

Und trotzdem schien der Heizer nichts mehr für sich zu hoffen. Die Hände hielt er halb in den Hosengürtel, der durch seine aufgeregten Bewegungen mit Streifen eines gemusterten Hemdes zum Vorschein gekommen. Das kümmerte ihn nicht im geringsten, er hatte sein ganzes Leid geklagt, nun sollte man auch noch die paar Fetzen sehn, die er am Leibe trug und dann sollte man ihn forttragen. Er dachte sich aus, der Diener und Schubal als die zwei hier im Range tiefsten sollten ihm diese letzte Güte erweisen. Schubal würde dann Ruhe haben und nicht mehr in Verzweiflung kommen, wie sich der Oberkassier ausgedrückt hatte. Der Kapitän würde lauter Rumänen anstellen können, es würde überall rumänisch gesprochen werden und vielleicht würde dann wirklich alles besser gehn. Kein Heizer würde mehr in der Hauptkassa schwätzen, nur sein letztes Geschwätz würde man in ziemlich freundlicher Erinnerung behalten, da es, wie der Senator ausdrücklich erklärt hatte, die mittelbare Veranlassung zur Erkennung des Neffen gegeben hatte. Dieser Neffe hatte ihm übrigens vorher öfters zu nützen gesucht und daher für seinen Dienst bei der Wiederkennung längst vorher einen mehr als genügenden Dank abgestattet; dem Heizer fiel gar nicht ein, jetzt noch etwas von ihm zu verlangen. Im übrigen mochte er auch der Neffe des Senators sein, ein Kapitän war er noch lange nicht, aber aus dem Munde des Kapitäns würde schließlich das böse Wort fallen. – So wie es seiner Meinung entsprach versuchte auch der Heizer nicht zu Karl hinzusehn, aber leider blieb in diesem Zimmer der Feinde kein anderer Ruheort für seine Augen.

»Mißverstehe die Sachlage nicht« sagte der Senator zu Karl »es handelt sich vielleicht um eine Sache der Gerechtigkeit, aber gleichzeitig um eine Sache der Disciplin. Beides und ganz besonders das letztere unterliegt hier der Beurteilung des Herrn Kapitäns.«

»So ist es« murmelte der Heizer. Wer es merkte und verstand, lächelte befremdet.

»Wir aber haben überdies den Herrn Kapitän in seinen Amtsgeschäften, die sich sicher gerade bei der Ankunft in Newyork unglaublich häufen, so sehr schon behindert, daß es höchste Zeit für uns ist, das Schiff zu verlassen, um nicht zum Überfluß auch noch durch irgendwelche höchstunnötige Einmischung diese geringfügige Zänkerei zweier Maschinisten zu einem Ereignis zu machen. Ich begreife Deine Handlungsweise lieber Neffe übrigens vollkommen, aber gerade das gibt mir das Recht Dich eilends von hier fortzuführen.«

»Ich werde sofort ein Boot für Sie flott machen lassen« sagte der Kapitän, ohne zum Erstaunen Karls auch nur den kleinsten Einwand gegen die Worte des Onkels vorzubringen, die doch zweifellos als eine Selbstdemütigung des Onkels angesehen werden konnten. Der Oberkassier eilte überstürzt zum Schreibtisch und telephonierte den Befehl des Kapitäns an den Bootsmeister.

»Die Zeit drängt schon« sagte sich Karl, »aber ohne alle zu beleidigen kann ich nichts tun. Ich kann doch jetzt den Onkel nicht verlassen, nachdem er mich kaum wiedergefunden hat. Der Kapitän ist zwar höflich, aber das ist auch alles. Bei der Disciplin hört seine Höflichkeit auf, und der Onkel hat ihm sicher aus der Seele gesprochen. Mit Schubal will ich nicht reden, es tut mir sogar leid, daß ich ihm die Hand gereicht habe. Und alle andern Leute hier sind Spreu.«

Und er gieng langsam in solchen Gedanken zum Heizer, zog dessen rechte Hand aus dem Gürtel und hielt sie spielend in der seinen. »Warum sagst Du denn nichts?« fragte er »Warum läßt Du Dir alles gefallen?«

Der Heizer legte nur die Stirn in Falten, als suche er den Ausdruck für das was er zu sagen habe. Im übrigen sah er auf seine und Karls Hand hinab.

»Dir ist ja Unrecht geschehn wie keinem auf dem Schiff, das weiß ich ganz genau.« Und Karl zog seine Finger hin und her zwischen den Fingern des Heizers, der mit glänzenden Augen ringsumher schaute, als widerfahre ihm eine Wonne, die ihm aber niemand verübeln möge.

»Du mußt Dich aber zur Wehr setzen, ja und nein sagen, sonst haben ja die Leute keine Ahnung von der Wahrheit. Du mußt mir versprechen, daß Du mir folgen wirst, denn ich selbst, das fürchte ich mit vielem Grund, werde Dir gar nicht mehr helfen können.« Und nun weinte Karl, während er die Hand des Heizers küßte und nahm die rissige, fast leblose Hand und drückte sie an seine Wangen, wie einen Schatz, auf den man verzichten muß. – Da war aber auch schon der Onkel Senator an seiner Seite und zog ihn, wenn auch nur mit dem leichtesten Zwange, fort. »Der Heizer scheint Dich bezaubert zu haben« sagte er und sah verständnisinnig über Karls Kopf zum Kapitän hin »Du hast Dich verlassen gefühlt, da hast Du den Heizer gefunden und bist ihm jetzt dankbar, das ist ja ganz löblich. Treibe das aber, schon mir zuliebe, nicht zu weit und lerne Deine Stellung begreifen.«

Vor der Türe entstand ein Lärmen, man hörte Rufe und es war sogar, als werde jemand brutal gegen die Tür gestoßen. Ein Matrose trat ein, etwas verwildert, und hatte eine Mädchenschürze umgebunden. »Es sind Leute draußen« rief er und stieß einmal mit den Elbogen herum, als sei er noch im Gedränge. Endlich fand er seine Besinnung und wollte vor dem Kapitän salutieren, da bemerkte er die Mädchenschürze, riß sie herunter warf sie zu Boden und rief: »Das ist ja ekelhaft, da haben sie mir eine Mädchenschürze umgebunden.« Dann aber klappte er die Haken zusammen und salutierte. Jemand versuchte zu lachen, aber der Kapitän sagte streng: »Das nenne ich eine gute Laune. Wer ist denn draußen?« »Es sind meine Zeugen« sagte Schubal vortretend »ich bitte ergebenst um Entschuldigung für ihr unpassendes Benehmen. Wenn die Leute die Seefahrt hinter sich haben, sind sie manchmal wie toll.« – »Rufen Sie sie sofort herein« befahl der Kapitän und gleich sich zum Senator umwendend sagte er verbindlich, aber rasch: »Haben Sie jetzt die Güte, verehrter Herr Senator mit ihrem Herrn Neffen diesem Matrosen zu folgen, der sie ins Boot bringen wird. Ich muß wohl nicht erst sagen, welches Vergnügen und welche Ehre mir das persönliche Bekanntwerden mit Ihnen, Herr Senator, bereitet hat. Ich wünsche mir nur bald Gelegenheit zu haben, mit Ihnen, Herr Senator wieder einmal unser unterbrochenes Gespräch über die amerikanischen Flottenverhältnisse wiederaufnehmen zu können und dann vielleicht neuerdings auf so angenehme Weise wie heute unterbrochen zu werden.« »Vorläufig genügt mir dieser eine Neffe« sagte der Onkel lachend. »Und nun nehmen Sie meinen besten Dank für Ihre Liebenswürdigkeit und leben Sie wohl. Es wäre übrigens gar nicht so unmöglich, daß wir« – er drückte Karl herzlich an sich – »bei unserer nächsten Europareise vielleicht für längere Zeit zusammenkommen könnten.« »Es würde mich herzlich freuen« sagte der Kapitän. Die beiden Herren schüttelten einander die Hände, Karl konnte nur noch stumm und flüchtig seine Hand dem Kapitän reichen, denn dieser war bereits von den vielleicht 15 Leuten in Anspruch genommen, welche unter Führung Schubals zwar etwas betroffen aber doch sehr laut einzogen. Der Matrose bat den Senator vorausgehn zu dürfen und teilte dann die Menge für ihn und Karl, die leicht zwischen den sich verbeugenden Leuten durchkamen. Es schien daß diese im übrigen gutmütigen Leute den Streit Schubals mit dem Heizer als einen Spaß auffaßten, dessen Lächerlichkeit nicht einmal vor dem Kapitän aufhöre. Karl bemerkte unter ihnen auch das Küchenmädchen Line, welche, ihm lustig zuzwinkernd, die vom Matrosen hingeworfene Schürze umband, denn es war die ihrige.

Weiter dem Matrosen folgend verließen sie das Bureau, bogen in einen kleinen Gang ein, der sie nach paar Schritten zu einem Türchen brachte, von dem aus eine kurze Treppe in das Boot hinabführte, welches für sie vorbereitet war. Die Matrosen im Boot, in das ihr Führer gleich mit einem einzigen Satz hinuntersprang, erhoben sich und salutierten. Der Senator gab Karl gerade eine Ermahnung zu vorsichtigem Hinuntersteigen, als Karl noch auf der obersten Stufe in heftiges Weinen ausbrach. Der Senator legte die rechte Hand unter Karls Kinn, hielt ihn fest an sich gepreßt und streichelte ihn mit der linken Hand. So giengen sie langsam Stufe für Stufe hinab und traten engverbunden ins Boot, wo der Senator für Karl gerade sich gegenüber einen guten Platz aussuchte. Auf ein Zeichen des Senators stießen die Matrosen vom Schiffe ab und waren gleich in voller Arbeit. Kaum waren sie paar Meter vom Schiff entfernt machte Karl die unerwartete Entdeckung, daß sie sich gerade auf jener Seite des Schiffes befanden, wohin die Fenster der Hauptkassa giengen. Alle 3 Fenster waren mit Zeugen Schubals besetzt, welche freundschaftlich grüßten und winkten, sogar der Onkel dankte und ein Matrose machte das Kunststück, ohne eigentlich das gleichmäßige Rudern zu unterbrechen eine Kußhand hinaufzuschicken. Es war wirklich als gebe es keinen

Heizer mehr. Karl faßte den Onkel, mit dessen Knien sich die seinen fast berührten, genauer ins Auge und es kamen ihm Zweifel, ob dieser Mann ihm jemals den Heizer werde ersetzen können. Auch wich der Onkel seinem Blicke aus und sah auf die Wellen hin, von denen ihr Boot umschwankt wurde.

Im Hause des Onkels gewöhnte sich Karl bald an die neuen Verhältnisse. Der Onkel kam ihm aber auch in jeder Kleinigkeit freundlich entgegen und niemals mußte Karl sich erst durch schlechte Erfahrungen belehren lassen, wie dies meist das erste Leben im Ausland so verbittert.

Karls Zimmer lag im sechsten Stockwerk eines Hauses, dessen 5 untere Stockwerke, an welche sich in der Tiefe noch 3 unterirdische anschlossen, von dem Geschäftsbetrieb des Onkels eingenommen wurden. Das Licht, das in sein Zimmer durch 2 Fenster und eine Balkontüre eindrang, brachte Karl immer wieder zum Staunen, wenn er des Morgens aus seiner kleinen Schlafkammer hier eintrat. Wo hätte er wohl wohnen müssen, wenn er als armer kleiner Einwanderer ans Land gestiegen wäre? Ja vielleicht hätte man ihn, was der Onkel nach seiner Kenntnis der Einwanderungsgesetze sogar für sehr wahrscheinlich hielt, gar nicht in die Vereinigten Staaten eingelassen sondern ihn nach Hause geschickt, ohne sich weiter darum zu kümmern, daß er keine Heimat mehr hatte. Denn auf Mitleid durfte man hier nicht hoffen und es war ganz richtig, was Karl in dieser Hinsicht über Amerika gelesen hatte; nur die Glücklichen schienen hier ihr Glück zwischen den unbekümmerten Gesichtern ihrer Umgebung wahrhaft zu genießen.

Ein schmaler Balkon zog sich vor dem Zimmer seiner ganzen Länge nach hin. Was aber in der Heimatstadt Karls wohl der höchste Aussichtspunkt gewesen wäre, gestattete hier nicht viel mehr als den Überblick über eine Straße, die zwischen zwei Reihen förmlich abgehackter Häuser gerade und darum wie fliehend in die Ferne sich verlief, wo aus vielem Dunst die Formen einer Kathedrale ungeheuer sich erhoben. Und morgen wie abend und in den Träumen der Nacht vollzog sich auf dieser Straße ein immer drängender Verkehr, der von oben gesehn sich als eine aus immer neuen Anfängen ineinandergestreute Mischung von verzerrten menschlichen Figuren und von Dächern der Fuhrwerke aller Art darstellte, von der aus sich noch eine neue vervielfältigte wildere Mischung von Lärm, Staub und Gerüchen erhob, und alles dieses wurde erfaßt und durchdrungen von einem mächtigen Licht, das immer wieder von der Menge der Gegenstände zerstreut, fortgetragen und wieder eifrig herbeigebracht wurde und das dem betörten Auge so körperlich erschien, als werde über dieser Straße eine alles bedeckende Glasscheibe jeden Augenblick immer wieder mit aller Kraft zerschlagen.

Vorsichtig wie der Onkel in allem war, riet er Karl sich vorläufig ernsthaft nicht auf das Geringste einzulassen. Er sollte wohl alles prüfen und anschauen, aber sich nicht gefangen nehmen lassen. Die ersten Tage eines Europäers in Amerika seien ja einer Geburt vergleichbar und wenn man sich hier auch, damit nur Karl keine unnötige Angst habe, rascher eingewöhne als wenn man vom Jenseits in die menschliche Welt eintrete, so müsse man sich doch vor Augen halten, daß das erste Urteil immer auf schwachen Füßen stehe und daß man sich dadurch nicht vielleicht alle künftigen Urteile, mit deren Hilfe man ja hier sein Leben weiterführen wolle, in Unordnung bringen lassen dürfe. Er selbst habe Neuankömmlinge gekannt, die z. B. statt nach diesen guten Grundsätzen sich zu verhalten, tagelang auf ihrem Balkon gestanden und wie verlorene Schafe auf die Straße heruntergesehen hätten. Das müsse unbedingt verwirren! Diese einsame Untätigkeit, die sich in einen arbeitsreichen Newyorker Tag verschaut, könne einem Vergnügungsreisenden gestattet und vielleicht, wenn auch nicht vorbehaltlos angeraten werden, für einen der hier bleiben wird sei sie ein Verderben, man könne in diesem Fall ruhig dieses Wort anwenden, wenn es auch eine Übertrei-

⟨*Niederschrift außerhalb des Tagebuchs weitergeführt*⟩

Drittes Heft

26. XI ⟨*Oktober*⟩ 1911 Donnerstag.

Gestern hat Löwy den ganzen Nachmittag »Gott Mensch u. Teufel« von Gordon und dann aus seinen eigenen Tagebüchern von Paris vorgelesen. Vorgestern war ich bei der Aufführung des wilden Menschen von Gordon. – Gordon ist deshalb besser als Lateiner, Scharkansky, Feimann u. s. w. weil er mehr Details, mehr Ordnung und mehr Folgerichtigkeit in dieser Ordnung hat, dafür ist hier nicht mehr ganz das unmittelbare, förmlich ein für alle mal improvisierte Judentum der andern Stücke, der Lärm dieses Judentums klingt dumpfer und daher wiederum weniger detailliert. Es werden allerdings dem Publikum Koncessionen gemacht und manchmal glaubt man sich recken zu müssen um über die Köpfe des Newyorcker jüdischen Teaterpublikums weg das Stück zu sehn, (die Gestalt des wilden Menschen, die ganze Geschichte der Frau Seldes) schlimmer aber ist daß auch irgendeiner geahnten Kunst greifbare Koncessionen gemacht werden, daß z. B. im wilden Menschen die Handlung einen ganzen Akt flattert infolge von Bedenken, daß der wilde Mensch menschlich undeutliche, litterarisch aber so grobe Reden hält daß man lieber die Augen schließt, ebenso ist das ältere Mädchen in G. M. und Teufel. Sehr muthig ist teilweise die Handlung des »w. M.«. Eine junge Witwe heirathet einen alten Mann, der vier Kinder hat, und bringt gleich ihren Liebhaber den Wladimir Worobeitschik mit in die Ehe. Nun ruinieren die zwei die ganze Familie, Schmut Leiblich (Pipes) muß alles Geld hergeben und wird krank, der älteste Sohn Simon (Klug) ein Student verläßt das Haus, Alexander wird ein Spieler und Säufer, Lise (Tschisik) wird Dirne und Lemech (Löwy), der Idiot wird gegenüber der Frau Selde von Haß, weil sie an Stelle seiner Mutter tritt, und von Liebe, weil sie die erste ihm nahe junge Frau ist, in einen idiotischen Wahnsinn gebracht. Die so weit getriebene Handlung löst sich mit der Ermordung der Selde durch Lemech. Alle andern bleiben dem Zuschauer in unvollendeter hilfloser Erinnerung. Die Erfindung dieser Frau und ihres Liebhabers, eine Erfindung die niemanden um seine Meinung fragt hat mir unklares verschiedenartiges Selbstvertrauen gegeben.

Der diskrete Eindruck des Teaterzettels. Man erfährt nicht nur die Namen, sondern etwas mehr, aber doch nur so viel, als der Öffentlichkeit und selbst der wohlwollendsten und kühlsten über eine ihrem Urteil ausgesetzte Familie bekannt werden muß. Schmut Leiblich ist »ein reicher Kaufmann« es wird aber nicht gesagt, daß er alt und kränklich, ein lächerlicher Weiberfreund ein schlechter Vater und ein pietätloser Witwer ist, der am Jahrzeittag seiner Frau heirathet. Und doch wären alle diese Bezeichnungen richtiger als jene des Teaterzettels, denn am Ende des Stückes ist er nicht mehr reich, weil ihn die Selde ausgeraubt hat, er ist auch kaum ein Kaufmann mehr, da er sein Geschäft vernachlässigt hat. Simon ist auf dem Teaterzettel »ein Student« also etwas sehr vages, was unseres Wissens viele Söhne unserer entferntesten Bekannten sind. Alexander, dieser charakterlose junge Mann ist nur »Alexander«, von »Lise« dem häuslichen Mädchen weiß man auch nur daß sie »Lise« ist. Lemech ist leider »ein Idiot« denn das ist etwas, was sich nicht verschweigen läßt. Wladimir Worobejtschik ist nur »Seldes Geliebter«, aber nicht der Verderber einer Familie, nicht Säufer, Spieler, Wüstling, Nichtstuer, Parasit. Mit der Bezeichnung »Seldes Geliebter« ist zwar viel verraten, mit Rücksicht auf sein Benehmen aber ist es das wenigste, was man sagen kann. Nun ist überdies der Ort der Handlung Rußland, die kaum gesammelten Personen sind über ein ungeheures Gebiet verstreut oder auf einem kleinen nicht verratenen Punkt dieses Gebietes gesammelt, kurz das Stück ist unmöglich geworden, der Zuschauer wird nichts zu sehn bekommen / Trotzdem beginnt das Stück, die offenbar großen Kräfte des Verfassers arbeiten, es kommen Dinge zutage, die den Personen des Teaterzettels nicht zuzutrauen sind, die ihnen aber mit der größten Sicherheit zukommen und wenn man nur dem Peitschen, Wegreißen, Schlagen, Achselnbeklopfen, Ohnmächtigwerden, Halsabschneiden, Hinken, Tanzen in russischen Stulpenstiefeln, Tanzen mit gehobenen Frauenröcken Wälzen auf dem Kanapee glauben wollte weil dies doch Dinge sind, wo keine Widerrede hilft. Es ist jedoch nicht einmal der erinnerungsweise erlebte Höhepunkt der Zuschaueraufregung nötig um zu erkennen, daß der diskrete Eindruck des Teaterzettels ein falscher Eindruck ist, der sich erst nach der Aufführung bilden kann, jetzt aber schon unrichtig, ja unmöglich ist, der nur in einem müde abseitsstehenden entstehen kann, da für den ehrlichen Urteilenden nach der Vorstellung zwischen Teaterzettel und Vorstellung nichts Erlaubtes mehr zu sehen ist.

Vom Strich angefangen mit Verzweiflung geschrieben, weil heute besonders lärmend Karten gespielt werden, ich beim allgemeinen Tische sitzen muß, die O. mit vollem Mund lacht, aufsteht, sich setzt, über den Tisch hingreift, zu mir spricht und ich zur Vollendung des Unglücks so schlecht schreibe und an die guten, mit ununtergebrochenem Gefühl geschriebenen Pariser Erinnerungen Löwys denken muß, die aus selbständigem Feuer kommen, während ich wenigstens jetzt sicher hauptsächlich deshalb, weil ich so wenig Zeit habe, fast ganz unter Maxens Einfluß stehe, was mir manchmal zum Überfluß auch noch die Freude an seinen Arbeiten verdirbt. Weil es mich tröstet, schreibe ich mir eine autobiographische Bemerkung von Shaw her, trotzdem sie eigentlich das Gegenteil von Trost enthält: Als Knabe war er Lehrling im Contor eines Grund- u. Bodenagenten in Dublin. Er gab diesen Posten bald auf und reiste nach London und wurde Schriftsteller. In den ersten 9 Jahren von 1876–1885 verdiente er im ganzen 140 K. »Aber trotzdem ich ein starker junger Mensch war und meine Familie sich in üblen Umständen befand, warf ich mich nicht in den Kampf des Lebens; ich warf meine Mutter hinein und ließ mich von ihr erhalten. Ich war meinem alten Vater keine Stütze, im Gegenteil, ich hieng mich an seine Rockschöße.« Schließlich tröstet es mich wenig. Die Jahre, die er frei in London verbracht hat, sind für mich schon vorüber, das mögliche Glück geht immer mehr ins unmögliche über, ich führe ein schreckliches ersatzweises Leben und bin feig und elend genug, Shaw nur soweit zu folgen, daß ich die Stelle meinen Eltern vorgelesen habe. Wie mir dieses mögliche Leben mit Stahlfarben, mit gespannten Stahlstangen und luftigem Dunkel dazwischen vor den offenen Augen blitzt!

---

27. X 11 Löwys Erzählungen und Tagebücher:
wie ihn Notre Dame erschreckt, wie ihn der Tiger im Jardin de Plantes ergreift, als eine Darstellung des Verzweifelten und Hoffenden, der Verzweiflung und Hoffnung im Fraße sättigt, wie ihn sein frommer Vater in der Vorstellung befragt, ob er nun Samstag spazieren könne, ob er jetzt moderne Bücher zu lesen Zeit habe, ob er an den Fasttagen essen dürfe, während er doch Samstag arbeiten muß, überhaupt keine Zeit hat und mehr fastet als je eine Religion vorgeschrieben hat. Wenn er an seinem Schwarzbrot kauend durch die Gassen spaziert, sieht es von der Ferne aus, als esse er

Chokolade. Die Arbeit in der Mützenfabrik und sein Freund, der Socialist, der jeden für einen Bourgeois hält, der nicht genau so arbeitet wie er, z. B. Löwy mit seinen feinen Händen, der sich Sonntags langweilt, der das Lesen als etwas Üppiges verachtet, selbst nicht lesen kann und Löwy mit Ironie bittet ihm einen Brief vorzulesen, den er bekommen hat.

Das jüdische Reinigungswasser, das in Rußland jede jüdische Gemeinde hat, das ich mir als eine Kabine denke mit einem Wasserbecken von genau bestimmten Umrissen, mit vom Rabbiner angeordneten und überwachten Einrichtungen, das nur den irdischen Schmutz der Seele abzuwaschen hat, dessen äußerliche Beschaffenheit daher gleichgültig ist, das ein Symbol daher schmutzig und stinkend sein kann und auch ist aber seinen Zweck doch erfüllt. Die Frau kommt her um sich von der Periode zu reinigen, der Thoraschreiber um sich vor dem Aufschreiben des letzten Satzes eines Toraabschnittes von allen sündigen Gedanken zu reinigen.

Sitte gleich nach dem Erwachen, die Finger dreimal in Wasser zu tauchen, da die bösen Geister sich in der Nacht auf dem zweiten und dritten Fingerglied niederlassen. Rationalistische Erklärung: Es soll verhindert werden, daß die Finger gleich ins Gesicht fahren, da sie doch im Schlaf und Traum unbeherrscht alle möglichen Körperstellen die Achselhöhlen, den Popo, die Geschlechtsteile berührt haben können.

Die Garderobe hinter ihrer Bühne ist so schmal, daß wenn einer zufällig hinter dem Türvorhang der Scene vor dem

Spiegel steht und ein zweiter an ihm vorbeikommen will, er jenen Vorhang heben und sich wider Willen einen Augenblick lang dem Publikum zeigen muß.

Aberglaube: Trinkt man aus einem unvollkommenen Glas, bekommen die bösen Geister Eingang in den Menschen.

Wie wund mir die Schauspieler nach der Vorstellung vorkamen, wie ich mich fürchtete, sie mit einem Wort zu betupfen. Wie ich lieber nach einem flüchtigen Händedruck rasch weggieng, als wäre ich böse und unzufrieden weil die Wahrheit meines Eindrucks auszusprechen so unmöglich war. Alle schienen mir falsch außer Max der ruhig einiges Inhaltslose sagte. Falsch aber war der, welcher sich nach einem unverschämten Detail erkundigte, falsch der, welcher eine scherzhafte Antwort auf eine Bemerkung des Schauspielers gab, falsch der Ironische, falsch der welcher seinen mannigfaltigen Eindruck aufzulösen begann, alles Gesindel, das richtiger Weise in die Tiefe des Zuschauerraumes gedrückt, jetzt spät in der Nacht aufstand und seinen Wert wieder bemerkte. (Sehr weit vom Richtigen)

---

28. IX ⟨*Oktober 1911*⟩ Ein ähnliches Gefühl hatte ich zwar, aber vollkommen schien mir an jenem Abend bei weitem weder Spiel noch Stück. Gerade dadurch aber war ich zu einer besonderen Ehrfurcht vor den Schauspielern verpflichtet. Wer weiß bei kleinen wenn auch vielen Lücken des Eindrucks, wer die Schuld an ihnen trägt. Frau Tschissik trat einmal auf den Saum ihres Kleides und wankte einen Augenblick lang in ihrem princeßartigen Dirnenkleid, wie eine mas-

sige Säule, einmal versprach sie sich und wandte sich, um die Zunge zu beruhigen in starker Bewegung der Rückwand zu, trotzdem dies den Worten gerade nicht entsprach; es beirrte mich, aber es verhinderte nicht, den Anflug von Schauern oben auf den Wangenknochen, den ich immer beim Hören ihrer Stimme fühle. Weil aber die andern Bekannten einen viel unreineren Eindruck erhalten hatten als ich, schienen sie mir noch zu einer größern Ehrfurcht verpflichtet als ich, auch deshalb weil meiner Meinung nach ihre Ehrfurcht viel wirkungsvoller gewesen wäre, als meine, so daß ich einen doppelten Grund hatte, ihr Benehmen zu verfluchen.

»Axiome über das Drama« von Max in der Schaubühne. Hat ganz den Charakter einer Traumwahrheit, wofür auch der Ausdruck »Axiome« paßt. Je traumhafter sie sich aufbläst, desto kühler muß man sie anfassen. Es sind folgende Grundsätze ausgesprochen:
Das Wesen des Dramas liegt in einem Mangel ist die These.

Das Drama (auf der Bühne) ist erschöpfender als der Roman, weil wir alles sehn, wovon wir sonst nur lesen.

Das ist nur scheinbar, denn im Roman kann uns der Dichter, nur das Wichtige zeigen im Drama sehn wir dagegen alles, den Schauspieler, die Dekorationen, daher nicht nur das Wichtige, also weniger. Im Sinne des Romans wäre daher das beste Drama ein ganz anregungsloses z. B. philosophisches Drama, das von sitzenden Schauspielern in einer beliebigen Zimmerdekoration vorgelesen würde.

Und doch ist das beste Drama jenes das in Zeit und Raum die meisten Anregungen gibt, sich von allen Anforderungen des Lebens befreit, sich nur auf die Reden, auf die Gedanken in Monologen, auf die Hauptpunkte des Geschehens beschränkt, alles andere durch Anregungen verwaltet und

hochgehoben auf einen von Schauspielern, Malern, Regisseuren getragenen Schild nur seinen äußersten Eingebungen folgt.
Fehler dieser Schlußfolgerung: Sie wechselt ohne es anzuzeigen, den Standpunkt, sieht einmal die Dinge vom Schreibzimmer, einmal vom Publikum. Zugegeben, daß das Publikum nicht alles im Sinne des Dichters sieht, daß ihn selbst die Aufführung überrascht
29. IX ⟨*Oktober*⟩ 11 So.
so hat er doch das Stück mit allen Details in sich gehabt, ist von Detail zu Detail weitergerückt und nur weil er alle Details in den Reden versammelt, hat er ihnen die dramatische Schwere und Gewalt gegeben. Dadurch geräth das Drama in seiner höchsten Entwicklung in eine unerträgliche Vermenschlichung, die herabzuziehn, erträglich zu machen Aufgabe des Schauspielers ist, der die ihm vorgeschriebene Rolle gelockert zerfasert, wehend um sich trägt. Das Drama schwebt also in der Luft, aber nicht als ein vom Sturm getragenes Dach, sondern als ein ganzes Gebäude, dessen Grundmauern mit einer heute doch dem Irrsinn sehr nahen Kraft aus der Erde hinaufgerissen worden sind.

Manchmal scheint es, daß das Stück oben in den Sofitten ruht, die Schauspieler Streifen davon abgezogen haben, deren Enden sie zum Spiel in den Händen halten oder um den Körper gewickelt haben und daß nur hie und da ein schwer abzulösender Streifen einen Schauspieler zum Schrecken des Publikums in die Höhe nimmt.

Ich träumte heute von einem windhundartigen Esel, der in seinen Bewegungen sehr zurückhaltend war. Ich beobachtete ihn genau weil ich mir der Seltenheit der Erscheinung bewußt war, behielt aber nur die Erinnerung daran zurück, daß mir seine schmalen Menschenfüße wegen ihrer Länge und Gleichförmigkeit nicht gefallen wollten. Ich bot ihm frische, dunkelgrüne Cypressenbüschel an, die ich eben von einer alten Züricher Dame (das ganze spielte sich in Zürich ab) bekommen hatte, er wollte sie nicht, schnupperte nur leicht an ihnen; als ich sie aber dann auf einem Tisch liegen ließ, fraß er mir sie so vollständig auf, daß nur ein kaum zu erkennender kastanienähnlicher Kern übrig blieb. Später war die Rede davon, daß dieser Esel noch nie auf vieren gegangen sei, sondern sich immer menschlich aufrecht halte und seine silbrig glänzende Brust und das Bäuchlein zeige. Das war aber eigentlich nicht richtig.

Außerdem träumte ich von einem Engländer, den ich in einer Versammlung, ähnlich jener der Heilsarmee in Zürich kennen lernte. Es waren dort Sitze wie in der Schule, unter der Schreibplatte war nämlich noch ein offenes Fach; als ich einmal hineingriff um etwas zu ordnen, wunderte ich mich, wie leicht man auf der Reise Freundschaften schließt. Damit war offenbar der Engländer gemeint, der kurz darauf zu mir trat. Er hatte helle lose Kleider, die in sehr gutem Zustand waren, nur hinten an den Oberarmen war statt des Kleiderstoffes oder wenigstens über ihm festgenäht, ein grauer, faltiger, ein wenig hängender, streifig zerrissener, wie von Spinnen punktierter Stoff, der sowohl an die Ledereinlagen in Reithosen als auch an den Ärmelschutz der Nätherinnen, Ladenmädchen, Comptoiristinnen erinnerte. Sein Gesicht war gleichfalls mit einem grauen Stoff bedeckt, der sehr geschickte Ausschnitte für Mund, Augen, wahrscheinlich auch für die Nase hatte. Dieser Stoff war aber neu, gerauht eher flanellartig, sehr schmiegsam und weich, von ausgezeichnetem englischen Fabrikat. Mir gefiel das alles so, daß ich begierig war, mit dem Mann bekannt zu werden. Er wollte mich auch in seine Wohnung einladen; da ich aber schon übermorgen wegfahren mußte, zerschlug sich das. Ehe er die Versammlung verließ, zog er sich noch einige offenbar sehr praktische Kleidungsstücke an, die ihn nachdem er sie zugeknöpft hatte ganz unauffallend machten. Trotzdem er mich nicht zu sich einladen konnte, forderte er mich doch auf mit ihm auf die Gasse zu gehn. Ich folgte ihm, wir blieben gegenüber dem Versammlungslokal an einer Trottoirkante stehn, ich unten, er oben, und fanden wiederum nach einigem Gespräch, daß aus der Einladung nichts werden konnte.

Dann träumte ich, daß Max Otto und ich die Gewohnheit hatten, unsere Koffer erst auf dem Bahnhof zu packen. Da trugen wir z. B. die Hemden durch die Haupthalle zu unsern entfernten Koffern. Trotzdem dies allgemeine Sitte zu sein schien, bewährte es sich bei uns nicht, besonders deshalb weil wir erst knapp vor dem Einfahren des Zuges zu packen anfiengen. Dann waren wir natürlich aufgeregt und hatten kaum Hoffnung noch den Zug zu erreichen, wie erst gute Plätze zu bekommen.

Trotzdem die Stammgäste und Angestellten des Kaffeehauses die Schauspieler lieben, können sie sich doch den Respekt zwischen den niederwerfenden Eindrücken nicht bewahren, und verachten die Schauspieler als Hungerleider, Herumfahrende, Mitjuden ganz wie in historischen Zeiten. So wollte der Oberkellner den Löwy aus dem Saal werfen, der Türöffner ein früherer Bordellangestellter und gegenwärtiger Zuhälter schrie die kleine Tschissik nieder, als diese in der Aufregung ihres Mitgefühls »beim wilden Menschen« irgendetwas den Schauspielern gereicht haben wollte und als ich vorgestern Löwy zum Kaffeehaus zurückbegleitete, nachdem er mir im Kaffee City den ersten Akt von »Elieser ben Schevia« von Gordon vorgelesen hatte, rief ihm jener Kerl zu (er schielt und hat zwischen der gekrümmten spitzigen Nase und dem Mund eine Vertiefung, aus welcher heraus ein kleiner Schnurrbart sich sträubt): »Komm schon, Idiot. (Anspielung auf die Rolle im wilden Menschen) Man wartet. Ein Besuch ist heute da wie Du ihn wirklich nicht verdienst. Sogar ein Freiwilliger von der Artillerie ist da, schau hier.« Und er zeigt auf eine der verhängten Kaffeehausscheiben, hinter der jener Freiwillige angeblich sitzen soll. Löwy fährt sich mit der Hand über die Stirn: »Von Elieser ben Schevia zu diesem.«

Der Anblick von Stiegen ergreift mich heute so. Schon früh und mehrere Male seitdem freute ich mich an dem von meinem Fenster aus sichtbaren dreieckigen Ausschnitt des steinernen Geländers jener Treppe die rechts von der Čechbrücke zum Quaiplateau hinunter führt. Sehr geneigt, als gebe sie nur eine rasche Andeutung. Und jetzt sehe ich drüben über dem Fluß eine Leitertreppe auf der Böschung die zum Wasser führt. Sie war seit jeher dort, ist aber nur im Herbst und Winter durch Wegnahme, der sonst vor ihr liegenden Schwimmschule enthüllt und liegt dort im dunklen Gras unter den braunen Bäumen im Spiel der Perspektive.

Löwy: Vier Freunde wurden im Alter große Talmudgelehrte. Jeder aber hatte ein besonderes Schicksal. Einer wurde irrsinnig, einer starb, rabbi Elieser wurde mit 40 Jahren Freidenker und nur der älteste von ihnen, Akiba, der erst mit 40 Jahren zu studieren angefangen hatte, kam zur vollständigen Erkenntnis. Der Schüler Eliesers war reb Maier, ein frommer

Mann, dessen Frömmigkeit so groß war, daß ihm der Unterricht des Freidenkers nicht schadete. Er aß, wie er sagte den Nußkern, die Schale warf er fort. Am Samstag machte einmal Elieser einen Spazierritt, reb Maier folgte zu fuß, den Talmud in der Hand, allerdings nur 2000 Schritt denn weiter darf man am Samstag nicht gehn. Und hier entstand aus dem Spaziergang eine symbolische Rede und Gegenrede. Komm zurück zu deinem Volke sagte reb M. Reb El. weigerte sich mit einem Wortspiel.

---

30. IX ⟨*Oktober 1911*⟩ Dieses Verlangen, das ich fast immer habe, wenn ich einmal meinen Magen gesund fühle, Vorstellungen von schrecklichen Wagnissen mit Speisen in mir zu häufen. Besonders vor Selchereien befriedige ich dieses Verlangen. Sehe ich eine Wurst, die ein Zettel als eine alte harte Hauswurst anzeigt, beiße ich in meiner Einbildung mit ganzem Gebiß hinein und schlucke rasch, regelmäßig und rücksichtlos wie eine Maschine. Die Verzweiflung, welche diese Tat selbst in der Vorstellung zur sofortigen Folge hat, steigert meine Eile. Die langen Schwarten von Rippenfleisch stoße ich ungebissen in den Mund und ziehe sie dann von hinten den Magen und die Därme durchreißend wieder heraus. Schmutzige Greißlerläden esse ich vollständig leer. Fülle mich mit Häringen, Gurken und allen schlechten alten scharfen Speisen an. Bonbons werden aus ihren Blechtöpfen wie Hagel in mich geschüttet. Ich genieße dadurch nicht nur meinen gesunden Zustand, sondern auch ein Leiden, das ohne Schmerzen ist und gleich vorbeigehn kann.

Es ist meine alte Gewohnheit reine Eindrücke, ob sie schmerzlich oder freudig sind, wenn sie nur ihre höchste

Reinheit erreicht haben, nicht sich wohltätig in mein ganzes Wesen verlaufen zu lassen, sondern sie durch neue unvorhergesehene, schwache Eindrücke zu trüben und zu verjagen. Es ist nicht böse Absicht, mir selbst zu schaden, sondern Schwäche im Ertragen der Reinheit jenes Eindrucks, die aber nicht eingestanden wird, sondern lieber unter innerlicher Stille durch scheinbar willkürliches Hervorrufen des neuen Eindrucks sich zu helfen sucht, statt daß sie, was allein richtig wäre, sich offenbarte und andere Kräfte zu ihrer Unterstützung riefe. So war ich z. B. Samstag abend nach dem Anhören der guten Novelle des Fräul. T., die doch Max mehr gehört, ihm zumindest in größerem Umfange mit größerem Anhang gehört, als eine eigene, dann nach dem Anhören des ausgezeichneten Stückes »Conkurrenz« von Baum, in welchem dramatische Kraft genau so ununterbrochen bei der Arbeit und in der Wirkung gesehen werden kann, wie im Erzeugnis eines lebendigen Handwerkers, nach dem Anhören dieser beiden Dichtungen war ich so niedergeworfen und mein durch mehrere Tage schon ziemlich leeres Innere ziemlich unvorbereitet mit so schwerer Trauer angefüllt, daß ich Max auf dem Nachhauseweg erklärte aus Robert u. Samuel könne nichts werden. Zu dieser Erklärung war damals weder mir noch Max gegenüber auch nicht der geringste Mut nötig. Das folgende Gespräch verwirrte mich ein wenig, da R. u. S. damals bei weitem nicht meine Hauptsorge war und ich daher auf Maxens Einwände nicht die richtigen Antworten fand. Als ich dann aber allein war und nicht nur die Störung meiner Trauer durch das Gespräch sondern auch der fast immer wirkende Trost von Maxens Gegenwart entfallen war, entwickelte sich meine Hoffnungslosigkeit so, daß sie mein Denken aufzulösen begann (hier kommt, während ich eine Nachtmahlpause mache Löwy in die Wohnung und stört mich und freut mich von 7 Uhr bis 10) Statt jedoch zu Hause abzuwarten, was weiter geschehe, las ich unordentlich 2 Hefte der Aktion ein wenig in den Mißgeschickten, endlich auch in meinen Pariser Notizen und legte mich ins Bett eigentlich zufriedener als früher aber verstockt. Ähnlich war es vor einigen Tagen als ich von einem Spaziergang in heller Nachahmung Löwys zurückkam mit der äußerlichen meinem Ziel zugewendeten Kraft seiner Begeisterung. Auch da las ich und redete zuhause vieles durcheinander und verfiel.

31. XI *⟨Oktober 1911⟩* Trotzdem ich heute im Fischerschen Katalog im Inselalmanach in der Rundschau hie und da gelesen habe, bin ich mir jetzt dessen ziemlich bewußt alles entweder fest in mich aufgenommen zu haben oder zwar flüchtig, aber unter Abwehr jeder Schädigung. Und ich würde mir für heute abend wenn ich nicht wieder mit Löwy ausgehn müßte, genug zutrauen.

Vor einer Heiratsvermittlerin, die heute mittag einer Schwester halber bei uns war fühlte ich eine die Augen niederdrückende Verlegenheit aus einigen durcheinander gehenden Gründen. Die Frau hatte ein Kleid, dem Alter, Abgenütztheit und Schmutz einen hellgrauen Schimmer gaben. Wenn sie aufstand, behielt sie die Hände im Schooß. Sie schielte, was scheinbar die Schwierigkeit vermehrte, sie bei seite zu lassen, wenn ich zu meinem Vater hinsehen mußte, der mich einiges über den ausgebotenen jungen Mann fragte. Dagegen verringerte sich meine Verlegenheit wieder dadurch, weil ich mein Mittagessen vor mir hatte und auch ohne Verlegenheit mit dem Herstellen der Mischungen aus meinen 3 Tellern genug beschäftigt gewesen wäre. Im Gesicht hatte sie, wie ich zuerst nur partienweise sah so tiefe

Falten, daß ich an das verständnislose Staunen dachte, mit welchem Tiere solche Menschengesichter anschauen müßten. Auffallend körperlich war die kleine besonders im etwas gehobenen Abschluß kantige Nase aus dem Gesicht gesteckt.

Als ich Sonntag nachmittag drei Frauen knapp überholend in Maxens Haus trat dachte ich: Noch gibt es ein, zwei Häuser in denen ich etwas zu tun habe, noch können Frauen, die hinter mir gehn, mich an einem Sonntag nachmittag zu einer Arbeit, einem Gespräch zweckmäßig, eilig, nur ausnahmsweise es von dieser Seite schätzend, in ein Haustor einbiegen sehn. Lange muß das nicht mehr so sein.

Die Novellen von Wilhelm Schäfer lese ich besonders beim lauten Vorlesen mit dem ebenso aufmerksamen Genuß, wie wenn ich mir einen Bindfaden über die Zunge führen würde. Valli konnte ich gestern nachmittag zuerst nicht sehr gut leiden, als ich ihr aber die »Mißgeschickten« geborgt hatte, sie schon ein Weilchen darin las und schon ordentlich unter dem Einfluß der Geschichte sein mußte, liebte ich sie wegen dieses Einflusses und streichelte sie.

Um es nicht zu vergessen, für den Fall, daß mich mein Vater wieder einmal einen schlechten Sohn nennen sollte, schreibe ich mir auf, daß er vor einigen Verwandten ohne besondern Anlaß sei es nun um mich einfach zu drücken, sei es um mich vermeintlich zu retten Max einen »meschuggenen ritoch« nannte und daß er gestern als Löwy in meinem Zimmer war mit ironischem Körperschütteln und Mundverziehn von fremden Leuten sprach, die da in die Wohnung gelassen werden, was an einem fremden Menschen interessieren könne, wozu man so nutzlose Beziehungen anknüpfe u. s. w. – Ich hätte es doch nicht aufschreiben sollen, denn ich habe mich geradezu in Haß gegen meinen Vater hineingeschrieben, zu dem er doch heute keinen Anlaß gegeben hat und der wenigstens wegen Löwy unverhältnismäßig groß ist, im Vergleiche zu dem, was ich als Äußerung meines Vaters niedergeschrieben habe und der sich daran noch steigert, daß ich an das eigentlich Böse im gestrigen Benehmen des Vaters mich nicht erinnern kann.

---

1 XI 11 Heute Geschichte des Judentums von Grätz gierig und glücklich zu lesen angefangen. Weil mein Verlangen danach das Lesen weit überholt hatte, war es mir zuerst fremder als ich dachte und ich mußte hie und da einhalten, um durch Ruhe mein Judentum sich sammeln zu lassen. Gegen Schluß ergriff mich aber schon die Unvollkommenheit der ersten Ansiedlungen im neu eroberten Kanaan und die treue Überlieferung der Unvollkommenheit der Volksmänner (Josuas, der Richter, Elis)

Gestern abend Abschied von Frau Klug. Wir (ich u. Löwy) liefen den Zug entlang und sahen Frau Klug hinter einem geschlossenen Fenster des letzten Waggons im Dunkel herausschauen. Rasch streckte sie den Arm gegen uns noch drinnen im Coupee, stand auf, öffnete das Fenster, in dem sie einen Augenblick breit mit dem offenen Überkleid stand, bis ihr gegenüber der dunkle Herr Klug sich erhob, der den Mund nur groß und verbittert öffnen und ihn nur knapp wie für immer schließen kann. Ich habe Hr. Klug in den 15 Minuten nur wenig angesprochen und vielleicht nur zwei Augenblicke angeschaut, sonst konnte ich unter schwachem, unterbrochenem Gespräch die Augen von Frau Klug nicht abwenden. Sie war vollständig von meiner Gegenwart beherrscht, aber mehr in ihrer Einbildung als wirklich. Wenn sie sich an Löwy mit der wiederkehrenden Einleitung »Du, Löwy« wendete, sprach sie für mich, wenn sie sich an ihrem Mann drückte, der sie manchmal nur mit ihrer rechten Schulter beim Fenster ließ und ihr Kleid und den aufgebauschten Überzieher preßte, strengte sie sich an mir damit ein leeres Zeichen zu geben. Der erste Eindruck den ich bei den Vorstellungen hatte, daß ich ihr nicht besonders angenehm war, wird wohl der richtige gewesen sein, mich forderte sie selten zum Mitsingen auf, wenn so ohne Laune, wenn sie mich etwas fragte antwortete ich leider falsch (»verstehn Sie das?« ich sagte »ja« sie wollte aber »nein« um zu antworten »ich auch nicht«) ihre Ansichtskarten bot sie mir zum zweitenmal nicht an, ich bevorzugte Frau Tschissik, der ich zum Schaden der Fr. Klug Blumen geben wollte. Zu dieser Abneigung aber kam die Achtung vor meinem Doktorat, die sich durch mein kindliches Aussehn nicht abhalten ließ, ja sich eher dadurch vergrößerte. Diese Achtung war so groß, daß sie aus ihrer zwar häufigen, aber gar nicht besonders betonten Ansprache »Wissen Sie Herr Doktor« derartig klang, daß ich halb unbewußt bedauerte, sie viel zu wenig zu verdienen und mich fragte, ob ich nicht Anspruch hätte, von jedem eine genau gleiche Ansprache zu bekommen. Da ich aber von ihr als Mensch so geachtet war, war ich es als Zuhörer erst recht. Ich glänzte, wenn sie sang, ich lachte und sah sie an, die ganze Zeit während sie auf der Bühne war, ich sang die Melodien mit, später die Worte, ich dankte ihr nach einigen Vorstellungen; dafür konnte sie mich natürlich wieder gut leiden. Sprach sie mich aber aus diesem Gefühl an, war ich verlegen, hatte nichts zu sagen und machte sie verlegen, so daß sie sicher mit dem Herzen zu ihrer ersten Abneigung zurückkehrte und bei ihr blieb. Desto mehr mußte sie sich anstrengen mich als Zuhörer zu belohnen und sie tat es gern, da sie eine eitle Schauspielerin und eine gutmütige Frau ist. Besonders wenn sie dort oben im Coupeefenster schwieg, sah sie mich mit einem vor Verlegenheit und List verzücktem Mund und mit blinzelnden Augen an, die auf den vom Mund herkommenden Falten schwammen. Sie mußte glauben, von mir geliebt zu sein, wie es auch wahr gewesen ist, und gab mir mit diesen Blicken die einzige Erfüllung, die sie als erfahrene aber junge Frau, gute Ehefrau und Mutter, einem Doktor ihrer Einbildung geben konnte. Diese Blicke waren so dringend und von Wendungen, wie »es gab hier so liebe Gäste, besonders einzelne« unterstützt, daß ich mich wehrte und das waren die Augenblicke, in denen ich ihren Mann ansah. Ich hatte wenn ich beide verglich eine grundlose Verwunderung darüber, daß sie gemeinsam von uns wegfahren sollten und doch sich nur um uns bekümmerten und keinen Blick für einander hatten. Löwy fragte, ob sie gute Plätze hätten; ja wenn es so leer bleibt antwortete Fr. Klug und sah flüchtig in das Innere des Koupee, dessen warme Luft der Mann mit seinem Rauchen verderben wird. Wir sprachen von ihren Kindern denen zu Liebe sie wegfahren; sie haben 4 Kinder, darunter 3 Jungen, der älteste ist 9 Jahre alt, sie haben sie schon 18 Monate nicht gesehn. Als ein Herr in der Nähe rasch einstieg, schien der Zug wegfahren zu wollen, wir nahmen in Eile Abschied, reichten einander die Hände, ich hob den Hut und hielt ihn dann an die Brust, wir traten zurück, wie man es bei der Abfahrt von Zügen tut, womit man zeigen will, daß alles vorüber ist und man sich damit abgefunden hat. Der Zug fuhr aber noch nicht, wir traten wieder heran, ich war ganz froh darüber, sie erkundigte sich nach meinen Schwestern. Überraschend fieng der Zug langsam zu fahren an, Fr. Klug bereitete ihr Taschentuch zum Winken vor, ich möchte ihr schreiben, rief sie noch, ob ich ihre Adresse wüßte, sie war schon zu weit, als daß ich ihr mit Worten hätte antworten können, ich zeigte auf Löwy von dem ich die Adresse erfahren könnte, das ist gut, nickte sie mir und ihm rasch zu und ließ das Taschentuch flattern, ich hob den Hut, zuerst ungeschickt, dann je weiter sie war, desto freier. Später erinnerte ich mich daran, daß ich den Eindruck gehabt hatte, der Zug fahre nicht eigentlich weg, sondern fahre nur die kurze Bahnhofstrecke um uns ein Schauspiel zu geben und versinke dann. Im Halbschlaf am gleichen Abend erschien mir Frau Klug unnatürlich klein fast ohne Beine und rang die Hände mit verzerrtem Gesicht, als ob ihr ein großes Unglück geschehen wäre.

Heute nachmittag kam der Schmerz über meine Verlassenheit, so durchdringend und straff in mich, daß ich merkte, auf diese Weise verbrauche sich die Kraft, die ich durch dieses Schreiben gewinne und die ich zu diesem Ziel wahrhaftig nicht bestimmt habe

---

Sobald Hr. Klug in eine neue Stadt kommt merkt man wie seine und seiner Frau Schmucksachen im Versatzamt verschwinden. Gegen die Abfahrt zu löst er sie langsam wieder ein

---

Lieblingssatz der Frau des Philosophen Mendelssohn: Wie mies ist mir vor tout l'univers!

Einer der wichtigsten Eindrücke beim Abschied der Fr. Klug war, daß ich immer glauben mußte, als einfache bürgerliche Frau halte sie sich mit Gewalt unter dem Niveau ihrer wahren menschlichen Bestimmung und bedürfe nur eines Sprunges, eines Aufreißens der Tür, eines aufgedrehten Lichtes, um Schauspielerin zu sein und mich zu unterwerfen. Sie stand ja auch wirklich oben und ich unten wie im Teater. – Sie hat mit 16 Jahren geheiratet, ist 26 Jahre alt.

---

2 XI 11 Heute früh zum erstenmal seit langer Zeit wieder die Freude an der Vorstellung eines in meinem Herzen gedrehten Messers.

In den Zeitungen, im Gespräch, im Bureau verführt oft das Temperament der Sprache, dann die aus einer gegenwärtigen Schwäche geborene Hoffnung auf plötzliche desto stärkere Erleuchtung schon im nächsten Augenblick, oder starkes Selbstvertrauen ganz allein oder bloße Nachlässigkeit oder ein großer gegenwärtiger Eindruck den man um jeden Preis auf die Zukunft abwälzen will oder die Meinung, daß gegenwärtige wahre Begeisterung jede Zerfahrenheit in der Zukunft rechtfertige oder die Freude an Sätzen, die in der Mitte durch ein oder zwei Stöße gehoben sind und den Mund allmählich zu seiner ganzen Größe öffnen, wenn sie ihn auch viel zu rasch und gewunden sich schließen lassen oder die Spur der Möglichkeit eines entschiedenen auf Klarheit angelegten Urteils oder das Bestreben der eigentlich beendeten Rede noch weiterhin Fluß zu geben oder das Verlangen, das Thema in Eile zu verlassen wenn es sein muß auf dem Bauch oder Verzweiflung, die einen Ausweg für ihren schweren Athem sucht, oder die Sehnsucht nach einem Licht ohne

Schatten – alle diese können zu Sätzen verführen, wie: »Das Buch das ich eben beendet habe, ist das schönste, das ich bisher gelesen habe oder ist so schön, wie ich noch keines gelesen habe.«

Um zu beweisen, daß alles was ich über sie schreibe und denke falsch ist, sind die Schauspieler (abgesehen von Hr. und Fr. Klug) wieder hier geblieben, wie mir Löwy, den ich gestern abend getroffen habe, erzählte; wer weiß ob sie nicht aus dem gleichen Grunde heute wieder weggefahren sind, denn Löwy hat sich im Geschäft nicht gemeldet, trotzdem er es versprochen hat. Es gieng gestern noch der Sohn des Cafehauswirtes Hermann –
3 XI 11 um zu beweisen, daß beides falsch war, was ich aufgeschrieben hatte, ein Beweis der fast unmöglich scheint, kam Löwy gestern am Abend selbst und unterbrach mich im Schreiben

---

Die Gewohnheit Karls alles mit gleichem Stimmklang zu wiederholen. Er erzählt jemandem eine Geschichte aus seinem Geschäft zwar nicht mit so vielen Details daß sie an sich die Geschichte endgiltig erledigen würden, aber immerhin in einer langsamen und nur dadurch gründlichen Weise als eine Mitteilung, die nichts anderes sein will und daher mit ihrer Beendigung auch abgetan ist. Ein Weilchen vergeht mit einer andern Sache, er findet unversehens einen Übergang zu seiner Geschichte und zieht sie in ihrer alten Form, fast ohne Ergänzung, aber auch fast ohne Weglassung wieder hervor, mit der Harmlosigkeit eines Menschen, der ein ihm meuchlings am Rücken angeheftetes Band im Zimmer umherführt. Nun lieben ihn meine Eltern besonders, fühlen daher seine

Gewohnheiten stärker, als sie sie bemerken – und so trifft es sich, daß sie, meine Mutter vor allen, unbewußt ihm Gelegenheit zu Wiederholungen geben. Wenn der Augenblick für die Wiederholung einer Geschichte an einem Abend nicht recht kommen will, so ist die Mutter da, die frägt undzwar mit einer Neugierde, die selbst nach getaner Frage nicht aufhört, wie man erwarten sollte. Und hinter Geschichten, die schon wiederholt sind und aus eigener Kraft nicht mehr kommen könnten, jagt förmlich mit ihren Fragen die Mutter noch nach Abenden. Die Gewohnheit Karls ist aber eine so regierende, daß sie oft Kraft hat sich vollständig zu rechtfertigen. Kein Mensch kommt mit einer so regelmäßigen Häufigkeit in die Lage, eine Geschichte die im Grunde alle angeht einzelnen Familienmitgliedern zu erzählen. Die Geschichte muß dann dem in solchen Fällen langsam in Zwischenräumen immer nur um eine Person anwachsenden Familienkreise fast so oft erzählt werden, als Personen da sind. Und weil ich derjenige bin, der Karls Gewohnheit allein erkannt hat, bin ich auch meist derjenige, der die Geschichte zuerst hört und dem die Wiederholungen nur die kleine Freude der Bestätigung einer Beobachtung machen.

Neid über einen angeblichen Erfolg Baums den ich doch so liebe. Hiebei das Gefühl, mitten im Leib einen Knäuel zu haben, der sich rasch aufwickelt mit unendlich vielen Fäden, die er vom Rande meines Leibes zu sich spannt.

Löwy – Mein Vater über ihn: Wer sich mit Hunden zu Bett legt steht mit Wanzen auf. Ich konnte mich nicht halten und sagte etwas ungeordnetes. Darauf der Vater besonders ruhig (allerdings nach einer großen Pause die anders ausgefüllt war): »Du weißt daß ich mich nicht aufregen darf und geschont werden muß. Komm mir also noch mit solchen Sachen. Ich habe der Aufregungen gerade genug, vollständig genug. Also laß mich mit solchen Reden.« Ich sage: »Ich strenge mich an, mich zurückzuhalten« und fühle beim Vater wie immer in solchen äußersten Augenblicken das Dasein einer Weisheit von der ich nur einen Athemzug erfassen kann.

Tod des Großvaters von Löwy, eines Mannes, der eine offene Hand hatte, einige Sprachen kannte, größere Reisen tief nach Rußland gemacht hatte und der einmal Samstag bei einem Wunderrabbi in Jekaterinoslaw zu essen sich weigerte, weil ihm das lange Haar und ein färbiges Halstuch des Sohnes jenes Rabbi die Frömmigkeit des Hauses verdächtig machte. – Das Bett war mitten im Zimmer aufgestellt, die Kerzenhalter der Freunde und Verwandten waren ausgeliehen, das Zimmer also voll Licht und Rauch der Kerzen. An 40 Männer standen den ganzen Tag um sein Bett, um sich an dem Sterben eines frommen Mannes aufzurichten. Er war bis zu seinem Ende bei Bewußtsein und fieng im richtigen Augenblick die Hand auf der Brust die Gebete aufzusagen an, die für diese Zeit bestimmt sind. Während seines Leidens und nach seinem Tode weinte die Großmutter, die bei den im Nebenzimmer versammelten Frauen war unaufhörlich während des Sterbens aber war sie ganz ruhig weil es ein Gebot ist, dem Sterbenden den Tod nach Kräften zu erleichtern. Mit seinen eigenen Gebeten gieng er hin. Um diesen Tod nach einem so frommen Leben wurde er viel beneidet.

Pessachfest. Eine Vereinigung reicher Juden mietet eine Bäckerei, ihre Mitglieder übernehmen alle Verrichtungen bei der Herstellung der sog. 18 Minuten-Mazzes für die Oberhäupter der Familien: das Holen des Wassers, das Koschern, das Kneten, das Schneiden, das Durchlochen.

5. XI 11 Gestern geschlafen nach Bar-Kochba.
von 7 ab mit Löwy, Brief seines Vaters vorgelesen. Abend bei Baum.

Ich will schreiben mit einem ständigen Zittern auf der Stirn. Ich sitze in meinem Zimmer im Hauptquartier des Lärms der ganzen Wohnung. Alle Türen höre ich schlagen, durch ihren Lärm bleiben mir nur die Schritte der zwischen ihnen Laufenden erspart, noch das Zuklappen der Herdtüre in der Küche höre ich. Der Vater durchbricht die Türen meines Zimmers und zieht im nachschleppenden Schlafrock durch, aus dem Ofen im Nebenzimmer wird die Asche gekratzt, Valli fragt durch das Vorzimmer wie durch eine Pariser Gasse ins Unbestimmte rufend ob denn des Vaters Hut schon geputzt ist, ein Zischen, das mir befreundet sein will, erhebt das Geschrei einer antwortenden Stimme. Die Wohnungstüre wird aufgeklinkt und lärmt wie aus katarrhalischem Hals, öffnet sich dann weiterhin mit dem kurzen Singen einer Frauenstimme und schließt sich mit einem dumpfen männlichen Ruck, der sich am rücksichtslosesten anhört. Der Vater ist weg, jetzt beginnt der zartere zerstreutere hoffnungslosere Lärm, von den Stimmen der zwei Kanarienvögel angeführt. Schon früher dachte ich daran, bei den Kanarienvögeln fällt es mir aber von neuem ein, ob ich nicht die Türe bis zu einer kleinen Spalte öffnen, schlangengleich ins Nebenzimmer kriechen und so auf dem Boden meine Schwestern und ihr Fräulein um Ruhe bitten sollte.

Die Bitterkeit, die ich gestern abend fühlte als Max bei Baum meine kleine Automobilgeschichte vorlas. Ich war gegen alle abgeschlossen und gegen die Geschichte hielt ich förmlich das Kinn in die Brust gedrückt. Die ungeordneten Sätze dieser Geschichte mit Lücken daß man beide Hände dazwischen stecken könnte; ein Satz klingt hoch, ein Satz klingt tief wie es kommt; ein Satz reibt sich am andern wie die Zunge an einem hohlen oder falschen Zahn; ein Satz kommt mit einem so rohen Anfang anmarschiert, daß die ganze Geschichte in ein verdrießliches Staunen geräth; eine verschlafene Nachahmung von Max (Vorwürfe gedämpft – – angefeuert) schaukelt hinein, manchmal sieht es aus wie ein Tanzkurs in seiner ersten Viertelstunde. Ich erkläre es mir damit, daß ich zu wenig Zeit und Ruhe habe um die Möglichkeiten meines Talentes in ihrer Gänze aus mir zu heben. Es kommen daher immer nur abreißende Anfänge zu Tage, abreißende Anfänge z. B. die ganze Automobilgeschichte durch. Würde ich einmal ein größeres Ganzes schreiben können wohlgebildet vom Anfang bis zum Ende, dann könnte sich auch die Geschichte niemals endgiltig von mir loslösen und ich dürfte ruhig und mit offenen Augen als Blutsverwandter einer gesunden Geschichte ihrer Vorlesung zuhören, so aber lauft jedes Stückchen der Geschichte heimatlos herum und treibt mich in die entgegengesetzte Richtung. – Dabei kann ich noch froh sein, wenn diese Erklärung richtig ist.

Aufführung von Bar-Kochba von Goldfaden.
Falsche Beurteilung des Stückes im ganzen Saal und auf der Bühne. Ich hatte für Frau Tschissik einen Strauß mitgebracht mit einer angehängten Visitkarte mit der Inschrift aus Dankbarkeit und wartete auf den Augenblick, wo ich sie ihr über-

reichen lassen könnte. Nun hatte die Vorstellung spät angefangen, die Hauptscene der Frau Tschissik war mir erst für den 4 Akt versprochen, vor Ungeduld und Angst die Blumen könnten welken, ließ ich durch den Kellner schon während des 3ten Aktes (es war 11 Uhr) die Blumen auspacken, nun lagen sie seitwärts auf einem Tisch, das Küchenpersonal und einige schmutzige Stammgäste reichten sie einander und rochen an ihnen, ich konnte nur besorgt und wütend hinschauen sonst nichts, während ihrer Hauptszene im Gefängnis liebte ich Fr. Tschissik und drängte sie doch innerlich Schluß zu machen, endlich war der Akt für meine Zerstreutheit unbemerkt zuende gegangen, der Oberkellner reichte die Blumen, Fr. T. nahm sie zwischen den zusammenschlagenden Vorhängen, sie verbeugte sich in einer kleinen Spalte des Vorhanges und kam nicht mehr zurück. Niemand bemerkte meine Liebe und ich hatte sie allen zeigen und dadurch für Fr. T. wertvoll machen wollen, kaum daß man den Strauß bemerkte. Dabei war schon 12 vorüber alles war müde, einige Zuschauer waren schon früher weggegangen, ich hatte Lust gehabt ihnen mein Glas nachzuwerfen. – Mit mir war der Kontrollor Pokorny aus unserer Anstalt ein Christ. Er, den ich sonst gern habe, störte mich. Meine Sorge waren die Blumen, nicht seine Angelegenheiten. Dabei wußte ich, daß er das Stück schlecht auffasse, während ich keine Zeit, Lust und Fähigkeit hatte ihm eine Hilfe aufzudrängen, die er nicht zu brauchen glaubte. Endlich schämte ich mich vor ihm, daß ich selbst so schlecht achtgab. Auch störte er mich im Verkehr mit Max und sogar durch die Erinnerung daran, daß ich ihn vorher gern hatte, nachher wieder gern haben würde und daß er mein heutiges Benehmen übel nehmen könnte. – Aber nicht nur ich war so gestört. Max fühlte sich wegen seines Lobartikels in der Zeitung verantwortlich. Den Juden in Bergmanns Begleitung war es zu spät. Die Mitglieder des Vereins Bar-Kochba waren wegen des Namens des Stückes gekommen und mußten enttäuscht sein. Da ich Bar-Kochba nur aus diesem Stücke kenne, hätte ich keinen Verein so genannt. Hinten im Saal waren zwei Ladenmädchen in ihrem Dirnenabendkleid mit den Liebhabern und mußten während Sterbescenen durch laute Rufe zur Ruhe gebracht werden. Endlich schlugen Leute auf der Gasse gegen die großen Scheiben aus Ärger darüber, daß sie so wenig von der Bühne sahen.

Auf der Bühne fehlten die Klugs. Lächerliche Statisten. »Rohe Juden« wie Löwy sagte. Geschäftsreisende, die übrigens auch kein Honorar bekamen. Sie hatten meistens nur damit zu tun, ihr Lachen zu verbergen oder zu genießen, wenn sie es auch sonst gut meinten. Ein rundbackiger mit blondem Bart, demgegenüber man sich kaum vor Lachen beherrschen konnte, lachte infolge der Unnatur des angeklebten sich schüttelnden Vollbartes der seine Wangen bei dem allerdings nicht vorgesehenen Lachen falsch begrenzte, besonders komisch. Ein zweiter lachte nur wenn er wollte, aber dann viel. Als Löwy singend starb, in den Armen dieser zwei Ältesten sich wand, langsam mit dem abschwellenden Gesang zur Erde gleiten sollte, steckten sie hinter seinem Rücken die Köpfe zusammen, um sich endlich einmal vom Publikum ungesehn (wie sie meinten) sattlachen zu können. Noch gestern als ich mich beim Mittagmahl daran erinnerte, mußte ich lachen. – Fr. Tschissik muß im Gefängnis dem sie besuchenden betrunkenen römischen Statthalter (der j. Pipes) den Helm abnehmen und sich ihn selbst aufsetzen. Als sie ihn abnimmt, fällt ein zusammengedrücktes Handtuch heraus, das Pipes offenbar hineingestopft hat, weil ihn der Helm zu sehr drückte. Trotzdem er jedoch wissen mußte, daß ihm der Helm auf der Bühne abgenommen wird, schaut er Frau Tschissik an seine Betrunkenheit vergessend vorwurfsvoll an. – Schönes: wie Frau T. unter den Händen der römischen Soldaten (die sie allerdings erst zu sich reißen mußte, denn sie fürchteten sich offenbar sie anzurühren) sich wand, während die Bewegungen der drei Menschen durch ihre Sorge und Kunst fast nur fast dem Rythmus des Gesanges folgten; das Lied, in dem sie die Erscheinung des Messias ankündigt und ohne zu stören nur infolge ihrer Macht Harfenspiel durch Bewegungen der Violinbogenführung darstellt; im Gefängnis, wo sie beim öfteren Herannahen von Schritten ihren Trauergesang unterbricht, zur Tretmühle eilt und sie bei einem Arbeiterlied dreht, dann wieder zu ihrem Gesang wegläuft und wieder zur Mühle, wie sie im Schlaf singt, als Papus sie besucht, und ihr Mund geöffnet ist wie ein blinzelndes Auge, wie überhaupt ihre Mundwinkel beim Sichöffnen an die Winkel der Augen erinnern. – Im weißen Schleiertuch, wie im schwarzen war sie schön. – Neu an ihr erkannte Bewegungen: Drücken der Hand in die Tiefe des nicht sehr guten Mieders, kurzes Zucken der Schultern und Hüften beim Hohn, besonders wenn sie dem Verhöhnten den Rücken zukehrt. – Sie hat die ganze Vorstellung geleitet wie eine Hausmutter. Sie hat allen eingesagt, selbst aber niemals gestockt; sie hat die Statisten belehrt, gebeten endlich gestoßen wenn es sein mußte; ihre helle Stimme mischte sich, wenn sie nicht auf der Bühne war, in den schwachen Chorgesang auf der Bühne; sie hielt die spanische Wand (die im letzten Akt eine Citadelle darstellen sollte), welche die Statisten zehnmal umgeworfen hätten. – Ich hatte gehofft, durch den Blumenstrauß meine Liebe zu ihr ein wenig zu befriedigen, es war ganz nutzlos. Es ist nur durch Litteratur oder durch den Beischlaf möglich. Ich schreibe das nicht, weil ich es nicht wußte, sondern weil es vielleicht gut ist Warnungen oft aufzuschreiben.

---

7. XI 11 Dienstag Gestern sind die Schauspieler mit Fr. Tschissik endgiltig weggefahren. Ich begleitete Löwy am Abend zum Kaffeehaus, wartete aber draußen, wollte nicht hinein, wollte nicht Fr. Tschissik sehn. Aber wie ich auf und ab gieng, sah ich sie die Tür öffnen und mit Löwy herauskommen, ich gieng ihnen grüßend entgegen und traf sie in der Mitte der Fahrbahn. Fr. Tsch. dankte mir mit den großen aber natürlichen Vokalen ihrer Aussprache für meinen Strauß, erst jetzt hätte sie erfahren, daß er von mir sei. Dieser Lügner Löwy hatte ihr also nichts gesagt. Ich hatte Angst um sie, weil sie nur eine leichte dunkle Bluse mit kurzen Ärmeln trug und ich bat sie – bald hätte ich sie angerührt um sie zu treiben – ins Lokal hineinzugehn, damit sie sich nicht verkühle. Nein sagte sie, sie verkühle sich nicht, sie habe ja einen Shawl und sie hob ihn ein wenig, um ihn zu zeigen, und zog ihn dann enger um die Brust zusammen. Ich konnte ihr nicht sagen, daß ich nicht eigentlich Angst um sie hätte sondern nur froh sei, ein Gefühl gefunden zu haben, in dem ich meine Liebe genießen könnte und deshalb sagte ich ihr wieder, ich hätte Angst. Inzwischen war auch ihr Mann, ihre Kleine und Hr. Pipes herausgekommen und es zeigte sich, daß es durchaus nicht bestimmt war, daß sie nach Brünn reisen sollten, wie mir Löwy eingeredet hatte, vielmehr war Pipes sogar entschlossen, nach Nürnberg zu fahren. Das sei das beste, ein Saal sei leicht zu bekommen, die Judengemeinde sei groß, weiterhin die Reise nach Leipzig und Berlin sehr bequem. Übrigens hätten sie den ganzen Tag beraten und Löwy, der bis 4 geschlafen habe, hätte sie einfach warten und den Brünner ½8 Zug versäumen lassen. Unter diesen Argumenten giengen wir ins Lokal und setzten uns an einen Tisch, ich Frau Tsch. gegenüber. Ich hätte mich so gerne ausgezeichnet, an und für sich war es nicht schwer, ich hätte nur einige Zugs-

verbindungen kennen, die Bahnhöfe unterscheiden, die Entscheidung zwischen Nürnberg oder Brünn herbeiführen, vor allem aber den Pipes niederschreien müssen, der sich wie sein Bar-Kochba aufführte und dessen Geschrei Löwy sehr vernünftig wenn auch ohne Absicht ein sehr rasches, nicht zu unterbrechendes, für mich wenigstens damals ziemlich unverständliches, mittelstarkes Schwätzen entgegenstellte. Statt mich nun auszuzeichnen, saß ich zusammengesunken in meinem Sessel sah von Pipes zu Löwy hinüber und nur hie und da auf diesem Weg traf ich die Augen der Fr. Tsch.; wenn sie aber mit einem Blick mir antwortete (sie mußte mir z. B. nur zulächeln wegen der Aufgeregtheit von Pipes) sah ich weg. Sinnlos war das nicht. Zwischen uns konnte es kein Lächeln über des Pipes Aufgeregtheit geben. Dazu war ich ihrem Gesicht gegenüber zu ernst und von diesem Ernst ganz müde. Wenn ich über irgend etwas lachen wollte, konnte ich über ihre Schulter weg die dicke Frau anschauen, die in Bar-Kochba die Statthalterin gespielt hatte. Aber ich konnte sie eigentlich auch nicht ernst ansehn. Denn das hätte geheißen, daß ich sie liebe. Sogar der junge Pipes hinter mir in seiner ganzen Unschuld hätte das erkennen müssen. Und das wäre wirklich unerhört gewesen. Ich ein junger Mensch den man allgemein für 18 Jahre alt hält, erklärt vor den Abendgästen des Café Savoy, im Kreis der herumstehenden Kellner, vor der Tischrunde der Schauspieler einer 30 jährigen Frau, die kaum jemand auch nur für hübsch hält, die 2 Kinder von 10 u. 8 Jahren hat, deren Mann neben ihr sitzt, die ein Muster von Ehrbarkeit und Sparsamkeit ist – erklärt dieser Frau seine Liebe, der er ganz verfallen ist, und – jetzt kommt das eigentlich Merkwürdigere, das allerdings niemand mehr bemerkt hätte – verzichtet sogleich auf die Frau, so wie er selbst dann auf sie verzichten würde, wenn sie jung und ledig wäre. Soll ich dankbar sein oder soll ich fluchen, daß ich trotz allem

Unglück noch Liebe fühlen kann, eine unirdische allerdings zu irdischen Gegenständen. Schön war Fr. Tschissik gestern. Die eigentlich normale Schönheit der kleinen Hände, der leichten Finger, der gewalzten Unterarme, die in sich so vollkommen sind, daß selbst der doch ungewohnte Anblick dieser Nacktheit nicht an den übrigen Körper denken läßt. Das in 2 Wellen geteilte vom Gaslicht hell beleuchtete Haar. Die ein wenig unreine Haut um den rechten Mundwinkel. Wie zu kindlicher Klage öffnet sich ihr Mund, oben und unten in zart geformte Buchtungen verlaufend, man denkt daß diese schöne Wortbildung, die das Licht der Vokale in den Worten verbreitet und mit der Zungenspitze die reine Kontur der Worte bewahrt, nur einmal gelingen kann und staunt das immerwährende an. Niedrige weiße Stirn. Das Puder, dessen Verwendung ich bisher gesehen habe, hasse ich, wenn aber diese weiße Farbe, dieser niedrig über der Haut schwebende Schleier von etwas getrübter Milchfarbe vom Puder herrührt, dann sollen sich alle pudern. Sie hat gern zwei Finger am rechten Mundwinkel, vielleicht hat sie auch die Fingerspitzen in den Mund gesteckt, ja vielleicht hat sie sogar einen Zahnstocher in den Mund geführt; ich habe diese Finger nicht genau angesehn, es sah aber fast so aus, als hätte sie einen Zahnstocher in einen hohlen Zahn geführt und ließe ihn dort ¼stundenlang ruhen.

---

8 XI 11 den ganzen Nachmittag beim Doktor wegen der Fabrik.

Das Mädchen, das nur deshalb, weil es in ihren Geliebten eingehängt gieng, ruhig umhersah.

Die Contoristin bei Karl erinnerte mich an die Darstellerin der Manette Salomon im Odeon in Paris vor 1½ Jahren. Zumindest wenn sie saß. Ein weicher mehr breiter als hoher von wolligem Stoff gedrückter Busen. Ein bis zum Mund breites, dann aber schnell sich verschmälerndes Gesicht. In einer glatten Frisur vernachlässigte natürliche Locken. Eifer und Ruhe in einem starken Körper. Die Erinnerung verstärkte sich, wie ich jetzt merke auch daran, daß sie fest arbeitete [an ihrer Schreibmaschine flogen die Stäbchen (Oliversystem) wie die Stricknadeln in alter Zeit] auch hin und her gieng, aber kaum paar Worte in einer halben Stunde sprach, als halte sie Manette Salomon in sich.

Als ich beim Doktor wartete sah ich das eine Schreibfräulein an und dachte darüber nach, wie schwer ihr Gesicht selbst während des Anblicks festzustellen sei. Besonders die Beziehung zwischen einer auseinandergezogenen ringsherum fast in gleicher Breite über den Kopf vorragenden Frisur zu der meist zu lang erscheinenden geraden Nase verwirrte. Bei einer auffallenderen Wendung des gerade ein Aktenstück lesenden Mädchens wurde ich durch die Beobachtung fast betroffen, daß ich durch mein Nachdenken dem Mädchen fremder geblieben war, als wenn ich mit dem kleinen Finger ihren Rock gestreift hätte.

Als der Doktor im Vorlesen des Vertrages zu einer Stelle kam, die von meiner möglichen künftigen Frau und den möglichen Kindern handelte bemerkte ich mir gegenüber einen Tisch mit zwei großen und einem kleineren Sessel um ihn herum. Bei dem Gedanken, daß ich niemals imstande sein werde, diese oder beliebige 3 Sessel mit mir, meiner Frau und meinem Kind zu besetzen, bekam ich ein von allem Anfang so verzweifeltes Verlangen nach diesem Glück, daß ich aus dieser gereizten Aktivität meine während des langen Vorlesens einzig bleibende Frage an den Doktor stellte, die sofort mein vollständiges Mißverstehn einer größeren gerade vorgelesenen Partie des Vertrages enthüllte.

---

der weitere Abschied: An Pipes bemerkte ich, weil ich mich von ihm unterdrückt fühlte, vor allem die gekerbten und dunkel punktierten Enden seiner Zähne. Endlich bekam ich einen halben Einfall. »Warum so weit bis nach Nürnberg in einem Zuge fahren?« fragte ich, »warum nicht in einer kleineren Zwischenstation ein, zwei Vorstellungen geben?« Kennen Sie eine solche? fragte Fr. Tsch. bei weitem nicht so scharf wie ich es schreibe und zwang mich dadurch sie anzusehn. Ihr ganzer über dem Tisch sichtbarer Körper die ganze Runde von Schultern, Rücken und Brust war weich, trotz ihres auf der Bühne im europäischen Kleid knochigen fast rohen Baues. Ich nannte lächerlicher Weise Pilsen. Stammgäste am Nebentisch nannten sehr vernünftig Teplitz. Hr. Tsch. wäre für jede Zwischenstation eingetreten, er hat nur Vertrauen zu kleinen Unternehmungen, Fr. Tsch. ebenso ohne daß sie sich viel mit einander verständigten, außerdem fragt sie ringsherum nach den Fahrpreisen, öfters sagten sie: es wäre ja genug wenn man auf parnusse verdiene. Ihr Mädchen reibt die Wange an ihrem Arm; sie fühlt es sicher nicht, aber für den Erwachsenen ergibt sich die kindliche Überzeugung daß einem Kind bei seinen Eltern, selbst wenn sie wandernde Schauspieler sind, nichts geschehen kann und daß sich die wirklichen Sorgen so nahe an der Erde nicht vorfinden, sondern erst in der Gesichtshöhe der Erwachsenen. Ich war sehr für Teplitz, weil ich ihnen einen Empfehlungsbrief für

Dr. Polaček mitgeben und mich so für Fr. Tschissik einsetzen konnte. Unter Widerspruch des Pipes, der selbst die Lose für die 3 möglichen Städte herstellte und die Verlosung mit Lebhaftigkeit leitete, wurde Teplitz zum drittenmale gezogen. Ich gieng zum Nebentisch und schrieb aufgeregt den Empfehlungsbrief. Mit der Ausrede, daß ich nachhause gehen müßte um die genaue Adresse des Dr. P. zu erfahren, die übrigens nicht nötig war und die man auch zu hause nicht kannte, empfahl ich mich. Verlegen spielte ich, während Löwy sich bereit machte mich zu begleiten, mit der Hand der Frau und dem Kinn ihres Mädchens.

---

9. XI 11 vorgestern geträumt: lauter Teater, ich einmal oben auf der Gallerie, einmal auf der Bühne, ein Mädchen, die ich vor paar Monaten gern gehabt hatte spielte mit, spannte ihren biegsamen Körper, als sie sich im Schrecken an einer Sessellehne festhielt; ich zeigte von der Gallerie auf das Mädchen, das eine Hosenrolle spielte, meinem Begleiter gefiel sie nicht. In einem Akt war die Dekoration so groß daß nichts anderes zu sehn war, keine Bühne, kein Zuschauerraum, kein Dunkel, kein Rampenlicht; vielmehr waren alle Zuschauer in großen Mengen auf der Scene, die den Altstädter Ring darstellte, wahrscheinlich von der Mündung der Niklasstraße aus gesehn. Trotzdem man infolgedessen den Platz vor der Rathausuhr und den kleinen Ring eigentlich nicht hätte sehen dürfen, war es doch durch kurze Drehungen und langsame Schwankungen des Bühnenbodens erreicht, daß man z. B. vom Kinskypalais aus den kleinen Ring überblikken konnte. Es hatte dies keinen Zweck, als womöglich die ganze Dekoration zu zeigen, da sie nun schon einmal in solcher Vollkommenheit da war und da es zum weinen schade gewesen wäre, etwas von dieser Dekoration zu übersehn,

die, wie ich mir wohl bewußt war, die schönste Dekoration der ganzen Erde und aller Zeiten war. Die Beleuchtung war von dunklen, herbstlichen Wolken bestimmt. Das Licht der gedrückten Sonne erglänzte zerstreut in dieser oder jener gemalten Fensterscheibe der Südostseite des Platzes. Da alles in natürlicher Größe und ohne sich im kleinsten zu verraten ausgeführt war, machte es einen ergreifenden Eindruck, daß manche der Fensterflügel vom mäßigen Wind auf und zugeweht wurden, ohne daß man wegen der großen Höhe der Häuser einen Laut gehört hätte. Der Platz war stark abfallend, das Pflaster fast schwarz, die Teinkirche war an ihrem Ort vor ihr aber war ein kleines Kaiserschloß, in dessen Vorhof, alles was sonst an Monumenten auf dem Platze stand in großer Ordnung versammelt war: die Mariensäule, der alte Brunnen vor dem Rathaus, den ich selbst nie gesehen habe, der Brunnen vor der Niklaskirche und eine Plankeneinzäumung, die man jetzt um die Grundaushebung für das Husdenkmal aufgeführt hat. Dargestellt wurde – oft vergißt man im Zuschauerraum, daß nur dargestellt wird, wie erst auf der Bühne und in diesen Kulissen – ein kaiserliches Fest und eine Revolution. Die Revolution war so groß, mit riesigen den Platz aufwärts und abwärts geschickten Volksmengen, wie sie wahrscheinlich in Prag niemals stattgefunden hatte; man hatte sie offenbar nur wegen der Dekoration nach Prag verlegt, während sie eigentlich nach Paris gehörte. Vom Fest sah man zuerst nichts, der Hof war jedenfalls zu einem Feste ausgefahren, inzwischen war die Revolution losgebrochen, das Volk war ins Schloß eingedrungen, ich selbst lief gerade über die Vorsprünge der Brunnen im Vorhof ins Freie, die Rückkehr ins Schloß aber sollte dem Hofe unmöglich werden. Da kamen die Hofwagen von der Eisengasse her in so rasender Fahrt an, daß sie schon weit von der Schloßeinfahrt bremsen mußten und mit festgehaltenen Rädern über das Pflaster schleiften. Es waren Wägen, wie man sie bei Volksfesten und Umzügen sieht, auf denen lebende Bilder gestellt werden, sie waren also flach, mit einem Blumengewinde umgeben und von der Wagenplatte hieng ringsherum ein farbiges Tuch herab das die Räder verdeckte. Desto mehr wurde man sich des Schreckens bewußt, den ihre Eile bedeutete. Sie wurden von den Pferden, die sich vor der Einfahrt bäumten, wie ohne Bewußtsein im Bogen von der Eisengasse zum Schloß geschleppt. Gerade strömten viele Menschen an mir vorüber auf den Platz hinaus, meist Zuschauer, die ich von der Gasse her kannte und die vielleicht gerade jetzt angekommen waren. Unter ihnen war auch ein bekanntes Mädchen, ich weiß aber nicht welches; neben ihr gieng ein junger eleganter Mann mit einem gelbbraunen kleinkarrierten Ulster, die Rechte tief in der Tasche. Sie giengen zur Niklasstraße zu. Von diesem Augenblick an sah ich nichts mehr.

Schiller irgendwo: Die Hauptsache ist (oder ähnlich) »den Affekt in Charakter umzubilden«

---

11. XI 11 Samstag. Gestern den ganzen Nachmittag bei Max. Die Reihenfolge der Aufsätze für die »Schönheit häßlicher Bilder« festgesetzt. Ohne gutes Gefühl. Gerade dann aber liebt mich Max am meisten oder scheint es mir nur, weil ich mir meines geringen Verdienstes so deutlich dann bewußt bin. Nein er liebt mich wirklich mehr. Er will in das Buch auch mein Brescia aufnehmen. Alles Gute in mir wehrt sich dagegen. Ich sollte heute mit ihm nach Brünn. Alles Schlechte und Schwache in mir hat mich zurückgehalten. Denn daß ich morgen wirklich etwas Gutes schreiben sollte, kann ich nicht glauben.

Die von ihren Arbeitschürzen besonders hinten fest umspannten Mädchen. Eine bei Löwy und Winterberg heute vormittag, bei der die Lappen der nur auf dem Hintern geschlossenen Schürze, sich nicht wie gewöhnlich aneinanderfügten, sondern über einander hinweggiengen, so daß sie eingewickelt war wie ein Wickelkind. Sinnlicher Eindruck dessen wie ich ihn auch unbewußt immer von Wickelkindern hatte, die so in ihre Windeln und Betten gepreßt und mit Bändern zugeschnürt sind, ganz wie zur Befriedigung einer Lust.

Edison hat in einem amerikanischen Interview über seine Reise durch Böhmen erzählt, seiner Meinung beruhe die verhältnismäßig höhere Entwicklung Böhmens (in den Vorstädten sind breite Gassen, Gärtchen vor den Häusern, bei der Fahrt durchs Land sieht man Fabriken bauen) darauf, daß die Auswanderung der Tschechen nach Amerika so groß ist und daß die einzelweise von dort Zurückkehrenden neues Streben von dort mitbringen.

Sobald ich irgendwie erkenne, daß ich Übelstände, zu deren Beseitigung ich eigentlich bestimmt wäre (z. B. das äußerst zufriedene, von mir aus gesehen trostlose Leben meiner verheirateten Schwester) auf sich beruhen lasse, verliere ich auf einen Augenblick das Gefühl meiner Armmuskeln.

Ich werde versuchen, allmählich alles Zweifellose an mir zusammenzustellen, später das Glaubwürdige, dann das Mögliche u. s. w. Zweifellos ist in mir die Gier nach Büchern. Nicht eigentlich sie zu besitzen oder zu lesen, als vielmehr sie zu sehn, mich in der Auslage eines Buchhändlers von ihrem Bestand zu überzeugen. Sind irgendwo mehrere Exemplare des gleichen Buches freut mich jedes einzelne. Es ist, als ob diese Gier vom Magen ausgienge, als wäre sie ein irregeleiteter Appetit. Bücher die ich besitze freuen mich weniger, dagegen Bücher meiner Schwestern freuen mich schon. Das Verlangen sie zu besitzen ist ein unvergleichlich kleineres, es fehlt fast.

---

12. XI 11 Sonntag. Gestern Conférence Richepin »La legende de Napoleon« im Rudolphinum. Ziemlich leer. Wie zur Prüfung der Manieren des Vortragenden ist auf dem Weg vom Eingangstürchen zum Vortragstisch ein großes Klavier aufgestellt. Der Vortragende kommt herein, will mit dem Blick ins Publikum auf dem kürzesten Weg zu seinem Tisch, kommt daher dem Piano zu nahe, staunt, tritt zurück und umgeht es sanft, ohne mehr ins Publikum zu schauen. In der Begeisterung des Abschlusses seiner Rede und im großen Beifall hat er an das Piano natürlich längst vergessen, da es sich während des Vortrags nicht bemerkbar gemacht hat, er will möglichst spät die Hände auf der Brust dem Publikum den Rücken kehren, macht daher einige elegante Schritte seitwärts, stößt natürlich ein wenig an das Piano und muß auf den Fußspitzen den Rücken ein wenig durchbiegen, ehe er wieder in freies Terrain kommt. So hat es wenigstens Richepin gemacht. – Ein großer starker Fünfziger mit Taille. Die steif umherwirbelnde Frisur Daudets z. B. ist ohne zerstört zu sein, ziemlich fest an den Schädel gedrückt. Wie bei allen alten Südländern, die eine dicke Nase und das zu ihr gehörige breite faltige Gesicht haben, aus deren Nasenlöchern ein starker Wind wie durch Pferdeschnauzen gehn kann und denen

gegenüber man genau weiß, daß dies der nicht mehr zu überholende, aber noch lang andauernde Endzustand ihres Gesichtes ist, erinnerte mich auch sein Gesicht an das Gesicht einer alten Italienerin hinter einem allerdings sehr natürlich gewachsenem Bart. – Die neu gestrichene hellgraue Farbe des hinter ihm aufsteigenden Concertpodiums beirrte anfangs. Das weiße Haar klebte sich förmlich an dieser Farbe fest und ließ keine Kontur zu. Wenn er den Kopf zurückbeugte kam die Farbe in Bewegung, sein Kopf versank fast in ihr. Erst gegen die Mitte des Vortrags als sich die Aufmerksamkeit ganz koncentrierte, hörte die Störung auf, besonders als er beim Recitieren mit dem großen schwarzgekleideten Körper aufstand und mit geschwungenen Händen die Verse führte und die graue Farbe verjagte. – Am Anfang war er zum verlegen werden, so sehr machte er Komplimente nach allen Seiten. Bei der Erzählung von einem napoleonischen Soldaten, den er noch gekannt und der 57 Wunden gehabt hatte, bemerkte er, die Mannigfaltigkeit der Farben auf dem Oberkörper dieses Mannes hätte nur ein großer Colorist wie sein anwesender Freund Mucha nachahmen können. – Ich bemerkte an mir ein Fortschreiten im Ergriffensein durch Menschen auf dem Podium. Ich dachte nicht an meine Schmerzen und Sorgen. Ich war in die linke Ecke meines Fauteuils eigentlich aber in den Vortrag hineingedrückt, die gefalteten Hände zwischen den Knien. Ich spürte eine Wirkung Richepins auf mich, wie sie Salomo hat spüren müssen, als er junge Mädchen ins Bett nahm. Ich hatte sogar eine leichte Vision Napoleons, der in einer systematischen Phantasie auch aus dem Eingangstürchen trat, trotzdem er doch aus dem Holz des Podiums oder aus der Orgel hätte treten können. Er drückte den ganzen Saal, der in diesen Augenblicken dicht gefüllt war nieder. So nah ich ihm eigentlich war, ich hatte und hätte auch in Wirklichkeit niemals Zweifel an seiner Wirkung gehabt. Ich hätte jede Lächerlichkeit seines Aufzuges vielleicht bemerkt, wie auch bei Richepin, aber dieses Bemerken hätte mich nicht gestört. Wie kühl war ich dagegen als Kind! Ich wünschte mir oft dem Kaiser entgegengestellt zu werden, um ihm seine Wirkungslosigkeit zu zeigen. Und das war nicht Mut, nur Kühle. – Gedichte recitierte er, wie Reden in der Kammer. Er schlug auf den Tisch, als ohnmächtiger Zuseher von Schlachten, mit schwingenden gestreckten Armen machte er den Garden eine Gasse mitten durch den Saal, empereur rief er nur mit dem gehobenen zur Fahne gewordenem Arm und gab ihm in einer Wiederholung förmlich das Echo durch ein unten in der Ebene rufendes Heer. Bei einer Schlachtbeschreibung stieß irgendwo ein Füßchen auf den Boden auf, man sah nach, es war sein Fuß, der sich zu wenig getraut hatte. Es störte ihn aber nicht. – Bei den Grenadieren, die er in einer Übersetzung von Gerard de Nerval vorlas und besonders ehrte war am wenigsten Beifall. – In seiner Jugend wurde das Grab Napoleons einmal im Jahr geöffnet und den Invaliden, die im Zug vorübergeführt wurden, wurde das einbalsamierte Gesicht gezeigt, mehr ein Anblick des Schreckens als der Bewunderung, weil das Gesicht aufgedunsen und grünlich war; man schaffte daher später dieses Graböffnen ab. Richepin sah das Gesicht aber noch auf dem Arm seines Großonkels, der in Afrika gedient hatte und für den der Kommandant das Grab eigens öffnen ließ. – Ein Gedicht, das er recitieren will (er hat ein untrügliches Gedächtnis, wie es bei starkem Temperament eigentlich immer vorhanden sein muß) kündigt er lange vorher an, bespricht es, die künftigen Verse machen schon ein kleines Erdbeben unter diesen Worten, beim ersten Gedicht sagte er sogar er werde es mit seinem ganzen Feuer vortragen. Es geschah. – Beim letzten Gedicht hatte er dann die Steigerung unvermerkt in die Verse zu kommen (Verse von Viktor Hugo) langsam aufzustehen, auch nach den Versen sich nicht mehr zu setzen, die großen Recitationsbewegungen mit der letzten Gewalt seiner Prosa aufzunehmen und zu erhalten. Er schloß mit dem Schwur, daß auch nach 1000 Jahren jedes Stäubchen seines Leichnams, falls es Bewußtsein hätte, bereit sein würde, dem Rufe Napoleons zu folgen. – Das Französisch kurzatmig mit seinen rasch aufeinanderfolgenden Ventilen hielt selbst den einfältigsten Improvisationen stand, zerriß nicht einmal dann wenn er öfters von den Dichtern sprach die das Alltagsleben verschönen, von seiner Phantasie (Augen geschlossen) als der eines Dichters, von seinen Hallucinationen (Augen widerwillig in die Ferne aufgerissen) als denen eines Dichters u. s. w. Hiebei verhüllte er auch manchmal die Augen und enthüllte sie langsam einen Finger nach dem andern wegführend. – Er hat gedient, sein Onkel in Afrika, sein Großvater unter Napoleon, er sang sogar 2 Zeilen eines Kriegsliedes. – 13 XI 11 Und dieser Mann ist wie ich heute erfahren habe, 62 Jahre alt

14 XI 11 Dienstag. Gestern bei Max, der von seiner Brünner Vorlesung zurückkam.

Nachmittag beim Einschlafen. Als hätte sich die feste Schädeldecke, die den schmerzlosen Schädel umfaßt tiefer ins Innere gezogen und einen Teil des Gehirnes draußen gelassen im freien Spiel der Lichter und Muskeln.

Erwachen an einem kalten Herbstmorgen mit gelblichem Licht. Durch das fast geschlossene Fenster dringen und noch vor den Scheiben, ehe man fällt, schweben, die Arme ausgebreitet mit gewölbtem Bauch rückwärtsgebogenen Beinen wie die Figuren auf dem Vorderbug der Schiffe in alter Zeit.

Vor dem Einschlafen. Es scheint so arg, Junggeselle zu sein, als alter Mann unter schwerer Wahrung der Würde um Aufnahme zu bitten, wenn man einen Abend mit Menschen verbringen will, sein Essen in einer Hand sich nachhause zu tragen, niemanden mit ruhiger Zuversicht faul erwarten können, nur mit Mühe oder Ärger jemanden beschenken, vor dem Haustor Abschied nehmen, niemals mit seiner Frau sich die Treppen hinaufdrängen zu können, kranksein und nur den Trost der Aussicht aus seinem Fenster haben wenn man sich aufsetzen kann, in seinem Zimmer nur Seitentüren haben die in fremde Wohnungen führen, die Fremdheit seiner Verwandten zu spüren bekommen, mit denen man nur durch das Mittel der Ehe befreundet bleiben kann, zuerst durch die Ehe seiner Eltern, dann wenn deren Wirkung vergeht durch die eigene, fremde Kinder anstaunen müssen und nicht immerfort wiederholen dürfen: Ich habe keine, da keine Familie mit einem wächst ein unveränderliches Altersgefühl haben, sich im Aussehn und Benehmen nach den ein oder zwei Junggesellen unserer Jugenderinnerungen ausbilden. Das alles ist wahr, nur begeht man leicht dabei den Fehler die künftigen Leiden so sehr vor sich auszubreiten, daß der Blick weit über sie hinweggehn muß und nicht mehr zurückkommt, während man doch in Wirklichkeit heute und später selbst dastehen wird, mit einem wirklichen Körper und einem wirklichen Kopf also auch einer Stirn um mit der Hand an sie zu schlagen.

Jetzt eine Skizze zur Einleitung für Richard und Samuel versuchen.

---

15 XI 11 Gestern abend schon mit einem Vorgefühl die Decke vom Bett gezogen, mich gelegt und wieder aller meiner Fähigkeiten mir bewußt geworden, als hielte ich sie in der Hand; sie spannten mir die Brust, sie entflammten mir den Kopf, ein Weilchen wiederholte ich, um mich darüber zu trösten, daß ich nicht aufstand um zu arbeiten: Das kann nicht gesund sein, das kann nicht gesund sein und wollte den Schlaf mit fast sichtbarer Absicht mir über den Kopf ziehn. Immer dachte ich an eine Mütze mit Schirm, die ich um mich zu schützen, mit starker Hand mir in die Stirne drücke. Wie viel habe ich gestern verloren, wie drückte sich das Blut im engen Kopf, fähig zu allem, und nur gehalten von Kräften, die für mein bloßes Leben unentbehrlich sind und hier verschwendet werden.

Sicher ist, daß ich alles, was ich im voraus selbst im guten Gefühl Wort für Wort oder sogar nur beiläufig aber in ausdrücklichen Worten erfunden habe, auf dem Schreibtisch beim Versuch des Niederschreibens, trocken, verkehrt, unbeweglich, der ganzen Umgebung hinderlich, ängstlich, vor allem aber lückenhaft erscheint, trotzdem von der ursprünglichen Erfindung nichts vergessen worden ist. Es liegt natürlich zum großen Teil daran, daß ich frei vom Papier nur in der Zeit der Erhebung, die ich mehr fürchte als ersehne, wie sehr ich sie auch ersehne, Gutes erfinde, daß dann aber die Fülle so groß ist, daß ich verzichten muß, blindlings also nehme nur dem Zufall nach, aus der Strömung heraus, griffweise, so daß diese Erwerbung beim überlegten Niederschreiben nichts ist im Vergleich zur Fülle, in der sie lebte, unfähig ist, diese Fülle herbeizubringen und daher schlecht und störend ist, weil sie nutzlos lockt.

---

16. IX ⟨*November*⟩ 11 Heute mittag vor dem Einschlafen – ich schlief aber gar nicht ein – lag auf mir der Oberkörper einer Frau aus Wachs. Ihr Gesicht war über dem meinen zurückgebogen, ihr linker Unterarm drückte meine Brust.

Drei Nächte nicht geschlafen, bei dem kleinsten Versuche etwas zu machen, gleich auf dem Grunde meiner Kraft.

---

aus einem alten Notizbuch: »Jetzt abend nachdem ich von 6 Uhr früh an gelernt habe, bemerkte ich, wie meine linke Hand die rechte schon ein Weilchen lang aus Mitleid bei den Fingern umfaßt hielt.«

18. XI 11 Gestern in der Fabrik. Mit der Elektrischen zurückgefahren, in einem Winkel mit ausgestreckten Beinen gesessen, Menschen draußen gesehn, angezündete Geschäftslampen, Mauern durchfahrener Viadukte, immer wieder Rücken und Gesichter, aus der Geschäftstraße der Vorstadt hinausführend eine Landstraße mit nichts Menschlichem als nachhausegehenden Menschen, die schneidenden, in das Dunkel eingebrannten elektrischen Lichter des Bahnhofgeländes, niedrige stark sich verjüngende Kamine eines Gaswerks, ein Plakat über das Gastspiel einer Sängerin de Treville, das sich an den Wänden hintastet bis in eine Gasse in der Nähe der Friedhöfe, von wo es dann wieder mit mir aus der Kälte der Felder in die wohnungsmäßige Wärme der Stadt zurückgekehrt ist. Fremde Städte nimmt man als Tatsache hin, die Bewohner dort leben, ohne unsere Lebensweise zu durchdringen, so wie wir ihre nicht durchdringen können, vergleichen muß man, man kann sich nicht wehren,

aber man weiß gut, daß das keinen moralischen und nicht einmal psychologischen Wert hat schließlich kann man oft auch auf das Vergleichen verzichten, da die allzugroße Verschiedenheit der Lebensbedingungen uns dessen enthebt. Die Vorstädte unserer Vaterstadt aber sind uns zwar auch fremd, doch haben hier Vergleiche Wert, ein halbstündiger Spaziergang kann es uns immer wieder beweisen, hier leben Menschen teils im Innern unserer Stadt teils am ärmlichen dunklen wie einem großen Hohlweg zerfurchten Rande, trotzdem sie alle einen so großen Kreis gemeinsamer Interessen haben, wie keine Menschengruppe sonst außerhalb der Stadt. Darum betrete ich die Vorstadt stets mit einem gemischten Gefühl von Angst, von Verlassensein, von Mitleid, von Neugier, von Hochmuth, von Reisefreude, von Männlichkeit und komme mit Behagen, Ernst und Ruhe zurück; besonders von Žižkov.

---

19. XI 11 So.

Traum: Im Teater. Vorstellung »das weite Land« von Schnitzler bearbeitet von Utitz. Ich sitze ganz vorn in einer Bank, glaube in der ersten zu sitzen, bis sich schließlich zeigt, daß es die zweite ist. Die Rückenlehne der Bank ist der Bühne zugekehrt, so daß man den Zuschauerraum bequem, die Bühne erst nach einer Drehung sehen kann. Der Verfasser ist irgendwo in der Nähe, ich kann mit meinem schlechten Urteil über das Stück, das ich offenbar schon kenne nicht zurückhalten, füge aber dafür hinzu, daß der dritte Akt witzig sein soll. Mit diesem »soll« will ich wieder sagen, daß ich, wenn von den guten Stellen gesprochen wird, das Stück nicht kenne und mich auf das Hörensagen verlassen muß; dafür wiederhole ich diese Bemerkung noch einmal nicht nur für mich, aber doch von den andern nicht beachtet. Rings um mich herum ist ein großes Gedränge, alles scheint in seinen Winterkleidern gekommen zu sein und füllt daher die Plätze übermäßig aus. Leute neben mir, hinter mir die ich nicht sehe sprechen auf mich ein, zeigen mir Neuankommende, nennen die Namen, besonders werde ich auf ein durch eine Sesselreihe sich drängendes Ehepaar aufmerksam gemacht, da die Frau ein dunkelgelbes, männliches, langnasiges Gesicht hat und überdies soweit man im Gedränge aus dem ihr Kopf ragt sehen kann, Männerkleidung trägt; neben mir steht merkwürdig frei der Schauspieler Löwy, dem wirklichen aber sehr unähnlich und hält aufgeregte Reden, in denen das Wort »principium« sich wiederholt, ich erwarte immerfort das Wort »tertium comparationis«, es kommt nicht. In einer Loge des zweiten Ranges eigentlich nur in einem Winkel der Gallerie, von der Bühne aus rechts, die sich dort an die Logen anschließt, steht irgend ein dritter Sohn der Familie Kisch hinter seiner sitzenden Mutter und redet in das Teater, angezogen in einen schönen Kaiserrock, dessen Flügel ausgebreitet sind. Die Reden des Löwy haben eine Beziehung zu diesen Reden. Unter anderem zeigt Kisch hoch oben auf eine Stelle des Vorhangs und sagt, dort sitzt der deutsche Kisch, damit meint er meinen Schulkollegen, der Germanistik studiert hat. Als der Vorhang aufgeht das Teater sich zu verdunkeln anfängt und Kisch so wie so verschwinden würde, zieht er um dies deutlicher zu machen, mit seiner Mutter die Gallerie aufwärts und weg, wieder alle Arme Röcke und Beine sehr ausgebreitet. Die Bühne liegt etwas tiefer als der Zuschauerraum, man schaut hinunter, das Kinn auf der Rückenlehne. Die Dekoration besteht hauptsächlich in zwei niedrigen dikken Säulen in der Mitte der Bühne. Ein Gastmahl wird dargestellt, an dem sich Mädchen und junge Männer beteiligen. Ich sehe wenig, denn obgleich mit Beginn des Spiels viele Leute gerade aus den ersten Bänken weggegangen sind offenbar hinter die Bühne, verdecken die zurückbleibenden Mädchen mit großen flachen, meist blauen über die ganze Länge der Bank hin- und herrückenden Hüten die Aussicht. Einen kleinen 10–15 jährigen Jungen sehe ich jedoch auf der Bühne besonders klar. Er hat trockenes, gescheiteltes, gerade geschnittenes Haar. Er weiß nicht einmal richtig die Serviette auf seine Oberschenkel zu legen, muß zu diesem Zweck aufmerksam hinunterschauen und soll in diesem Stück einen Lebemann spielen. Infolge dieser Beobachtung habe ich kein großes Vertrauen zu diesem Teater mehr. Die Gesellschaft auf der Bühne erwartet nun verschiedene Ankömmlinge die aus den ersten Zuschauerreihen auf die Bühne hinunter steigen. Das Stück ist aber auch nicht gut einstudiert. So kommt eine Schauspielerin Hackelberg eben an, ein Schauspieler spricht sie weltmännisch in seinem Fauteuil lehnend mit »Hackel-« an, bemerkt jetzt den Irrtum und korrigiert sich. Nun kommt ein Mädchen an, das ich kenne (Frankel heißt sie glaub ich), sie steigt gerade an meinem Platz über die Lehne, ihr Rücken ist als sie hinüber steigt, ganz nackt, die Haut nicht sehr rein über der rechten Hüfte ist sogar eine aufgekratzte, blutunterlaufene Stelle, in der Größe eines Türknopfes. Sie spielt dann aber, als sie sich auf der Bühne wendet und mit reinem Gesicht dasteht, sehr gut. Nun soll ein singender Reiter aus der Ferne im Galopp sich nähern, ein Klavier täuscht das Hufeklappern vor man hört den sich nähernden stürmischen Gesang, endlich sehe ich auch den Sänger der um dem Gesang das natürliche Anschwellen des eilend herannahenden zu geben, die Gallerie oben entlang läuft zur Bühne. Noch ist er nicht bei der Bühne auch mit dem Lied noch nicht zuende und doch hat er das Äußerste an Eile und schreiendem Gesang hergegeben, auch das Klavier kann nicht mehr deutlicher die auf Steine schlagenden Hufe nachahmen. Daher lassen beide ab und der Sänger kommt mit ruhigem Gesang heran, nur macht er sich so klein, daß nur sein Kopf über die Galleriebrüstung ragt, damit man ihn nicht so deutlich sieht. Damit ist der erste Akt zuende, aber der Vorhang geht nicht hinunter, auch das Teater bleibt dunkel. Auf der Bühne sitzen 2 Kritiker auf dem Boden und schreiben mit dem Rücken an einer Dekoration lehnend. Ein Dramaturg oder Regisseur mit blondem Spitzbart kommt auf die Bühne gesprungen, im Flug noch streckt er eine Hand zu einer Anordnung aus; in der andern Hand trägt er eine Weintraube, die früher auf einer Obstschale des Gastmahls lag und ißt von ihr. Wieder dem Zuschauerraum zugewendet, sehe ich, daß er mit einfachen Petroleumlaternen beleuchtet ist, die wie in Gassen auf einfachen Kandelabern aufgesteckt sind und jetzt natürlich nur ganz schwach brennen. Plötzlich, unreines Petroleum oder eine schadhafte Stelle im Docht wird die Ursache sein, spritzt das Licht aus einer solchen Laterne und Funken gehn in breitem Stoße auf die Zuschauer nieder die für den Blick nicht zu entwirren sind und eine Masse schwarz wie Erde bilden. Da steht ein Herr aus dieser Masse auf, geht förmlich auf ihr näher zur Laterne hin, will offenbar die Sache in Ordnung bringen, schaut aber zuerst zur Laterne hinauf, bleibt ein Weilchen so neben ihr stehn und als nichts geschieht, geht er ruhig wieder zu seinem Platz zurück, in dem er versinkt. (Ich verwechsle mich mit ihm und neige das Gesicht ins Schwarze.)

Ich und Max müssen doch grundverschieden sein. So sehr ich seine Schriften bewundere, wenn sie als meinem Eingriff und jedem andern unzugängliches Ganze vor mir liegen, selbst heute eine Reihe kleiner Buchbesprechungen, so ist doch jeder Satz, den er für Richard und Samuel schreibt, mit einer widerwilligen Koncession von meiner Seite verbunden, die ich schmerzlich bis in meine Tiefe fühle. Wenigstens heute.

Heute abend war ich wieder voll ängstlich zurückgehaltener Fähigkeit.

---

20. XI 11 Traum eines Bildes, angeblich von Ingres. Die Mädchen im Wald in tausend Spiegeln oder eigentlich: Die Jungfrauen u. s. w. Ähnlich gruppiert und luftig gezogen wie auf den Vorhängen der Teater war rechts im Bild eine Gruppe dichter beisammen nach links hin saßen und lagen sie auf einem riesigen Zweig oder einem fliegenden Band oder schwebend aus eigener Kraft in einer gegen den Himmel langsam ansteigenden Kette. Und nun spiegelten sie sich nicht nur gegen den Zuschauer hin sondern auch von ihm weg, wurden undeutlicher und vielfacher, was das Auge an Einzelheiten verlor gewann es an Fülle. Vorn aber stand ein von den Spiegelungen unbeeinflußtes nacktes Mädchen auf ein Bein gestützt mit vortretender Hüfte. Hier war Ingres Zeichenkunst zu bewundern, nur fand ich eigentlich mit Wohlgefallen, daß zuviel wirkliche Nacktheit auch für den Tastsinn an diesem Mädchen übriggeblieben war. Von einer durch sie verdeckten Stelle gieng ein Schimmer gelblich blassen Lichtes aus.

Sicher ist mein Widerwillen gegen Antithesen. Sie kommen zwar unerwartet, aber überraschen nicht, denn sie sind immer ganz nah vorhanden gewesen; wenn sie unbewußt waren, so waren sie es nur am äußersten Rande. Sie erzeugen zwar Gründlichkeit, Fülle, Lückenlosigkeit aber nur so wie eine Figur im Lebensrad; unsern kleinen Einfall haben wir im Kreis herumgejagt. So verschieden sie sein können, so nuancenlos sind sie, wie von Wasser aufgeschwemmt wachsen sie einem unter der Hand, mit der anfänglichen Aussicht ins Grenzenlose und mit einer endlichen mittlern immer gleichen Größe. Sie rollen sich ein, sind nicht auszudehnen, geben keinen Anhaltspunkt, sind Löcher im Holz, sind stehender Sturmlauf, ziehn wie ich gezeigt habe Antithesen auf sich herab. Möchten sie nur alle auf sich herabziehn und für immer.

---

für das Drama: Englischlehrer Weiß, wie er mit geraden Schultern, die Hände stark in den Taschen, mit dem in Falten gespannten gelblichen Überrock einmal abend auf dem Wenzelsplatz über die Fahrbahn mit mächtigen Schritten knapp an der allerdings noch stehenden aber schon läutenden Elektrischen vorübereilt. Von uns weg.

E. Anna!

A. (aufschauend) Ja.

E. Komm her.

A. (große ruhige Schritte) Was willst Du?

E. Ich wollte Dir sagen, daß ich seit einiger Zeit mit Dir unzufrieden bin.

A. Aber!

E. Es ist so.

A. Dann mußt Du mir eben kündigen, Emil.

E. So rasch? Und Du fragst gar nicht nach der Ursache?

A. Ich kenne sie.

E. So?

A. Das Essen schmeckt Dir nicht.

E. (steht rasch auf, laut) Weißt Du, daß Karl heute abend wegfährt oder weißt Du es nicht?

A. (innerlich unbeirrt) Aber ja, leider fährt er weg, deshalb hast Du mich nicht herrufen müssen.

---

21. XI 11 Mein gewesenes Kinderfräulein, die im Gesicht schwarzgelbe, mit kantigem Nasenrand und einer mir damals so lieben Warze irgendwo auf der Wange war heute zum zweitenmal in kurzer Zeit bei uns um mich zu sehn. Das erste Mal war ich nicht zuhause, diesmal wollte ich in Ruh gelassen sein und schlafen und ließ mich verleugnen. Warum hat sie mich so schlecht erzogen, ich war doch folgsam, sie sagt es jetzt selbst im Vorzimmer zur Köchin und zum Fräulein, ich war von ruhiger Gemütsart und brav. Warum hat sie das nicht für mich ausgenützt und mir eine bessere Zukunft vorbereitet. Sie ist eine Ehefrau oder Witwe, hat Kinder, hat eine lebhafte Sprache, die mich nicht schlafen läßt, denkt, daß ich ein großer, gesunder Herr im schönen Alter von 28 Jahren bin, gern an meine Jugend zurückdenke und überhaupt etwas mit mir anzufangen weiß. Nun liege ich aber hier auf dem Kanapee, mit einem Fußtritt aus der Welt geworfen, passe auf den Schlaf auf der nicht kommen will und wenn er kommt mich nur streifen wird, die Gelenke habe ich wund vor Müdigkeit, mein dürrer Körper zittert sich zugrunde in Aufregungen, derer er sich nicht klar bewußt werden darf, im Kopf zuckt es zum Erstaunen. Und da stehen die 3 Frauen vor meiner Tür, eine lobt mich wie ich war, zwei wie ich bin. Die Köchin sagt, ich werde gleich, sie meint ohne jeden Umweg in den Himmel kommen. So wird es sein.

Löwy: Ein Rabbi im Talmud hatte das in diesem Falle sehr gottgefällige Princip, nichts, nicht einmal ein Glas Wasser von jemandem anzunehmen. Nun traf es sich aber, daß der größte Rabbi seiner Zeit ihn kennen lernen wollte und ihn also zum Essen einlud. Die Einladung eines solchen Mannes ablehnen, das war nicht möglich. Traurig machte sich daher der erste Rabbi auf den Weg. Aber weil sein Princip so stark war, schob sich zwischen die beiden Rabbi ein Berg.

Anna (sitzt beim Tisch, liest in der Zeitung.)

Karl (geht im Zimmer herum, sobald er zum Fenster kommt, bleibt er stehn und schaut hinaus, einmal öffnet er sogar das innere Fenster.)

Anna Bitte laß das Fenster zu, es friert doch

Karl (schließt das Fenster) Wir haben eben verschiedene Sorgen.

22 XI 11

Anna. Du hast aber eine neue Gewohnheit angenommen Emil, eine ganz abscheuliche. An jede Kleinigkeit kannst Du anknüpfen und mit ihrer Hilfe eine schlechte Eigenschaft an mir finden.

Karl (reibt sich die Finger) Weil Du keine Rücksicht nimmst, weil Du überhaupt unbegreiflich bist.

Sicher ist, daß ein Haupthindernis meines Fortschritts mein körperlicher Zustand bildet. Mit einem solchen Körper läßt sich nichts erreichen. Ich werde mich an sein fortwährendes Versagen gewöhnen müssen. Von den letzten wild durchträumten, aber kaum weilchenweise durchschlafenen Nächten bin ich heute früh so ohne Zusammenhang gewesen, fühlte nichts anderes als meine Stirn, sah einen halbwegs erträglichen Zustand erst weit über dem gegenwärtigen und hätte mich einmal gerne vor lauter Todesbereitschaft mit den Akten in der Hand auf den Cementplatten des Korridors zusammengerollt. Mein Körper ist zu lang für seine Schwäche, er hat nicht das geringste Fett zur Erzeugung einer segensreichen Wärme, zur Bewahrung inneren Feuers, kein Fett von dem sich einmal der Geist über seine Tagesnotdurft hinaus ohne Schädigung des Ganzen nähren könnte. Wie soll das schwache Herz, das mich in der letzten Zeit öfters gestochen hat, das Blut über die ganze Länge dieser Beine hin stoßen können. Bis zum Knie wäre genug Arbeit, dann aber wird es nur noch mit Greisenkraft in die kalten Unterschenkel gespült. Nun ist es aber schon wieder oben nötig, man wartet darauf, während es sich unten verzettelt. Durch die Länge des Körpers ist alles auseinandergezogen. Was kann er da leisten, da er doch vielleicht, selbst wenn er zusammengedrängt wäre, zuwenig Kraft hätte für das, was ich erreichen will.

---

aus einem Brief Löwys an seinen Vater: Wenn ich nach Warschau komme, werde ich in meinen europäischen Kleidern zwischen euch herumgehn wie »eine Spinne vor den Augen, wie ein Trauernder unter Brautleuten«

L. erzählt von einem verheirateten Freunde, der in Postin lebt einer kleinen Stadt in der Nähe von Warschau und sich in seinen fortschrittlichen Interessen einsam und daher unglücklich fühlt. »Postin, ist das eine große Stadt?« »So groß« er hält mir seine flache Hand hin. Sie ist mit einem gerauhten gelbbraunen Handschuh bekleidet und stellt eine wüste Gegend vor.

---

23. XI 11 am 21. dem 100jährigen Todestag Kleists ließ die Familie Kleist einen Kranz auf sein Grab legen mit der Aufschrift: »Dem Besten ihres Geschlechts«

Von was für Zuständen ich durch meine Lebensweise abhängig werde! Heute nacht habe ich etwas besser als in der letzten Woche geschlafen, heute nachmittag sogar ziemlich gut, ich habe sogar jene Verschlafenheit die auf mittelguten Schlaf folgt, infolgedessen befürchte ich, weniger gut schreiben zu können, fühle, wie sich einzelne Fähigkeiten tiefer ins Innere schlagen und bin auf alle Überraschungen vorbereitet d. h. sehe sie schon.

---

24 XI 11 Schhite (der welcher die Schächterkunst lernt.) Stück von Gordyn. Darin Talmudcitate z. B. Wenn ein großer Gelehrter abend oder in der Nacht eine Sünde begeht, so darf man sie ihm am Morgen nicht mehr vorwerfen, denn in seiner Gelehrsamkeit hat er sie sicher schon selbst bereut – Stiehlt man einen Ochsen so muß man 2 zurückgeben, schlachtet man den gestohlenen Ochsen, so muß man 4 zurückgeben, schlachtet man aber ein gestohlenes Kalb, so muß man nur 3 zurückgeben, weil angenommen wird, daß man das Kalb wegtragen mußte, also eine schwere Arbeit getan hat. Diese Annahme bestimmt die Strafe auch dann, wenn man das Kalb bequem fortgeführt hat.

Ehrenhaftigkeit schlechter Gedanken. Gestern abend fühlte ich mich besonders elend. Mein Magen war wieder verdorben, ich hatte mit Mühe geschrieben, der Vorlesung Löwys im Kaffeehaus, (das zuerst still war und von uns geschont werden mußte, das sich dann aber belebte und uns nicht in Ruhe ließ) hatte ich mit Anstrengung zugehört, meine traurige nächste Zukunft erschien mir nicht wert in sie einzutreten, verlassen gieng ich durch die Ferdinandstraße. Da kamen mir an der Mündung des Bergstein wieder die Gedanken an die spätere Zukunft. Wie wollte ich sie mit diesem aus einer Rumpelkammer gezogenem Körper ertragen? Auch im Talmud heißt es: Ein Mann ohne Weib ist kein Mensch. Gegenüber solchen Gedanken blieb mir an diesem Abend keine andere Hilfe als daß ich mir sagte: »Jetzt kommt ihr schlechte Gedanken, jetzt weil ich schwach bin und verdorbenen Magen habe. Gerade jetzt wollt ihr euch durchdenken lassen. Nur darauf was Euch wohltut habt ihr es abgesehn. Schämt Euch. Kommt ein anderesmal, wenn ich kräftiger bin. Nützt meinen Zustand nicht so aus.« Und tatsächlich, ohne andere Beweise auch nur abzuwarten, wichen sie zurück, zerstreuten sich langsam und störten mich nicht mehr auf meinem weitern natürlich nicht übermäßig glücklichen Spaziergang. Sie vergaßen aber offenbar, daß sie, wenn sie alle meine schlechten Zustände respektieren wollen, selten an die Reihe kommen werden.

Durch den Benzingeruch eines vom Teater her fahrenden Automobils wurde ich darauf aufmerksam, wie sichtbar auf die mir entgegenkommenden Teaterbesucher die mit letzten Griffen ihre Mäntel und hängenden Gucker in Ordnung bringen, eine schöne Häuslichkeit wartet (und sei sie auch nur von einer Kerze beleuchtet, so ist es ja vor dem Schlafengehn recht) wie sie aber auch aus dem Teater nach hause geschickt erscheinen, als untergeordnete Personen, vor denen der Vorhang zum letztenmal niedergegangen ist und hinter denen sich die Türen geöffnet haben, durch die sie vor Anfang oder während des ersten Aktes hochmütig wegen irgend einer lächerlichen Sorge eingetreten sind.

Viertes Heft

28. XI 11 3 Tage lang nichts geschrieben.

25. XI ⟨*1911*⟩ den ganzen Nachmittag im Cafe City Miška überredet, eine Erklärung zu unterschreiben, daß er nur Commis bei uns war, also nicht versicherungspflichtig und der Vater nicht verpflichtet wäre, die große Nachtragszahlung für seine Versicherung zu leisten. Er verspricht es mir, ich rede ein flüssiges Čechisch, besonders meine Irrtümer entschuldige ich elegant, er verspricht die Erklärung Montag ins Geschäft zu schicken, ich fühle mich von ihm, wenn nicht geliebt, so doch respektiert, aber am Montag schickt er nichts, ist auch nicht mehr in Prag, sondern weggefahren.

Abend matt bei Baum ohne Max.

Vorlesung »der Häßlichen«, einer noch zu ungeordneten Geschichte, das erste Kapitel ist mehr der Lagerplatz einer Geschichte.

26. XI ⟨*1911*⟩ So. Mit Max R. u. S. vormittag u. nachmittag bis 5. Dann zu A. M. Pachinger. Sammler aus Linz, von Kubin empfohlen, 50 Jahre, riesig, turmartige Bewegungen, wenn er längere Zeit schweigt, beugt man den Kopf, da er ganz schweigt, während er sprechend nicht

ganz spricht, sein Leben besteht aus Sammeln und Koitieren. Sammeln: Mit einer Sammlung von Briefmarken fieng er an, gieng dann zur Graphik über, sammelte dann alles, sah dann die Nutzlosigkeit dieser sich niemals abrundenden Sammlung ein und beschränkte sich auf Amulette, später auf Wallfahrtsmedaillen und Wallfahrtsblätter von Niederösterreich und Südbayern. Es sind dies M. und Bl. die separat für jede Wallfahrt neu aufgelegt werden, im Material und auch künstlerisch meist wertlos sind, oft aber gemütliche Darstellungen enthalten. Darüber fieng er nun auch fleißig zu publicieren an undzwar zum erstenmal über diesen Gegenstand, für dessen Systemisierung er erst die Gesichtspunkte feststellte. Natürlich empörten sich die bisherigen Sammler dieser Dinge, die es versäumt hatten zu publicieren, mußten sich dann aber doch zufrieden geben. Jetzt ist er anerkannter Sachverständiger für diese Wallfahrtsmedaillen, aus allen Gegenden kommen Bitten um Bestimmung und Begutachtung dieser Medaillen, seine Stimme gilt. Im übrigen sammelt er auch alles andere noch, sein Stolz ist ein Jungferngürtel (Scapulier?), der wie auch alle seine Amulette auf der Dresdner hygienischen Ausstellung ausgestellt gewesen ist. (Jetzt war er eben dort und hat alles zum Transport verpacken lassen) Dann ein schönes Ritterschwert vom Falkensteiner. Mit einer schlechten nur durch Sammeln erreichbaren Klarheit verhält er sich zur Kunst. Aus dem Kaffeehaus im Hotel Graf führt er uns in sein überheiztes Zimmer hinauf, setzt sich aufs Bett, wir auf 2 Sessel um ihn, so daß wir eine ruhige Versammlung bilden. Seine erste Frage »Sind sie Sammler?« »Nein nur arme Liebhaber.« »Das macht nichts.« Er zieht seine Brieftasche und bewirft uns förmlich mit Exlibris, eigenen und fremden, untermischt mit einem Prospekt seines nächsten Buches »Zauberei und Aberglaube im Steinreich«. Er hat schon viel geschrieben, besonders über »Mutterschaft in der Kunst« den schwangeren Körper hält er für den schönsten, er ist ihm auch am angenehmsten zu vögeln. Auch über Amulette hat er geschrieben. Er war auch in Stellung in den Wiener Hofmuseen, hat Ausgrabungen in Braila an der Donaumündung geleitet, ein nach ihm benanntes Verfahren zum Binden ausgegrabener Vasen erfunden, ist 13faches Mitglied von gelehrten Gesellschaften und Museen, seine Sammlung ist dem Germanischen Museum in Nürnberg vermacht, oft sitzt er bis 1 oder 2 Uhr an seinem Schreibtisch in der Nacht und um 8^h früh wieder. Wir müssen etwas in das Stammbuch einer Freundin eintragen, das er auf die Reise mitgenommen hat, um es füllen zu lassen. Selbstproducierende kommen an den Anfang. Max trägt einen komplicierten Vers ein, den Hr. P. mit dem Sprichwort »auf Regen kommt Sonnenschein« zu übersetzen versucht. Vorher hat er es mit einer hölzernen Stimme vorgelesen. Ich schreibe:

Kleine Seele
springst im Tanze u. s. w.

er liest wieder laut, ich helfe, schließlich sagt er: »Ein persischer Rythmus? Wie heißt das nur? Ghasele? Nicht?« Da können wir nicht zustimmen und was er meint, auch nicht erraten. Endlich zitiert er ein Ritornell von Rückert. Ja also Ritornell hat er gemeint. Das ist es allerdings auch nicht. Gut, aber einen gewissen Wohlklang hat es. Beim Weggehn zerwirft er das Bett, damit es vollständig sich der Zimmerwärme angleiche, außerdem ordnet er weiteres Einheizen an. – Er ist Freund Halbes. Er möchte gern über ihn reden. Wir viel lieber über Blei. Über den ist aber nicht viel zu reden, er wird in den Münchner litterarischen Gesellschaften wegen litt. Schweinereien mißachtet, von seiner Frau, die als Zahnärztin ein besuchtes Atelier hatte und ihn erhielt ist er geschieden, seine Tochter 16 Jahre blond mit blauen Augen ist das wildeste

Mädel von München. In Sternheims »Hose« – Pachinger war mit Halbes im Teater – spielte Blei einen alternden Lebemann. Als ihn Pachinger nächsten Tag traf, sagte er »Herr Dr., Sie haben gestern den Dr. Blei gespielt.« Wieso? wieso? sagte er verlegen, ich habe doch den und den gespielt.« – Kubins Eheleben ist schlecht. Seine Frau ist Morphinistin. P. ist überzeugt, daß es Kubin auch ist. Man beobachte ihn nur wie er aus der größten Lebhaftigkeit plötzlich mit spitzer Nase und hängenden Wangen verfällt, geweckt werden muß, sich mit einem Aufraffen wieder ins Gespräch findet, nach einer Pause wieder still wird, was sich dann in immer kürzeren Pausen wiederholt. Auch fehlen ihm oft Worte. – Über Weiber: Die Erzählungen über seine Potenz machen einem Gedanken darüber, wie er wohl sein großes Glied langsam in die Frauen stopft. Sein Kunststück in frühern Zeiten war, Frauen so zu ermüden, daß sie nicht mehr konnten. Dann waren sie ohne Seele, Tiere. Ja diese Ergebenheit kann ich mir vorstellen. Er liebt Rubensweiber wie er sagt, meint aber solche mit großen oben gebauchten unten flachen, sackartig hängenden Brüsten. Er erklärt diese Vorliebe damit, daß seine erste Liebe eine solche Frau, eine Freundin seiner Mutter und Mutter eines Schulkollegen

29. XI ⟨*1911*⟩

war, die ihn mit 15 Jahren verführte. Er war besser in Sprachen, sein Kollege in Mathematik, so lernten sie mit einander in der Wohnung des Kollegen, da geschah es. Er zeigt Photographien seiner Lieblinge. Sein gegenwärtiger ist eine ältere Frau, die auf einem Sessel mit gespreizten Beinen, gehobenen Armen, von Fett faltigem Gesicht sitzt und so ihre Fleischmassen zeigt. Auf einem Bilde, das sie im Bett darstellt, sind die Brüste, so wie sie ausgebreitet und geschwollen förmlich geronnen aussehn, und der zum Nabel gehobene Bauch gleichwertige Berge. Ein anderer Liebling ist jung, sein Bild ist nur ein Bild der aus der aufgeknöpften Blouse gezogenen langen Brüste und eines abseits schauenden in einem schönen Mund zugespitzten Gesichtes. In Braila hatte er damals großen Zulauf der dicken, viel vertragenden, von ihren Männern ausgehungerten Kaufmannsfrauen, die dort zur Sommerfrische lebten. Sehr ergiebiger Fasching in München. Nach dem Meldeamt kommen während des Faschings über 6000 Frauen ohne Begleitung nach München offenbar nur um sich koitieren zu lassen. Es sind Verheirathete, Mädchen, Witwen aus ganz Bayern, aber auch aus den angrenzenden Ländern.

Aus dem Talmud: Geht ein Gelehrter auf Brautschau, so soll er sich einen amhorez mitnehmen, da er zu sehr in seine Gelehrsamkeit versenkt das Notwendige nicht merken würde. – Die Telephon- und Telegraphendrähte um Warschau sind durch Bestechungen zu einem vollkommenen Kreis ergänzt, der im Sinne des Talmud aus der Stadt ein abgegrenztes Gebiet, gewissermaßen einen Hof bildet, so daß es auch dem Frömmsten möglich ist, am Samstag innerhalb dieses Kreises sich zu bewegen, Kleinigkeiten (wie Taschentücher) bei sich zu tragen. – Die Gesellschaften der Chassidim, bei denen sie sich fröhlich über Talmudfragen unterhalten. Stockt die Unterhaltung oder beteiligt sich einer nicht, entschädigt man sich mit Gesang. Melodien werden erfunden, gelingt eine werden Familienglieder hereingerufen und mit ihnen repetiert und studiert. Ein Wunderrabbi, der öfters Hallucinationen hatte, versenkte bei einer solchen Unterhaltung plötzlich sein Gesicht in die auf den Tisch gelegten Arme und verblieb so unter allgemeinem Schweigen 3 Stunden. Als er erwachte weinte er und trug einen ganz neuen lustigen militärischen Marsch vor. Es war dies die Melodie, mit welcher Totenengel eben die Seele eines zu dieser Zeit in einer weit entfernten russischen Stadt verstorbenen Wunderrabbis zum Himmel begleitet hatten. – Nach der Kabbala bekommen am Freitag die Frommen eine neue vollkommen himmlische, zartere Seele, die bis Samstag abend bei ihnen bleibt. – Am Freitag abend begleiten jeden Frommen zwei Engel vom Tempel nachhause; der Hausherr begrüßt sie stehend im Speisezimmer; sie bleiben nur kurze Zeit.

»Die Liebe zu einer Schauspielerin« »Ein Teater«

Immer hatte die Erziehung der Mädchen, ihr Erwachsensein, die Gewöhnung an die Gesetze der Welt einen besonderen Wert für mich. Sie laufen dann einem, der sie nur flüchtig kennt und gern mit ihnen flüchtig reden möchte, nicht mehr so hoffnungslos aus dem Weg, sie bleiben schon ein wenig stehn und sei es auch nicht gerade an der Stelle des Zimmers wo man sie haben will, man muß sie nicht mehr halten mit Blicken, Drohungen oder der Macht der Liebe, wenn sie sich abwenden, tun sie es langsam und wollen damit nicht verwunden, dann ist auch ihr Rücken breiter geworden. Was man ihnen sagt, geht nicht verloren, sie hören die ganze Frage an, ohne daß man sich beeilen müßte und antworten, zwar scherzhaft, jedoch genau auf die gestellte Frage. Ja sie fragen sogar selbst mit erhobenem Gesicht und ein kleines Gespräch ist ihnen nicht unerträglich. Sie lassen sich in der Arbeit, die sie gerade vorgenommen haben, durch einen Zuschauer kaum mehr stören, berücksichtigen ihn also weniger, doch darf er sie auch länger anschauen. Nur zum Ankleiden ziehn sie sich zurück. Es ist die einzige Zeit, während der man unsicher sein kann. Sonst aber muß man nicht mehr durch Gassen laufen, bei Haustoren abfangen und immer wieder auf einen glücklichen Zufall warten, trotzdem man doch schon erfahren hat, daß man die Fähigkeit nicht besitzt ihn zu zwingen. Trotz dieser großen Veränderung aber die mit ihnen vorgegangen ist ist es keine Seltenheit, daß sie bei einer unerwarteten Begegnung mit einer Trauermiene uns entgegenkommen, die Hand flach in die unsere legen und mit langsamen Bewegungen uns wie einen Geschäftsfreund zum Eintritt in die Wohnung laden. Schwer gehn sie im Nebenzimmer auf und ab, wie wir aber auch dort eindringen aus Lüsternheit und Trotz hocken sie in einer Fensternische und lesen die Zeitung ohne einen Blick für uns zu haben.

---

3 XII 11 Ich habe jetzt ein Stück in Schäfers Karl Stauffers Lebensgang. Eine Chronik der Leidenschaft gelesen und bin von diesem großen in mein nur in Augenblicken erhorchtes Innere dringenden Eindruck so befangen und festgehalten, dabei aber durch das von meinem verdorbenen Magen mir auferlegte Hungern und durch die übliche Aufregung des freien Sonntags so ins Weite getrieben, so daß ich ebenso schreiben muß, wie man sich bei äußerer durch Äußeres erzwungener Aufregung nur durch Fuchteln mit den Armen helfen kann.

Das Unglück des Junggesellen ist für die Umwelt, ob scheinbar oder wirklich, so leicht zu erraten, daß er, jedenfalls, wenn er aus Freude am Geheimnis Junggeselle geworden ist, seinen Entschluß verfluchen wird. Er geht zwar umher mit zugeknöpftem Rock die Hände in den hohen Rocktaschen, die Ellbogen spitz, den Hut tief im Gesicht, ein falsches schon eingeborenes Lächeln soll den Mund schützen, wie der Zwicker die Augen, die Hosen sind schmäler, als es an magern Beinen schön ist. Aber jeder weiß wie es um ihn steht, kann ihm aufzählen was er leidet. Kühle weht ihn aus seinem Innern an, in das er mit der noch traurigern andern Hälfte seines Doppelgesichtes hineinschaut. Er übersiedelt förmlich unaufhörlich, aber mit erwarteter Gesetzmäßigkeit. Je weiter er von den Lebenden wegrückt, für die er doch, und das ist der ärgste Spott, arbeiten muß, wie ein bewußter Sklave der sein Bewußtsein nicht äußern darf, ein desto kleinerer Raum wird für ihn als genügend befunden. Während die andern und seien sie ihr Leben lang auf dem Krankenbett gelegen, dennoch vom Tode niedergeschlagen werden müssen, denn wenn sie auch aus eigener Schwäche längst selbst gefallen wären, so halten sie sich doch an ihre liebenden starken gesunden Ehe-Verwandten, er, dieser Junggeselle bescheidet sich aus scheinbar eigenem Willen schon mitten im Leben auf einen immer kleineren Raum und stirbt er, ist ihm der Sarg gerade recht.

Wie ich letzthin meinen Schwestern die Selbstbiographie Mörikes vorlas, schon gut anfieng aber noch besser fortsetzte und schließlich, die Fingerspitzen auf einander gelegt, mit meiner ruhig bleibenden Stimme innere Hindernisse bezwang, einen immer mehr sich ausbreitenden Ausblick meiner Stimme verschaffte und schließlich das ganze Zimmer rings um mich nichts anderes aufnehmen durfte als meine Stimme. Bis dann meine aus dem Geschäft zurückkehrenden Eltern läuteten.

Vor dem Einschlafen das Gewicht der Fäuste an den leichten Armen auf meinem Leib gespürt.

---

8 Dec. ⟨*1911*⟩ Freitag, lange nicht geschrieben, nur war es diesmal doch halbwegs aus Zufriedenheit, da ich das erste Kapitel von R. u. S. selbst beendet habe und besonders die anfängliche Beschreibung des Schlafes im Koupé als gelungen ansehe. Noch mehr, ich glaube, daß sich an mir etwas vollzieht, daß jener Schillerschen Umbildung des Affekts in Charakter sehr nahesteht. Über alles Wehren meines Innern muß ich das Aufschreiben

---

Spaziergang mit Löwy zum Statthalterschloß, das ich die Zionsburg nannte. Das Maßwerk der Eingangstore und die Himmelsfarbe giengen sehr klar zusammen. – Ein anderer Spaziergang zur Hetzinsel. Erzählung von Frau Tschissik wie man sie aus Mitleid in Berlin in die Gesellschaft aufnahm, eine zuerst wertlose Duettistin in altfränkischem Kleid und Hut. Vorlesen eines Briefes aus Warschau, in dem ein junger Warschauer Jud über den Niedergang des jüdischen Teaters klagt und schreibt, daß er lieber in die »Nowosti« das polnische Operettenteater gehe, als in das jüdische, denn diese elende Ausstattung, die Unanständigkeiten, die »verschimmelten« Couplets u. s. w. seien unerträglich. Man denke nur an den Haupteffekt einer jüdischen Operette, der darin besteht, daß die Primadonna mit einem Zug kleiner Kinder hinter sich durch das Publikum auf die Bühne marschiert. Alle tragen kleine Thorarollen und singen: toire is die beste schoire – die Thora ist die beste Ware.

Schöner einsamer Spaziergang nach jenen gelungenen Stellen in R. u. S. über den Hradschin und das Belvedere. In der Nerudagasse eine Tafel: Anna Křižová Schneiderin, ausgelernt in Frankreich durch die Herzogin-Witwe Ahrenberg geb. Princess Ahrenberg. – In der Mitte des ersten Schloßhofes stand ich und sah einer Alarmierung der Schloßwache zu.

Max haben die letzten von mir geschriebenen Partien nicht gefallen, jedenfalls deshalb, weil er sie für das Ganze als nicht passend ansieht, möglicherweise aber auch an und für sich für schlecht hält. Dieses ist sehr wahrscheinlich, weil er mich vor dem Schreiben so langer Stellen warnte und den Effekt solchen Schreibens als etwas Gallertartiges ansieht.

Um mit jungen Mädchen reden zu können, brauche ich das Nahesein älterer Personen. Die von ihnen ausgehende leichte Störung belebt mir das Gespräch, die Forderungen an mich scheinen mir gleich herabgestimmt, was ich nicht überprüft aus mir heraussage, kann immer noch, wenn es für das Mädchen nicht gilt, für die ältere Person angebracht sein, aus der ich auch wenn es notwendig wird, Hilfe in Menge herausholen kann.

Frl. Haas. Sie erinnert mich an Frau Blei, nur ihre Nase sieht in ihrer Länge, leichten Doppelbiegung und verhältnismäßigen Schmalheit wie die verdorbene Nase der Frau Blei aus. Sonst aber hat auch sie im Gesicht eine äußerlich kaum begründete Schwärze, die nur von einem kräftigen Charakter in die Haut getrieben sein kann. Breiter Rücken, weit vorgeschrittene Anlage zu dem schwellenden Frauenrücken; schwerer Körper, der dann in der gut geschnittenen Jacke dünn wird und für den noch diese schmale Jacke lose ist.

Nach Verlegenheiten im Gespräch bedeutet ein freies Heben des Kopfes, daß ein Ausweg gefunden ist. Ich lag ja nicht auf dem Boden in diesem Gespräch, hatte mich auch innerlich nicht aufgegeben, aber hätte ich mich nur von außen gesehn, hätte ich mein Benehmen nicht anders erklären können. Zu einer freien Aussprache mit neuen Bekanntschaften konnte ich früher deshalb nicht kommen, weil mich unbewußt das Vorhandensein sexueller Wünsche hinderte, jetzt hindert mich ihr bewußter Mangel.

Begegnung des Ehepaares Tschissik auf dem Graben. Sie trug ihr Dirnenkleid aus dem »Wilden Menschen«. Wenn ich ihre Erscheinung wie ich sie damals auf dem Graben hatte in die Details zerlege, wird sie unwahrscheinlich. (Ich sah sie nur flüchtig, denn ich erschrak bei ihrem Anblick, grüßte nicht, wurde auch nicht gesehn und wagte nicht gleich, mich umzudrehn.) Sie war viel kleiner als sonst, hatte die linke Hüfte nicht augenblicksweise, sondern ständig vorstehn, ihr rechtes Bein war eingeknickt, die Bewegung des Halses und Kopfes, die sie ihrem Mann näherte, war sehr eilig, mit dem zur Seite gestreckten eingebogenen rechten Arm suchte sie sich in ihren Mann einzuhängen. Der trug sein Sommerhütchen mit der vorn niedergedrückten Krempe. Als ich mich umdrehte waren sie weg. Ich errieth, daß sie ins Kafe Central gegangen waren, wartete ein wenig auf der anderen Grabenseite und hatte das Glück nach einer langen Weile sie zum Fenster treten zu sehen. Als sie sich zum Tische setzte, sah man nur den Rand ihres mit blauem Sammt überzogenen Pappendeckelhutes. – Im Traum war ich dann in einem sehr schmalen auch nicht übermäßig hohen, glasüberwölbten Durchhaus, ähnlich den ungangbaren Kommunikationen auf primitiven italienischen Bildern, von der Ferne auch einem Durchhaus ähnlich, das wir in Paris gesehen haben, als eine Abzweigung der rue des Petits Champs. Nur war jenes in Paris doch breiter und mit Geschäften angefüllt, dieses aber lief zwischen leeren Wänden hin, ließ im Anblick kaum für zwei nebeneinandergehende Personen Platz, gieng man aber wirklich darin, wie ich mit Frau Tschissik dann war überraschend viel Platz, ohne daß es uns überraschte. Während ich mit Frau T. zu dem einen Ausgang hingieng, in der Richtung zu einem möglichen Beobachter des Ganzen, und Fr. Tschissik sich wegen irgend eines Vergehn (es schien Trunksucht zu sein) gleichzeitig entschuldigte und mich bat ihren Verläumdern nicht zu glauben, peitschte Herr T. am anderen Ende des Durchhauses einen zottigen blonden Bernhardiner, der ihm gegenüber auf den Hinterbeinen stand. Es war nicht ganz deutlich, ob T. mit dem Hund nur spaßte und über ihm seine Frau vernachlässigte oder ob er ernstlich selbst von dem Hund angegriffen war oder ob er schließlich den Hund von uns abhalten wollte.

Mit L. auf dem Quai. Ich hatte einen leichten mein ganzes Wesen unterdrückenden Ohnmachtsanfall, verwand ihn und erinnerte mich nach einer kleinen Weile an ihn, wie an etwas längst Vergessenes.

Selbst wenn ich von allen sonstigen Hindernissen (körperlicher Zustand, Eltern, Charakter) absehe, erziele ich eine sehr gute Entschuldigung dafür, daß ich mich nicht trotz allem auf die Litteratur einschränke, durch folgende Zweiteilung: Ich kann solange nichts für mich wagen, solange ich keine größere, mich vollständig befriedigende Arbeit zustande gebracht habe. Das ist allerdings unwiderleglich.

Ich habe jetzt und hatte schon Nachmittag ein großes Verlangen, meinen ganzen bangen Zustand ganz aus mir herauszuschreiben und ebenso wie er aus der Tiefe kommt in die Tiefe des Papiers hinein oder es so niederzuschreiben daß ich das Geschriebene vollständig in mich einbeziehen könnte. Das ist kein künstlerisches Verlangen. Als heute Löwy von seiner Unzufriedenheit sprach und von seiner Gleichgültigkeit allem gegenüber was die Truppe tut, legte ich seinem Zustand als Erklärung laut Heimweh unter, gab ihm aber gewissermaßen diese Erklärung nicht hin trotzdem ich sie ausgesprochen hatte, sondern behielt sie für mich und genoß sie vorübergehend für meine eigene Traurigkeit.

9 Dec. ⟨*1911*⟩ Stauffer-Bern: »Die Süßigkeit der Produktion täuscht über ihren absoluten Wert hinweg«

Wenn man über einem Buch mit Briefen oder Memoiren, gleichgültig von was für einem Menschen diesmal von Karl Stauffer-Bern, still hält, nicht aus eigener Kraft ihn in sich zieht, denn dazu gehört schon Kunst und die beglückt sich selbst, sondern hingegeben, – wer nur nicht Widerstand leistet, dem geschieht es bald – von dem gesammelten fremden Menschen sich wegziehn und zu seinem Verwandten sich machen läßt, dann ist es nichts Besonderes mehr, wenn man durch Zuschlagen des Buches wieder auf sich selbst gebracht, nach diesem Ausflug und dieser Erholung sich in seinem neu erkannten, neu geschüttelten, einen Augenblick lang von der Ferne aus betrachteten eigenen Wesen wieder wohler fühlt und mit freierem Kopfe zurückbleibt.

---

10 Dec. ⟨*1911*⟩ So. Ich muß meine Schwester besuchen gehn und ihren kleinen Jungen. Als vorgestern die Mutter um 1 Uhr in der Nacht von meiner Schwester zurückkam mit der Nachricht von der Geburt des Jungen, zog mein Vater im Nachthemd durch die Wohnung, öffnete alle Zimmer, weckte mich das Dienstmädchen und die Schwestern und verkündete die Geburt in einer Weise, als sei das Kind nicht nur geboren worden, sondern als habe es auch bereits ein ehrenvolles Leben geführt und sein Begräbnis gehabt.

Später erst kann es uns wundern, daß jene fremden Lebensverhältnisse trotz ihrer Lebhaftigkeit unveränderlich in dem Buch beschrieben sind, obwohl wir nach unserer Erfahrung zu wissen glauben, daß von einem Erlebnis wie es z. B. die Trauer über den Tod eines Freundes ist, nichts auf der Welt weiter absteht, als die Beschreibung dieses Erlebnisses. Was aber für unsere Person recht ist, ist es nicht für die fremde. Wenn wir nämlich mit unseren Briefen dem eigenen Gefühle nicht genügen können – natürlich gibt es hier eine beiderseits verschwimmende Menge von Abstufungen, – wenn uns selbst in unserm besten Zustand immer wieder Ausdrücke behilflich sein müssen, wie »unbeschreiblich«, »unsagbar« oder ein »so traurig« oder so schön dem dann ein rasch abbröckelnder »daß«-Satz folgt, so ist uns wie zum Lohn dafür die Fähigkeit gegeben, fremde Berichte mit der ruhigen Genauigkeit aufzufassen, die uns dem eigenen Briefschreiben gegenüber zumindest in diesem Maße fehlt. Die Unkenntnis, in der wir uns über jene Gefühle befinden, welche den vorliegenden Briefe je nachdem einmal gespannt oder zerknittert haben, gerade diese Unkenntnis wird Verstand, da wir gezwungen sind, an den hier liegenden Brief uns zu halten, nur das zu glauben, was darin steht, dieses also vollkommen ausgedrückt zu finden und von einem vollkommenen Ausdruck wie es nur gerecht ist den Weg ins Menschlichste hinein offen zu sehn. So enthalten z. B. Karl Stauffers Briefe nur den Bericht über das kurze Leben eines Künstlers

---

13. XII 11 Aus Müdigkeit nicht geschrieben und abwechselnd auf dem Kanapee im warmen und im kalten Zimmer gelegen mit kranken Beinen und ekelhaften Träumen. Ein Hund lag mir auf dem Leib, eine Pfote nahe beim Gesicht, ich erwachte davon, aber hatte noch ein Weilchen Furcht, die Augen aufzumachen und ihn anzusehn.

Biberpelz. Lückenhaftes, ohne Steigerung abflauendes Stück. Falsche Scenen des Amtsvorstehers. Zartes Spiel der Lehmann vom Lessingteater. Einlegen des Rockes zwischen die Schenkel wenn sie sich bückt. Der nachdenkliche Blick des Volkes, Heben beider Handflächen, die links vor dem Gesicht unter einandergereiht werden, wie um die Macht der leugnenden oder beteuernden Stimme freiwillig zu schwächen. Unberatenes grobes Spiel der andern. Frechheiten des Komikers gegen das Stück (zieht seinen alten Säbel, verwechselt die Hüte) Meine kalte Unlust. Nachhausegegangen, aber auch schon dort gesessen mit der bewundernden Vorstellung, daß soviel Menschen für einen Abend soviel Aufregung auf sich nehmen (man schreit, stiehlt, wird bestohlen, belästigt, beklatscht, vernachlässigt) und daß in diesem Stück, wenn man es nur mit blinzelnden Augen ansieht, soviel ungeordnete Menschenstimmen und Ausrufe zusammengeworfen sind. Schöne Mädchen. Eine mit glattem Gesicht, ununterbrochenen Hautflächen, Wangenrundung, hoch oben ansetzendem Haar, in dieser Glätte verlassenen und etwas aufquellenden Augen. – Schöne Stellen des Stükkes, in denen sich die Wulffen gleichzeitig als Diebin und als ehrliche Freundin der klugen, fortschrittlichen, demokratischen Menschen zeigt. Ein Wehrhahn als Zuhörer müßte sich eigentlich bestätigt fühlen. – Trauriger Parallelismus der 4 Akte. Im ersten Akt wird gestohlen, im 2ten ist das Gericht, ebenso im 3tten und 4. Akt –

»Der Schneider als Gemeinderat« bei den Juden. Ohne die Tschissiks, aber mit zwei neuen, dem Ehepaar Liebegold, fürchterlichen Menschen. Schlechtes Stück von Richter. Der Anfang molierisch der protzige mit Uhren behängte Gemeinderat. – Die Liebgold kann nicht lesen, ihr Mann muß mit ihr studieren. – Es ist fast Sitte, daß ein Komiker eine Ernste und ein Ernster eine Lustige heiratet und daß überhaupt nur verheiratete oder verwandte Frauenzimmer mitgenommen werden. – Wie einmal um Mitternacht der Klavierspieler wahrscheinlich ein Junggeselle, mit seinen Noten sich durch die Tür hinausdrückte.

Brahmskoncert des Singvereins. Das Wesentliche meiner Unmusikalität ist, daß ich Musik nicht zusammenhängend genießen kann, nur hie und da entsteht eine Wirkung in mir und wie selten ist die eine musikalische. Die gehörte Musik zieht natürlich eine Mauer um mich und meine einzige dauernde musikalische Beeinflussung ist die, daß ich so eingesperrt, anders bin als frei. – Solche Ehrerbietung wie vor der Musik gibt es im Publikum vor der Litteratur nicht. Die singenden Mädchen. Vielen war der Mund nur von der Melodie offengehalten. Einer mit schwerfälligem Körper flog Hals und Kopf beim Gesang. – Drei Geistliche in einer Loge. Der

Mittlere mit rotem Käppchen hört mit Ruhe und Würde zu, unberührt und schwer, aber nicht steif; der rechts ist zusammengesunken mit spitzigem, starren faltigem Gesicht; der links dick hat sein Gesicht schief auf die halb geöffnete Faust gesetzt. – Gespielt. Tragische Ouverture. (Ich höre nur langsame feierliche einmal hier einmal dort ausgeführte Schritte. Lehrreich ist es, den Übergang der Musik zwischen den einzelnen Spielergruppen zu beobachten und mit dem Ohr nachzuprüfen. Die Zerstörung in der Frisur des Dirigenten). Beherzigung von Goethe, Nänie von Schiller Gesang der Parzen, Triumpflied – Die singenden Frauen die oben an der niedrigen Balustrade standen, wie auf einer frühitalienischen Architektur.

Sicher ist, daß ich, trotzdem ich eine ziemliche Zeit in oft über mir zusammenschlagender Litteratur gestanden bin, seit drei Tagen abgesehn vom allgemeinen Glücksverlangen kein ursprüngliches Verlangen nach Litteratur fühle. Ebenso hielt ich Löwy vorige Woche für meinen unentbehrlichen Freund und entbehrte ihn jetzt drei Tage leicht.

Ich ziehe, wenn ich nach längerer Zeit zu schreiben anfange, die Worte wie aus der leeren Luft. Ist eines gewonnen, dann ist eben nur dieses eine da und alle Arbeit fängt von vorne an

---

14. XII *⟨1911⟩* Mein Vater machte mir Mittag Vorwürfe, weil ich mich nicht um die Fabrik kümmere. Ich erklärte, ich hätte mich beteiligt, weil ich Gewinn erwartete, mitarbeiten könne ich aber nicht, solange ich im Bureau sei.

Der Vater zankte weiter, ich stand beim Fenster und schwieg. Abend aber ertappte ich mich bei dem von jenem Mittagsgespräch ausgehenden Gedanken, daß ich mich mit meiner gegenwärtigen Stellung sehr zufrieden geben könne und mich nur hüten müsse, die ganze Zeit für die Litteratur freizubekommen. Kaum hatte ich diesen Gedanken näherer Beobachtung ausgesetzt, war er auch nicht mehr erstaunlich und kam mir schon gewohnt vor. Ich sprach mir die Fähigkeit ab, die ganze Zeit für die Litteratur ausnützen zu können. Diese Überzeugung kam allerdings nur aus einem Augenblickszustand, aber sie war stärker als dieser. Auch an Max dachte ich wie an einen Fremden, trotzdem er heute in Berlin einen aufregenden Vorlese- und Vorspielabend hat; jetzt fällt mir ein, daß ich an ihn nur dachte, als ich der Wohnung des Frl. Taussig mich beim Abendspaziergang näherte

---

Spaziergang mit Löwy unten am Fluß. Der eine Pfeiler des auf der Elisabethbrücke sich erhebenden innen von einer elektr. Lampe beleuchteten Bogens sah als dunkle Masse zwischen seitlich hervorströmendem Licht wie ein Fabrikskamin aus und der über ihm zum Himmel sich ausspannende dunkle Schattenkeil war wie steigender Rauch. Die scharf begrenzten grünen Lichtflächen zur Seite der Brücke.

Wie mir während des Vorlesens von Beethoven und das Liebespaar von W. Schäfer verschiedene mit der vorgelesenen Geschichte gar nicht zusammenhängende Gedanken (ans Nachtmahl, an den wartenden Löwy) mit großer Deutlichkeit durch den Kopf giengen, ohne mich in dem gerade heute sehr reinen Vorlesen zu stören.

---

16. ⟨*17.*⟩ XII ⟨*1911*⟩ So. 12 Uhr mittag. Den Vormittag vertrödelt mit Schlafen und Zeitunglesen. Angst eine Kritik für das Prager Tagblatt fertigzustellen. Solche Angst vor dem Schreiben äußert sich immer darin, daß ich gelegentlich ohne beim Schreibtisch zu sein, Eingangssätze des zu Schreibenden erfinde, die sich gleich als unbrauchbar, trocken, weit vor dem Ende abgebrochen herausstellen und mit ihren vorragenden Bruchstellen in eine traurige Zukunft zeigen.

Die alten Künste auf dem Christmarkt. Zwei Kakadus auf einer Querstange ziehn Planeten. Irrtümer. Ein Mädchen bekommt eine Geliebte prophezeit. – Ein Mann bietet künstliche Blumen mit Versen zum Verkaufe an: To jest růže udělaná z kůže.

Der junge Pipes beim Gesang. Als einziges Geberdenspiel wird der r. Unterarm im Gelenk hin und her gekegelt, die halbgeöffnete Hand öffnet sich noch etwas weiter und zieht sich dann wieder zusammen. Der Schweiß bedeckt ihm das Gesicht, besonders die Oberlippe wie mit Glassplittern. Flüchtig ist ein knopfloses Plastron hinter die Weste des Schlußrockes gesteckt. – Der warme Schatten im weichen Rot der Mundhöhle der singenden Frau Klug.

Judengassen in Paris rue Rosier Abzweigung der rue de Rivoli

Wird eine ungeordnete Bildung, die in sich nur den notdürftigsten zum bloßen, unsichern Dasein unentbehrlichen

Zusammenhang hat, plötzlich zu einem zeitlich eingeschränkten, daher notwendig energischem Arbeiten, zum Sichentwickeln, zum Reden aufgefordert, so erfolgt nur eine bittere Antwort, in der sich Hochmut wegen des Erreichten, das nur mit allen ungeübten Kräften ertragen werden kann, ein kleiner Rückblick auf das überrascht entfliehende Wissen, das deshalb besonders leicht beweglich ist, weil es mehr geahnt, als seßhaft war und endlich Haß und Bewunderung der Umgebung mischen.

Vor dem Einschlafen hatte ich gestern die zeichnerische Vorstellung einer für sich bergähnlich in der Luft abgesonderten Menschengruppe, die mir in ihrer zeichnerischen Technik vollständig neu und einmal erfunden leicht ausführbar schien. Um einen Tisch war eine Gesellschaft versammelt, der Erdboden verlief etwas weiter als der Menschenkreis, von allen Leuten aber sah ich vorläufig mit einer großen Gewalt des Blickes nur einen jungen Mann in altertümlichem Kleid. Den linken Arm hatte er auf dem Tisch aufgestützt, die Hand hieng lose über seinem Gesicht, das spielerisch zu jemandem aufschaute, der sich besorgt oder fragend über ihn bückte. Sein Körper besonders das rechte Bein war mit nachlässiger Jugendlichkeit gestreckt, er lag mehr als er saß. Die zwei deutlichen Linienpaare, welche die Beine begrenzten, kreuzten und verbanden sich leicht zu den Grenzlinien des Körpers. Mit schwacher Körperlichkeit wölbten sich zwischen diesen Linien die bleich gefärbten Kleider. Vor Erstaunen über diese schöne Zeichnung die mir im Kopfe eine Spannung erzeugte, die meiner Überzeugung nach dieselbe undzwar dauernde Spannung war, von der, wann ich wollte, der Bleistift in der Hand geführt werden könnte, zwang ich mich aus dem dämmernden Zustand heraus, um die Zeichnung besser durchdenken zu können. Da fand sich allerdings bald, daß ich mir nichts anderes vorgestellt hatte, als eine kleine Gruppe aus grauweißem Porcellan.

In Übergangszeiten, wie es für mich die letzte Woche und zumindest noch dieser Augenblick ist, erfaßt mich oft ein trauriges aber ruhiges Erstaunen über meine Gefühllosigkeit. Ich bin von allen Dingen durch einen hohlen Raum getrennt, an dessen Begrenzung ich mich nicht einmal dränge.

Jetzt am Abend, wo mir die Gedanken freier zu werden anfangen und ich vielleicht zu einigem fähig wäre, muß ich ins Nationalteater zu »Hippodamie«, Uraufführung von Vrchlicky.

Sicher ist, daß mir der Sonntag niemals mehr nützen kann, als der Wochentag, da er durch seine besondere Einteilung alle meine Gewohnheiten durcheinanderwirft und ich die überschüssige freie Zeit nötig habe, um mich in diesem besondern Tag halbwegs einzurichten.

Meinem Verlangen eine Selbstbiographie zu schreiben, würde ich jedenfalls in dem Augenblick, der mich vom Bureau befreite, sofort nachkommen. Eine solche einschneidende Änderung müßte ich beim Beginn des Schreibens als vorläufiges Ziel vor mir haben, um die Masse der Geschehnisse lenken zu können. Eine andere erhebende Änderung aber als diese, die selbst so schrecklich unwahrscheinlich ist, kann ich nicht absehn. Dann aber wäre das Schreiben der Selbstbiographie eine große Freude, da es so leicht vor sich gienge, wie die Niederschrift von Träumen und doch ein ganz anderes, großes, mich für immer beeinflussendes Ergebnis hätte, das auch dem Verständnis und Gefühl eines jeden andern zugänglich wäre.

---

18. XII 11 Vorgestern Hippodamie. Elendes Stück. Ein Herumirren in der griechischen Mythologie ohne Sinn und Grund. Aufsatz Kvapils auf dem Teaterzettel, der zwischen den Zeilen die während der ganzen Aufführung sichtbare Ansicht ausspricht, daß eine gute Regie (die hier aber nichts als Nachahmung Reinhardts war) eine schlechte Dichtung zu einem großen teatralischem Werk machen könne. Traurig muß das alles für einen nur etwas herumgekommenen Tschechen sein. – Der Statthalter, der aus seinem geöffneten Logentürchen in der Pause aus dem Gange Luft schnappte. – Die als Schattenbild citierte Erscheinung der toten Axiocha, die bald verschwindet, weil sie als eine erst vor Kurzem Verstorbene beim Anblick der Welt zu sehr ihr altes Menschenleid wieder empfindet.

Max kam gestern aus Berlin. Im Berliner Tagblatt wurde er allerdings von einem Fackelmenschen selbstlos genannt, weil er den »weit bedeutenderen Werfel« vorgelesen hatte. Max mußte diesen Satz ausstreichen ehe er die Kritik zum Abdruck ins Prager Tagblatt trug. Ich hasse W., nicht weil ich ihn beneide, aber ich beneide ihn auch. Er ist gesund, jung und reich, ich in allem anders. Außerdem hat er früh und leicht mit musikalischem Sinn sehr Gutes geschrieben, das glücklichste Leben hat er hinter sich und vor sich, ich arbeite mit Gewichten, die ich nicht loswerden kann und von Musik bin ich ganz abgetrennt.

Ich bin unpünktlich, weil ich die Schmerzen des Wartens nicht fühle. Ich warte wie ein Rind. Fühle ich nämlich einen wenn auch sehr unsichern Zweck meiner augenblicklichen Existenz bin ich in meiner Schwäche so eitel, daß ich um dieses einmal vorgesetzten Zweckes halber alles gern ertrage. Wenn ich verliebt wäre, was könnte ich da tun. Wie lange wartete ich vor Jahren unter den Lauben auf dem Ring, bis die M. vorüberkam und wenn sie auch nur mit ihrem Liebhaber vorübergieng. Ich habe teils aus Nachlässigkeit, teils aus Unkenntnis der Schmerzen des Wartens die Zeit verabredeter Zusammenkünfte versäumt, teils aber auch um neue kompliciertere Zwecke des erneuten unsichern Aufsuchens jener Personen, mit denen ich mich verabredet hatte, also auch die Möglichkeit langen unsichern Wartens zu erreichen. Schon daraus, daß ich als Kind eine große nervöse Angst vor dem Warten hatte, könnte man schließen, daß ich zu etwas Besserem bestimmt gewesen bin, daß ich aber meine Zukunft geahnt habe.

Meine guten Zustände haben nicht Zeit und Erlaubnis, sich natürlich auszuleben; meine schlechten dagegen haben mehr davon, als sie verlangen. Nun leide ich an einem solchen Zustand, wie ich nach dem Tagebuch berechnen kann, seit dem 9., fast 10 Tage. Gestern legte ich mich wieder einmal mit feurigem Kopf ins Bett und wollte mich schon freuen, daß die schlechte Zeit vorüber sei, und mich schon fürchten, daß ich schlecht schlafen werde. Es gieng aber vorüber, ich schlief ziemlich gut und wache schlecht.

19. XII ⟨*1911*⟩ Gestern »Dawids Geige« von Lateiner. Der verstoßene Bruder, ein künstlerischer Geiger, kommt wie in den Träumen meiner ersten Gymnasialzeit reichgeworden zurück, versucht aber zuerst im Bettlerkleid, die Füße mit Packhadern wie ein Schneeschaufler umbunden, seine niemals aus der Heimat gekommenen Verwandten: Seine ehrliche arme Tochter, den reichen Bruder, der seinen Sohn der armen Base nicht zur Frau geben und trotz seines Alters sich eine junge Frau nehmen will. Erst später enthüllt er sich durch Aufreißen eines Kaiserrockes, unter dem auf einer quergebundenen Schärpe die Orden aller Fürsten Europas hängen. Mit Violinspiel und Gesang macht er alle Verwandten und ihren Anhang zu guten Menschen und bringt ihre Verhältnisse in Ordnung.

Frau Tschissik spielte wieder. Ihr Leib war gestern schöner als ihr Gesicht, das schmäler schien als sonst, so daß die Stirn, die sich beim ersten Wort in Falten wirft, zu sehr auffiel. Der schön gerundete mittelstarke große Körper gehörte gestern nicht zu ihrem Gesicht und sie erinnerte mich undeutlich an Doppelwesen wie Seejungfrauen, Sirenen, Centauren. Als sie dann vor mir stand mit verzogenem Gesicht, unreinem von der Schminke angegriffenem Teint, einem Fleck auf der dunkelblauen, kurzärmeligen Bluse war es mir wie wenn ich im Kreise unbarmherziger Zuschauer zu einer Statue reden sollte. Frau Klug stand neben ihr und beobachtete mich. Fräulein Weltsch beobachtete mich von links. Ich sagte soviel Dummheiten als möglich war. So ließ ich nicht ab, Frau T. zu fragen, warum sie nach Dresden gefahren war, trotzdem ich wußte, daß sie sich mit den andern zerworfen hatte und deshalb weggefahren war und daß ihr daher dieses Thema peinlich war. Schließlich war es mir noch peinlicher nur fiel mir nichts anderes ein. Als Frau Tschisik dazutrat, während ich mit Frau Klug sprach, sagte ich, indem ich mich Frau T. zuwendete zu Frau Klug »Pardon!«, wie wenn ich beabsichtigte, von jetzt an mit Frau T. mein Leben zu verbringen. Wie ich dann mit Frau T. sprach, merkte ich, daß meine Liebe sie eigentlich nicht erfaßt hatte, sondern sie nur bald näher bald weiter umflog. Ruhe kann ihr ja nicht gegeben sein. – Frau Liebgold spielte einen jungen Mann in einem Kleid, das ihren schwangern Leib fest umschloß. Da sie ihrem Vater (Löwy) nicht folgt, drückt er ihren Oberkörper auf einen Sessel nieder und schlägt sie auf den Hintern, über dem sich die Hose äußerst spannt. Löwy sagte dann, er habe sie mit dem gleichen Widerwillen wie eine Maus angerührt. Sie ist aber von vorn gesehen hübsch, nur im Profil fährt ihre Nase zu lang, zu spitz und grausam hinab.

Ich kam erst um 10 Uhr hin, machte vorher einen Spaziergang und kostete die leichte Nervosität aus, einen Platz im Teater zu haben und während der Vorstellung also während die Solisten mich herbeizusingen versuchen, spazieren zu gehn. Ich versäumte auch Fr. Klug, deren immer lebendigen Gesang anzuhören nichts anderes bedeutet, als die Welt auf ihre Festigkeit zu prüfen, was ich doch nötig habe.

Heute sprach ich beim Frühstück mit der Mutter zufällig über Kinder und Heirathen, nur ein paar Worte, aber ich bemerkte dabei zum erstenmal deutlich, wie unwahr und kindlich die Vorstellung ist, die sich meine Mutter von mir macht. Sie hält mich für einen gesunden jungen Mann, der ein wenig an der Einbildung leidet, krank zu sein. Diese Einbildung wird mit der Zeit von selbst schwinden, eine Heirat allerdings und Kinderzeugung würde sie am gründlichsten beseitigen. Dann würde auch das Interesse an der Litteratur auf jenes Maß zurückgehn, das vielleicht den Gebildeten nötig ist. Das Interesse an meinem Beruf oder an der Fabrik oder an dem, was mir gerade in die Hände kommt, wird in selbstverständlicher ungestörter Größe einsetzen. Zu dauernder Verzweiflung an meiner Zukunft ist daher nicht der geringste mit keiner Ahnung zu berührende Grund, zu zeitweiliger Verzweiflung, die aber auch nicht tiefgeht, ist dann Veranlassung, wenn ich wieder einmal den Magen verdorben zu haben glaube oder wenn ich, weil ich zuviel schreibe, nicht schlafen kann. Lösungsmöglichkeiten gibt es tausende. Die Wahrscheinlichste ist, daß ich mich plötzlich in ein Mädchen verliebe und von ihr nicht mehr werde ablassen können. Dann werde ich sehn, wie gut man es mit mir meint und wie man mich nicht hindern wird. Wenn ich aber Junggeselle werde, wie der Onkel in Madrid, wird es auch kein Unglück sein, weil ich in meiner Gescheitheit mich schon einzurichten wissen werde.

23. XII 11 Sa. Kommt beim Anblick meiner ganzen Lebensweise, die in eine allen Verwandten und Bekannten fremde falsche Richtung führt, die Befürchtung auf und wird sie von meinem Vater ausgesprochen, daß aus mir ein zweiter Onkel Rudolf, also der Narr der neuen nachwachsenden Familie, der für die Bedürfnisse einer andern Zeit etwas abgeänderte Narr werden wird, dann werde ich von jetzt ab fühlen können, wie in der Mutter, deren Widerspruch gegen solche Meinung im Laufe der Jahre immer kleiner wird, alles sich sammelt und stärkt, was für mich und was gegen

Onkel Rudolf spricht und wie ein Keil zwischen die Vorstellungen von uns beiden fährt.

Vorgestern in der Fabrik. Abends bei Max, wo der Maler Novak gerade die Litographien von Max ausbreitete. Ich wußte mich ihnen gegenüber nicht zu fassen, nicht ja nicht nein zu sagen. Max brachte einige Ansichten vor, die er sich schon gebildet hatte, worauf sich mein Denken darum herumkugelte ohne Ergebnis. Endlich gewöhnte ich mich an die einzelnen Blätter, legte wenigstens die Überraschung der ungeübten Augen ab, fand ein Kinn rund, ein Gesicht gepreßt, einen Oberkörper panzerhaft, er sah aber eher so aus, als trage er ein riesiges Frackhemd unter dem Straßenanzug. Der Maler brachte dagegen einiges nicht auf den ersten und nicht auf den zweiten Anlauf Verständliches vor und schwächte die Bedeutung dessen nur dadurch, daß er es gerade uns gegenüber sagte, die, wenn seines innerlich erwiesen war, den billigsten Unsinn gesprochen hatten. Er behauptete, daß es die gefühlte und selbst bewußte Aufgabe des Künstlers wäre, den Porträtierten in seine eigene Kunstform aufzunehmen. Um dies zu erreichen hatte er zuerst eine Porträtskizze in Farben angefertigt, die auch vor uns lag, in dunklen Farben eine tatsächlich zu scharfe trockene Ähnlichkeit aufwies (diese zu große Schärfe kann ich erst jetzt eingestehn) und von Max für das beste Portrait erklärt wurde, da es außer seiner Ähnlichkeit um Augen und Mund edle, gefaßte Züge trug, die durch die dunklen Farben im richtigen Maße gestärkt wurden. Wurde man danach gefragt, konnte man es nicht leugnen. Nach dieser Skizze arbeitete nun der Maler zuhause an seinen Litographien, indem er, Litographie um Litographie verändernd, darnach trachtete, immermehr von der Naturerscheinung sich zu entfernen, dabei aber seine eigene Kunstform nicht nur nicht zu verletzen, sondern Strich für Strich ihr näherzurücken. So verlor z. B. die Ohrmuschel ihre menschlichen Windungen und den detaillierten Rand und wurde ein vertiefter Halbkreiswirbel um eine kleine dunkle Öffnung. Maxens knochig schon vom Ohr an sich bildendes Kinn verlor seine einfache Begrenzung, so unentbehrlich sie scheint und so wenig für den Beschauer aus der Entfernung der alten Wahrheit eine neue wurde. Das Haar löste sich in sichern, verständlichen Umrissen auf und blieb menschliches Haar, wie es auch der Maler leugnete. Während der Maler das Verständnis dieser Umwandlungen von uns verlangt hatte, deutete er dann nur noch flüchtig aber mit Stolz an, daß alles auf diesen Blättern Bedeutung hatte und daß selbst das Zufällige durch seine alles Nachträgliche beeinflussende Wirkung ein Notwendiges war. So gieng neben einem Kopf ein schmaler, blasser Kaffeefleck fast das ganze Bild hinab, er war eingefügt, berechnet und nicht mehr wegzunehmen ohne Schaden für alle Proportionen. Auf einem andern Blatt war links in der Ecke ein großer zerstreut punktierter, kaum auffallender blauer Fleck; dieser Fleck nun war sogar mit Absicht angebracht, der kleinen, von ihm über das Bild hingehenden Beleuchtung wegen, in welcher dann der Maler weitergearbeitet hatte. Sein nächstes Ziel war nun vor allem den Mund, an dem schon einiges aber nicht genug geschehen war, und dann die Nase in die Umwandlung mit einzubeziehn, wozu er auf die Klage Maxens, daß sich die Litographie auf diese Weise immer mehr von der schönen Farbenskizze entferne, bemerkte, daß es gar nicht ausgeschlossen sei, daß sie sich ihr wieder annähern werde. Nicht zu übersehn war jedenfalls die Sicherheit, mit welcher der Maler in jedem Augenblick des Gesprächs auf das Unvorhergesehene seiner Eingebung vertraute und daß nur dieses Vertrauen seine künstlerische Arbeit mit dem besten Recht zu einer fast Wissenschaftlichen machte. – Zwei Litographien »Apfelverkäuferin« und »Spaziergang« gekauft

---

Ein Vorteil des Tagebuchführens besteht darin, daß man sich mit beruhigender Klarheit der Wandlungen bewußt wird, denen man unaufhörlich unterliegt, die man auch im allgemeinen natürlich glaubt, ahnt und zugesteht, die man aber unbewußt immer dann leugnet, wenn es darauf ankommt, sich aus einem solchen Zugeständnis Hoffnung oder Ruhe zu holen. Im Tagebuch findet man Beweise dafür, daß man selbst in Zuständen, die heute unerträglich scheinen, gelebt, herumgeschaut und Beobachtungen aufgeschrieben hat, daß also diese Rechte sich bewegt hat wie heute, wo wir zwar durch die Möglichkeit des Überblickes über den damaligen Zustand klüger sind, darum aber desto mehr die Unerschrockenheit unseres damaligen in lauter Unwissenheit sich dennoch erhaltenden Strebens anerkennen müssen.

Durch Werfels Gedichte hatte ich den ganzen gestrigen Vormittag den Kopf wie von Dampf erfüllt. Einen Augenblick fürchtete ich die Begeisterung werde mich ohne Aufenthalt bis in den Unsinn mitfortreißen.

Quälendes Gespräch vorgestern abend mit Weltsch. Meine Blicke liefen aufgescheucht eine Stunde lang auf seinem Gesicht und Hals hin und her. Einmal wußte ich mitten in einer durch Aufregung Schwäche und Gedankenlosigkeit hervorgerufenen Gesichtsverzerrung nicht bestimmt, ob ich ohne dauernde Verletzung unseres Verhältnisses aus dem Zimmer herauskommen werde. Draußen in dem regnerischen für schweigendes Gehn bestimmten Wetter atmete ich auf und wartete dann zufrieden eine Stundelang vor dem »Orient« auf M. Solches Warten mit langsamen Blicken auf die Uhr und gleichgültigem Hin- und Hergehn ist mir fast ebenso angenehm, wie das Liegen auf dem Kanapee mit gestreckten Beinen und den Händen in den Hosentaschen. (Im Halbschlaf glaubt man dann die Hände gar nicht mehr in den Hosentaschen zu haben, sondern sie scheinen als Fäuste oben auf den Schenkeln zu liegen)

---

24. XII ⟨*1911*⟩ So. Gestern war es lustig bei Baum. Ich war dort mit Weltsch. Max ist in Breslau. Ich fühlte mich frei, konnte jede Bewegung bis zu ihrem Ende ausführen, ich antwortete und hörte zu wie es sich gehörte, machte am meisten Lärm und sagte ich einmal eine Dummheit, so wurde sie nicht Hauptsache, sondern war gleich fortgeschwemmt. Ebenso war der Nachhauseweg mit Weltsch im Regen, trotz Pfützen, Wind und Kälte vergieng er uns so rasch, als wären wir gefahren. Uns beiden tat es leid, Abschied zu nehmen.

Als Kind hatte ich Angst und wenn nicht Angst so Unbehagen, wenn mein Vater, wie er als Geschäftsmann öfters tat, vom Letzten oder vom Ultimo sprach. Da ich nicht neugierig war und wenn ich auch einmal fragte, infolge langsamen Denkens die Antwort nicht rasch genug verarbeiten konnte und weil oft eine einmal aufgetauchte schwach tätige Neugierde schon durch Frage und Antwort befriedigt war, ohne auch noch einen Sinn zu verlangen, so blieb mir der Ausdruck der Letzte ein peinliches Geheimnis dem infolge bessern Aufhorchens der Ausdruck Ultimo zur Seite trat wenn auch nie in so starker Bedeutung. Schlimm war es auch daß der so lange befürchtete Letzte niemals rein überwunden werden konnte, denn war er einmal ohne besondere Anzeichen ja ohne besondere Aufmerksamkeit vorübergegangen, denn daß er immer nach beiläufig 30 Tagen kam, merkte ich erst viel später, und war der Erste also glücklich angekommen, fieng man allerdings nicht mit besonderem Entsetzen, was aber ohne Überprüfung zu dem andern Unverständlichen gelegt wurde, wieder vom Letzten zu reden an.

Als ich gestern mittag zu W. kam, hörte ich die Stimme seiner Schwester, die mich begrüßte, sie selbst aber sah ich nicht, erst bis sich ihre schwache Gestalt vom Schaukelstuhl ablöste, der vor mir stand.

Heute vormittag Beschneidung meines Neffen. Ein kleiner krummbeiniger Mann, Austerlitz der schon 2800 Beschneidungen hinter sich hat, führte die Sache sehr geschickt aus. Es ist eine dadurch erschwerte Operation, daß der Junge statt auf dem Tisch auf dem Schoß seines Großvaters liegt und daß der Operateur, statt genau aufzupassen, Gebete murmeln muß. Zuerst wird der Junge durch Umbinden, das nur das Glied frei läßt, unbeweglich gemacht, dann wird durch Auflegen einer durchlochten Metallscheibe die Schnittfläche präcisiert, dann erfolgt mit einem fast gewöhnlichen Messer einer Art Fischmesser der Schnitt. Jetzt sieht man Blut und rohes Fleisch, der Moule hantiert darin kurz mit seinen langnägeligen zittrigen Fingern und zieht irgendwo gewonnene Haut wie einen Handschuhfinger über die Wunde. Gleich ist alles gut, das Kind hat kaum geweint. Jetzt kommt nur noch ein kleines Gebet, während dessen der Moule Wein trinkt, und mit seinen noch nicht ganz blutfreien Fingern etwas

Wein an die Lippen des Kindes bringt. Die Anwesenden beten: »Wie er nun gelangt ist in den Bund, so soll er gelangen zur Kenntnis der Tora, zum glücklichen Ehebund und zur Ausübung guter Werke«

Als ich heute den Begleiter des Moule zum Nachtisch beten hörte und die Anwesenden abgesehn von den beiden Großvätern die Zeit in vollständigem Unverständnis des Vorgebeteten mit Träumen oder Langweile verbrachten, sah ich das in einem deutlichen unabsehbaren Übergang begriffene westeuropäische Judentum vor mir, über das sich die zunächst Betroffenen keine Sorgen machen, sondern als richtige Übergangsmenschen das tragen, was ihnen auferlegt ist. Diese an ihrem letzten Ende angelangten religiösen Formen, hatten schon in ihrer gegenwärtigen Übung einen so unbestrittenen bloß historischen Charakter, daß nur das Verstreichen einer ganz kleinen Zeit innerhalb dieses Vormittags nötig schien, um die Anwesenden durch Mitteilungen über den veralteten frühern Gebrauch der Beschneidung und ihrer halbgesungenen Gebete historisch zu interessieren

---

Löwy, den ich fast jeden Abend eine ½ Stunde lang warten lasse, sagte mir gestern: Seit einigen Tagen schaue ich während des Wartens immer zu ihrem Fenster hinauf. Zuerst sehe ich dort Licht, wenn ich wie gewöhnlich vor der bestimmten Zeit gekommen bin, da nehme ich also an, daß sie noch arbeiten. Dann wird ausgelöscht, im Nebenzimmer bleibt das Licht, sie nachtmahlen also; dann wird in ihrem Zimmer wieder Licht, sie putzen sich also die Zähne; dann wird ausgelöscht, sie sind also schon auf der Treppe, aber dann wird wieder angezündet –

25. XII ⟨*1911*⟩ Was ich durch Löwy von der gegenwärtigen jüdischen Litteratur in Warschau und was ich durch teilweisen eigenen Einblick von der gegenwärtigen tschechischen Litteratur erkenne, deutet daraufhin, daß viele Vorteile der litterarischen Arbeit, die Bewegung der Geister, das einheitliche Zusammenhalten des im äußern Leben oft untätigen und immer sich zersplitternden nationalen Bewußtseins der Stolz und der Rückhalt, den die Nation durch eine Litteratur für sich und gegenüber der feindlichen Umwelt erhält, dieses Tagebuchführen einer Nation, das etwas ganz anderes ist als Geschichtsschreibung und als Folge dessen, eine schnellere und doch immer vielseitig überprüfte Entwicklung, die detaillierte Vergeistichung des großflächigen öffentlichen Lebens, die Bindung unzufriedener Elemente, die hier, wo Schaden nur durch Lässigkeit entstehen kann, sofort nützen, die durch das Getriebe der Zeitschriften sich bildende, immer auf das Ganze angewiesene Gliederung des Volkes, die Einschränkung der Aufmerksamkeit der Nation auf ihren eigenen Kreis und Aufnahme des Fremden nur in der Spiegelung, das Entstehen der Achtung vor litterarisch tätigen Personen, die vorübergehende aber nachwirkende Erweckung höheren Strebens unter den Heranwachsenden, die Übernahme litterarischer Vorkommnisse in die politischen Sorgen, die Veredlung und Besprechungsmöglichkeit des Gegensatzes zwischen Vätern und Söhnen, die Darbietung der nationalen Fehler in einer zwar besonders schmerzlichen, aber verzeihungswürdigen und befreienden Weise, das Entstehen eines lebhaften und deshalb selbstbewußten Buchhandels und der Gier nach Büchern – alle diese Wirkungen können schon durch eine Litteratur hervorgebracht werden, die sich in einer tatsächlich zwar nicht ungewöhnlichen Breite entwik-

kelt, aber infolge des Mangels bedeutender Talente diesen Anschein hat. Die Lebhaftigkeit einer solchen Litteratur ist sogar größer als die einer talentreichen, denn da es hier keine Schriftsteller giebt, vor dessen Begabung wenigstens die Mehrzahl der Zweifler zu schweigen hätte, bekommt der litterarische Streit in größtem Ausmaß eine wirkliche Berechtigung. Die von keiner Begabung durchbrochene Litteratur zeigt deshalb auch keine Lücken, durch die sich Gleichgültige drücken könnten. Der Anspruch der Litteratur auf Aufmerksamkeit wird dadurch zwingender. Die Selbständigkeit des einzelnen Schriftstellers, natürlich nur innerhalb der nationalen Grenzen, wird besser gewahrt. Der Mangel unwiderstehlicher nationaler Vorbilder hält völlig Unfähige von der Litteratur ab. Aber selbst schwache Fähigkeiten genügen nicht, um sich von den undeutlichen Charakterzeichen der eben herrschenden Schriftsteller beeinflussen zu lassen oder die Ergebnisse fremder Litteraturen einzuführen oder die schon eingeführte fremde Litteratur nachzuahmen, was man schon daraus erkennen kann, daß z. B. innerhalb einer an großen Begabungen reichen Litteratur wie der deutschen die schlechtesten Schriftsteller sich mit ihrer Nachahmung an das Inland halten. Besonders wirkungsvoll zeigt sich die in den obigen Richtungen schöpferische und beglückende Kraft einer im einzelnen schlechten Litteratur, wenn damit begonnen wird, verstorbene Schriftsteller litteraturgeschichtlich zu registrieren. Ihre unleugbaren damaligen und gegenwärtigen Wirkungen werden etwas so tatsächliches, daß es mit ihren Dichtungen vertauscht werden kann. Man spricht von den letzteren und meint die ersteren, ja man liest sogar die letzteren und sieht bloß die erstern. Da sich jene Wirkungen aber nicht vergessen lassen und die Dichtungen selbständig die Erinnerung nicht beeinflussen, gibt es auch kein Vergessen und kein Wiedererinnern. Die Litteraturgeschichte bietet einen unveränderlichen vertrauenswürdigen Block dar, dem der Tagesgeschmack nur wenig schaden kann. Das Gedächtnis einer kleinen Nation ist nicht kleiner als das Gedächtnis einer großen, es verarbeitet daher den vorhandenen Stoff gründlicher. Es werden zwar weniger Litteraturgeschichtskundige beschäftigt, aber die Litteratur ist weniger eine Angelegenheit der Litteraturgeschichte als Angelegenheit des Volkes und darum ist sie wenn auch nicht rein so doch sicher aufgehoben. Denn die Anforderungen, die das Nationalbewußtsein innerhalb eines kleinen Volkes an den Einzelnen stellt, bringen es mit sich, daß jeder immer bereit sein muß den auf ihn entfallenden Teil der Litteratur zu kennen, zu tragen zu verfechten und jedenfalls zu verfechten, wenn er ihn auch nicht kennt und trägt.

Beschneidung in Rußland. In der ganzen Wohnung, wo sich nur Türen finden, werden handtellergroße mit kaballistischen Zeichen bedruckte Tafeln aufgehängt, um die Mutter in der Zeit zwischen der Geburt und der Beschneidung vor bösen Geistern zu schützen, die ihr und dem Kind um diese Zeit besonders gefährlich werden können, vielleicht weil ihr der Körper so sehr geöffnet wurde und also allem Bösen bequemen Eingang bietet und weil auch das Kind solange es nicht in den Bund aufgenommen ist, dem Bösen keinen Widerstand leisten kann. Deshalb wird auch, damit die Mutter keinen Augenblick allein bleibe, eine Wärterin aufgenommen. Zur Abwehr der bösen Geister dient es auch daß während 7 Tagen nach der Geburt mit Ausnahme des Freitag 10-15 Kinder, immer andere, gegen Abend unter Führung des Belfer (Hilfslehrer) zum Bett der Mutter vorgelassen werden dort das Schema Israel aufsagen und dann mit Süßigkeiten beschenkt werden. Diese unschuldigen 5-8 Jahre alten

Kinder sollen die bösen Geister, die gegen Abend am meisten drängen, besonders wirksam abhalten. Freitag wird ein besonderes Fest abgehalten, wie überhaupt während dieser Woche mehrere Gastmähler einander folgen. Vor dem Tag der Beschneidung werden die Bösen am wildesten, deshalb ist die letzte Nacht eine Wachnacht und man verbringt sie bis gegen Morgen wachend bei der Mutter. Die Beschneidung erfolgt meist in Gegenwart von oft über 100 Verwandten und Freunden. Der angesehenste der Anwesenden darf das Kind tragen. Der Beschneider, der sein Amt ohne Bezahlung ausübt, ist meist ein Säufer, da er beschäftigt, wie er ist, an den verschiedenen Festessen sich nicht beteiligen kann und daher nur etwas Schnaps herunterschüttet. Alle diese Beschneider haben deshalb rote Nasen und riechen aus dem Mund. Es ist daher auch nicht appetitlich, wenn sie, nachdem der Schnitt ausgeführt ist, mit diesem Mund das blutige Glied aussaugen wie es vorgeschrieben ist. Das Glied wird dann mit Holzmehl bedeckt und ist in 3 Tagen beiläufig heil.

Den Juden und natürlich besonders denen in Rußland scheint nicht so sehr ein strenges Familienleben gemeinsam und bezeichnend zu sein, denn Familienleben findet sich schließlich auch bei Christen und störend für das Familienleben der Juden ist doch, daß die Frau vom Talmudstudium ausgeschlossen ist, so daß die Frauen, wenn sich der Mann mit Gästen über gelehrte Talmuddinge also den Mittelpunkt seines Lebens unterhalten will, sich ins Nebenzimmer zurückziehn wenn nicht zurückziehn müssen, so ist es für sie noch eigentümlicher, daß sie so oft bei jeder möglichen Gelegenheit zusammenkommen, sei es zum Beten, oder zum Studieren oder zur Besprechung göttlicher Dinge oder zu meist religiös begründeten Festmahlzeiten, bei denen nur sehr mäßig Alkohol getrunken wird. Sie fliehen förmlich zu einander.

Goethe hält durch die Macht seiner Werke die Entwicklung der deutschen Sprache wahrscheinlich zurück. Wenn sich auch die Prosa in der Zwischenzeit öfters von ihm entfernt, so ist sie doch schließlich, wie gerade gegenwärtig mit verstärkter Sehnsucht zu ihm zurückgekehrt und hat sich selbst alte bei Goethe vorfindliche sonst aber mit ihm nicht zusammenhängende Wendungen angeeignet, um sich an dem vervollständigten Anblick ihrer grenzenlosen Abhängigkeit zu erfreuen.

Ich heiße hebräisch Anschel wie der Großvater meiner Mutter von der Mutterseite, der als ein sehr frommer und gelehrter Mann mit langem weißem Bart meiner Mutter erinnerlich ist, die 6 Jahre alt war als er starb. Sie erinnert sich, wie sie die Zehen der Leiche festhalten und dabei Verzeihung möglicher dem Großvater gegenüber begangener Verfehlungen erbitten mußte. Sie erinnert sich auch an die vielen die Wände füllenden Bücher des Großvaters. Er badete jeden Tag im Fluß, auch im Winter, dann hackte er sich zum Baden ein Loch ins Eis. Die Mutter meiner Mutter starb frühzeitig an Typhus. Von diesem Tode angefangen wurde die Groß-Mutter trübsinnig, weigerte sich zu essen, sprach mit niemandem, einmal, ein Jahr nach dem Tode ihrer Tochter gieng sie spazieren und kehrte nicht mehr zurück, ihre Leiche zog man aus der Elbe. Ein noch gelehrterer Mann als der Großvater war der Urgroßvater der Mutter, bei Christen und Juden stand er in gleichem Ansehen, bei einer Feuersbrunst geschah infolge seiner Frömmigkeit das Wunder, daß das Feuer sein

Haus übersprang und verschonte, während die Häuser in der Runde verbrannten. Er hatte 4 Söhne, einer trat zum Christentum über und wurde Arzt. Alle außer dem Großvater der Mutter starben bald. Dieser hatte einen Sohn, die Mutter kannte ihn als verrückten Onkel Nathan, und eine Tochter, eben die Mutter meiner Mutter.

---

gegen das Fenster laufen und durch die zersplitterten Hölzer und Scheiben schwach nach Anwendung aller Kraft die Fensterbrüstung überschreiten.

---

26. XII ⟨*1911*⟩ Wieder schlecht geschlafen, schon die 3te Nacht. So habe ich die 3 Feiertage, in denen ich Dinge zu schreiben hoffte, die mir durch das ganze Jahr helfen sollten, in einem hilfsbedürftigen Zustand verbracht. Am Weihnachtsabend Spaziergang mit Löwy gegen Stern zu. Gestern »Blümale oder die Perle von Warschau.« Für ihre standhafte Liebe und Treue wird Blümale vom Verfasser im Titel mit dem Ehrennamen »Perle von Warschau« ausgezeichnet. Erst der freigelegte hohe zarte Hals der Fr. Tschissik erklärt ihre Gesichtsbildung. Der Tränenglanz in den Augen der Frau Klug beim Singen einer gleichmäßig welligen Melodie, in welche die Zuhörer ihre Köpfe hängen lassen, schien mir in seiner Bedeutung weit über das Lied, über das Teater, über die Sorgen des ganzen Publikums ja über meine Vorstellungskraft hinauszugehn. Blick durch die hintere Portiere in die Garderobe gerade auf Frau Klug, die dort im weißen Unterrock und kurzärmeligem Hemd steht. Meine Unsicherheit über die Gefühle des Publikums und daher anstrengende innerliche Aufstachelung seiner Begeisterung. Meine gestrige gewandte liebenswürdige Art mit Fräul. T. und ihrer

Begleitung zu sprechen. Es gehörte mit zu dieser gestern wie auch schon Samstag gefühlten Freiheit meines guten Wesens, daß ich, trotzdem ich es auch von der Ferne nicht nötig hatte, aus einer gewissen Nachgiebigkeit gegenüber der Welt und einer übermüthigen Bescheidenheit ein paar äußerlich verlegene Worte und Bewegungen gebrauchte. Ich war allein mit meiner Mutter und nahm auch das leicht und schön; sah alle mit Festigkeit an.

Fortsetzung

Die alten Schriften bekommen viele Deutungen, die gegenüber dem schwachen Material mit einer Energie vorgehn, die nur gedämpft ist durch die Befürchtung, daß man zu leicht bis zum Ende vordringen könnte sowie durch die Ehrfurcht, über die man sich geeinigt hat. Alles geschieht in der ehrlichsten Weise, nur daß innerhalb einer Befangenheit gearbeitet wird, die sich niemals löst, keine Ermüdung aufkommen läßt und durch das Sichheben einer geschickten Hand meilenweit sich verbreitet. Schließlich heißt aber Befangenheit nicht nur die Verhinderung des Ausblicks, sondern auch jene des Einblicks, wodurch ein Strich durch alle diese Bemerkungen gezogen wird.

Weil die zusammenhängenden Menschen fehlen, entfallen zusammenhängende litterarische Aktionen. [Eine einzelne Angelegenheit wird in die Tiefe gedrückt, um sie von der Höhe beobachten zu können, oder sie wird in die Höhe gehoben, damit man sich oben an ihrer Seite behaupten kann. Falsch.] Wenn auch die einzelne Angelegenheit oft mit Ruhe durchdacht wird, so kommt man doch nicht bis an ihre Grenzen, an denen sie mit gleichartigen Angelegenheiten zusammenhängt, am ehesten erreicht man die Grenze gegenüber der Politik, ja man strebt sogar danach, diese Grenze früher zu sehen als sie da ist und oft diese sich zusammenziehende Grenze überall zu finden. Die Enge des Raumes, ferner die Rücksicht auf Einfachheit und Gleichmäßigkeit, endlich auch die Erwägung, daß infolge der innern Selbständigkeit der Litteratur die äußere Verbindung mit der Politik unschädlich ist, führen dazu, daß die Litteratur sich dadurch im Lande verbreitet, daß sie sich an den politischen Schlagworten festhält.

Allgemein findet sich die Freude an der litterarischen Behandlung kleiner Themen, die nur so groß sein dürfen, daß eine kleine Begeisterung sich an ihnen verbrauchen kann und die polemische Aussichten und Rückhalte haben. Litterarisch überlegte Schimpfworte rollen hin und wieder, im Umkreis der stärkeren Temperamente fliegen sie. Was innerhalb großer Litteraturen unten sich abspielt und einen nicht unentbehrlichen Keller des Gebäudes bildet, geschieht hier im vollen Licht, was dort einen augenblicksweisen Zusammenlauf entstehen läßt, führt hier nichts weniger als die Entscheidung über Leben und Tod aller herbei.

Verzeichnis der heute leicht als altertümlich vorzustellenden Dinge: die bettelnden Krüppel auf den Wegen zu Promenaden und Ausflugsorten, der in der Nacht unbeleuchtete Luftraum, der Brückenkreuzer

---

Ein Verzeichnis jener Stellen aus »Dichtung u. Wahrheit« die durch eine nicht festzustellende Eigenheit einen besonders starken, mit dem eigentlich Dargestellten nicht wesentlich zusammenhängenden Eindruck des Lebendigen machen z. B. die Vorstellung des Knaben Goethe hervorrufen, wie er neugierig, reich angezogen, beliebt und lebhaft bei allen Bekannten eindringt, um nur alles zu sehen und zu hören, was zu sehen und zu hören ist. Da ich jetzt das Buch durchblättere kann ich solche Stellen nicht finden, alle scheinen mir deutlich und enthalten eine durch keinen Zufall zu überbietende Lebendigkeit. Ich muß warten, bis ich einmal harmlos lesen werde und dann bei den richtigen Stellen mich anhalten.

Unangenehm ist es, zuzuhören, wenn der Vater mit unaufhörlichen Seitenhieben auf die glückliche Lage der Zeitgenossen und vor allem seiner Kinder von den Leiden erzählt, die er in seiner Jugend auszustehen hatte. Niemand leugnet es, daß er jahrelang infolge ungenügender Winterkleidung offene Wunden an den Beinen hatte, daß er häufig gehungert hat, daß er schon mit 10 Jahren ein Wägelchen auch im Winter und sehr früh am Morgen durch die Dörfer schieben mußte – nur erlauben, was er nicht verstehen will, diese richtigen Tatsachen im Vergleich mit der weiteren richtigen Tatsache, daß ich das alles nicht erlitten habe, nicht den geringsten Schluß darauf, daß ich glücklicher gewesen bin als er, daß er sich wegen dieser Wunden an den Beinen überheben darf, daß er von allem Anfang an annimmt und behauptet, daß ich seine damaligen Leiden nicht würdigen kann und daß ich ihm schließlich gerade deshalb, weil ich nicht die gleichen Leiden hatte, grenzenlos dankbar sein muß. Wie gern würde ich zuhören, wenn er ununterbrochen von seiner Jugend und seinen Eltern erzählen würde, aber alles dies im Tone der Prahlerei und des Zankens anzuhören, ist quälend. Immer wieder schlägt er die Hände zusammen: »Wer weiß das heute! Was wissen die Kinder! Das hat niemand gelitten! Versteht das heute ein Kind!« Heute wurde mit der Tante Julie die uns besuchte wieder ähnlich gesprochen. Sie hat auch das riesige Gesicht aller Verwandten von Vaters Seite. Die Augen sind um eine kleine störende Nuance falsch gebettet oder gefärbt. Sie wurde mit 10 Jahren als Köchin vermietet. Da mußte sie bei großer Kälte in einem nassen Röckchen um etwas laufen, die Haut an den Beinen sprang ihr, das Röckchen gefror und trocknete erst abends im Bett.

27. XII 11 Ein unglücklicher Mensch, der kein Kind haben soll, ist in sein Unglück schrecklich eingeschlossen. Nirgends eine Hoffnung auf Erneuerung, auf eine Hilfe durch glücklichere Sterne. Er muß mit dem Unglück behaftet seinen Weg machen wenn sein Kreis beendet ist, sich zufrieden geben und nicht weiterhin anknüpfen, um zu versuchen, ob dieses Unglück, das er erlitten hat, auf einem längern Wege, unter andern Körper- und Zeitumständen sich verlieren oder gar ein Gutes hervorbringen könnte

---

Dieses Gefühl des Falschen das ich beim Schreiben habe, ließe sich unter dem Bilde darstellen, daß einer vor zwei Bodenlöchern auf eine Erscheinung wartet, die nur aus dem zur rechten Seite herauskommen darf. Während aber gerade dieses unter einem matt sichtbaren Verschluß bleibt, steigt aus dem linken eine Erscheinung nach der andern, sucht den Blick auf sich zu ziehn und erreicht dies schließlich mühelos durch ihren wachsenden Umfang, der endlich sogar die richtige Öffnung, so sehr man abwehrt, verdeckt. Nun ist man aber, wenn man diesen Platz nicht verlassen will – und das will man um keinen Preis – auf diese Erscheinungen angewiesen, die einem aber infolge ihrer Flüchtigkeit – ihre Kraft verbraucht sich im bloßen Erscheinen – nicht genügen können, die man aber, wenn sie aus Schwäche stocken, aufwärts und in alle Richtungen vertreibt, um nur andere heraufzubringen, da der dauernde Anblick einer unerträglich ist und da auch die Hoffnung bleibt, daß nach Erschöpfung der falschen Erscheinungen endlich die wahren emporkommen werden.

Schema zur Charakteristik kleiner Litteraturen:
Wirkung im guten Sinn hier wie dort auf jeden Fall.
Hier sind im Einzelnen sogar bessere Wirkungen.

1 Lebhaftigkeit
  a Streit b. Schulen c Zeitschriften
2 Entlastung
  a Principienlosigkeit b kleine Themen c leichte Symbolbildung d Abfall der Unfähigen
3 Popularität
  a Zusammenhang mit Politik b Litteraturgeschichte c Glaube an die Litteratur, ihre Gesetzgebung wird ihr überlassen,

Es ist schwer sich umzustimmen, wenn man dieses nützliche fröhliche Leben in allen Gliedern gefühlt hat

Wie wenig kräftig ist das obere Bild. Zwischen tatsächliches Gefühl und vergleichende Beschreibung ist wie ein Brett eine zusammenhanglose Voraussetzung eingelegt.

---

28. XII 11 Die Qual, die mir die Fabrik macht. Warum habe ich es hingehen lassen als man mich verpflichtete, daß ich nachmittags dort arbeiten werde. Nun zwingt mich niemand mit Gewalt, aber der Vater durch Vorwürfe, Karl durch Schweigen und mein Schuldbewußtsein. Ich weiß nichts von der Fabrik und stand bei der komissionellen Besichtigung

heute früh nutzlos und wie geprügelt herum. Ich leugne für mich die Möglichkeit hinter alle Einzelheiten des Fabriksbetriebes zu kommen. Und wenn es durch endlose Fragerei und Belästigung aller Beteiligten gelänge, was wäre erreicht? Ich wüßte mit diesem Wissen nichts tatsächliches anzufangen, ich bin nur zu Scheinverrichtungen geeignet, denen der gerade Sinn meines Chefs das Salz beigibt und das Ansehn einer wirklichen guten Leistung. Durch diese nichtige für die Fabrik aufgewendete Anstrengung würde ich mich auf der andern Seite aber der Möglichkeit berauben die paar Nachmittagstunden für mich aufzuwenden, was notwendig zur gänzlichen Vernichtung meiner Existenz führen müßte, die sich auch ohnedies immer mehr einschränkt.

Heute nachmittag bei einem Ausgang sah ich paar Schritte lang lauter eingebildete Mitglieder der Komission, die mir Vormittag solche Angst gemacht hatte, mir entgegenkommen oder meinen Weg kreuzen.

---

29. XII 11
jene lebendigen Stellen bei Goethe. S. 265 »Ich zog daher meinen Freund in die Wälder«

Das Wachsen der Kräfte durch umfangreiche schlagkräftige Erinnerungen. Ein selbständiges Kielwasser wird zu unserem Schiffe hingedreht und mit der erhöhten Wirkung steigt das Bewußtsein unserer Kräfte und sie selbst.

Goethe: 307 »Ich hörte nun in diesen Stunden gar kein ander Gespräch als von Medizin oder Naturhistorie und meine Einbildungskraft wurde in ein ganz ander Feld hinübergezogen.«

Die Schwierigkeiten der Beendigung selbst eines kleinen Aufsatzes liegen nicht darin, daß unser Gefühl für das Ende des Stückes ein Feuer verlangt, das der tatsächliche bisherige Inhalt aus sich selbst nicht hat erzeugen können, sie entstehen vielmehr dadurch, daß selbst der kleinste Aufsatz vom Verfasser eine Selbstzufriedenheit und eine Verlorenheit in sich selbst verlangt, aus der an die Luft des gewöhnlichen Tages zu treten ohne starken Entschluß und äußern Ansporn schwierig ist, so daß man eher, als der Aufsatz rund geschlossen wird und man still abgleiten darf, vorher von der Unruhe getrieben ausreißt und dann der Schluß von außenher geradezu mit Händen beendigt werden muß, die nicht nur arbeiten sondern sich auch festhalten müssen.

---

30 XII 11 Mein Nachahmungstrieb hat nichts Schauspielerisches, es fehlt ihm vor Allem die Einheitlichkeit. Das Grobe, auffallend Charakteristische in seinem ganzen Umfange kann ich gar nicht nachahmen, ähnliche Versuche sind mir immer mißlungen sie sind gegen meine Natur. Zur Nachahmung von Details des Groben habe ich dagegen einen entschiedenen Trieb, die Manipulationen gewisser Menschen mit Spazierstöcken, ihre Haltung der Hände, ihre Bewegung der Finger nachzuahmen drängt es mich und ich kann es ohne Mühe. Aber gerade dieses Mühelose, dieser Durst nach Nachahmung entfernt mich vom Schauspieler, weil diese Mühelosigkeit ihr Gegenspiel darin hat, daß niemand merkt, daß ich nachahme. Nur meine eigene zufrie-

dene oder öfter widerwillige Anerkennung zeigt mir das Gelingen an. Weit über diese äußerliche Nachahmung aber geht noch die innerliche, die oft so schlagend und stark ist, daß in meinem Innern gar kein Platz bleibt diese Nachahmung zu beobachten und zu konstatieren, sondern daß ich sie erst in der Erinnerung vorfinde. Hier ist aber auch die Nachahmung so vollkommen und ersetzt mit einem Sprung und Fall mich selbst, daß sie auf der Bühne, unter der Voraussetzung, daß sie überhaupt augenscheinlich gemacht werden könnte, unerträglich wäre. Mehr als äußerstes Spiel kann dem Zuschauer nicht zugemuthet werden. Wenn ein Schauspieler, der nach Vorschrift einen andern zu prügeln hat, in der Erregung, im übergroßen Anlauf der Sinne, wirklich prügelt und der andere vor Schmerzen schreit, dann muß der Zuschauer Mensch werden und sich ins Mittel legen. Was aber in dieser Art selten geschieht, geschieht in untergeordneteren Arten unzähligemale. Das Wesen des schlechten Schauspielers besteht nicht darin, daß er schwach nachahmt, eher schon darin daß er infolge von Mängeln seiner Bildung, Erfahrung und Anlage falsche Muster nachahmt. Aber sein wesentlichster Fehler bleibt daß er die Grenze des Spiels nicht wahrt und zu stark nachahmt. Seine dämmerhafte Vorstellung von den Forderungen der Bühne treibt ihn dazu und selbst wenn der Zuschauer glaubt, dieser oder jener Schauspieler sei schlecht, weil er stockig herumstehe, mit den Fingerspitzen am Rand seiner Tasche spiele, ungehörig die Hände an den Hüften einknicke, zum Souffleur hinhorche, um jeden Preis, mögen sich die Zeiten auch vollständig ändern, einen ängstlichen Ernst bewahre, so ist doch auch dieser auf die Bühne herabgeschneite Schauspieler nur deshalb schlecht, weil er zu stark nachahmt, wenn er dies auch nur in seiner

Meinung tut. Gerade weil seine Fähigkeiten so begrenzt sind, fürchtet er sich weniger zu tun als alles. Selbst wenn seine Fähigkeit nicht geradezu unteilbar klein sein sollte, will er doch nicht verraten, daß unter Umständen und bei Miteintritt seines Willens auch weniger Kunst ihm zu Verfügung stehen kann, als seine Ganze. Die freie, ohne Rücksicht auf die Aufpasser im Parterre vorsichgehende, nach den rein gefühlten Bedürfnissen der Darstellung gelenkte,

Am Morgen fühlte ich mich zum Schreiben so frisch, jetzt aber hindert mich die Vorstellung, daß ich Max am Nachmittag vorlesen soll, vollständig. Es zeigt dies auch, wie unfähig ich zur Freundschaft bin, vorausgesetzt, daß Freundschaft in diesem Sinne überhaupt möglich ist. Denn da eine Freundschaft ohne die Unterbrechungen des täglichen Lebens nicht denkbar ist, so wird, bleibe auch ihr Kern unverletzt, eine Menge ihrer Äußerungen immer wieder weggeweht. Aus dem unverletzten Kern bilden sie sich allerdings von neuem, aber da jede solche Bildung Zeit braucht und auch nicht jede erwartete gelingt, kann selbst abgesehen von dem Wechsel der persönlichen Stimmungen niemals dort angeknüpft werden wo das letztemal abgebrochen wurde. Daraus muß bei tief begründeten Freundschaften vor jeder neuen Begegnung eine Unruhe entstehen, die nicht so groß sein muß, daß sie an sich gefühlt wird, die aber das Gespräch und das Benehmen bis zu einem Grade stören kann, daß man bewußt erstaunt, besonders da man den Grund nicht erkennt oder nicht glauben kann. Wie soll ich da M. vorlesen oder gar beim Niederschreiben des Folgenden denken, daß ich es ihm vorlesen werde.

Außerdem stört mich, daß ich das Tagebuch heute früh daraufhin durchgeblättert habe, was ich M. vorlesen könnte. Nun habe ich bei dieser Überprüfung weder gefunden, daß das bisher Geschriebene besonders wertvoll sei, noch daß es geradezu weggeworfen werden müsse. Mein Urteil liegt zwischen beiden und näher der ersten Meinung, doch ist es nicht derartig, daß ich mich nach dem Wert des Geschriebenen trotz meiner Schwäche für erschöpft ansehn müßte. Trotzdem hat mich der Anblick der Menge des von mir Geschriebenen von der Quelle des eigenen Schreibens deshalb für die nächsten Stunden fast unwiederbringlich abgelenkt, weil sich die Aufmerksamkeit im gleichen Flußlauf gewissermaßen flußabwärts verloren hat.

Während ich manchmal glaube, daß ich während der ganzen Gymnasialzeit und auch früher besonders scharf denken konnte und dies nur infolge der späteren Schwächung meines Gedächtnisses heute nicht mehr gerecht beurteilen kann, so sehe ich ein anderes mal wieder ein, daß mir mein schlechtes Gedächtnis nur schmeicheln will und daß ich wenigstens in an sich unbedeutenden aber folgeschweren Dingen mich sehr denkfaul benommen habe. So habe ich allerdings in der Erinnerung, daß ich in den Gymnasialzeiten öfters – wenn auch nicht sehr ausführlich, ich ermüdete wahrscheinlich schon damals leicht – mit Bergmann in einer entweder innerlich vorgefundenen oder ihm nachgeahmten talmudischen Weise über Gott und seine Möglichkeit disputierte. Ich knüpfte damals gern an das in einer christlichen Zeitschrift – ich glaube »die christliche Welt« – gefundene Thema an, in welchem eine Uhr und die Welt und der Uhrmacher und Gott einander gegenübergestellt waren und die Existenz des Uhrmachers jene Gottes beweisen sollte. Das konnte ich meiner Meinung nach sehr gut dem Bergmann gegenüber widerlegen wenn auch diese Widerlegung in mir nicht fest begründet war und ich mir sie für den Gebrauch erst wie ein Geduldspiel zusammensetzen mußte. Eine solche Widerlegung fand einmal statt, als wir den Rathausturm umgiengen. Daran erinnere ich mich deshalb genau, weil wir einander einmal vor Jahren daran erinnert haben. – Während ich mich aber darin auszuzeichnen glaubte – anderes als das Verlangen mich auszuzeichnen und die Freude am Wirken und an der Wirkung brachte mich nicht dazu – duldete ich es nur infolge nicht genügend starken Nachdenkens, daß ich immer in schlechten Kleidern herumgieng, die mir meine Eltern abwechselnd von einzelnen Kundschaften, am längsten von einem Schneider in Nusle machen ließen. Ich merkte natürlich, was sehr leicht war, daß ich besonders schlecht angezogen gieng und hatte auch ein Auge dafür wenn andere gut angezogen waren, nur brachte es mein Denken durch Jahre hin nicht fertig die Ursache meines jämmerlichen Aussehns in meinen Kleidern zu finden. Da ich schon damals mehr in Ahnungen als in Wirklichkeit auf dem Wege war, mich geringzuschätzen, war ich überzeugt, daß die Kleider nur an mir dieses zuerst bretterartig steife dann faltighängende Aussehen annehmen. Neue Kleider wollte ich gar nicht, denn wenn ich schon häßlich aussehn sollte, wollte ich es wenigstens bequem haben und außerdem vermeiden, der Welt, die sich an die alten Kleider gewöhnt hatte, die Häßlichkeit der neuen vorzuführen. Diese immer lang dauernden Weigerungen meiner Mutter gegenüber, die mir öfters neue Kleider dieser Art machen lassen wollte, da sie mit den Augen des erwachsenen Menschen immerhin Unterschiede zwischen diesen neuen und alten Kleidern finden konnte, wirkten insoferne auf mich zurück, als ich mir unter Bestätigung meiner Eltern einbilden mußte, daß mir an meinem Aussehen nichts lag.

2 I 11 ⟨*1912*⟩ Infolgedessen gab ich den schlechten Kleidern auch in meiner Haltung nach, gieng mit gebeugtem Rücken, schiefen Schultern, verlegenen Armen und Händen herum; fürchtete mich vor Spiegeln, weil sie mich in einer meiner Meinung nach unvermeidlichen Häßlichkeit zeigten, die überdies nicht ganz wahrheitsgemäß abgespiegelt sein konnte, denn hätte ich wirklich so ausgesehn, hätte ich auch größeres Aufsehen erregen müssen, erduldete auf Sonntagspaziergängen von der Mutter sanfte Stöße in den Rücken und viel zu abstrakte Ermahnungen und Prophezeiungen, die ich mit meinen damaligen gegenwärtigen Sorgen in keine Beziehung bringen konnte. Überhaupt fehlte es mir hauptsächlich an der Fähigkeit, für die tatsächliche Zukunft auch nur im Geringsten vorzusorgen. Ich blieb mit meinem Denken bei den gegenwärtigen Dingen und ihren gegenwärtigen Zuständen nicht aus Gründlichkeit oder zu sehr festgehaltenem Interesse, sondern, soweit es nicht Schwäche des Denkens verursachte, aus Traurigkeit und Furcht, aus Traurigkeit, denn weil mir die Gegenwart so traurig war, glaubte ich sie nicht verlassen zu dürfen, ehe sie sich ins Glück auflöste, aus Furcht, denn wie ich mich vor dem kleinsten gegenwärtigen Schritt fürchtete, hielt ich mich auch für unwürdig, bei meinem verächtlichen kindischen Auftreten ernstlich mit Verantwortung die große männliche Zukunft zu beurteilen, die mir auch meistens so unmöglich vorgekommen ist, daß mir jedes kleine Fortschreiten wie eine Fälschung erschien und das Nächste unerreichbar. Wunder gab ich leichter zu als wirklichen Fortschritt, war aber zu kühl, um nicht die Wunder in ihrer Sphäre zu lassen und den wirklichen Fortschritt in der seinen. Ich konnte daher lange Zeit vor dem Einschlafen mich damit abgeben, daß ich einmal als reicher Mann in vier-

spännigem Wagen in der Judenstadt einfahren ein mit Unrecht geprügeltes schönes Mädchen mit einem Machtwort befreien und in meinem Wagen fortführen werde; unberührt aber von diesem spielerischen Glauben, der sich wahrscheinlich nur von einer schon ungesunden Sexualität nährte, blieb die Überzeugung, daß ich die Endprüfungen des Jahres nicht bestehen werde und wenn das gelingen sollte, daß ich in der nächsten Klasse nicht fortkommen werde und wenn auch das noch durch Schwindel vermieden würde, daß ich bei der Matura endgiltig fallen müßte und daß ich übrigens ganz bestimmt, gleichgültig in welchem Augenblick, die durch mein äußerlich regelmäßiges Aufsteigen eingeschläferten Eltern sowie die übrige Welt durch die Offenbarung einer unerhörten Unfähigkeit mit einem Male überraschen werde. Da ich aber als Wegzeiger in die Zukunft immer nur meine Unfähigkeit ansah – nur selten meine schwache litterarische Arbeit – brachte mir ein Überdenken der Zukunft niemals Nutzen; es war nur ein Fortspinnen der gegenwärtigen Trauer. Wenn ich wollte, konnte ich zwar aufrecht gehn, aber es machte mich müde und ich konnte auch nicht einsehn was mir eine krumme Haltung in Zukunft schaden konnte. Werde ich eine Zukunft haben, dann so war mein Gefühl wird sich alles von selbst in Ordnung bringen. Ein solches Princip war nicht deshalb ausgewählt, weil es Vertrauen zu einer Zukunft enthielt, deren Existenz allerdings nicht geglaubt wurde, es hatte vielmehr nur den Zweck mir das Leben zu erleichtern. So zu gehn, mich anzuziehn mich zu waschen, zu lesen, vor allem mich zu Hause einzusperren, wie es mir am wenigsten Mühe machte und wie es am wenigsten Mut verlangte. Gieng ich darüber hinaus, so kam ich nur auf lächerliche Auswege. Einmal schien es unmöglich weiterhin ohne ein schwarzes Festkleid auszukommen, besonders da ich auch vor die Entscheidung gestellt war, ob ich mich an einer Tanzstunde beteiligen wollte. Jener Schneider aus Nusle wurde gerufen und über den Schnitt des Kleides beraten. Ich war unschlüssig wie immer in solchen Fällen, in denen ich fürchten mußte, durch eine klare Auskunft nicht nur in ein unangenehmes Nächstes sondern darüber hinaus in ein noch schlimmeres fortgerissen zu werden. Ich wollte also zunächst kein schwarzes Kleid, als man mich aber vor dem fremden Mann mit dem Hinweis darauf beschämte, daß ich kein Festtagskleid habe, duldete ich es, daß ein Frack überhaupt in Vorschlag kam; da ich aber einen Frack für eine fürchterliche Umwälzung ansah, von der man schließlich reden, die man aber niemals beschließen könnte, einigten wir uns auf einen Smoking, der durch seine Ähnlichkeit mit dem gewöhnlichen Sakko mir wenigstens erträglich schien. Als ich aber hörte, daß die Sakkoweste notwendig ausgeschnitten sei und ich dann also auch ein gestärktes Hemd tragen müßte, wurde ich, da etwas derartiges abzuwehren war, fast über meine Kräfte entschlossen. Ich wollte keinen derartigen Smoking, sondern einen wenn es sein mußte mit Seide zwar ausgefütterten und ausgeschlagenen aber hoch geschlossenen Smoking. Ein solcher Smoking war dem Schneider unbekannt, doch bemerkte er was ich mir auch immer unter einem solchen Rock vorstellte, ein Tanzkleid könne das nicht sein. Gut, dann war es also kein Tanzkleid, ich wollte auch gar nicht tanzen, das war noch lange nicht bestimmt, dagegen wollte ich den beschriebenen Rock mir machen lassen. Der Schneider war desto begriffsstütziger, als ich bisher neue Kleider immer mit verschämter Flüchtigkeit, ohne Anmerkungen und Wünsche mir hatte anmessen und anprobieren lassen. Es blieb mir daher auch weil die Mutter drängte nichts anderes übrig als mit ihm, so peinlich das war, über den Altstädter Ring zur Auslage eines Händlers mit alten Kleidern zu gehn, in dessen Auslage ich schon seit längerer Zeit einen derartigen unverfänglichen Smoking ausgebreitet gesehen und für mich als brauchbar erkannt hatte. Unglücklicherweise aber war er schon aus der Auslage entfernt, selbst durch angestrengtes Schauen war er im Innern des Geschäftes nicht zu erkennen, in das Geschäft einzutreten, nur um den Smoking zu sehn wagte ich nicht so daß wir in der früheren Uneinigkeit zurück kamen. Mir aber war es so, als wäre der künftige Smoking durch die Nutzlosigkeit dieses Weges schon verflucht, zumindest benutzte ich die Ärgerlichkeit der Hin- und Gegenreden zum Vorwand den Schneider mit irgend einer kleinen Bestellung und einer Vertröstung wegen des Smokinganzuges fortzuschicken und blieb unter den Vorwürfen meiner Mutter müde zurück für immer – alles geschah mir für immer – abgehalten von Mädchen, elegantem Auftreten und Tanzunterhaltungen. Von der Fröhlichkeit, die ich hierüber gleichzeitig fühlte, war mir elend und außerdem hatte ich Angst, vor dem Schneider mich lächerlich gemacht zu haben wie bisher keine seiner Kundschaften.

---

3. I 12 Viel gelesen in der Neuen Rundschau. Anfang des Romans »Der nackte Mann«, etwas zu dünne Klarheit im ganzen, in Einzelheiten unfehlbar. »Gabriel Schillings Flucht« von Hauptmann. Bildung der Menschen. Lehrreich im Schlechten und Guten.

Silvester. Ich hatte mir vorgenommen Nachmittag Max aus den Tagebüchern vorzulesen ich hatte mich darauf gefreut und brachte es nicht zustande. Wir fühlten nicht einheitlich, ich ahnte in ihm an diesem Nachmittag eine rechnerische Kleinlichkeit und Eile, er war fast nicht mein Freund, beherrschte mich aber immerhin noch soweit, daß ich mit seinen Augen mich in den Heften immer wieder nutzlos blättern sah und dieses Hin- und Herblättern, das immer wieder die gleichen Seiten im Vorüberfliegen zeigte, abscheulich fand. Aus dieser gegenseitigen Spannung heraus gemeinsam zu arbeiten war natürlich unmöglich und die eine Seite von R. u. S., die wir unter gegenseitigen Widerständen zustandebrachten, ist nur ein Beweis von Maxens Energie, sonst aber schlecht. Silvester bei Čada. Nicht so arg, weil Weltsch, Kisch und noch einer frisches Blut beimischten, so daß ich mich schließlich, allerdings nur in den Grenzen jener Gesellschaft doch wieder zu Max gefunden habe. Im Gedränge des Grabens drückte ich ihm dann schon ohne ihn zu sehn die Hand und gieng meine 3 Hefte an mich gepreßt, wie mir in der Erinnerung scheint, stolz geradewegs nach Hause

---

Die Flammen, die auf der Gasse um einen Tiegel vor einem Neubau in den Formen von Farrenkräutern ringsherum aufwärts trieben.

In mir kann ganz gut eine Koncentration auf das Schreiben hin erkannt werden. Als es in meinem Organismus klar geworden war, daß das Schreiben die ergiebigste Richtung meines Wesens sei, drängte sich alles hin und ließ alle Fähigkeiten leer stehn, die sich auf die Freuden des Geschlechtes, des Essens, des Trinkens, des philosophischen Nachdenkens der Musik zu allererst richteten. Ich magerte nach allen diesen Richtungen ab. Das war notwendig, weil meine Kräfte in ihrer Gesamtheit so gering waren, daß sie nur gesammelt dem Zweck des Schreibens halbwegs dienen konnten. Ich habe diesen Zweck natürlich nicht selbständig und bewußt gefunden, er fand sich selbst und wird jetzt nur noch durch das Bureau, aber hier von Grund aus gehindert. Jedenfalls darf ich aber dem nicht nachweinen, daß ich keine Geliebte ertragen kann, daß ich von Liebe fast genau so viel wie von Musik verstehe und mit den oberflächlichsten angeflogenen Wirkungen mich begnügen muß, daß ich zum Sylvester Schwarzwurzeln mit Spinat genachtmahlt und ¼ Ceres dazu getrunken habe und daß ich Sonntag bei Maxens Vorlesung seiner philosophischen Arbeit nicht teilnehmen konnte; der Ausgleich alles dessen liegt klar zutage. Ich habe also nur die Bureauarbeit aus dieser Gemeinschaft hinauszuwerfen, um, da meine Entwicklung nun vollzogen ist und ich soweit ich sehen kann, nichts mehr aufzuopfern habe, mein wirkliches Leben anzufangen, in welchem mein Gesicht endlich mit dem Fortschreiten meiner Arbeiten in natürlicher Weise wird altern können.

Der Umschwung den ein Gespräch nimmt, wenn zuerst ausführlich von Sorgen der innersten Existenz gesprochen wird und hierauf nicht gerade abbrechend aber natürlich auch nicht sich daraus entwickelnd zur Sprache kommt, wann und wo man einander zum nächstenmale sehen wird und welche Umstände hiebei in Betracht gezogen werden müssen. Endet dieses Gespräch auch noch mit einem Händedruck, so geht man mit dem augenblicklichen Glauben an ein reines und festes Gefüge unseres Lebens und mit Achtung davor auseinander.

In einer Selbstbiographie läßt es sich nicht vermeiden, daß sehr häufig dort wo »einmal« der Wahrheit gemäß gesetzt werden sollte, »öfters« gesetzt wird. Denn man bleibt sich immer bewußt, daß die Erinnerung aus dem Dunkel holt, das durch das Wort »einmal« zersprengt, durch das Wort »öfters« zwar auch nicht völlig geschont, aber wenigstens in der Ansicht des Schreibenden erhalten wird und ihn über Partien hinträgt, die vielleicht in seinem Leben sich gar nicht vorgefunden haben aber ihm einen Ersatz geben für jene, die er in seiner Erinnerung auch mit einer Ahnung nicht mehr berührt.

Anhang

Editorische Notiz

Der Text dieser Taschenbuchausgabe entspricht dem der Kritischen Kafka-Ausgabe. Die unregelmäßige Interpunktion und die manchmal ungewöhnliche Orthographie mögen zunächst befremden, sie beruhen jedoch auf dem Prinzip, die Textgestalt der Handschrift auch im Druck beizubehalten, die Authentizität des dargebotenen Textes durch den möglichst engen Anschluß an die Handschrift zu wahren. Dies bedeutet, daß auch Anomalien, die auf veralteten Regeln, regionalen Formen oder Eigenarten des Autors beruhen, beibehalten wurden. In den Text eingegriffen wurde nur bei offensichtlichen Verschreibungen und ähnlichen Anomalien, die die Lesbarkeit deutlich und unnötig erschweren würden. (Eine vollständige Rechenschaft über die Eingriffe in den Text wird im Apparatband der Kritischen Ausgabe gegeben.)

Im Unterschied zu der von Max Brod herausgegebenen Ausgabe wurde bei der Edition der Tagebücher und Reisetagebücher darauf verzichtet, die einzelnen Tagebucheintragungen zu ordnen und in eine durchgehend chronologische Folge zu bringen; statt dessen werden sie so wiedergegeben, wie sie in den von Kafka verwendeten Heften, Notizblöcken und Konvoluten loser Blätter aufeinander folgen, also vielfach mit zeitlichen Sprüngen. Für die chronologische Abfolge dieser Schriftträger wurde die jeweils früheste darin enthaltene datierte oder datierbare Eintragung zugrunde gelegt.

Die Textwiedergabe folgt der Handschrift des Autors in ihrem letzten erkennbaren Zustand. Vollendete und fragmentarische Texte sowie konkurrierende Textfassungen werden gleichberechtigt behandelt und ihrem Ort in der Handschrift entsprechend abgedruckt. Von Kafka gestrichene Textpassagen sind in dieser Ausgabe nicht enthalten. (Zu ihnen sei auf das Variantenverzeichnis im Apparatband der Kritischen Ausgabe verwiesen.)

Graphische Besonderheiten der Handschrift bleiben in der Regel unberücksichtigt; Neueinsatz des Schreibens auf neuer Manuskriptseite nach längerer Unterbrechung sowie Wechsel der Schreibrichtung (z. B. Neubeginn in einem bereits zuvor benutzten Schreibheft, nun aber vom hinteren Heftende her) werden im Druck durch Beginn auf neuer Seite nachgebildet.

Aus den genannten Prinzipien ergibt sich, daß Texttitel nur dann wiedergegeben werden, wenn sie von Kafka stammen. Um innerhalb dieser Taschenbuchausgabe das Auffinden von in der Handschrift unbetitelten Texten zu erleichtern, die von Kafka anderswo mit Titel genannt oder erwähnt werden oder die aufgrund ihrer Druckgeschichte unter einem nicht von Kafka herrührenden Titel bekannt sind, ist dem Register zu den Tagebüchern und Reisetagebüchern eine Übersicht beigegeben, die auf die Fundstelle in den Bänden dieser Ausgabe verweist.

Das Register ist als Gesamtregister zu den drei Tagebuchbänden sowie zu den Reisetagebüchern angelegt; es gliedert sich in: ein chronologisch geordnetes Verzeichnis aller von Kafka gesetzten Daten, und zwar mit Rücksicht darauf, daß die Tagebuch- und Reisetagebucheintragungen in der überlieferten Anordnung der Hefte, Notizblöcke und losen Blätter (und nicht in ihrer chronologischen Abfolge) wiedergegeben werden; ein Verzeichnis der in den Tagebüchern enthaltenen fiktionalen Texte und Textfragmente Kafkas; ein Verzeichnis der erwähnten Werke Kafkas; ein

Verzeichnis der erwähnten Personen, Werke, Periodika; ein Verzeichnis der Vereine, Institutionen, Organisationen und Schauspielensembles sowie ein Verzeichnis der erwähnten Orte (jeweils unter Berücksichtigung von Nennungen im Kommentar, aber ohne die in Exzerpten und Zitaten Genannten).

Der Kommentar zu den Tagebuch- und Reisetagebuchaufzeichnungen Kafkas sucht den Hintergrund von Textstellen – die jeweils durch ein Lemma bezeichnet werden – so weit aufzuhellen, wie es zum direkten Verständnis der Eintragungen notwendig scheint. Im einzelnen bedeutet dies: die von Kafka genannten Personen zu identifizieren und, sofern sie nur mit Initialen bezeichnet werden, diese aufzuschlüsseln; den kulturellen oder zeitgeschichtlichen Hintergrund von Tagebucheintragungen anhand zeitgenössischer Dokumente zu vermitteln; die Quellen von Anspielungen, Zitaten und Exzerpten nachzuweisen; Beziehungen zwischen Tagebüchern, Briefen und Werken Kafkas aufzuzeigen; Informationen zu den von Kafka besuchten Örtlichkeiten bereitzustellen, wobei sich topographische Hinweise an den zur Zeit der Aufzeichnungen üblichen und auch von Kafka verwendeten Bezeichnungen orientieren.

Zu tschechischen, hebräischen und jiddischen Ausdrükken und Textpassagen gibt der Kommentar eine Übersetzung; gegebenenfalls werden sie – ebenso wie auch einige nur regional gebräuchliche Ausdrücke – erläutert.

Im Kommentarteil steht Kafka-Text kursiv, Kommentar-Text gerade. Textverweise innerhalb der Tagebuchbände dieser Ausgabe erfolgen mittels hervorgehobener Seitenzahlen, gegebenenfalls mit vorangestellter und durch Doppelpunkt abgetrennter Bandangabe (z. B. »2:**154**«); Verweise innerhalb der Kommentarteile erfolgen unter Angabe der kommentierten Textseiten und der jeweiligen Ordnungsziffer im Kommentar (z. B. »siehe Kommentar **205**3«).

Für Hinweise und Ergänzungen zum Kommentar sei an dieser Stelle gedankt: Hans Jürgen Bracker (Witten), William Dodd (Birmingham), Jürgen Muck (Wernau), Anthony Northey (Wolfville), Hugo Rokyta (Prag), Marianne Steiner (London), Klaus Wagenbach (Berlin).

Siglen

B Franz Kafka, ›Beschreibung eines Kampfes. Novellen, Skizzen, Aphorismen aus dem Nachlaß‹. Hrsg. v. Max Brod. Frankfurt 1954.

BKB ›Max Brod, Franz Kafka: Eine Freundschaft‹. Bd. 2, Briefwechsel. Hrsg. v. Malcolm Pasley. Frankfurt 1989.

BKR ›Max Brod, Franz Kafka: Eine Freundschaft‹. Bd. 1, Reiseaufzeichnungen. Hrsg. unter Mitarb. v. Hannelore Rodlauer v. Malcolm Pasley. Frankfurt 1987.

Br Franz Kafka, ›Briefe 1902–1924‹. Hrsg. v. Max Brod. Frankfurt 1958.

EaFK ›»Als Kafka mir entgegenkam ...« Erinnerungen an Franz Kafka‹. Hrsg. v. Hans-Gerd Koch. Berlin 1995.

F Franz Kafka, ›Briefe an Felice und andere Korrespondenz aus der Verlobungszeit‹. Hrsg. v. Erich Heller und Jürgen Born. Frankfurt 1967.

FK Max Brod, ›Über Franz Kafka. Eine Biographie‹. Frankfurt 1974.

KB Jürgen Born, ›Kafkas Bibliothek: Ein beschreibendes Verzeichnis‹. Mit einem Index aller in Kafkas Schriften erwähnten Bücher, Zeitschriften und Zeitschriftenbeiträge. Zusammengestellt unter Mitarb. v. Michael Antreter, Waltraud John und Jon Shepherd. Frankfurt 1990.

KK Kurt Krolop, ›Zu den Erinnerungen Anna Lichtensterns an Franz Kafka‹. ›Germanistica Pragensia‹, 5 (1968), S. 21–60.

KKA	Franz Kafka, Kritische Ausgabe der Schriften, Tagebücher, Briefe. Frankfurt 1982ff. Mit den Zusätzen B1, B2 und B3 für die Bände: ›Briefe 1900 bis 1912‹ (1999); ›Briefe 1913–1914‹ (2001); ›Briefe 1914–1917‹ (2005); jeweils hrsg. von Hans-Gerd Koch.
KP	Hartmut Binder, ›Kafka in Paris. Historische Spaziergänge mit alten Photographien‹. München 1999.
KWBr	Kurt Wolff, ›Briefwechsel eines Verlegers 1911 bis 1963‹. Hrsg. v. Bernhard Zeller und Ellen Otten. Frankfurt 1966.
M	Franz Kafka, ›Briefe an Milena‹. Hrsg. v. Jürgen Born und Michael Müller. Frankfurt 1983.
O	Franz Kafka, ›Briefe an Ottla und die Familie‹. Hrsg. v. Hartmut Binder und Klaus Wagenbach. Frankfurt 1974.
Sudel	Hartmut Binder, ›Frauen in Kafkas Lebenskreis‹. Erster Teil. ›Sudetenland‹ 39 (1997), H. 4, S. 337 bis 370 und ›Frauen in Kafkas Lebenskreis‹. Zweiter Teil. ›Sudetenland‹ 40 (1998), H. 1, S. 14–58.
T	Franz Kafka, ›Tagebücher 1910–1923‹. Hrsg. v. Max Brod. Frankfurt 1951.
WB	Klaus Wagenbach, ›Franz Kafka: Bilder aus seinem Leben‹. 2. Aufl., Berlin 1989.

AA	Abend-Ausgabe
AUVA	Arbeiter-Unfall-Versicherungs-Anstalt
MA	Morgen-Ausgabe
MiA	Mittag-Ausgabe

1] *Ich bat … immerhin war.]* Nach einem Gastspiel im Jahr 1908 trat das Petersburger kaiserlich-russische Ballett anläßlich der Maifestspiele am 24. und 25. Mai 1909 zum zweiten Mal in Prag auf. Zum Ensemble gehörte die Tänzerin Jewgenja (Eugenie) Eduardowa (1882–1960). Zu der Vorstellung im Neuen deutschen Theater am Stadtpark vom 24. Mai schreibt Wenzel Ritter von Bělský, der Kritiker des ›Prager Tagblatts‹: »Den Höhepunkt erreichte der Abend (…) in dem lebendigen Zigeunertanz, in welchem Frl. Eduardowa mit einer, wie ich glaube, noch nie dagewesenen wilden Grazie den Sieg behauptete« (Dr. v. B., ›Das Petersburger Ballett‹. ›Prager Tagblatt‹ vom 25. Mai 1909; MA Nr. 143, S. 8). Die Eintragung *Ich … tanzen.* (S. **11**) deutet darauf hin, daß Kafka diese Vorstellung besucht hat. Als das ›Zarenballett‹ im Januar 1913 wiederum in Prag gastiert, schreibt Kafka (am 17./18. Januar) an Felice Bauer: (…) *morgen ist das Russische Ballett zu sehn. Ich habe es schon vor 2 Jahren einmal gesehn und Monate davon geträumt, besonders von einer ganz wilden Tänzerin Eduardowa.* (KKAB2 Nr. 398). Da Kafka einerseits bei der Datierung zurückliegender Ereignisse häufig große Unsicherheit zeigt, zwischen 1909 und 1913 andererseits aber auch kein weiteres Gastspiel des Balletts in Prag dokumentiert ist, kann als sicher angenommen werden, daß er sich hier auf das Gastspiel vom 24./25. Mai 1909 bezieht. *Ich habe … Monate davon geträumt* bedeutet dann, daß zwar eine eindeutige Datierung der Tagebucheintragung nicht möglich ist, daß aber der 24. Mai 1909 als Terminus post quem anzusehen ist. – Möglicherweise kannte Kafka auch den Artikel ›Über das russische 11-13

Ballet‹ von Robert Walser (1878–1956), der in zeitlicher Nähe zu den Tagebuchaufzeichnungen 1909 im Juniheft der Zeitschrift ›Kunst und Künstler‹ erschien. Mit Bezug auf den Berliner Auftritt des Balletts schreibt Walser: »Ganz wundervoll, und direkt beglückend, sind die Einzeltänze dieser Leute aus dem Zarenreich, die Volks- und Nationaltänze. Schon allein die Kostüme. Und dann diese schöne, durch Zucht und Takt geadelte Wildheit. Das ist hinreißend, und hier muß die Edouardowa genannt werden. Sie vertritt das Sinnlich-Schöne, die Pawlowa das Geistig-Bezaubernde.« (7. Jg., Heft 9, S. 413f.). Zu Kafkas möglicher Walser-Rezeption siehe auch *Es wird berichtet ... aufgeblasen.* (S. **25**) und Kommentar **25**1. Eine Photographie Jewgenja Eduardowas ist reproduziert in Sudel I 349.

14 1] *Schriftsteller reden Gestank]* Siehe Kommentar **104**3.

2] *Die ... Regengüssen.]* Bezieht sich, wie die Eintragung *Dieses ... sieht.* (S. **104**) im zweiten Tagebuchheft verdeutlicht, auf Gerhart Hauptmanns ›Die Jungfern vom Bischofsberg‹. Im ersten Akt dieses Lustspiels sagt die Braut Adelheid: »Ich muß so wie so zu den Weißnähterinnen. Ich habe drei Nähterinnen im Haus.« (zitiert nach G. Hauptmann, ›Die Jungfern vom Bischofsberg‹. Berlin 1907, S. 25). – Siehe auch Kommentar **104**4.

3] *Aus dem Coupeefenster]* Siehe Kommentar **104**5.

15 1] *Das ... hinaufgeht.]* Vom 16. bis zum 30. November 1909 traten im Prager ›Theater Variété‹ in der Palackystraße die japanischen Equilibristen ›The Mitsutas‹ auf. In einer Ankündigung der ›Bohemia‹ vom 17. November 1909 heißt es: »Sie entwickeln auf ihrer gute acht Meter hohen Leiter, die einer von ihnen während der ganzen Produktion auf den gestreckten Beinen balanziert, eine katzenartige Behendigkeit (...)« (MA Nr. 317, S. 6). Die Tatsache, daß Kafka dieses Kunststück auch zeichnerisch festhielt (siehe das Faksimile auf

S. **15**), deutet darauf hin, daß er einen der Auftritte im ›Theater Variété‹ gesehen hat.

2] *wie … richtet.]* Über die Annäherung des Halleyschen 15
Kometen an die Erde wurden die Leser der Prager Tageszeitungen seit Herbst 1909 in unregelmäßigen Abständen informiert. Das ›Prager Tagblatt‹ gab am 2. Januar 1910 den Hinweis: »Vorläufig ist der Komet in kleinen Ferngläsern noch nicht sichtbar.« (MA Nr. 2, S. 10). Siehe auch Kommentar **16**2.

1] *einem mir Vorgestellten]* Kafka verwendet *Vorgestellten* in 16
direkter Übersetzung des tschechischen ›představený‹ im Sinne von ›Vorgesetzten‹.

2] *17/18 … beisammengewesen]* Der sichtbare Vorübergang des Halleyschen Kometen vor der Sonne war in Prag für den Morgen des 19. Mai 1910 zwischen etwa 4 und 5 Uhr angekündigt. In ihren Ausgaben vom 19. Mai berichten die Prager Tageszeitungen, daß sich in der Nacht vom 18. zum 19. Mai Hunderte von Zuschauern auf den erhöhten Punkten der Stadt eingefunden hätten. – Offenbar irrte sich Kafka bei der nachträglich vorgenommenen Datierung um einen Tag, denn Max Brod hält am 18. Mai 1910 in seinem Tagebuch fest, daß Kafka und Brods Schwester Sophie den damals in München lebenden Schriftsteller Franz Blei (1871–1942) von der Bahn abgeholt haben. Mit Blei, dessen Frau Maria (1867–1943) und Sohn Peter Maria (geb. 1905) gingen Kafka und Brod in der *Kometennacht*, d.h. am Abend des 18. Mai, auf den Laurenziberg. – Kafka hatte Blei durch Vermittlung seines Freundes Brod kennengelernt. In der von Blei herausgegebenen Zeitschrift ›Hyperion‹ waren im März 1908 unter dem Sammeltitel ›Betrachtung‹ acht Texte Kafkas erschienen (1. Folge, 1. Bd., Heft 1, S. 91ff.), im Mai 1909 ›Gespräch mit dem Beter‹ und ›Gespräch mit dem Betrunkenen‹ (2. Folge, 1. Bd., Heft 8, S. 126ff. und S. 131ff.). Außerdem hatte Kafka im Februar 1909 unter dem Titel ›Ein Damenbrevier‹ Bleis Buch ›Die Puderquaste‹ (München 1909) in der Zeitschrift ›Der neue Weg‹ rezensiert (38. Jg., Heft 2, S. 62).

17 1] *Ich rudere ... der Sonne.]* Am 28. Mai 1910 notierte Max Brod in seinem Tagebuch, er sei nachmittags gemeinsam mit Kafka in der Badeanstalt gewesen, wo sie ein Sonnenbad genommen und eine Stunde gerudert hätten (unveröffentlicht, in Privatbesitz).

17-25 2] *Wenn ich es bedenke ... doch erträglich.]* Die Textstellen *am liebsten wäre ich jener kleine Ruinenbewohner gewesen* (S. **17**), *Nicht zum Beispiel in einer Ruine* (S. **19**) sowie *Ich hätte der kleine Ruinenbewohner sein sollen* (S. **19**) weisen darauf hin, daß die im zweiten Tagebuchheft stehende Eintragung *Der kleine Ruinenbewohner.* (S. **89**) im Zusammenhang zu sehen ist mit diesen zunächst mit *Wenn ich es bedenke* (S. **17**), dann mit *Oft überlege ich es* (S. **18**, **19** und **21**), schließlich mit *Ich überlege es oft* (S. **25**) beginnenden Fragmenten, in die Kafka Details seiner Biographie eingebracht hat.

17-18 3] *eine ganz ... zur Schule führte]* (wiederaufgenommen auf den Seiten **18**, **19**, **25**) – Auch in einem zehn Jahre später, am 21. Juni 1920, geschriebenen Brief an Milena Pollak, geb. Jesenská, findet sich diese Jugenderinnerung Kafkas: *Z. B. in der ersten Volksschulklasse. Unsere Köchin, eine kleine trockene magere spitznasige, wangenhohl, gelblich, aber fest, energisch und überlegen führte mich jeden Morgen in die Schule.* (...) *Und nun wiederholte sich jeden Morgen das Gleiche wohl ein Jahr lang.* (M 71).

24 1] *Überkommt ... bückt.]* Die Familie Kafka wohnte von 1907 bis 1913 in der Niklasstraße 36, im obersten Stockwerk des neugebauten, mit Fahrstuhl ausgestatteten Hauses »Zum Schiff«, mit Blick auf die Moldau und die Civilschwimmschule. (Die Niklasstraße bezeichnete Kafka Ende Oktober 1907, als nur die Auffahrt, nicht aber die Svatopluk Čechbrücke selbst fertiggestellt war, als *Anlaufstraße für Selbstmör-*

der, vgl. KKAB1 Nr. 81), mit Blick auf die Moldau und die Civilschwimmschule.

1] *Es ... aufgeblasen.]* Wahrscheinlich kannte Kafka Robert Walsers Text ›Theaterbrand‹, erschienen am 9. Juli 1908 in der Zeitschrift ›Die Schaubühne‹ (4. Jg., Nr. 27/28, S. 28ff.), der mit den Worten »Es war damals eine eigentümliche Zeit« beginnt und große Verwandtschaft mit Kafkas Fragment aufweist: »Mütter zertraten ihre eigenen lieblichen Blüten; Männer rissen Kindern ganze Büschel Haare aus, und es gab ein schönes kleines Mädchen, dem mit Füßen ins Augenlicht getreten wurde. Ein Kampf entstand, wie ihn die spätern Kulturen vielleicht nie wieder inmitten des alltäglichen Lebens erlebt haben. Frauen wurden an Säulen und Geländern erdrückt, und unterdessen fingen auch die Menschen an zu brennen, zu brennen, wie Papier brennt.« (ebd., S. 30). 25

1] *Sand ... Anfang an]* Mit Bleistift, zum Teil stenographisch niedergeschriebene Notizen, die wohl während des Parisaufenthaltes mit Max und Otto Brod vom 8. bis 17. Oktober 1910 entstanden sind. Weitere Notizen zu Paris finden sich sowohl auf dem vorderen Vorsatzblatt und der letzten Seite des ersten als auch auf dem hinteren Schutzblatt des zweiten Tagebuchheftes. 26

2] *Sand ... Komödie]* Ein Bonmot der Schriftstellerin George Sand, das in einem von Heinrich Heines Beiträgen für die ›Allgemeine Zeitung‹ in folgender Form überliefert ist: »Sehen Sie, die Franzosen sind alle geborne Komödianten, und jeder spielt in der Welt mehr oder minder brillant seine Rolle; diejenigen aber unter meinen Landsleuten, die am wenigsten Talent für die edle Schauspielkunst besitzen, widmen sich dem Theater und werden Akteure.« (zitiert nach Heinrich Heine, ›Lutezia. Berichte über Politik, Kunst und Volksleben‹. Erster Teil. Sämtliche Werke, Bd. 9. Hrsg. v. Oskar Walzel. Leipzig 1910, S. 35).

26 3] *Claqueure ... Anfang an]* Kafkas Notizen gehen offenbar auf Beobachtungen zurück, die er am 15. Oktober 1910 während einer Aufführung des Dramas ›Manette Salomon‹ von Edmond de Goncourt im Pariser ›Théâtre de l'Odéon‹ gemacht hat (siehe auch im Band ›Reisetagebücher‹, S. **68**: *Vermeintliche ... keine Claqueurin*). Max Brod schreibt über die »Claque in französischen Theatern«, wie er sie auf der gemeinsamen Reise wahrgenommen hatte: »Auf Täuschung ist die gar nicht berechnet. Sie arbeitet offen, auf ein Zeichen hin, das alle hören. Der Stock klopft, Applaus.« (›Der Wert der Reiseeindrücke‹. ›Frankfurter Zeitung‹ vom 26. März 1911; 4. Morgenblatt der Nr. 85, S. 2f.).

4] *Wie ... weghabenwollen.]* Entwurf eines Briefes an Oberinspektor Eugen Pfohl (1867–1919), Kafkas direkten Dienstvorgesetzten. In den noch vorhandenen Akten der AUVA ist ein dem Inhalt des Entwurfs entsprechender Brief nicht überliefert. – Kafka hatte Pfohl bereits im Frühjahr 1908 als Referenten der Prager Handelsakademie kennengelernt, als er dort einen Kursus über Arbeiter-Versicherung besuchte. Beim Eintritt in die AUVA, Ende Juli 1908, wurde Kafka der versicherungstechnischen Abteilung (nach Zusammenlegung mit verschiedenen anderen ab 1910 ›Kontrollabteilung‹) zugeteilt, deren Vorstand Pfohl war. Zahlreiche Äußerungen in den Briefen an Felice Bauer verdeutlichen Kafkas Wertschätzung seines *bewunderungswürdigen Chefs* (KKAB1 Nr. 361). Mit *Chef* meint Kafka im folgenden durchweg Eugen Pfohl.

5] *das Bureau]* Mit *Bureau* meint Kafka hier und in allen folgenden Tagebucheintragungen stets die »Arbeiter-Unfall-Versicherungs-Anstalt für das Königreich Böhmen in Prag«, deren Amtsgebäude sich in der Pořitscherstraße (Na Poříčí) 7 befand.

27 1] *»Wirst ... bin.]* Ein Textansatz, der in Verbindung zu

sehen ist mit den im zweiten Tagebuchheft enthaltenen Passagen *Du sagte ich ... uns jeder danach.* (S. **89–94**); sowie *Jetzt kommt es ... eitel darauf* (S. **96–97**), *Ich bin ja nahe ... sie hinunterziehn* (S. **99**), *Du sagte ich ... einmal im Geschmack* (S. **101** bis **102**), *»Du« sagte ich ... beisammenstehn* (S. **111**), *»Du« sagte ich, ... machen dürfen* (S. **111–112**), *Du sagte ich, ... abwehren können* (S. **112**). Weitere Ansätze hierzu im »ersten Heft«: *Ich ahnte ... zu holen?* (S. **32**) und *Ich ahnte ... zu holen?* (S. **33**).

2] *Maler ... Nasenloch]* Diese Aufzeichnungen sowie eine 27-31
weitere, unter dem Datum des 26. März stehende Tagebucheintragung (S. **124–125**), gehen auf einen Aufenthalt Rudolf Steiners (1861–1925) in Prag zurück. Auf Einladung der Prager Sektion der Theosophischen Gesellschaft hielt Steiner vom 19. bis 28. März 1911 im Saal des kaufmännischen Vereins ›Merkur‹ in der Niklasstraße 9 insgesamt elf Vorträge: am 19. einen öffentlichen Vortrag zu dem Thema ›Wie widerlegt man Theosophie‹, am 25. einen weiteren unter der Überschrift ›Wie verteidigt man Theosophie‹, an den anderen Tagen die insgesamt acht Vorträge des Zyklus ›Okkulte Physiologie‹, am 28. außerdem noch einen Mitglieder-Vortrag ›Aphorismen über die Beziehung von Philosophie und Theosophie‹ (vgl. Zdeněk Váňa, ›Rudolf Steiner in Prag: Zur Geschichte der tschechischen anthroposophischen Bewegung‹. In: ›Beiträge zur Rudolf Steiner Gesamtausgabe‹. Veröffentlichungen aus dem Archiv der Rudolf Steiner-Nachlaßverwaltung, Dornach, Heft Nr. 109, Michaeli 1992, S. 14f. und S. 40). Steiner hielt sich bis zum 30. März in Prag auf.

Zehn Tage vor Beginn der Vorträge Steiners, am 9. März, notiert Max Brod anläßlich eines Besuches im Hause Fanta in seinem Tagebuch (unveröffentlicht, in Privatbesitz): »Frau F. borgt mir Schriften von Dr. Steiner, Theosoph, die ich mit einiger Spannung lese.« Und einen Tag später: »Abends mit den Brentanisten Café City – Theosophie – ›Höhere Welten‹ von Dr. Rudolf Steiner, sehr anregend.« Brods Eintragungen beziehen sich zum einen auf einen an allgemeinen philosophischen Themen interessierten Kreis, der sich regelmäßig im Haus des Apothekers Max Fanta am Altstädter Ring traf, zum anderen auf einen aus Anhängern des Philosophen Franz Brentano bestehenden Kreis. Beiden Kreisen gehörte Berta Fanta (1865–1918) an, die im geistigen und kulturellen Leben Prags eine führende Rolle einnehmende Frau des Apothekers; außer Brod gehörten beiden Kreisen mit Hugo Bergmann, Felix Weltsch und Emil Utitz weitere Freunde und Bekannte Kafkas an, der selbst nach Aussage Brods nur unregelmäßig an den Zusammenkünften teilnahm. Berta Fantas intensive Auseinandersetzung mit Steiners Lehren war durch dessen am 14. und 15. Dezember 1909 in Prag gehaltene Vorträge ausgelöst worden, drei Tage nach dem zweiten Vortrag eröffnete sie ihren Briefwechsel mit Steiner. Die Tagebuchaufzeichnungen Brods deuten darauf hin, daß Berta Fanta das Interesse ihrer Freunde und Bekannten auf Steiner und die Vortragsreihe im März 1911 lenkte. (Ein Jahr später gründete sie in ihrem Haus eine selbständige theosophische ›Arbeitsgruppe‹, vgl. Zdeněk Váňa, a.a.O., S. 17 u. S. 51f.)

Max Brod besuchte die öffentlichen Vorträge am 19. und am 25. März. Letzterer begann bereits um 4 Uhr nachmittags; für den Abend des 25. notiert Brod: »Abends theosophischer Geselligkeitsabend. Audienz bei Steiner«. Am 26. ging er zum sechsten Zyklus-Vortrag, ›Das Blut als Ausdruck und Werkzeug des menschlichen Ich‹ (vgl. R. Steiner, ›Eine okkulte Physiologie. Acht Vorträge gehalten in Prag vom 20. bis 28. März 1911‹. Rudolf Steiner-Gesamtausgabe, Bd. 128. Dornach 1971, S. 183) und am 28. März zu dem Mitglieder-Vortrag. Am 30. März notiert Brod: »Nachm. bei Dr. Steiner Privataudienz.« Seine Eindrücke gibt er einige Wochen später in einem Zeitschriftenartikel wieder: ›Höhere Welten‹. ›Pan‹; 1. Jg., Nr. 16 (16. Juni 1911), S. 538ff.

Auch Kafka hat offenbar die beiden öffentlichen Vorträge (am 19. und am 25. März) besucht, geht es doch in seiner Eintragung im zweiten Tagebuchheft um Steiners rhetorische Mittel im Zusammenhang mit der Verteidigung von Theosophie und der Widerlegung von Gegenargumenten (vgl. S. **124–125**: *Teosophische ... Zuhörer an.*). Darauf, daß er auch zum Zyklus gehörende Vorträge besucht hat, weist u.a. seine Bemerkung über die *paar Zeichnungen, die an jene der Vorträge über okkulte Physiologie erinnern* (S. **29**) hin; um welche Vorträge es sich dabei gehandelt hat, läßt sich nicht mit Sicherheit feststellen.

Der erste Teil der Eintragung unter dem Datum des 28. März hält vermutlich entweder Beobachtungen und Teile der Konversation vom Geselligkeitsabend am 25. März fest oder vom Rande des zusätzlichen Mitglieder-Vortrages am Nachmittag des 28. März, der den nicht ganz zuverlässigen Erinnerungen Else Bergmanns (geb. Fanta) zufolge auch im Haus ihrer Eltern stattgefunden haben könnte. (Georg Gimpel, ›Weil der Boden selbst hier brennt‹. Furth i.W., Prag 2001, S. 258f.) Bei den in dieser Passage angeführten Details handelt es sich zum größten Teil um nachprüfbare Begebenheiten im Leben Steiners.

3] *Maler Pollak-Karlin, seine Frau]* Richard Pollak-Karlin 27
(1867–1943), aus Prag stammender Maler; Hilda Kotány-Pollak (1874–1943), Malerin und Kunstgewerblerin, beide waren an der Ausführung des Kuppelgemäldes im ersten Goetheanum in Dornach beteiligt, sie malten das Lemurien- und Atlantismotiv (vgl. S. **28**).

4] *Frau Hofrath Bittner ... Komponisten]* Xaverine Bittner, Witwe eines k.k. Hofrates und Mutter des in Wien hauptberuflich als Richter tätigen Komponisten Julius Bittner.

27 5] *Er führte ... auf.]* Am 15. August 1910 hatte im Schauspielhaus München die Uraufführung von Steiners Mysteriendrama ›Die Pforte der Einweihung‹ stattgefunden.

27-28 6] *Löwy Simon ... in Paris.«]* Gemeint ist offenbar Eugène Lévy, ein Anhänger der Lehren Rudolf Steiners, der versuchte, diese in Frankreich populär zu machen. Dies legt jedenfalls Lévys mit Kafkas Angaben übereinstimmende Anschrift nahe: Er wohnte in Paris, 10 Square Moncey (laut Absender eines im Nachlaß Rudolf Steiners überlieferten Briefes). Außerdem war Lévy Verfasser des Buches ›Quelques réflexions sur ›l'initiation‹ de Rudolf Steiner‹ (Paris 1910). – Rudolf Steiners Buch ›Wie erlangt man Erkenntnisse der höheren Welten?‹ war 1909 in Berlin erschienen.

28 1] *In ... ihn.]* Als 18jähriger begegnete Steiner dem Kräutersammler Felix Kogutzki (1833–1909): »Und so wurde es mir nach und nach, wie wenn ich mit einer Seele aus ganz alten Zeiten zusammen wäre, die unberührt von der Zivilisation, Wissenschaft und Anschauung der Gegenwart, ein instinktives Wissen der Vorzeit an mich heranbrächte.« (Rudolf Steiner, ›Mein Lebensgang‹. Hrsg. v. M. Steiner. Dornach 1925, S. 38).

2] *Ein Münchner ... bestimmt.]* Der Arzt Dr. Felix Peipers (1873–1944), der in seiner Münchener Privatklinik außer ersten anthroposophischen Heilmitteln auch eine besondere Farbtherapie nach Steiners Angaben anwendete.

29-31 1] *Mein Besuch ... Nasenloch]* Die beschriebene Audienz, die möglicherweise am Geselligkeitsabend verabredet wurde (vgl. S. **28**: *Daß ich Dr. Steiner aufsuchen werde ...*), könnte zwar am Nachmittag des 28. März (dem Datum, unter dem der erste Teil der Tagebucheintragung steht) oder an einem der vorausgegangenen Tage stattgefunden haben; mit größerer Wahrscheinlichkeit fand sie aber danach, vermutlich am 29. März, statt, also am ersten der beiden Tage, die Steiner nach

Abschluß seiner Vorträge noch in Prag blieb und die offenbar persönlichen Gesprächen vorbehalten waren; es kann nicht ausgeschlossen werden, daß Kafka das Datum in die erste Zeile seiner Eintragung, die sehr weit eingezogen ist, nachträglich eingesetzt hat und sich dabei hinsichtlich des Tages irrte oder auch das Datum nur auf den ersten Teil bezog. – Ein Irrtum unterlief ihm offenbar hinsichtlich der Jahresangabe in einem Brief an Steiner (für ihn nicht ungewöhnlich, vgl. etwa KKAB2 Nr. 466), der wohl im Nachklang zu dem Gespräch entstanden ist (zum Verlauf des Gesprächs siehe auch Max Brod, ›Streitbares Leben. 1884–1968‹. Überarb. und erw. Neuausgabe. München, Berlin, Wien 1969, S. 182 bis 184; die im Brief erwähnte »Arbeit« Kafkas konnte nicht identifiziert werden):

Verehrter Herr Doktor!

Sie waren so gütig, eine Probe meiner Arbeiten sehen zu wollen. Hier ist ein kleines Stück. Ich glaube, daß es für mich nicht wesentlich, aber bezeichnend ist, nur wird es schon teilweise durch das Gefühl, daß es bald in Ihren Händen sein wird, meinem Urteil entzogen.

Ihr ergebener
DrfKafka

31.III 10 Prag Niklasstraße 36

(KKAB1 Nr. 192, vgl. das Faksimile in: Zdeněk Váňa, a.a.O., S. 48).

2] *Viktoriahotel in der Jungmannsstraße]* Gemeint ist das Hotel 29
Victoria in der Jungmannsgasse 18, Ecke Palackygasse, in dem Rudolf Steiner während seines Prag-Aufenthaltes wohnte.

3] *Kaiserrock]* Eine Art Gehrock, wie ihn Zivilpersonen bei offiziellen Anlässen am österreichischen Kaiserhof tragen mußten.

4] *Vorträge über okkulte Physiologie]* Okkulte Physiologie war das Thema, unter dem Steiners Prager Vortragszyklus stand (vgl. Rudolf Steiner, ›Eine okkulte Physiologie. Acht Vorträge gehalten in Prag vom 20. bis 28. März 1911‹. Dornach 1971 = Rudolf Steiner-Gesamtausgabe, Bd. 128).

29 5] *Ein Heftchen ... Naturphilosophie]* Die ›Annalen der Naturphilosophie‹, hrsg. v. Wilhelm Ostwald, erschienen seit 1901 als Vierteljahresschrift im Verlag von Veit & Comp. in Leipzig.

30 1] *nach den von Ihnen ... Zuständen]* Gemeint ist nicht etwa das Erkennen und Verkünden zukünftiger Ereignisse, sondern nach Rudolf Steiners drittem Vortrag über ›Okkulte Physiologie‹ die »mystische Versenkung in das Ich, wie auch umgekehrt das Sich-Herausheben aus dem eigenen Bewußtsein« (vgl. Hartmut Binder, ›Der Prager Fanta-Kreis. Kafkas Interesse an Rudolf Steiner‹. ›Sudetenland‹ 38, Heft 2 (1996), S. 106–150, hier: 112f.).

31-32 1] *Da sich ... zu finden.]* Ansatz zu einer Rezension von Max Brods Roman ›Jüdinnen‹, der im Mai 1911 im Berliner Verlag Axel Juncker erschien. Weitere Ansätze finden sich im »zweiten Heft« (S. **125–126**: *Wir sind jetzt ... ihn sehn.* sowie S. **127**: *Wir sind jetzt ... Jüdinnen fehlen*). – Schon kurz nach seinem Erscheinen – ein Auszug war bereits im April 1911 in den ›Herder-Blättern‹ veröffentlicht worden (1. Jg., Nr. 1, S. 17ff.) – wurde der Roman von Hugo Herrmann, einem der führenden Mitglieder des ›Bar-Kochba‹ (siehe Kommentar **178–179**3), in der Wochenschrift ›Selbstwehr‹ vom 19. Mai 1911 kritisch besprochen (›»Jüdinnen‹. Ein Roman von Max Brod‹. Nr. 20, S. 2f.). Eine Entgegnung Brods erschien umgehend in der Ausgabe vom 26. Mai 1911 (›Mein Roman ›Jüdinnen‹‹. Nr. 21, S. 1f.). Möglicherweise sind Kafkas Ansätze zu einer eigenen, den Ansichten Herrmanns allerdings nahestehenden Kritik von dieser Diskussion ausgelöst worden.

32 1] *Ich ... holen?]* Siehe Kommentar **27**1. Ein zweiter, in der

Endstufe textidentischer Ansatz findet sich auf S. **33** (*Ich ahnte ... zu holen?*).

2] *Schwimmschulen]* Bezeichnung für die bewachten Fluß- 32
badeanstalten, in denen auch Schwimmunterricht erteilt wurde.

3] *Königssaal und Czernoschitz]* Königsaal, Černoschitz: Ausflugsorte und Sommerfrischen an der Moldau, etwa 15 km südlich von Prag.

1] *meine Reise]* Gemeint ist die gemeinsam mit Max Brod 33
unternommene ›Reise August/September 1911‹ (vgl. im Band ›Reisetagebücher‹, S. **19**ff.).

2] *Ich ahnte ... holen?]* Siehe S. **32** sowie Kommentar **27**1.

3] *über Dickens gelesen]* Text nicht ermittelt.

1] *26. Aug.]* Ein Versehen Kafkas bei der Datierung. Ge- 34
meint ist der 25. August, da er bereits am 26. August abreist, vgl. im Band ›Reisetagebücher‹, S. **21** sowie Brods Reiseaufzeichnung BKR 73.

2] *Morgen soll ... fahren.]* Gemeint ist die gemeinsame Urlaubsreise mit Max Brod; siehe im Band ›Reisetagebücher‹, S. **19**ff.

3] *Jetzt ... Trost]* Hermann Kafka (1852–1931) und seine Frau Julie (1855–1934) waren beide im *Geschäft*, der Galanteriewaren-Handlung in der Zeltnergasse, tätig. Siehe auch Kommentar **67**2.

1] *Ottla]* Ottilie, genannt Ottla (1892–1943), Kafkas jüngste 35
Schwester.

2] *zum Hausherrn]* Wohl der im selben Haus wohnende Besitzer der Niklasstraße 36, der Juwelier Alfréd Nikodém (vgl. KK 46).

3] *Der Zeichner Kubin ... Überzieher hat]* Am 18. September 35-36
1911 – Kafka hielt sich im Anschluß an ihre gemeinsame Reise noch im Sanatorium Erlenbach bei Zürich auf (13.–19. September) – lernte Max Brod in Prag den Maler, Graphiker

und Schriftsteller Alfred Kubin (1877–1959) kennen: »(…) er besuchte mich in Prag, ich fand in ihm, wie ich es mir vorgestellt hatte, nicht den müden Kaffeehausgötzen, von dem man gefabelt hatte, sondern einen herrlichen kraftvollen gesunden jungen Mann. Die tausend Einfälle, die ihn durchwogten, selbst wenn jeder Gedanke an sich ein trauriger war und an der Nichtigkeit und Unfaßbarkeit der Welt hieng, ließen trübe Laune nicht aufkommen, sondern gaben, ohne Rücksicht auf ihren Inhalt, schon durch ihre schnelle Erfindung und Schaffenslust, einen hellen Dur-Akkord.« (Max Brod, ›Neue Romane. Nähere und weitere Umgebung‹. ›Prager Tagblatt‹ vom 28. Januar 1912; MA Nr. 27, S. 20; vgl. BKR 282, zu 125). Als Kafka wieder in Prag war, brachte Brod ihn – wohl am 26. September 1911, dem Tag der ersten Eintragung – mit Kubin zusammen. Die Eintragungen *Noch Kubin … »Regulin!«* (S. **38–39**) und *zu Kubin … erzählen.* (S. **41**) entstehen später aus der Erinnerung an diese Begegnung.

35 4] *mit Hamsun bei Langen]* Deutscher Verleger des von Kafka geschätzten norwegischen Autors Knut Hamsun war Albert Langen (1869–1909), dessen Haus eines der Zentren des Münchner kulturellen und gesellschaftlichen Lebens war.

5] *Während des Gesprächs … Hose ab.]* Arthur Holitscher berichtet als Augenzeuge in seinen Lebenserinnerungen über diese Episode, die sich während Hamsuns Münchner Aufenthalt im Jahre 1896 zutrug, vgl. ›Lebensgeschichte eines Rebellen. Meine Erinnerungen.‹ Berlin 1924, S. 140: »In der Redaktion sah ich, wie er [Hamsun] plötzlich, als schrecke er aus Gedanken empor, die ihn weitab geführt hatten, in die Brusttasche griff, eine lange Schere hervorholte und die Fransen unten um seine defekten Hosenschäfte abzuschneiden anfing … Jahre später erzählte ich diese Einzelheit Peter Altenberg (…). Als ich geendet hatte, bemerkte ich, wie die

hellen Tränen aus Peters Augen liefen.« Da Kubin sich erst
seit dem Frühjahr 1898 in München aufhielt, kannte er diese
Anekdote sicher nicht aus eigenem Erleben.

1] *Belvedere]* Mit *Belvedere* meint Kafka stets die am linken 36
Moldauufer gelegene Belvedere-Höhe mit ihren ausgedehn-
ten Parkanlagen, die regelmäßig Ziel seiner Spaziergänge war
(vgl. *Schöner einsamer ... Belvedere.* (S. **219**) und *Gestern ...*
Sternen. (2:**188**)), und nicht das gleichnamige Lustschloß in
den Chotekschen Anlagen (vgl. *In den Chotekanlagen gesessen*
(3:**81**)). Siehe hierzu auch KK 32f.

2] *Goethes Tagebücher]* In der von Kafka benutzten Tempel-
Klassikerausgabe (siehe Kommentar **36–37**4) sind die Tage-
bücher Goethes nicht enthalten. Auf welche der 1911 ver-
fügbaren Tagebuch-Ausgaben sich Kafka bezieht, konnte
nicht ermittelt werden.

3] *Ein Mensch ... gemacht.]* Vgl. die entsprechende Passage
im Band ›Reisetagebücher‹, S. **64**: *Ein Mensch ... gemacht hat.*

4] *Reisebeobachtungen ... »Erregte Ideen«]* Vermutlich gehen 36-37
diese Eintragungen sowie die auf S. **42** (*zu Goethe ... fühlen*
könnte.) auf die Lektüre des Bandes ›Campagne in Frankreich.
Belagerung von Mainz. Reise in die Schweiz. Am Rhein,
Main und Neckar‹ der Tempel-Klassikerausgabe zurück
(Goethes Sämtliche Werke, Bd. 14. Hrsg. v. F. Deibel. Leip-
zig 1910), auf deren Bände 11 und 12 (›Dichtung und Wahr-
heit‹) sich nachweislich die Eintragungen *jene ... Wälder«*
(S. **254**), *Goethe: ... hinübergezogen.«* (S. **255**), *Goethe: ...*
grenzenlos. (2:**33**) beziehen (siehe hierzu Kommentar 2:**33**1).

1] *österreichische Officiere in Heidelberg]* Vgl. Goethes Auf- 37
zeichnung vom 26. August 1797 (Heidelberg): »(...) eine
Gesellschaft östreichischer Offiziere, teils von der Armee,
teils von der Verpflegung, gewöhnliche Gäste, unterhielten
sich heiter und in ihren verschiednen Verhältnissen des Alters
und der Grade ganz artig.« (ebd., S. 345f.).

37 2] *dagegen ... weiße Westen«]* Goethes Aufzeichnung vom 27. August 1797 (Sinsheim): »Wiesenbach (...) Die Männer tragen blaue Röcke und mit gewirkten Blumen gezierte weiße Westen.« (ebd., S. 347ff.).

3] *Viel ... »Erregte Ideen«]* Vgl. Goethes Aufzeichnung vom 18. September 1797 (ebd., S. 409ff.); siehe auch S. **42** (*zu Goethe: ... an Schiller.*).

37-38 4] *Cabaret Lucerna ... »Frühlingsstimmung«.]* Bei der »Lucerna« handelt es sich um einen Mehrzweckbau mit einer Passage, die Stephansgasse und Wassergasse miteinander verbindet. Im unterirdischen Bereich der Lucerna befand sich u.a. der ›Orangensaal‹, »auch der ›Kleine Lucerna-Saal‹ genannt«, und in diesem Saal »etablierte sich (...) im September 1910, das ›Cabaret Lucerna‹, das sich nach dem Namen des Gebäudekomplexes benannte, in dem es untergebracht war.« (Hartmut Binder, ›Wo Kafka und seine Freunde zu Gast waren‹. Furth im Wald 2000, S. 101–103) – Über das Programm des Kabaretts ›Lucerna‹ heißt es im ›Prager Tagblatt‹ vom 9. September 1911: »Der freundliche unterirdische Saal im Riesengebäude der ›Lucerna‹, der sich in dem einen Jahr seines Bestehens so rasch zu einem der beliebtesten Abendlokale des vergnügungsfrohen Prag entwickelt hat, hat seine Pforten wieder aufgetan. Wieder kann man die Zeit von ½ 9 Uhr abends bis Mitternacht bei den Auge und Ohr in gleichem Maße befriedigenden Genüssen zubringen, mit denen die Direktion der ›Lucerna‹ aufwartet. Diesmal gibt es eine ganz besondere Attraktion: Fritz Grünbaum ist da, der famose Kabaret-Dichter und Rezitator in einer Person, der allabendlich zwei seiner Gedichte mit drolligem Humor vorträgt und nicht weniger durch seine Prosa-Einleitungen und Erklärungen amüsiert. Dann eine entzückende Wienerin, Frl. Lucie König, die mit Grazie in Wort und Geberde Kuplets singt und witzige Gedichte rezitiert, durch stürmischen Applaus zu immer neuen Zugaben genötigt. Reizend ist auch die Tänzerin Odys mit ihren stimmungsvollen choreographischen Darbietungen. Das reiche Programm enthält außerdem noch zwei lustige Stücke und eine Reihe von Gesangs- und Rezitationsnummern.« (›Eröffnung des Kabaretts in der ›Lucerna‹‹. ›Prager Tagblatt‹; MA Nr. 249, S. 5). Dieses Eröffnungsprogramm der Saison 1911/12 blieb bis zum 1. Oktober unverändert.

5] *Longhen (Maler Pittermann)]* Emil Artur Longen (auch: 37
Longhen), eigentlich Emil Artur Pittermann (1885–1936), Schauspieler, Dramatiker, Regisseur und Maler, war u.a. mit Max Brod, Jaroslav Hašek und Egon Erwin Kisch befreundet.

1] *Sänger Vašata]* Rudolf Vašata. 38

2] *Helli Haas]* Nach Recherchen von Anthony Northey handelt es sich um Helene Haas (geb. 1890), eine Cousine von Willy Haas (siehe Kommentar 2:**65**1). Vgl. A. Northey in ›Seminar: A Journal of Germanic Studies‹ 28 (1992), Nr. 4, S. 372.

3] *im Bad gesehen]* Mit *Bad* meint Kafka eine der Prager Flußbadeanstalten an der Moldau.

4] *Noch ... »Regulin!«]* Siehe S. **35–36** und Kommentar 38-39
35–363.

1] *B.]* Bordell. 39

2] *Tucholski ... glauben.]* Kurt Tucholsky (1890–1935), zur 39-40
Zeit der Tagebucheintragung Jurastudent in Berlin, und sein Freund, der Zeichner Kurt Szafranski (1890–1964), besuchten Prag im September 1911. – Max Brod erinnert sich: »Bald nach Erscheinen meiner Geschichte vom ›Tschechischen Dienstmädchen‹ war ein junges Paar, das so aussah, wie man sich zwei reisende Handwerksburschen vorstellt, bei mir erschienen. (...) und diese waren niemand anderer als Kurt Szafranski, derselbe, dem später das Titelblatt zum ›Welt-

freund‹ so mißglücken sollte, und Kurt Tucholsky, damals noch idyllischer Dichter und weit entfernt davon, den Deutschen gute Lehren über politisches Benehmen zu geben (...)« (›Streitbares Leben‹, a.a.O., S. 75f.). – ›Ein tschechisches Dienstmädchen‹ war 1909 im Axel Juncker Verlag erschienen (Berlin, Stuttgart, Leipzig). Wahrscheinlich verwechselt Brod in seinen Erinnerungen den Roman mit ›Jüdinnen‹, seinem im Mai 1911 im selben Verlag erschienenen Buch. – Szafranski war Schüler Lucian Bernhards (1883 bis 1972) (S. **40**), von dem die Umschlag- und Einbandzeichnungen der meisten im Verlag Axel Juncker publizierten Bücher Brods stammen.

40 1] *Max]* Mit *Max* meint Kafka in allen folgenden Eintragungen stets seinen hier in den Tagebüchern erstmals erwähnten, engsten Freund Max Brod (1884–1968).

2] *1. Oktober ... Kolnidre.]* Ein Irrtum Kafkas bei der nachträglichen Angabe des Wochentags. Kol Nidre bezeichnet das Einleitungsgebet am Vorabend des Versöhnungstages (Jom Kippur); dieser fiel 1911 auf Sonntag, den 1. Oktober. Kafkas Unsicherheit bei der Datierung wird im Manuskript auch durch die mehrfache Korrektur des Tagesdatums deutlich.

3] *Altneusynagoge]* Auch ›Alt-Neuschule‹: Zwischen Maislgasse und Niklasstraße gelegene älteste Synagoge Prags.

41 1] *Pinkassynagoge]* In der Josefsgasse, am alten jüdischen Friedhof gelegen.

2] *Im B. Suha vorvorgestern.]* *B.* für Bordell. Der ›Salon Šuha‹ (U Šuhů) in der Benediktgasse gehörte zu den bekannteren Prager Etablissements: »Der Feldkurat ließ die Türe los und wälzte sich auf Schwejk: ›Gehn wir also irgend wohin, aber zu »Schuha« geh ich nicht, dort bin ich schuldig.‹« (Jaroslav Hašek, ›Die Abenteuer des braven Soldaten Schwejk während des Weltkrieges: Im Hinterlande‹. Prag 1926,

S. 172). Weitere Informationen zu diesem Salon bei Hartmut Binder, ›Wo Kafka und seine Freunde zu Gast waren‹, a.a.O., S. 85ff.

3] *zu Kubin ... erzählen.]* Vgl. *Er ist mit Hamsun ... zusam-* 41
mengekommen. (S. **35**).

1] *zu Goethe ... Schiller.]* Siehe hierzu auch *Viel über ...* 42
Ideen« (S. **37**). – Kafka bezieht sich auf Goethes Brief an Schiller vom 25. September 1797 aus Stäfa (J. W. Goethe, ›Campagne in Frankreich‹, a.a.O., S. 422ff.).

2] *»Kastagnettenrythmus ... Holzschuhen«]* Vgl. Goethes Aufzeichnung vom 30. September 1797 (ebd., S. 431ff.).

3] *Leitmeritzer Tante]* Karoline Kohn (1856–1929), Witwe Heinrich Kafkas, eines 1886 gestorbenen Onkels. – Über einen Besuch in ihrem Geschäft, das sie mit ihrem zweiten Mann Sigmund Kohn weiterführte, berichtet Kafka in einem Brief an Felice Bauer vom 9./10. Dezember 1912 (vgl. KKAB1 Nr. 345). – Aus erster Ehe stammten die Söhne Viktor, Emil und Rudolf und aus zweiter Ehe die Söhne Fritz und Robert (Anthony Northey, ›Kafkas Mischpoche‹. Berlin 1988, S. 62f.).

1] *Tochter Dr. Marschners]* Dr. Robert Anton Marschner 43
(1865–1934) war der leitende Direktor der AUVA. Eine Photographie, die ihn mit seiner Tochter Berta (1900–1972) zeigt und aus dieser Zeit stammt, ist enthalten in: Hartmut Binder/Jan Parik, ›Kafka. Ein Leben in Prag‹. München 1982, S. 102.

2] *Immer denke ich ... rückte.]* Wohl auf die Lektüre von Fran- 43-44
cisque Sarcey, ›Le Siège de Paris. Impressions et Souvenirs‹ (Paris 1871) zurückgehende Eintragung, vgl. im Band ›Reisetagebücher‹, S. **54–56**: *Le siège ... Belagerung* sowie Kommentar im Band ›Reisetagebücher‹ **54–56**1. Hartmut Binder weist darauf hin, daß sich allerdings bei Sarcey keine Passage findet, die »genau dem entspricht, was Kafka von Paris be-

hauptet«, so daß Kafka die Lektüre entweder nutzt, um eigene Phantasien weiterzudichten, oder zu weitergehender Leküre angeregt wurde. (KP 239)

44 1] *meinem Chef]* Eugen Pfohl.

2] *während des Kartenspiels]* Zu dem allabendlichen Kartenspiel im Hause Kafka siehe Kommentar **155**2.

45 1] *B.]* Bailli, im Manuskript zunächst ausgeschrieben, dann bis auf die Initiale gestrichen: nach Recherchen Anthony Northeys handelt es sich um Louise Bailly (1860–1942), eine aus Coeuve (Westschweiz) stammende ehemalige Gouvernante der Familie Kafka (vgl. A. Northey in ›Seminar‹, a.a.O., S. 372).

2] *Josefsplatz]* Vom Josefsplatz aus, nach Ausrufung der tschechoslowakischen Republik in »Náměstí republiky« (Platz der Republik) umbenannt, nimmt in östlicher Richtung die Straße »Na Poříčí« ihren Anfang, in der sich Kafkas Dienststelle, die AUVA befand.

3] *Beim Diktieren ... im Bureau.]* Kafkas Aufgabenbereich umfaßte damals *Approbations- und Conceptsarbeiten (Correspondenz; Beäußerung und Abfassung von Einwendungen, Rekursen und Beschwerden; Abfassung von Berichten aller Art).* Aus einem Gesuch an den Vorstand der AUVA vom 31. August 1910 (KKAB1 Nr. 164).

4] *Bezirkshauptmannschaft]* Gemeint ist das Bezirkshauptmannschaftsamt, das dem reichsdeutschen Landratsamt entspricht.

5] *im Bureau]* Siehe Kommentar **26**5.

6] *das Maschinenfräulein Kaiser]* Julie Kaiser (1887–1941), eine Schreibkraft in der AUVA, die in späteren Jahren in Briefen Kafkas als sein *Schreibmaschinenfräulein* erwähnt wird (KKAB3 Nrn. 923 und 1062) und ihn in Zürau besuchte (KKAB3 Nr. 1083). Siehe auch Anthony Northey, ›Kafkas Liebchen und kein Ende ... Über Julie Kaiser, eine unbekannte Freundin des Dichters‹. ›Kafka-Katern‹ 4 (Dezember 1996), Nr. 4, S. 65–68, sowie Sudel II 28–43; eine Photographie, die Julie Kaiser gemeinsam mit Kafka und anderen in Zürau zeigt, ist reproduziert in WB 198.

7] *das ganze Zimmer ... aufmerksam machte]* Es handelt sich 45
hierbei nicht um Kafkas Büro, sondern um ein Dienstzimmer, in dem auch andere Schreibkräfte saßen. So spricht Kafka etwa in einem Brief an Felice Bauer von seinem *Diktierzimmer* (KKAB3 Nr. 892).

1] *meines Chefs]* Eugen Pfohl. 46

2] *habe Dickens gelesen]* Text nicht ermittelt.

1] *Straße und Brücke]* Niklasstraße und Čechbrücke (benannt 47
nach dem tschechischen Dichter Svatopluk Čech) (siehe Kommentar **24**1).

2] *meine Schwester]* Vermutlich Valerie (1890–1942), genannt Valli, oder Ottla Kafka, die beide zu der Zeit noch bei den Eltern wohnten.

1] *Gestern ... Gesellschaft]* Vom 24. September 1911 bis zum 48
21. Januar 1912 gastierte in Prag eine jiddische Theatertruppe aus Lemberg, zunächst im Hotel Central in der Hibernergasse 10 (vom 24. bis zum 28. September), dann in ›Herrmanns Café Savoy‹ am Ziegenplatz, wo Kafka zahlreiche Aufführungen besuchte. Zu den Mitgliedern des Ensembles, den Ehepaaren Klug und Tschisik, den Schauspielern Pipes und Urich, vor allem aber zu Jizchak Löwy entstand eine freundschaftliche Beziehung. Von ihnen erhielt Kafka erste Einblicke in die Geschichte der jiddischen Literatur und des Theaters, aus denen sich dann sein weitergehendes Interesse entwickelte, wie es in der Eintragung *Wunsch ... bestimmt.* (S. **56**) und auch in der Pinès-Lektüre (2:**23–28**) zum Ausdruck kommt. Da es sich beim Jiddischen um keine normierte Schriftsprache handelt, die jiddische Dichtung darüber hinaus weitgehend mündlich überliefert wurde, ent-

halten die Tagebucheintragungen Kafkas zahlreiche Unrichtigkeiten und Ungenauigkeiten, vor allem in der Schreibweise jiddischer Redewendungen sowie in der Wiedergabe von Namen und den Angaben zur Lebensgeschichte jiddischer Autoren. Dort, wo falsche oder irreführende Angaben nachweisbar sind, werden sie im Kommentar richtiggestellt.

48-56 2] *Gestern ... bestehen.]* Die Vorstellungen der jiddischen Schauspieltruppe bestanden in der Regel aus Soloauftritten der Ensemblemitglieder im ersten Teil des Abends sowie einem zweiten Teil, in dem Theaterstücke jiddischer Autoren aufgeführt wurden. Im ersten Teil der Vorstellung am 5. Oktober 1911 trat – wie bereits an den vorangegangenen Abenden im Hotel Central – »Frau Flora Klug als temperamentvolle und humorbegabte Herrenimitatorin« (›Bohemia‹ vom 26. September 1911; MA Nr. 266, S. 5) auf, »eine temperamentvolle Dame, (...) deren Kunst, obwohl sie das Publikum sichtlich amüsierte, in der Richtung eines nicht allzu geschmackvollen Kabarettes lag.« (›Selbstwehr‹ vom 29. September 1911; Nr. 38, S. 9). Im zweiten Teil wurde »›Der Meschumed‹. Komisches Lebensbild mit Gesang und Tanz‹ aufgeführt, als dessen Autor die Anzeige im ›Prager Tagblatt‹ vom selben Tag (MA Nr. 275, S. 12) fälschlicherweise Joseph Latteiner nannte (richtig: Abraham Scharkansky, der auch bei späteren Ankündigungen angegeben wird, z.B. im ›Prager Tagblatt‹ vom 23. Oktober 1911; MiA Nr. 293, S. 5). Kafkas Niederschrift seiner ersten Eindrücke zog sich über mehrere Tage hin (6.–8. Oktober 1911).

48 3] *Frau Klug ... Rand.]* Zu Kafkas Beschreibung siehe das Faksimile einer ihrer Ansichtskarten (S. **169**: *ihre Ansichtskarten bot sie mir*) auf der gegenüberliegenden Seite.

49 1] *»Meschumed«]* Hebräisch »Meschummad«, wörtliche Übersetzung »Vertilgter«; Bezeichnung für getaufte Juden (Apostaten).

Flora Klug, Herrenimitatorin.

49 2] *von Lateiner]* Kafka nahm die Verfasserangabe der Vorankündigung auf.

3] *Šlapak]* Tschechischer Volkstanz.

4] *Kinderloch«]* Jiddisch für »Kindlein«.

5] *Regierungsvertreter]* Bei öffentlichen Veranstaltungen mußte ein Vertreter der Zensurbehörde den ordnungsgemäßen Ablauf überwachen.

50 1] *Tateleben]* Jiddisch für »lieber Vater«.

55 1] *Mesusas]* Hebräisch für »Türpfosten« (»mesusa«, Pl. »mesusot«): Bezeichnung für ein mit Versen aus dem Deuteronomium (5. Buch Mose 6,4–9 und 11,13–21) beschriebenes Pergamentblatt, das zusammengerollt in einem mit einer Öffnung versehenen Behälter so aufbewahrt wird, daß das Wort »Schaddai« (»Allmächtiger«) sichtbar ist. In Wohnungen gläubiger Juden wird der Behälter am rechten Türpfosten angebracht und beim Betreten und Verlassen angesehen und berührt.

2] *der vorjährigen Frau Weinberg]* Vom 25. April bis Mitte Mai 1910 hatte eine von Moritz Weinberg geleitete jiddische Theatergesellschaft im Café Savoy gastiert. Zum Ensemble gehörte neben Weinbergs Frau Pepi auch die Sängerin Salcia Weinberg. Daß Kafka mindestens eine der damaligen Aufführungen besuchte, bezeugt Max Brod: »Am 1. Mai dieses Jahres finde ich in meinem Tagebuch vermerkt: ›Café Savoy. Lemberger Gesellschaft. Sehr wichtig für J.P.‹ (einen Roman, den ich damals plante). Am 4. Mai: ›Abends mit Kafka im Savoy. Großartig.‹« (FK 98).

56 1] *die verkaufte Braut]* Komische Oper in drei Akten des tschechischen Komponisten Bedřich Smetana in betont nationalem Stil. Originaltitel: ›Prodaná nevěsta‹; Libretto von Karel Sabina.

57 1] *Frl. Kaufmann]* Nach Recherchen von Anthony Northey vermutlich Rosa Kaufmann (1878–1942), Tochter von

Adolf und Regine Kaufmann. Ihr Bruder Hugo war mit Olga Ehrmann verheiratet, der Tochter von Kafkas Tante Julie Ehrmann (Reuß/Staengle (Hrsg.), ›Franz Kafka, Oxforder Quarthefte‹. Franz Kafka-Heft 3. Frankfurt, Basel, 2001, S. 29).

1] *Einen ... geschrieben.]* Kafkas Artikel erschien unter dem 60
Titel ›Die Arbeiterunfallversicherung und die Unternehmer‹ in der ›Tetschen-Bodenbacher Zeitung‹ vom 4. November 1911 (1. Beilage zu Nr. 88, S. 1ff.; vgl. auch im Band ›Amtliche Schriften‹ der Kritischen Ausgabe, S. 254ff. sowie den dazugehörigen Kommentar).

2] *auf dem Graben]* Der Graben (der deutsche »Corso«) markiert mit der Ferdinand- bzw. Nationalstraße (dem tschechischen »Corso«) die Grenze zwischen der Prager Alt- und Neustadt bzw. den ehemaligen Verlauf der Altstadtmauer.

3] *Vorgestern ... Feimann.]* In einer Anzeige im ›Prager Tagblatt‹ vom 8. Oktober 1911 (MA Nr. 278, S. 14) für denselben Abend angekündigt als »›Die Sejdernacht‹ von Gordon«. Tatsächlich handelt es sich um ein Stück von Joseph Latteiner.

1] *Gestern bei Max]* In unmittelbarer Nähe der elterlichen 61
Wohnung (Schalengasse 1) hatte Max Brod seit Mitte August 1911 in der Schalengasse 4 ein Zimmer gemietet, um den »Nachschnüffelungen seines Vaters« zu entgehen (Sudel I 340).

2] *Gestern ... geschrieben.]* In dieser Ausgabe wiedergegeben unter der Überschrift ›Reise August/September 1911‹, im Band ›Reisetagebücher‹, S. **19**ff.

3] *Rehberger]* Gemeint ist Angela Rehberger (geb. 1887, vgl. Sudel I 356), eine Bekannte, die Kafka und Brod in ›Richard und Samuel‹ als »Dora Lippert« aufgenommen haben. Siehe hierzu auch den Band ›Reisetagebücher‹, S. **21**f. In Brods Reiseaufzeichnungen wird sie »Angela« genannt (›Reisetagebücher‹, Anhang, S. **118**), während Kafka sie als »Alice« bezeichnet (›Reisetagebücher‹, S. **21**).

61 4] *Durchhauses]* Durchhaus: Bezeichnung für die in Prag häufigen Durchgänge durch Häuser, die zwei Gassen oder Straßen miteinander verbinden.

5] *meines Chefs]* Eugen Pfohl.

6] *Rehberger]* Siehe Kommentar **61**3.

62 1] *Gestern ... füllte.]* Insel in der Moldau, die über eine Treppe von der Mitte der Kaiser-Franzens-Brücke (heute: Most Legií) zu erreichen ist, mit gleichnamiger Restauration und Grünanlagen. Laut Anzeige im ›Prager Tagblatt‹ vom 12. Oktober 1911 (MA Nr. 282, S. 10) fand an diesem Abend im Saal des Lokals auf der Schützeninsel ein Konzert der Kapelle des Infanterie-Regiments Nr. 91 (des Prager »Hausregiments«) statt.

62-64 2] *Geschwätzigkeit ... sein.]* Mitte Dezember 1911 gründete Kafka als stiller Teilhaber gemeinsam mit seinem Schwager Karl Hermann (1883–1939), dem Mann von Gabriele (genannt Elli, 1889–1941), die ›Prager Asbestwerke Hermann & Co.‹. Die Tagebucheintragung hält ein Treffen mit dem Advokaten Dr. Robert Kafka fest, der mit der juristischen Beratung und der Durchführung der Genehmigungsverfahren betraut wurde. Siehe hierzu auch KKAB1 Nrn. 216 und 219 sowie den dazugehörigen Kommentar.

62 3] *Dr. Kafka]* Der Rechtsanwalt Dr. Robert Kafka, Sohn von Heinrich Kafka, eines Vetters von Kafkas Vater (Anthony Northey, ›Kafkas Mischpoche‹, a.a.O., S. 79); seine Kanzlei hatte ihren Sitz Wenzelsplatz 35, seine Privatwohnung befand sich in der Na Smetance 6, südöstlich des Franz-Josephs-Bahnhofs, im Prager Vorort Königliche Weinberge (vgl. Hartmut Binder, ›Über den Umgang mit Topographica in Kritischen Ausgaben am Beispiel der Tagebücher Kafkas‹. In: ›Edition von autobiographischen Schriften und Zeugnissen

zur Biographie‹. Hrsg. von Jochen Golz. Tübingen 1995, S. 133–166, hier: 153).

1] *Gründung der Fabrik]* Mit *Fabrik* meint Kafka hier und in 63
allen folgenden Tagebucheintragungen stets die ›Prager Asbestwerke Hermann & Co.‹, die in Žižkov, im Hinterhof der Boriwogasse (Bořivojova) 27 lag.

1] *Kubin]* Bezieht sich auf *Noch Kubin ... übereinstimmt.* 64
(S. **38**).

2] *Gestern abend ... sein Heldentum.]* Am 12. Oktober 1911 64-66
schreibt Kafka auf einer Postkarte an Max Brod: *Lieber Max, das haben wir aber getroffen! Sulamit von Goldfaden wird gespielt!* (KKAB1 Nr. 210). Im ›Prager Tagblatt‹ vom 13. Oktober 1911 (MA Nr. 283, S. 12) kündigt eine Anzeige die Aufführung von Abraham Goldfadens Operette ›Sulamit‹ für denselben Abend an.

1] *(Fr. Tschissik)]* Mania Tschisik, geb. Firstenfeld (1881 bis 65
1976).

2] *(Pipes)]* Mano Pipes.

3] *(Tschissik)]* Emanuel Tschisik (geb. 1867).

4] *Absolon (Klug)]* S. Klug; die Initiale des Vornamens wird in Annoncen mehrfach erwähnt, der vollständige Vorname konnte nicht ermittelt werden.

5] *Mädchen aus Jerusalem (Klug)]* Flora Klug.

6] *»Viele ... beschulim«.]* »Viele Menschen gehen nach Jerusalem und finden ihren Frieden« (oder, sinngemäß, »und kommen als ganze Menschen wieder«); *beschulim*, jiddisch (hebr. »beschalom«) für »in Frieden«.

7] *(Urich)]* Vermutlich Schamai (Sami) Urich (vgl. Peter Sprengel, ›Scheunenviertel-Theater‹. Berlin 1995, S. 91).

8] *(Löwy)]* Jizchak Löwy (1887–1942); siehe auch seine biographische Skizze in KKAB1 640f.

9] *Rachmones]* Jiddisch für »Barmherzigkeit« (hebr. »rachmānut«).

66 1] *Regierungsvertreter]* Siehe Kommentar **49**5.

67 1] *der Verein ... abgehalten hat]* Der ›Unterstützungsverein Zukunft‹ veranstaltete am 14. Oktober 1911 im Café Savoy eine »Simchat Thora Unterhaltung« (Thorafreudenfest), in deren Rahmen Joseph Latteiners ›Gabriel oder Chinke-Pinke‹ aufgeführt wurde (angekündigt im ›Prager Tagblatt‹ vom 14. Oktober 1911; MA Nr. 284, S. 10).

2] *Dem Vater ... Personal gekündigt.]* Hermann Kafka war Inhaber einer Galanteriewaren-Handlung (Hand- und Hausschuhe, Kurzwaren, Schirme, Spazierstöcke u.ä.). Sein Geschäft befand sich zu dieser Zeit in der Zeltnergasse 12.

3] *Contorist Franz]* Nicht ermittelt.

4] *der Buchhalter]* Nach Recherchen von Anthony Northey handelt es sich um Anton Tullach (1883–1948), vgl. Reuß/Staengle (Hrsg.), ›Oxforder Quarthefte‹, a.a.O., S. 31.

5] *Zižkov]* Žižkov, ein zumeist von tschechischen Arbeitern bewohnter Vorort mit zahlreichen Fabriken im Osten von Prag (1922 als Prager Stadtteil eingemeindet; vgl. auch Kommentar **63**1).

68 1] *ein anderer Tullach]* Nach Recherchen von Anthony Northey wohnte der Buchdrucker Karel Tulach in derselben Straße wie der Buchhalter Anton Tullach (Reuß/Staengle, ›Oxforder Quarthefte‹, a.a.O., S. 31).

2] *Radotin]* Ort an der Bahnlinie Prag–Pilsen (Böhmische Westbahn), 15 km südlich von Prag.

69 1] *das Heft des Pan]* In der Ausgabe der Halbmonatsschrift ›Pan‹ vom 15. Oktober 1911 war Max Brods ›Kommentar zu Robert Walser‹ enthalten (›Pan‹; 2. Jg., Nr. 2, S. 53–58). Dieses Heft gehörte zu Kafkas Besitz, vgl. Bernhard Echte, ›Monsieur Antipyrine in Prag‹. ›Deutschunterricht‹, Heft 9 (September 1994), S. 11.

2] *Herrn Haman]* Nicht ermittelt.

3] *Pawlatsche]* Aus dem Tschechischen (»pavlač«) als Bezeichnung für einen Balkon oder Umgang, der mehrere Wohnungen miteinander verbindet, in den österreichischen Sprachgebrauch übernommen.

1] *Wenn ich ... Stolz.]* Vermutlich zitiert nach ›Napoleon- 70
Anekdoten‹. Bd. 2. Gesammelt und bearbeitet von Gustav Kuntze. Anekdoten Bibliothek, Bd. 7. Stuttgart 1908: »›Als ich noch einfacher Leutnant der Artillerie war,‹ begann der Kaiser ... Bei diesen Worten stutzten die anwesenden Fürstlichkeiten, und auf allen Gesichtern malte sich die größte Spannung aus. ›Als ich die Ehre hatte, noch einfacher Leutnant zu sein,‹ wiederholte er noch einmal ruhig (...)« (ebd., S. 39).

1] *bei Max]* Vgl. den Kommentar **61**1. 71

2] *über Paris geschrieben]* Gemeint ist das Tagebuch der ›Reise August/September 1911‹ (siehe im Band ›Reisetagebücher‹, S. **43**ff.).

3] *Vorlesung Löwys]* Siehe Kommentar **71–72**7.

4] *seine ... Mutter]* Franziska (genannt Fanny) Brod, geb. Rosenfeld (1859–1931).

5] *bei Max ... vorspielte]* Im zweiten Akt der Oper ›Das schöne Mädchen von Perth‹ von Georges Bizet wird dieser Zigeunertanz aufgeführt. Möglicherweise eine Reminiszenz Brods an die Parisreise vom Jahr zuvor, vgl. Brods Aufzeichnungen zum 13.10.1910 (BKR 38).

6] *Dann in »Aussprüche Napoleons« geblättert.]* Der Band ›Berühmte Aussprüche und Worte Napoleons von Corsika bis St. Helena‹ gehört zu den aus Kafkas Besitz überlieferten Büchern, vgl. den Kommentar **70**1. Kafka erwähnt ihn später auch in einem Brief an Felice Bauer, vgl. KKAB1 Nr. 376.

7] *möglichst ... Mutter.]* Möglicherweise fand die Lesung Jiz- 71-72
chak Löwys im Rahmen einer der allwöchentlichen Vortragsabende der ›Jüdischen Toynbeehalle‹ statt. Für diese

Abende – die nur sehr selten in der Tagespresse rezensiert wurden – wurden per Anzeige ständig Mitwirkende gesucht. Kafka las dort im Dezember 1913 Heinrich von Kleists ›Michael Kohlhaas‹ (vgl. 2:**215** (*11 XII 13 . . .*) sowie KKAB2 Nr. 428).

71 8] *Scholem aleichem]* Der jiddische Dichter Schalom Alejchem (eigtl. Scholem Rabinowitsch), bekannt als Verfasser von ›Tewje der milchiger‹ und zahlreichen Humoresken.

9] *Perez]* Isaak Loeb Perez. Siehe Kommentar **80**2.

10] *ein Gedicht von Bialik]* ›Am Ort des Mordes‹, Chajim Nachman Bialiks Gedicht über das Kischinewer Pogrom im Jahr 1903.

72 1] *Rosenfeld]* Morris Rosenfeld. Siehe Kommentar **79** bis **80**3.

2] *meinen Schwestern]* Vermutlich Valli und Ottla Kafka, vgl. Kommentar **47**2.

3] *beim Dr. Kafka wegen der Fabrik]* Siehe Kommentar **62–64**2.

4] *Karls]* Karl Hermann, Kafkas Schwager, siehe Kommentar **62–64**2.

73 1] *heute früh bei Löwy u. Winterberg]* An Felice Bauer schreibt Kafka am 4./5. Februar 1913: *Löwy und Winterberg ist freilich eine große Fª, die drittgrößte Holzhandlung Böhmens soviel ich weiß* (. . .) (KKAB2 Nr. 423).

2] *einem Hr. Preißler]* Nicht ermittelt.

74 1] *Chuchle (die . . . Prag)]* Chuchle, dt. Kuchelbad, von Prag aus die nächstgelegene Station der Bahnlinie Prag – Pilsen.

75 1] *mit Löwy . . . »Dubrovnická trilogie«]* Aufführung des gleichnamigen Dramas von Ivo Vojnovíč im Tschechischen Nationaltheater (Ecke Ferdinandstraße und Riegerquai).

2] *der früheren Gosparen]* Möglicherweise eine Verschreibung Kafkas von »Gospodaren« (abgeleitet von »Gospodar«, slawisch für »Herr«), dem Titel der Fürsten der alten Donaufürstentümer Moldau und Walachei.

3] *L.]* Jizchak Löwy. 75

1] *meinen beiden Schwägerinnen]* Offenbar Schwestern von 76
Kafkas Schwager Karl Hermann.

2] *Meinem Chef]* Eugen Pfohl.

1] *Als Sulamith]* Kafka hatte Mania Tschisik am 13. Oktober 77
1911 in der Titelrolle von Goldfadens Operette gesehen, vgl. seine Eintragung *Gestern abend ... sein Heldentum* (S. **64–66**).

2] *das jüdische Nationallied]* Hebräisch ›Ha-Tikvah‹, ›Die Hoffnung‹, 1878 verfaßt von Naphtali Herz Imber, zunächst inoffizielle, später offizielle Hymne der zionistischen Bewegung; heute Nationalhymne Israels.

3] *Gestern ... Scharkansky]* Eine Anzeige im ›Prager Tagblatt‹ vom 21. Oktober 1911 (MA Nr. 291, S. 10) kündigt die Aufführung von Abraham Scharkanskys ›Kol-Nidre‹ für denselben Abend im Café Savoy an.

4] *Zum erstenmal an diesem vierten Abend]* Die drei Abende zuvor waren am 5., 8. und 13. Oktober.

5] *meiner Schwester]* Möglicherweise handelte es sich um Ottla Kafka.

6] *Mit meiner Liebe ... aufgeführt.]* Max Brod erinnert sich in seiner Kafka-Biographie: »Eine seltsame Art schüchterner Liebe und Verehrung band ihn an eine der Schauspielerinnen, die davon kaum etwas merken mochte.« (FK 98f.).

1] *Ihr ... Mädchen]* Nach Recherchen von Anthony Nor- 79
they handelt es sich um Annie Tschisik (1903–1983) (Reuß/Staengle, ›Oxforder Quarthefte‹, a.a.O., S. 34).

2] *meiner Schwester]* Vermutlich Ottla Kafka.

3] *Streit ... übermorgen.]* Die jiddischen Autoren Edelstadt 79-80
und Rosenfeld spielten eine entscheidende Rolle in der Entwicklung der jiddischen Literatur. Ihre ähnlichen Lebenswege führten im Streitgespräch der Schauspieler allerdings zu

Verwechslungen: David Edelstadt, einer der ersten sozialistischen jiddischen Autoren, verließ Rußland 1882 und ging nach Amerika. Er arbeitete als Schneider und schloß sich einer anarchistischen Vereinigung an, deren publizistisches Organ ›Fraye Arbeyter Shtime‹ er ab 1890 herausgab. Als Arbeiterdichter wurde er nach seinem Tode – er starb 1892 mit 26 Jahren an Tuberkulose – zu einem der Helden der noch jungen jüdischen Arbeiterbewegung. Seine gesammelten Werke erschienen 1910 in London. – Morris Rosenfeld, jiddischer Arbeiterdichter wie Edelstadt, emigrierte gleichfalls aus Rußland, ging zunächst nach London, 1886 nach New York. Er arbeitete wie Edelstadt als Schneider und wurde mit dem Wachsen der Arbeiterbewegung auch über diesen Kreis hinaus bekannt und in verschiedene Sprachen übersetzt. Ab 1905 war er Redakteur der jiddischen Tageszeitung ›New Yorker Morgenblatt‹.

80 1] *Goldfaden]* Der Dichter, Dramatiker und Komponist Abraham Goldfaden gründete 1876 in Rumänien die erste jiddische Bühne; er gilt als Begründer des jiddischen Theaters; vgl. auch **64–66** und den Kommentar **64–66**2.

2] *Perez]* Isaak Loeb Perez gilt als einer der volkstümlichen jiddischen Autoren. Seine in der Übersetzung von Mathias Acher (eigtl. Nathan Birnbaum, siehe auch Kommentar 2:**23**1) im Jüdischen Verlag Berlin 1905 erschienenen ›Ausgewählten Geschichten und Skizzen‹ wurden 1910 im Prager Verlag Richard Brandeis neu aufgelegt.

3] *L.]* Jizchak Löwy. – Zu den Erzählungen Löwys siehe auch Kommentar **156–157**2.

4] *bocher]* Jiddisch (hebr. ›bachur‹) für ›Jüngling‹, ›Student einer Talmud-Hochschule‹.

81 1] *»Der ... New York]* Jacob P. Adler gehörte in Rußland zu Abraham Goldfadens (siehe Kommentar **80**1) Theatertruppe, kam über London nach New York. Ab 1891 arbeitete

er mit dem Dramatiker Jakob Gordin zusammen. Mit Rollen in Gordins Stücken wurde er als ›der große Adler‹ populär; umgekehrt verhalf diese Zusammenarbeit Gordin zum Durchbruch als jiddischer Theaterschriftsteller.

2] *für den Gordon ... hat]* Die Titelrolle in ›Der vilder Mensh‹ 81
von Jakob Gordin (und nicht dem Dichter Juda Loeb Gordon, wie die Verwechslung nahelegt) zählte zu den Glanzrollen Jacob P. Adlers.

3] *L.]* Jizchak Löwy.

4] *Krystallspalast Leipzig]* Der an der Wintergartenstraße 17–19 gelegene Leipziger Kristall-Palast mit der Alberthalle, einem Kuppelbau mit Zirkus- und Konzertraum, gehörte zu den größten und renommiertesten Vergnügungs-Etablissements in Deutschland (Griebens Reiseführer ›Leipzig und Umgebung‹. 6. Aufl. Neu bearb. u. erw. Berlin 1913, S. 69).

1] *Rat Lederer]* Eugen Lederer (1861–1937), Kaiserlicher 82
Rat und Direktor der Unfallabteilung in der AUVA. – Vom 17. April bis zum 17. September 1909 war Kafka vorübergehend in die Unfallabteilung versetzt worden.

1] *Als es schon ... glaube an Gespenster?]* Unter dem Titel 85-89
›Unglücklichsein‹ von Kafka 1912 in sein Buch ›Betrachtung‹ (Leipzig, Ernst Rowohlt) aufgenommen (vgl. im Band ›Ein Landarzt und andere Drucke zu Lebzeiten‹, S. 31ff.). In der Handschrift der Tagebücher ist der gedruckte Text nicht vollständig enthalten; die sich an *Gespenster?* (S. **89**) anschließende Textpassage wurde vermutlich auf einem separaten Blatt niedergeschrieben, das nicht überliefert ist.

1] *Der kleine Ruinenbewohner.]* Auf die Ansätze *Wenn ich es* 89
bedenke ... doch erträglich (S. **17–25** und Kommentar **17–25**2) bezügliche Eintragung; vermutlich als Titel für eine hier nicht ausgeführte Reinschrift gedacht.

2] *Du sagte ich ... Lichtunterschiede]* Textansätze, die – wie 89-95
auch die später entstandenen im »ersten Heft« (siehe Kom-

mentar **27**1) – Kafkas Versuche dokumentieren, die Arbeit an der zweiten Fassung seiner *Novelle* ›Beschreibung eines Kampfes‹ wieder aufzunehmen, in seine *Novelle* »hineinzuspringen« (vgl. die Eintragung *Ich werde ... sollte.* (S. **100**) und Kommentar **100**1).

95-96 1] *Conference ... erklärt.]* Die Pariser Vortragskünstlerin Marguerite A. Chenu gastierte Anfang November 1910 an drei Abenden im Palace-Hotel (Herrengasse, Ecke Heinrichsgasse). Die zweite ihrer ›Conférences françaises‹ war Alfred de Musset gewidmet und fand am 5. November 1910 statt (angekündigt in der ›Bohemia‹ vom 4. November 1910; MA Nr. 304, S. 5).

95 2] *Nachtmahl bei der Rachel]* ›Un souper chez Mademoiselle Rachel‹, Alfred de Mussets Beschreibung eines Nachtmahls bei der Schauspielerin Elisa Rachel Félix (1821–1858), die mit der Titelrolle von Racines ›Phädra‹ berühmt wurde (siehe auch die Erwähnung *Unzufriedenheit ... gelesen habe.* im Band ›Reisetagebücher‹, S. **69**).

3] *sie liest Racine: ... liegt.]* »Rachel: ›(...) J'ai lu le rôle au moins dix fois depuis huit jours (...) M. de Musset, voulez-vous que j'aille chercher le livre? Nous allons lire la pièce ensemble.‹ (...) Rachel revient avec son Racine, s'asseoit près de moi (...) Rachel et moi, nous commençons à lire, le livre entre nous deux, (...) jusqu'à cette table en désordre.« (zitiert nach Alfred de Musset, ›Œuvres complètes en prose‹. Paris 1960, S. 913f.).

4] *Consul Claudel]* Der Schriftsteller Paul Claudel (1868 bis 1955) war von November 1909 bis September 1911 französischer Generalkonsul in Prag.

96 1] *Vortrag ... Treppe.]* Der Literaturhistoriker, Essayist und Übersetzer Paul Wiegler (1878–1949), von 1908 bis Anfang 1913 Feuilletonredakteur der Prager Tageszeitung ›Bohemia‹, sprach am 6. November 1910 im Deutschen Studen-

tenheim in der Mariengasse 34 vor dem ›Verein deutscher Arbeiter‹. Anlaß des Vortrags war eine Aufführung von ›Maria Magdalena‹, die eine Woche später im Deutschen Landestheater (Obstmark 13) gegeben wurde. »Der Vortrag, der im Adlersaal des Deutschen Studentenheims stattfand, schilderte Hebbels Lebensgang und schloß mit einem Ausblick auf sein Drama.« (›Bohemia‹ vom 8. November 1910; MA Nr. 308, S. 6). – Paul Wiegler gehörte zum Freundes- und Bekanntenkreis Brods und Kafkas. Auf Brods Vermittlung hin nahm er zweimal Beiträge Kafkas in das Feuilleton der ›Bohemia‹ auf: Am 29. September 1909 den auf die vorangegangene Italienreise zurückgehenden Text ›Die Aeroplane in Brescia‹ (MA Nr. 269, S. 1–3), am 27. März 1910 unter dem Titel ›Betrachtungen‹ (MA Nr. 86, S. 39) fünf später von Kafka in sein Buch ›Betrachtung‹ (siehe auch Kommentar **85–89**1) aufgenommene Texte. Ferner veröffentlichte er zwei Rezensionen Kafkas sowie beim Erscheinen des Bandes ›Betrachtung‹ den darin enthaltenen Text ›Kinder auf der Landstraße‹ (siehe im Band ›Ein Landarzt und andere Drucke zu Lebzeiten‹, S. 11–14).

2] *Jetzt kommt . . . zu sehen sind]* Siehe Kommentar **89–95**2. 96-98

1] *Julius . . . gezeichnet]* Die von Kafka beschriebene Zeich- 98
nung erschien 1910 in den ›Mitteilungen der Gesellschaft für vervielfältigende Kunst‹ (Heft 1, S. 11), einer Beilage zur Zeitschrift ›Die graphischen Künste‹. Die mißverständliche Legende zu der Abbildung lautet »Julius Schnorr von Carolsfeld, Porträtstudie nach Friedrich Olivier.« (vgl. die Reproduktion auf der folgenden Seite). Sie führte offenbar zu Kafkas Überlegung, wer hier Modell und wer Zeichner war. Indiz hierfür ist auch das nicht ausgeschriebene Wort ›nach‹ in *Karolsfeld na Zeichnung* (S. **98**).

2] *An mich . . . denken.]* Siehe Kommentar **89–95**2. 98-100

1] *Ich werde . . . sollte.]* Ein Kommentar Kafkas zu seinen zahl- 100

18 17
Friedrich Olivier

reichen Versuchen, im Tagebuch einen Einstieg in die abgebrochene Niederschrift der zweiten Fassung von ›Beschreibung eines Kampfes‹ zu finden und diese fortzuführen (vgl. auch *Du sagte ich ... Lichtunterschiede* (S. **89–95**) sowie Kommentar **89–95**2).

2] *Iphigenie auf Tauris]* Welche Ausgabe des Goethe Schau- 100
spiels Kafka gelesen hat, ist nicht überliefert.

3] *Bernhard Kellermann ... hinauszurennen.]* Der Schriftstel- 100-101
ler Bernhard Kellermann (1879–1951) las am 27. November 1910 im Spiegelsaal des Deutschen Kasinos (im ›Deutschen Haus‹ am Graben 26). Im Gegensatz zu Paul Wieglers positiver Besprechung in der ›Bohemia‹ vom 28. November 1910 (MiA Nr. 328, S. 3f.) bestätigt Ludwig Steiner, der Rezensent des ›Prager Tagblatts‹, Kafkas Äußerungen über den Vortrag und die Reaktion der Zuhörer: »Leider hatte der Dichter den sonderbaren Ehrgeiz, ihre Geduld auf eine ziemlich harte Probe zu stellen. Auf seinem Programm stand eine umfängliche Prosa-Arbeit, deren Verlesung beträchtlich mehr als eine Stunde in Anspruch nahm. Hätte man die Erzählung in Buchform vor sich liegen, so würde man sich über die Feinheit freuen, mit der die Eigenart des Dichters darin ausgeprägt ist; über die ins Innerste dringende Seelen-Analyse, die sich in dem ungewohnt schaurigen Milieu eines Irrenhauses erprobt, über die aus lyrischem Empfinden geschöpfte Liebe zu verkrüppelten Geistern, deren Unterhaltungen aus dämmerndem Bewußtsein emporklingen. So aber, da man es aus dem Munde des leise und eintönig sprechenden Dichters hörte, drängten sich die den Ansprüchen eines Vortragsabends widerstreitenden Eigenschaften der Dichtung lästig in den Vordergrund. Man fühlte sich bedrückt durch die uferlos weit ausgesponnene Psychologie der Irren und der Mangel an kräftigen Impulsen ließ die Erzählung lau und schwächlich erscheinen. Daher kam es, daß nach einstündiger Dauer das

Publikum zuerst tropfenweise aus dem Saal sickerte, dann in breiterem Fluß hinausströmte und der Schluß nur noch von einem Rest der Hörerschaft mit ehrerbietigem Applaus – wenn man so sagen darf – begrüßt wurde. Dem dezimierten Publikum las dann der Dichter noch das zarte Märchen von der Prinzessin vor, die ihre Wimper verloren hat.« (›Prager Tagblatt‹ vom 28. November 1910; MiA Nr. 328, S. 4.)

100 4] *Nervenheilanstaltgeschichte]* Bei der in der Rezension erwähnten »Prosa-Arbeit« handelt es sich um die Erzählung ›Die Heiligen‹ (Berlin 1922; Erstveröffentlichung: ›Die Neue Rundschau‹, 22. Jg., Heft 6 (Juni 1911), S. 806–831).

101 1] *ein Märchen]* ›Die Geschichte von der verlorenen Wimper der Prinzessin. Ein Märchen‹. Erstveröffentlichung in: Bernhard Kellermann, ›Eine Nachlese. 1906–1951‹. Hrsg. v. H. D. Tschörtner. Ausgewählte Werke in Einzelausgaben. Berlin 1979, S. 50ff.

2] *Rudle]* Möglicherweise Rudolf Hermann, genannt Rudl, Bruder von Kafkas Schwager Karl Hermann.

3] *Kars]* Wahrscheinlich der mit Max Brod befreundete Maler und Lithograph Georg Kars (1882–1945). Kars (eigentlich Karpeles) war 1908 nach Paris gegangen, hielt sich in Abständen aber auch immer wieder für kurze Zeit in Prag auf, u.a. zur Teilnahme an Ausstellungen zeitgenössischer Künstler.

101-102 4] *Du sagte ich . . . Geschmack]* Siehe Kommentar **89–95**2.

103 1] *mitten . . . place de l'Opera]* Wohl eine Reminiszenz an den Parisaufenthalt im Oktober 1910.

104 1] *Hebbel . . . kennt es«]* Wörtlich zitiert nach Friedrich Hebbel, ›Tagebücher‹. Erster Band. Sämtliche Werke. Historisch-kritische Ausgabe besorgt von R. M. Werner. Berlin 1903, S. 370. – Die vierbändige Ausgabe gehört zu den aus Kafkas Besitz erhaltenen Bänden; die betreffende Textstelle ist dort am Rand mit Bleistift angestrichen, vgl. KB 102. – Justinus

Kerners Buch erschien anonym unter dem Titel ›Reiseschatten. Von dem Schattenspieler Luchs‹ (Heidelberg 1811).

2] *Die Straße ... bewundert sein.]* Kafka nimmt in dieser Phase 104
sein »erstes Heft« vor und führt dort nur in knapper Form enthaltene Eintragungen hier weiter aus. Bei der Eintragung zu den *Weißnähterinnen in den Regengüssen* stellt Kafka selbst den Bezug her; die Beibehaltung der Reihenfolge sowie die gedankliche Nähe zu den kurzen Notizen im »ersten Heft« lassen vermuten, daß es sich auch bei den drei anderen Eintragungen um weitere Ausführungen handelt.

3] *Die Straße ... zu bewundern.]* Der Schriftsteller W. Fred (eigtl. Alfred Wechsler, 1879–1922) war Kafka sicherlich u.a. aufgrund seiner Beiträge im ›Prager Tagblatt‹ bekannt; auch gehörte er zu den Autoren des Bandes ›Französische Meister‹ (Berlin ca. 1908), den Kafka besaß (vgl. KB 97). Der Roman ›Die Straße der Verlassenheit. Zehn Jahre‹ war bereits 1905 in Berlin erschienen. – Auf die Lektüre dieses Romans bezieht sich vermutlich die Eintragung: *Schriftsteller reden Gestank* (S. **14**).

4] *Dieses ... sieht.]* Eine ausführlichere Niederschrift zu den mit der Eintragung *Die Weißnähterinnen in den Regengüssen* verbundenen Überlegungen Kafkas, vgl. Kommentar **14**2.

5] *Zeno sagte ... ruht]* Der griechische Philosoph Zeno der Ältere versuchte in seinen Aporien der Bewegung zu beweisen, daß die Annahme der Vielheit des Raumes und der Bewegung zu Widersprüchen führt. Die Niederschrift der Aporie zum »fliegenden Pfeil« steht offenbar mit dem von Kafka benutzten Bild des »fahrenden Zuges« im Zusammenhang, d.h. vermutlich sowohl mit der Eintragung *Aus dem Coupeefenster* (S. **14**) als auch der ersten Eintragung in den Tagebüchern: *Die Zuschauer erstarren, wenn der Zug vorbeifährt.* (S. **11**).

104 6] *Wenn die Franzosen ... sein.]* Vermutlich mit den Notizen von der Parisreise im Oktober 1910 *Sand: ... Komödie* (S. **26**) in Verbindung stehende Eintragung.

106 1] *bei Max]* Max Brod, siehe auch Kommentar **61**1.

2] *Ein wenig Goethes Tagebücher gelesen.]* Siehe Kommentar **36**2.

3] *Gerade ... Besuch.]* Elli, Kafkas älteste Schwester, und Karl Hermann hatten am 27. November 1910 geheiratet.

107 1] *Damit ... stecken.«]* Möglicherweise Textstellen aus nicht überlieferten Ansätzen zur zweiten Fassung der ›Beschreibung eines Kampfes‹.

2] *Merkwürdigkeiten ... verbrannten]* Kafkas Eintragungen gehen auf die Lektüre von Michail Kusmin, ›Taten des großen Alexander‹ (München 1910) zurück.

3] *»Kind ... Beinchen«]* »Dem Könige sagte sie, sie habe ein seltsames Kind geboren, dessen obere Hälfte tot, die untere aber mit allen Zeichen des Lebens sei, und eine Wunderstimme habe geheißen, das Kind in den Palast zu bringen. Alexander, von Ahnungen erfüllt blickte mit Entsetzen auf die Kindesleiche mit den sich bewegenden roten Beinchen.« (ebd., S. 147f.).

4] *»die ... Salomonis«]* »Mit diesem Kopfe, der ein Entsetzen brachte, welches in Stein verwandelt, bezwang der König viele Völker der Wüste und die unreinen Könige Gog und Magog, die sich von Würmern und Fliegen nährten, vertrieb sie in geborstene Felsen und versiegelte sie bis ans Ende der Welt mit dem Siegel Salomonis.« (ebd., S. 141f.).

5] *»steinerne ... Norden«]* »An den süßen Flüssen vorüber und den steinernen Strömen, wo an Stelle des Wassers mit Getöse Steine sich wälzten, vorbei an den Sandbächen, die drei Tage lang gegen Süden fließen und drei Tage gegen Norden, kamen sie zu einer Insel, von wo die Sonne aufgeht.« (ebd., S. 138f.).

6] *Amazonen ... Männerschuhwerk]* »Nach einiger Zeit kam 107
mit dem zurückgekehrten Ptolemaios ein Hundert hoher mannsähnlicher Frauen mit ausgebrannten rechten Brüsten, kurzen Haaren, in Männerschuhwerk und bewaffnet mit Lanzen, Pfeilen und Köchern.« (ebd., S. 136).

7] *Krokodile ... verbrannten]* »Nach einem feierlichen Mahle führte Kandake ihre Gäste ihnen die Stadt zu zeigen, goldene Äpfel, melonengroße Nüsse, Hähne, auf denen Krieger ritten, Panther, deren Knochen Glas schneiden, Krokodile, die mit ihrem Harn Bäume verbrannten, einäugige Menschen, Riesen und das böse Geschlecht der Viper.« (ebd., S. 129).

1] *Bei Baum ... gehört.]* Neben Max Brod und Felix Weltsch 108
(siehe Kommentar **239**2) gehörte der blinde Schriftsteller Oskar Baum (1883–1941), den er im Herbst 1904 kennenlernte (vgl. FK 96), zu Kafkas engstem Freundeskreis, den Brod später als »engeren Prager Kreis« bezeichnet hat (siehe ders., ›Der Prager Kreis‹. Stuttgart u.a. 1966, S. 35ff. u. 84ff.). Zu den Gepflogenheiten des Freundeskreises zählten gemeinsame Ausflüge in die Umgebung Prags sowie regelmäßige abendliche Zusammenkünfte, bei denen die Freunde einander aus ihren schriftstellerischen Arbeiten vorlasen. – Baum wohnte mit seiner Familie zu dieser Zeit in der Stockhausgasse 8.

1] *meine Gouvernante]* Da eine Reihe von Erzieherinnen in 110
der Familie Kafka tätig war, läßt sich wegen der fehlenden näheren Angaben nicht eindeutig ermitteln, welche von ihnen in der Eintragung gemeint ist. Hartmut Binder vermutet, daß an dieser Stelle Louise Bailly gemeint ist, vgl. seine Ausführungen in Sudel I 350–354.

2] *»Kreuzersonate«]* Leo N. Tolstois Novelle ›Die Kreutzersonate‹ gehört in einer späteren Ausgabe (Jena 1914) zu den aus Kafkas Besitz erhaltenen Bänden, vgl. KB 50ff.

3] *mit Max und später bei Baum]* Siehe Kommentar **108**1.

111 1] *»Du« sagte ich und gab ... hunderten beisammenstehn]* Siehe Kommentar **89–95** 2.

2] *»Glaube und Heimat« von Schönherr.]* Karl Schönherrs Tragödie wurde am 1. Januar 1911 als »volkstüml. Vorstellung zu ermäßigten Preisen« im Deutschen Landestheater gegeben, am 5. Januar 1911 als reguläre Vorstellung im Neuen deutschen Theater (›Prager Tagblatt‹ vom 1. und 5. Januar 1911; MA Nr. 1, S. 28 sowie MA Nr. 5, S. 15); für den 4. Januar ist keine Vorstellung nachgewiesen. Einer Tagebucheintragung Max Brods zufolge (unveröffentlicht, in Privatbesitz) haben die Freunde gemeinsam die Vorstellung am 5. Januar besucht.

111-112 3] *»Du« sagte ich, ... machen dürfen]* Siehe Kommentar **89–95** 2.

112 1] *Maxens Schwester ... wiederholen kann]* Sophie Brod (1892 bis 1963) hatte sich am 4. Dezember 1910 mit ihrem späteren Mann Max Friedmann (1885–1963) verlobt; vgl. Kafkas Brief an Max Brod vom 17. Dezember 1910: *Auch Deiner Schwester habe ich noch nicht gratuliert.* (KKAB1 Nr. 177).

2] *es ist ein Sonntag]* Der 7. Januar 1911 war ein Samstag; wahrscheinlich ein Versehen Kafkas bei der Datierung der Eintragung.

3] *Du sagte ich ... abwehren können.]* Siehe Kommentar **89–95** 2.

113 1] *Vor paar Tagen ... im Louvre.]* Leonie Frippon gehörte zum Ensemble des Prager Kabaretts ›Stadt Wien‹ in der Hibernergasse. Über das seit dem 1. Januar laufende Programm schrieb das ›Prager Tagblatt‹ am 8. Januar 1911: »Das Kabarett Stadt Wien erfreut sich ob seiner vorzüglichen Darbietungen unausgesetzt des stärksten Besuches. (...) Ein reizendes Damenensemble, in dem die Damen Frippon und Palaky besonders hervorragen, bietet Auge und Ohr alles, was man in einer Singhalle verlangen darf.« (MA Nr. 8, S. 4).

2] *Schiller von Schadow ... gemacht hat.]* In der Zeitschrift ›Die graphischen Künste‹ (siehe auch Kommentar **98**1) erschien 1909 im Rahmen des Beitrags ›Gottfried Schadows Familienalbum‹ von Hans Mackowsky (32. Jg., S. 1ff.) eine Reproduktion von Schadows Profilzeichnung von Schiller (ebd., S. 23; siehe die Reproduktion auf der folgenden Seite). Mackowsky schreibt dazu: »Schiller in Berlin, ein Jahr vor seinem Tod, genoß alle Unbequemlichkeiten einer Sehenswürdigkeit.« (ebd., S. 26). Zu seinem Empfang heißt es u.a., daß ihm »die Berliner in der ›Braut von Messina‹ Vivats ausbrachten«, daß er von der Königin Luise empfangen und »in Potsdam den königlichen Herrschaften vorgestellt wurde.« (ebd., S. 28). Zur Zeichnung bemerkt Mackowsky: »Schadow gab, was er sah, die hohe edle Stirn, um die das strähnige rötliche Haar hing, die Schnabelnase, deren Form durch die leidige Gewohnheit, sie mit der Hand beim Arbeiten zu zupfen, entstellt war (...)« (ebd., S. 26).

1] *Roman »Eheleute« von Beradt.]* Martin Beradts Roman ›Eheleute‹ war kurz zuvor im Verlag S. Fischer erschienen (Berlin 1910). 114

2] *Max ... vorgelesen.]* ›Abschied von der Jugend‹, Max Brods ›romantisches Lustspiel in drei Akten‹, erschien im Februar des darauffolgenden Jahres im Axel Juncker Verlag (Berlin 1912). Die Erstausgabe mit handschriftlicher Widmung Brods gehört zu den aus Kafkas Besitz erhaltenen Büchern, vgl. KB 72.

1] *bei den Großeltern]* Jakob Löwy (1824–1910) und seine zweite Frau Julie, geb. Heller (1827–1908). 115

1] *Mella Mars ... pointiert sie zart.]* Im Februar 1911 gastierte mit großem Erfolg das Ensemble der Wiener ›Kleinen Bühne‹ mit Mella Mars und Béla Laszky, ab dem 15. Februar auch mit Egon Friedell, im Kabarett ›Lucerna‹ (laut ›Prager Tagblatt‹ vom 12. Februar 1911; MA Nr. 43, S. 4). Ob Kafka das Programm der ›Kleinen Bühne‹ vor oder nach dem 15. 116

Schiller
1804

Februar gesehen hat, läßt sich nicht mit Sicherheit entscheiden, da es sich möglicherweise – wie bei der Eintragung *Marc Henry – Delvard* (S. **117**) – um eine aus der Erinnerung niedergeschriebene Eintragung handelt. – Zu Mella Mars siehe auch Hartmut Binder, ›Im Prager Kabarett Lucerna‹. ›Modern Austrian Literature‹ 24 (1991), Nr. 2, S. 6ff., eine Photographie auf S. 10.

2] *Kleine Städte ... Spaziergänger.]* Vermutlich ein Eindruck 116
von der Dienstreise nach Friedland vom 30. Januar bis zum ca. 6. Februar 1911 (vgl. im Band ›Reisetagebücher‹, S. **11**ff.).

1] *Die jungen ... auf mich.]* Max Brod meint, es handele sich 117
um eine »Erinnerung an die Pariser Reise im Vorjahre (1910).« (T 697). Mit *Promenoir* könnte aber auch der Wandelgang im Prager Kabarett ›Lucerna‹ gemeint sein, dessen Besuch Kafka in der Eintragung *Mella Mars ... pointiert sie zart.* (S. **116**) beschreibt.

2] *Kleist Jugendbriefe ... auszusprechen«]* Kafka zitiert aus Heinrich von Kleists Brief an Christian Ernst Martini vom 18./19. März 1799 wohl aufgrund seiner Lektüre des fünften Bandes (›Leben, Werke und Briefe‹) der 1910 von Arthur Eloesser im Tempel-Verlag herausgegebenen ›Sämtlichen Werke‹: »Man machte mir Einwürfe, fragte mich, welche Brodwissenschaft ich ergreifen wolle; denn daß dies meine Absicht sein müsse, fiel Niemanden ein zu bezweifeln. Ich stockte. Man ließ mir die Wahl zwischen Jurisprudenz und der Cameralwissenschaft. Ich zeigte mich derselben nicht abgeneigt, ohne mich jedoch zu bestimmen. Man fragte mich, ob ich auf Connexione[n] bei Hofe rechnen könne? Ich verneinte anfänglich etwa[s] verlegen, aber erklärte darauf, um so viel stolzer, daß ich, wenn ich auch Connexionen hätte, mich nach meinen jetzigen Begriffen schämen müßte, darauf zu rechnen. Man lächelte, ich fühlte, daß ich mich übereilt hatte. Solche Wahrheiten muß man sich hüten, auszusprechen.« (ebd., S. 24). – Vgl. auch Kafkas Hinweis auf die Tempelausgabe in seiner Ende 1911 entstandenen Rezension über Kleists ›Anekdoten‹ (›Das ist ein Anblick ...‹, im Band ›Beschreibung eines Kampfes und andere Schriften aus dem Nachlaß‹, S. 148; siehe Kommentar **229**2).

117 3] *den mißlungenen Aufenthalt in Paris]* Wegen einer Erkrankung war Kafka gezwungen, die mit Max Brod und dessen Bruder Otto (1888–1944) am 8. Oktober 1910 angetretene Parisreise vorzeitig abzubrechen und allein nach Prag zurückzukehren (vgl. hierzu KKAB1 Nr. 171).

117-118 4] *Marc Henry – Delvard ... gemacht.]* Marya Delvard und Marc Henry gastierten am 13. und 17. Februar 1911 im Festsaal des Hotels Central. Über den ersten, vor »halbleeren Sesselreihen« erfolgten Auftritt schreibt Ludwig Steiner (»st.«) am 15. Februar im ›Prager Tagblatt‹: »Ein Volkslied vom heiligen Joseph, ein Klaggesang, die Legende vom heiligen Nikolaus machten den Anfang; dann das populär gewordene ›La Marche‹ von Marc Henry und zwei bretonische Duette, die in echter Bauerntracht gesungen wurden. Zum Worte kam dann Aristide Bruant, der Dichter der Verkommenen, von dem Henry, im Gewand eines Pariser Apachen, drei Lieder vortrug, deren grimmige Sentimentalität sich liebend den Verbrechern und Dirnen zuwendet. Von ganz eigenartigem Reiz waren die ›Cris de Paris‹, die musikalisch reizvolle Wiedergabe der melodischen Pariser Straßenausrufe, von der Delvard mit Temperament gesungen. Sie, deren feinlinige Schlankheit in der Zeiten Wandel sich gleich geblieben ist, bewährte sich als Diseuse an Thomas' ›Heiliger Nacht‹, an Hyans im Pathos verpuffender ›Revolutionshochzeit‹, an Jacobowsky und Wedekind, mit besonderem Verdienst aber an drei Gedichten Dauthendeys, deren einer Lyrik der Zukunft entgegentastende Rhythmen sie mit stilisierter Lebhaftigkeit gab. Zum Schluß sang sie und Henry einige die Stimmung verflossener Jahrhunderte atmende französische Lieder zur Laute. Der eigentliche Beherrscher des Abends war Henry, dessen Conferencier-Talent sich ganz wesentlich von dem seiner zahlreichen Kollegen unterscheidet. Er gibt in liebenswürdigem Plaudertone eine Fülle von Belehrung, er erläutert Wesen und Dichtung der Bretonen, er spricht über Aristide Bruant und seine Werke, er beschreibt das erwachende Paris, er verflicht Literatur und Politik; er ist Dichter, Rhapsode, Kommentator, Darsteller, und seine flinke Wandlungsfähigkeit läßt ihn kaum für ein paar Minuten von der Bühne verschwinden.« (›Prager Tagblatt‹; MA Nr. 46, S. 6).

1] *Wetzler]* Emanuel Wetzler, Inhaber der größten Prager **118**
›Konzert-Direktion, Musikalien- und Klavierhandlung‹.

2] *mit einem roten Shawl ... Revolution]* Dargestellt auf einer Farblithographie von Bertold Löffler im Programmheft des Wiener ›Cabarets Fledermaus‹ 1907 (Hartmut Binder, ›Wo Kafka und seine Freunde zu Gast waren‹, a.a.O., S. 36).

3] *»a Batignolles«]* Chanson von Aristide Bruant; Les Batignolles ist der Pariser Stadtteil nördlich der Champs-Elysées.

4] *Apachen]* Bezeichnung für die Pariser Straßenräuber, Ganoven und Zuhälter.

5] *Bruant]* Aristide Bruant, Dichter und Sänger von satirisch-witzigen, mit Argotausdrücken durchsetzten Liedern, die er in Pariser Kabaretts vortrug.

6] *Die städtische Welt ... verlassen.]* Das Fragment ›Die städ- **118-124**
tische Welt‹ bringt Kafka später mit seiner Erzählung ›Das Urteil‹ in Verbindung. Vgl. seine Eintragung vom 23. September 1912 nach der Niederschrift des ›Urteils‹ (2:**101**).

1] *Teosophische Vorträge ... den Zuhörer an.]* Zu den Aufzeich- **124-125**
nungen über Rudolf Steiner siehe Kommentar **27–31**2.

125 1] *früher Vortrag Loos und Kraus.]* Die Lesung von Karl Kraus (1874–1936) fand am 15. März 1911 im Hotel Central statt und umfaßte u.a. ›Heine und die Folgen‹, ›Desperanto, Übersetzungen aus Maximilian Harden‹ sowie ›Erdbeben‹ (angekündigt im ›Prager Tagblatt‹ vom 15. März 1911; MA Nr. 74, S. 5). Willy Haas berichtet darüber in seinen Lebenserinnerungen: »Ich hatte damals ein Amt bei einem Prager deutschen literarischen Studentenverein (...) Ich lud als ersten Karl Kraus ein (...) Karl Kraus kam – es war seine erste Vorlesung im alten Prag. Ich versprach ihm eine zweite Vorlesung: aber so stark war der Druck der Protektoren dieses Vereins [Lese- und Redehalle der deutschen Studenten in Prag] gegen den Satiriker, daß mir die zweite Lesung vom Vorstand versagt wurde. Ich trat aus dem Verein aus und tat mich mit einem jüngeren Freund, dem Dichter Franz Janowitz, zusammen, und wir beide veranstalteten die zweite Vorlesung sozusagen auf eigene Rechnung und Gefahr.« (Willy Haas, ›Die Literarische Welt. Erinnerungen‹. München 1957, S. 24f.) – Der Vortrag des Wiener Architekten Adolf Loos (1870–1933) galt dem Thema ›Ornament und Verbrechen‹ und fand am 17. März 1911 im Hörsaal der Deutschen Technischen Hochschule am Franzensquai statt (angekündigt im ›Prager Tagblatt‹ vom 17. März 1911; MA Nr. 76, S. 7). Vgl. dazu Adolf Loos, ›Ornament und Verbrechen‹. In: Ders., ›Trotzdem‹. Innsbruck 1931, S. 79–92.

125-126 2] *Wir sind jetzt ... ihn sehn.]* Siehe Kommentar **31–32**1.

126-127 1] *Du hast ... gleich erkennst.]* Entwurf eines Schreibens zu Max Brods Geburtstag am 27. Mai 1911 (vgl. KKAB1 Nr. 197).

127 1] *Wir sind jetzt ... Jüdinnen fehlen]* Siehe Kommentar **31–32**1.

127-131 2] *Es war schon ... man ihm widersprach.]* Auf der Reise ›August/September 1911‹ entstand in Gesprächen zwischen

Kafka und Brod die Idee, auf der Basis ihrer Reiseaufzeichnungen gemeinsam einen Roman zu schreiben. Vermutlich handelt es sich bei dieser Niederschrift im Tagebuch um einen Versuch Kafkas, im Anschluß an die gemeinsame Reise während seines Aufenthaltes im Sanatorium Erlenbach bei Zürich (14.–19. September 1911) eine Art Vorgeschichte zu formulieren. Der Roman, der zunächst den Titel ›Robert und Samuel‹ (siehe auch S. **165**: *aus Robert u. Samuel* und im Band ›Reisetagebücher‹, S. **45**: *Robert – Samuel –*), dann ›Richard und Samuel‹ tragen sollte, gedieh nicht über das erste Kapitel hinaus, das im Mai 1912 in den ›Herder-Blättern‹ erschien. Siehe hierzu auch *Wie ich heute ... erleichtern suchte* (2:**65**) und Kommentar 2:**65**1.

1] *dem Schubal ... eine Übertrei-]* Fortsetzung des im »sechsten 132-150
Heft« enthaltenen ersten Teils (2:**104–122**: *Als der ... und wenn*) des im Mai 1913 unter dem Titel ›Der Heizer‹ publizierten Textes (Leipzig, Kurt Wolff Verlag). Die Niederschrift dieses ersten Kapitels des Romans ›Der Verschollene‹ endet mit *ihr Boot umschwankt wurde.* (S. **148**). Die im Anschluß daran niedergeschriebene Textpassage *Im Hause des Onkels ... auch eine Übertrei-* (S. **148–150**) gehört bereits zum späteren zweiten Romankapitel. Vgl. hierzu in dieser Ausgabe den Band ›Der Verschollene‹ (S. 9–44) sowie die Entstehungsgeschichte im entsprechenden Apparatband der Kritischen Ausgabe.

1] *»Gott Mensch u. Teufel« von Gordon]* Jakob Gordins Be- 153
arbeitung des Faust-Stoffes (zur Verwechslung der Autoren »Gordon« und »Gordin« siehe auch Kommentar **81**2).

2] *Vorgestern ... zu sehen ist.]* Jakob Gordins ›Der wilde 153-155
Mensch‹ wurde im ›Prager Tagblatt‹ vom 24. Oktober 1911 (MA Nr. 294, S. 10) für denselben Abend im Café Savoy mit dem Untertitel ›Lebensbild von Gordon‹ angekündigt.

3] *Gordon ist ... Feimann]* Gemeint sind die Autoren Jakob 153

Gordin, Joseph Latteiner, Abraham Michael Scharkansky und Sigmund Feinmann.

153 4] *G. M. und Teufel]* Jakob Gordins ›Gott, Mensch und Teufel‹.

5] *»w.M.«]* ›Der wilde Mensch‹. Zu der im folgenden wiedergegebenen Rollenbesetzung siehe auch den im Nachlaß Kafkas überlieferten *Teaterzettel* auf der folgenden Seite.

154-155 1] *Der diskrete ... zu sehen ist.]* Zu Kafkas Ausführungen siehe das Faksimile auf der folgenden Seite.

155 1] *Vom Strich angefangen]* Gemeint ist der in der Handschrift auffallend große Schrägstrich hinter *zu sehn bekommen* (S. **155**), siehe das Faksimile auf der Seite 326.

2] *mit Verzweiflung ... sitzen muß]* Das allabendliche Kartenspiel – *Franzefuß* (KKAB2 Nr. 525) – gehörte zu den Gepflogenheiten der Eltern Kafkas. Er selbst beteiligte sich nur sehr selten daran – *(das einzige vielleicht, wozu ich mich selbst um meines Vaters Willen nur äußerst selten habe zwingen können)* (KKAB1 Nr. 313) –, leistete ihnen aber häufig Gesellschaft (vgl. *Die Eltern ... aus.* (3:**192**) und *29 ... notierte.* (3:**193**)). Wie *lärmend* es dabei zuging, beschreibt Kafka auch in einem Brief an Grete Bloch vom 3. März 1914: *Jetzt sitzen meine Eltern am Tisch, ich kann nicht mehr so ruhig schreiben, der Vater atmet schwer durch den Mund, jetzt liest er noch das Abendblatt, dann aber fängt er mit der Mutter das gewöhnliche Kartenspiel mit Ausrufen, Lachen und Streit an Pfeifen nicht zu vergessen* (KKAB3 Nr. 661).

3] *O.]* Ottla.

4] *die guten, ... Löwys]* Bezieht sich auf Jizchak Löwys Tagebücher über Paris (vgl. S. **153**).

156 1] *autobiographische ... Rockschöße.«]* Das Zitat stammt aus der autobiographischen Vorrede zu George Bernard Shaws zweitem Roman ›The Irrational Knot‹ (1880 geschrieben; in Buchform zuerst 1905 mit »Preface«); auf deutsch unter dem

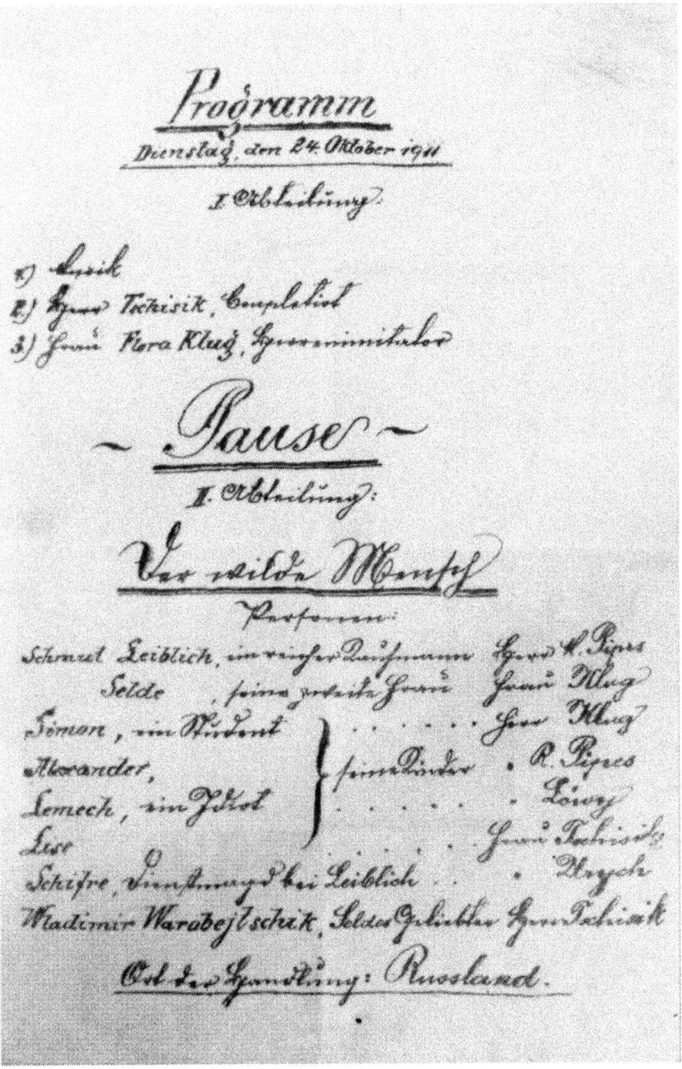

Programm

Dienstag, den 24. Oktober 1911

I. Abteilung:

1) Musik
2) Herr Tschisik, Couplettist
3) Frau Flora Klug, Herrenimitator

~ Pause ~

II. Abteilung:

Der wilde Mensch

Personen:

Schmuel Leiblich, ein reicher Kaufmann	Herr M. Pipes
Selde, seine zweite Frau	Frau Klug
Simon, ein Student } seine Kinder	Herr Klug
Alexander, } seine Kinder	R. Pipes
Lemech, ein Idiot } seine Kinder	Löwy
Lise } seine Kinder	Frau Tschisik
Schifre, Dienstmagd bei Leiblich	Urych
Wladimir Worobejtschik, Seldes Geliebter	Herr Tschisik

Ort der Handlung: Russland.

verschweigen läßt. Wladimir Worobejtschik ist nur „Edler Geliebter", aber nicht der „Verderber" einer Familie, nicht Säufer, Spieler, Wüstling, Nichtstuer, Parasit. Mit der Bezeichnung „Edler Geliebter" ist zwar viel verraten mit Rücksicht auf sein Benehmen aber ist es das wenigste, was man sagen kann. Nun ist überdies der Ort der Handlung Rußland, die kaum gesammelten Personen sind über ein ungeheures Gebiet verstreut oder auf einem kleinen nicht verratenen Punkt dieses Gebietes gesammelt, kurz das Stück ist unmöglich geworden, der Zuschauer wird nichts zu sehn bekommen. Trotzdem beginnt das Stück, die offenbar großen Kräfte des Verfassers arbeiten, es kommen Dinge zutage, die den Personen des Teaterzettels nicht zuzutrauen sind, die ihnen aber mit der größten Sicherheit zukommen und wenn man nur den Peitschen, Wegreißen, Schlagen, Achselbeklopfen, Ohnmächtigwerden, Halsabschneiden, Hinken, Tanzen in russischen Stulpenstiefeln, Tanzen mit gehobenen Frauenröckchen, Wälzen auf dem Kanapee glauben wollte

Titel ›Die törichte Heirat‹ (übersetzt von Wilhelm Cremer) 1908 in Berlin bei Heilbrunn erschienen. Welche deutsche Ausgabe Kafkas Exzerpt zugrunde liegt, konnte nicht ermittelt werden.

2] *Löwys Erzählungen ... haben können.]* Neben seinen Erin- 156-157
nerungen an Paris sind es vor allem Jizchak Löwys Lebensgeschichte, seine Berichte über das Leben in den ostjüdischen Gemeinden und die von ihm wiedergegebenen jüdischen Legenden, auf die Kafka im folgenden immer wieder eingeht (vgl. hierzu S. **158**: *Aberglaube ... Menschen.*; S. **163–164**: *Löwy: Vier Freunde ... einem Wortspiel.*; S. **175–176**: *Tod des ... das Durchlochen.*; S. **204**: *Löwy ... Berg.*; S. **205**: *aus einem ... Gegend vor.*; S. **215–216**: *Aus dem Talmud: ... kurze Zeit.*; S. **245–247**: *Beschneidung in ... zu einander.*; 2:**17–20**: *Jeschive sind ... nicht aushalten konnte.*).

1] *Die Garderobe ... zeigen muß.]* Weitere Bemerkungen 157-158
Kafkas zur Bühne und zu den Garderoben im Café Savoy finden sich im »ersten Heft« (siehe S. **56–57**: *Der Anblick ... eingeleitet wird.* und S. **80**: *Bei so ... jede beleuchtet*).

1] *Aberglaube ... Menschen.]* Siehe Kommentar **156–157**2. 158

2] *aber vollkommen ... Stück]* Bezieht sich auf die Aufführung von ›Der wilde Mensch‹ am 24. Oktober 1911, vgl. Kommentar **153–155**2.

1] *»Axiome über das Drama« ... nimmt.]* Kafkas Auseinan- 159-160
dersetzung mit Max Brods Beitrag ›Axiome über das Drama‹, der am 21. September 1911 in der Zeitschrift ›Die Schaubühne‹ erschienen war (7. Jg., Nr. 38, S. 227ff.).

1] *Sofitten]* Soffitten: Im Theater die Bezeichnung für be- 160
malte Stoffbahnen, die das Bühnenbild nach oben hin abschließen.

1] *ähnlich jener der Heilsarmee in Zürich]* Offenbar eine Erin- 161
nerung an die ›Reise August/September 1911‹; am 27. August hatten Kafka und Brod in Zürich Station gemacht (vgl.

im Band ›Reisetagebücher‹, S. **24**ff.), in den Reiseaufzeichnungen findet sich allerdings keine Notiz zu einer Veranstaltung der Heilsarmee.

162 1] *daß Max Otto und ich ... zu packen.]* Mit Max Brod und dessen Bruder Otto war Kafka im September 1909 zum Gardasee und im Oktober 1910 nach Paris gereist.

2] *des Kaffeehauses]* Gemeint ist das Café Savoy; vgl. Kommentar **48**1.

3] *»beim wilden Menschen«]* Siehe Kommentar **153–155**2.

163 1] *Kaffee City]* Das Café City befand sich in der Niklasstraße 30, in der Nähe der Kafkaschen Wohnung.

2] *»Elieser ben Schevia« von Gordon]* Richtig: von Jakob Gordin.

3] *Der Anblick ... Perspektive.]* Siehe Kommentar **24**1.

4] *Quaiplateau]* Bei seinen Spaziergängen bevorzugte Kafka das am Fuß des Quais, unten am Fluß, verlaufende Quaiplateau, vgl. *Spaziergang ... Brücke.* (S. **228**) und Kommentar **228**3.

163-164 5] *Löwy: Vier Freunde ... einem Wortspiel.]* Aufzeichnungen von Erzählungen Jizchak Löwys über die Tannaiten (abgeleitet vom aramäischen Wort für »Lehrer«), die Gesetzeslehrer des ersten bis dritten Jahrhunderts, deren Lehren die Mischna (hebräisch für »Lehre«, »Wiederholung«) bilden. Zu ihnen zählten Akiba ben Josef, Mitbegründer des Talmudischen Judentums; Elisa ben Abuja, genannt »Acher« (»der Andere«); Meir (»der Erleuchtende«), Schüler Akibas und Achers; sowie Elieser ben Hyrkanos (»der Große«), der wegen Abweichlertums mit dem Bann belegt wurde; siehe auch Kommentar **156–157**2.

164 1] *Selchereien]* In Österreich, seinen ehemaligen Kronländern und auch in Bayern gebräuchliche Bezeichnung für Fleisch- und Wursträuchereien.

2] *Greißlerläden]* Besonders im Osten Österreichs gebräuchliche Bezeichnung für Krämer- oder kleine Lebensmittelläden.

1] *Samstag abend ... beiden Dichtungen]* Kafkas Eindrücke von einer der allwöchentlichen Zusammenkünfte des »engeren Prager Kreises« (siehe Kommentar **108**1). 165

2] *der guten Novelle ... als eine eigene]* Brods Anmerkung in der von ihm herausgegebenen Ausgabe der ›Tagebücher‹: »Ich schrieb damals mit dem Mädchen, das ich später heiratete [d.i. Elsa Taussig], die Novelle ›Weiberwirtschaft‹.« (T 700).

3] *»Conkurrenz« von Baum]* Zu Oskar Baums Drama ›Konkurrenz‹ siehe Kommentar **174**1.

4] *daß ich Max ... Antworten fand.]* Die gemeinsame Arbeit an dem Romanprojekt ›Robert und Samuel‹, auch abgekürzt *R.u.S.* (S. **165**), geriet zu dieser Zeit ins Stocken, wurde aber kurz darauf unter dem veränderten Titel ›Richard und Samuel‹ (vgl. S. **194**: *Jetzt eine Skizze ... versuchen.*) fortgeführt.

1] *2 Hefte der Aktion]* In der seit Februar 1911 erscheinenden Wochenschrift ›Die Aktion‹ (Herausgeber Franz Pfemfert) waren Franz Blei, Max Brod, Oskar Baum, Franz Werfel und zahlreiche weitere Freunde und Bekannte Kafkas häufig mit Beiträgen vertreten. 166

2] *in den Mißgeschickten]* Wilhelm Schäfers Novelle ›Die Mißgeschickten‹ (München 1909).

3] *in meinen Pariser Notizen]* Gemeint sind die Paris betreffenden Aufzeichnungen im Band ›Reisetagebücher‹, S. **43**ff.

4] *im Fischerschen ... Rundschau]* Bezieht sich auf den Katalog des S. Fischer Verlags für 1911, den ›Insel Almanach auf das Jahr 1912‹ (Leipzig o.J.) sowie die Zeitschrift ›Die Neue Rundschau‹ des Verlages S. Fischer.

1] *Maxens Haus]* Max Brod wohnte zu dieser Zeit zur Untermiete in der Schalengasse 4, vgl. Kommentar **61**1. 167

2] *Die Novellen ... »Mißgeschickten«]* Vgl. Kommentar **166**2.

3] *Valli]* Kafkas zweitälteste Schwester.

167 4] *»meschuggenen ritoch«]* Jiddisch für »verrückter Hitzkopf«.

168 1] *Heute ... Elis)]* Heinrich Graetz, ›Volkstümliche Geschichte der Juden in drei Bänden‹ (Leipzig 1888). – Die Eintragung bezieht sich auf den Beginn des ersten Bandes, ›Von der Entstehung des jüdischen Volkes bis zur zweitmaligen Zerstörung Jerusalems unter Kaiser Vespasian‹. – Der zweite und dritte Band gehören in späteren, unterschiedlichen Auflagen und Ausgaben zu den aus Kafkas Besitz erhaltenen Bänden, vgl. KB 136f.

2] *Gestern ... Klug.]* Die jiddische Schauspieltruppe plante zunächst eine Unterbrechung des Gastspiels im Café Savoy vom 31. Oktober bis zum 15. November 1911. Das Ehepaar Klug reiste am 31. Oktober ab; das restliche Ensemble trat aber am 3., 4. und 5. November noch mit ›Bar-Kochba‹ auf (vgl. S. **176**: *Gestern geschlafen nach Bar-Kochba.*), bevor es dann am 6. November zu einer Gastspielreise mit Pilsen als erster Station aufbrach (vgl. S. **181–182**: *Dienstag ... Schwätzen entgegenstellte.* und S. **185–186**: *der weitere ... ihres Mädchens.*).

169 1] *ihre Ansichtskarten]* Siehe hierzu das Faksimile auf Seite 297.

171 1] *Lieblingssatz ... l'univers!]* Die Quelle des offenbar Fromet, der Frau des Philosophen Moses Mendelssohn zugeschriebenen Ausspruchs konnte nicht ermittelt werden.

173 1] *Sohn ... Hermann]* Der Besitzer des Café Savoy hieß Josef Herrmann.

2] *Karls]* Karl Hermann, Kafkas Schwager.

174 1] *Neid ... Baums]* Kafkas Neid stand vermutlich mit dem Erfolg von Oskar Baums bereits erwähntem Drama ›Konkurrenz‹ (vgl. S. **165**) im Zusammenhang: Baum suchte am 31. Oktober 1911 Arthur Schnitzler auf, der sich zu einer Lesung in Prag aufhielt (siehe auch Kommentar **197–200**2); er wollte »sich erkundigen, wie ein Stück (er hat eben eins geschrieben) geschäftlich lancirt wird, wie viel Perzent die

Agenten beanspruchen können (...)« (Arthur Schnitzler in einem Brief an seine Frau. ›Briefe 1875–1912‹. Hrsg. v. Th. Nickl u. H. Schnitzler. Frankfurt 1981, S. 680f. Vgl. auch ders., ›Tagebuch 1909–1912‹. Wien 1981, S. 277). Wenig später entschied sich der Axel Juncker Verlag tatsächlich, Baums Drama zu drucken (Notiz im ›Prager Tagblatt‹ vom 17. November 1911; MA Nr. 318, S. 5).

1] *Tod des ... das Durchlochen.]* Siehe Kommentar **156–157**2. 175-176

2] *Pessachfest]* Passahfest, jüdisches Fest zum Gedenken an 175
den Auszug aus Ägypten.

1] *18 Minuten-Mazzes]* Jiddische (hebr. »Mazza«, Pl. »Maz- 176
zot«) Bezeichnung für das aus Anlaß des Passahfestes gebakkene, ungesäuerte Brot.

2] *Gestern geschlafen nach Bar-Kochba.]* Während der »Gastspielpause« vom 31. Oktober bis zum 15. November 1911 führte das Ensemble ohne das abgereiste Ehepaar Klug (vgl. Kommentar **168**2) am 3., 4. und 5. November Abraham Goldfadens ›Bar-Kochba‹ auf.

3] *Abend bei Baum]* Oskar Baum wohnte zu dieser Zeit mit seiner Familie in der Mariengasse 26.

4] *Ich will schreiben ... bitten sollte.]* Unter dem Titel ›Großer Lärm‹ von Kafka leicht verändert im Oktober 1912 in der von Norbert Eisler, Willy Haas und Otto Pick herausgegebenen Zeitschrift ›Herder-Blätter‹ veröffentlicht (1. Jg., Nr. 4/5, S. 44). Siehe auch im Band ›Ein Landarzt und andere Drucke zu Lebzeiten‹, S. 341.

1] *meine kleine Automobilgeschichte]* Kafkas literarische Verar- 177
beitung eines von ihm und Brod in Paris beobachteten Verkehrsunfalls, siehe im Band ›Reisetagebücher‹, S. **75–78**: *Auf dem Asphaltpflaster ....*

2] *Aufführung von Bar-Kochba von Goldfaden.]* Kafkas Beschreibung geht auf den Besuch der Vorstellung am 4. November 1911 im Café Savoy zurück (im ›Prager Tagblatt‹

vom selben Tag angekündigt; MA Nr. 305, S. 12; siehe auch S. **176**: *Gestern geschlafen nach Bar-Kochba*).

178 1] *der Kontrollor Pokorny aus unserer Anstalt]* Václav Pokorny, Kontrollor in der AUVA. – »Kontrollor« war die Amtsbezeichnung für die in der Betriebsabteilung mit Kontroll- und Gutachteraufgaben betrauten Ingenieure.

2] *Max fühlte ... verantwortlich.]* Max Brods Artikel ›Eine Jargonbühne in Prag‹ war eine Woche zuvor, am 27. Oktober 1911, im ›Prager Tagblatt‹ erschienen (MA Nr. 297, S. 3).

178-179 3] *Den Juden ... so genannt.]* Kafkas Jugendfreund und ehemaliger Mitschüler Hugo Bergmann (1883–1975) war ein führendes Mitglied des zionistischen ›Bar-Kochba: Verein jüdischer Hochschüler in Prag‹. – »Bar Kochba« (hebräisch für »Sternensohn«), Beiname von Simon bar Koseba, dem Führer des letzten Aufstandes der Juden in Palästina gegen die Römer. Der Verein jüdischer Hochschüler benannte sich ab 1899 vermutlich nach einem 1897 erschienenen Epos Jaroslav Vrchlickýs (siehe Kommentar **231**1), das diesen jüdischen Aufstand zum Inhalt hat.

179 1] *Auf der Bühne ... Klugs.]* Vgl. Kommentar **168**2.

181 1] *Gestern ... weggefahren.]* Die Gastspielreise sollte bis nach Nürnberg führen (vgl. S. **185**: *»Warum so weit ... fahren?«*). Nach der Rückkehr, am 16. November 1911, setzte die Schauspieltruppe ihr Gastspiel im Prager Café Savoy fort.

182 1] *damals ziemlich unverständliches]* Zu der Verwendung von *damals* im Sinne von »neulich«, »vor kurzem« siehe auch ... *ihre Erscheinung wie ich sie damals ...* (S. **221**).

183 1] *den ganzen ... Fabrik.]* Kafkas Besuch beim Advokaten Dr. Robert Kafka galt der Ausarbeitung des Gesellschaftsvertrags für die Asbestfabrik (vgl. Kommentar **62–64**2). Von diesem Besuch berichten auch die Eintragungen *Als ich beim ... gestreift hätte.* (S. **184**) und *Als der Doktor ... Vertrages enthüllte.* (S. **184–185**).

1] *die Darstellerin . . . vor 1½ Jahren]* Kafka und Brod hatten im 184
Oktober 1910 im Pariser Théâtre de l'Odéon eine Aufführung des Schauspiels ›Manette Salomon‹ von Edmond de Goncourt gesehen (vgl. BKR 38). Die Darstellerin der Manette Salomon war die Schauspielerin Mademoiselle Barjac (KP 98, siehe auch die Photographie KP 95).

2] *Als ich beim Doktor]* Mit Doktor ist hier und in der folgenden Eintragung der Advokat Dr. Robert Kafka gemeint.

1] *Fr Tsch.]* Frau Tschisik, siehe Kommentar **65** 1. 185

2] *Teplitz]* Kurort im nordwestlichen Böhmen, am Rande des Erzgebirges.

3] *wenn man auf parnusse verdiene]* Sinngemäße Übersetzung: »Wenn man damit sein Auskommen (seinen Lebensunterhalt) hätte«; parnusse: Jiddisch (hebr. »parnāssā«) für »Lebensunterhalt«.

1] *Dr. Polaček]* Dr. Josef Poláček (1874–1943), ein Stiefsohn 186
von Kafkas Onkel Filip Kafka (1846–1914), war aktives Mitglied der Teplitzer jüdischen Gemeinde (vgl. Anthony Northey, ›Kafkas Mischpoche‹, a.a.O., S. 65).

2] *auf der Scene . . . darstellte]* Im Haus *Altstädter Ring* 2 hatte die Familie Kafka vom Juni 1889 bis zum September 1896 gelebt; auch die weiteren in der Eintragung erwähnten Örtlichkeiten lassen sich mit Kafkas Biographie in Verbindung bringen: im Kinsky-Palais war Kafka zur Schule gegangen (›Altstädter Deutsches Gymnasium‹); in der *Niklasstraße* 36 wohnte die Familie Kafka seit dem Juni 1907. Am sogenannten Altstädter- oder Großen Ring liegen sowohl das *Altstädter Rathaus* mit der astronomischen *Rathausuhr* als auch die *Teinkirche* und die *Niklaskirche* mit *dem Brunnen*; in der Mitte des Platzes stand (bis 1918) die *Mariensäule*, das *Husdenkmal* wurde dort 1915 eingeweiht. Die Niklasstraße mündet auf der nördlichen Seite in den *Altstädter Ring*, die *Eisengasse* auf der südlichen Seite. Der *alte Brunnen vor dem Rathaus* war

Kafka offenbar aus historischen Darstellungen bekannt: Der 1591–93 aufgestellte Krocín-Brunnen wurde in den 60er Jahren des 19. Jahrhunderts abgetragen (vgl. Oskar Schürer, ›Prag. Kultur/Kunst/Geschichte‹. 5. Aufl. München/Brünn 1943, S. 161 u. 173; siehe auch: Hartmut Binder, ›»... wie die ›Planeten‹ auf dem Weihnachtsmarkt«. Prag in Bildvorstellungen Kafkas unter besonderer Berücksichtigung seines Traumes vom 7./8. November 1911‹. In: Ders. (Hrsg.), ›Franz Kafka und die Prager deutsche Literatur. Deutungen und Wirkungen‹. Bonn 1988, S. 11ff., eine Abb. des Brunnens auf S. 13).

188 1] *Schiller ... umzubilden«]* »Wird der zur Fertigkeit gewordene Affekt daurender Charakter, so werden auch diese konsensuellen Züge der Maschine tiefer eingegraben, sie bleiben, wenn ich das Wort von dem Pathologen entlehnen darf, deuteropathisch zurück und werden endlich organisch.« Zitiert nach Friedrich Schiller, ›Gedanken und Aussprachen‹. Leipzig 1911, S. 5. Möglicherweise geht Kafkas Eintragung zu Schillers Abhandlung ›Über den Zusammenhang der tierischen Natur des Menschen mit seiner geistigen‹ auf die Lektüre dieses Bandes einer von Robert Rehlen (eigtl. Julius Zeitler) herausgegebenen Reihe zurück, von der ein anderer Band, ›Berühmte Aussprüche und Worte Napoleons‹, zu den erhaltenen Bänden aus Kafkas Besitz gehört (vgl. KB 106).

2] *Die Reihenfolge ... aufnehmen.]* Max Brods Buch ›Über die Schönheit häßlicher Bilder. Ein Vademecum für Romantiker‹ erschien im Mai 1913 im Kurt Wolff Verlag (Leipzig). – Ursprünglich hatte Brod die Absicht, die ungekürzte Fassung von Kafkas Text ›Die Aeroplane in Brescia‹ in sein Buch mit aufzunehmen (in der Tageszeitung ›Bohemia‹ war nur eine gekürzte Fassung erschienen; siehe auch Kommentar **96**1), aber auf Wunsch des Verlegers mußte das bereits gesetzte

Buch im Umfang reduziert werden, wodurch auch Kafkas Beitrag entfiel (vgl. FK 93f.).

3] *Ich sollte heute ... Brünn.]* Kafka sollte Brod zu einer Le- 188
sung begleiten (vgl. *Gestern bei Max ... zurückkam* (S. **193**) und Kommentar **193**1).

1] *Löwy und Winterberg]* Siehe Kommentar **73**1. 189

2] *Edison ... mitbringen.]* Thomas Alva Edisons Interview mit dem New Yorker Korrespondenten des ›Neuen Wiener Tagblatts‹ wurde am 5. November 1911 vom ›Prager Tagblatt‹ nachgedruckt (MA Nr. 306, S. 3).

3] *meiner verheirateten Schwester]* Elli Hermann.

1] *Gestern Conférence ... 62 Jahre alt]* Der französische Dich- 190-193
ter Jean Richepin (1849–1926) las am 11. November 1911 im Rudolfinum. Am Tag darauf schreibt das ›Prager Tagblatt‹: »Man muß es an sich selbst verspürt haben, welche faszinierende Wirkung von dem eleganten alten Herrn ausgeht, dessen tadelloser Henri quattre, dessen stark meliertes Haupthaar seinem temperament durchglühten Gehaben den Stempel der Liebenswürdigkeit aufdrückt, um zu begreifen, daß man hier einer der ganz seltenen harmonischen Individualitäten gegenüberstand, denen zu begegnen man als glücklichen Augenblick bezeichnen darf.« (›Prager Tagblatt‹ vom 12. November 1911; MA Nr. 313, S. 8). – Die ›Bohemia‹ schreibt zu dem Vortrag: »Das Thema, mit dem Jean Richepin diesmal reist, ist das pompöseste, das es für französische Ohren gibt: Die napoleonische Legende. Er beginnt mit einer Schilderung des Napoleonkultus von 1850, erzählt von seinem Vater, dem Militärarzt, von seinem Großonkel und vom ›letzten der Mamelucken‹, erzählt, wie er selbst im Invalidendom das einbalsamierte Antlitz des Kaisers durch eine Glasscheibe gesehen habe und wie er ein halbes Jahrhundert später vor einem Napoleonporträt in Chantilly, beim Herzog von Aumale, betroffen von der Lebensähnlich-

keit, zurückgefahren sei. Dann trägt er mit den Gesten eines Mounet-Sully und mit brüchigem Tenor Napoleongedichte vor, von Barbier, Hugo und Heinrich Heine. Er huldigt der deutschen Sprache, er nennt Goethe, Wagner und Schumann. Endlich läßt er aus der napoleonischen Kriegslegende die Legende des Menschheitsnapoleon entstehen, des Fakkelträgers der Zivilisation, des neuen Phoibos Apollon. Der Enthusiasmus, der ihn bewegte, ging auf die Zuschauer über, die ihm stürmischen Beifall spendeten.« (›Bohemia‹ vom 12. November 1911; MA Nr. 313, S. 11).

190 2] *Rudolphinum]* Das am Kronprinz Rudolf-Quai gelegene ›Künstlerhaus Rudolfinum‹, in dem sich u.a. das Musikkonservatorium, Konzertsäle und eine Gemäldegalerie befanden.

191 1] *Mucha]* Alfons Maria Mucha (1860–1939), gebürtig aus Eibenschütz in Mähren, später in Paris lebender Maler, Graphiker und Kunstgewerbler.

192 1] *Bei den Grenadieren ... vorlas]* ›Les deux Grenadiers‹ (›Die Grenadiere‹) von Heinrich Heine, übersetzt von Edouard Grenier. Die Tatsache, daß Gérard de Nerval alle anderen Gedichte des Zyklus ›Nocturnes‹ übersetzt und in ›Poèmes et Légendes‹ (Paris 1855) publiziert hat, hat offenbar zu Kafkas Irrtum bezüglich des Übersetzers geführt.

193 1] *Gestern bei Max ... zurückkam.]* Kafka hatte Brod ursprünglich zu dem Leseabend nach Brünn begleiten sollen (vgl. S. **188**: *Ich sollte heute ... Brünn.*); das ›Prager Tagblatt‹ berichtet am 17. November 1911: »Max Brod hat letzten Sonntag in Brünn mit großem Erfolg eigene Werke gelesen.« (MA Nr. 318, S. 5). Auf diese Notiz folgt der Nachdruck einer Besprechung der Lesung vom 12. November 1911 im Brünner ›Tagesboten‹ von Karl Hans Strobl.

194 1] *Es scheint so arg ... zu schlagen.]* Von Kafka unter dem Titel ›Das Unglück des Junggesellen‹ in seine erste Buchpublikation (›Betrachtung‹, siehe auch Kommentar **85–89**1) aufge-

nommen (S. 39ff.); vgl. auch im Band ›Ein Landarzt und andere Drucke zu Lebzeiten‹, S. 19f.

2] *Jetzt eine Skizze ... versuchen.]* Vgl. Kommentar **127–131**2 194
und Kommentar **165**4.

1] *aus einem alten ... hielt.«]* Anmerkung von Max Brod: 196
»Bezieht sich auf das Studium vor den juristischen Staatsprüfungen und Rigorosen.« (T 700f.)

2] *ein Plakat ... Sängerin de Treville]* Die französische Sängerin Yvonne de Tréville hatte sich im November 1910 und im Februar 1911 zu Gastspielen in Prag aufgehalten (vgl. ›Prager Tagblatt‹ vom 19. Februar 1911; MA Nr. 50, S. 13).

1] *Žižkov]* In der Prager Vorstadt lag die Asbestfabrik Kafkas 197
und seines Schwagers; siehe Kommentare **63**1 und **67**5.

2] *Traum: ... Schwarze.)]* Am 30. Oktober 1911 fand im 197-200
Neuen deutschen Theater die vierte Aufführung von ›Das weite Land‹ statt; Arthur Schnitzler, der sich wegen einer am darauffolgenden Tag stattfindenden Lesung in Prag aufhielt, war bei der Aufführung anwesend. Am Samstag, dem 18. November 1911, fand eine weitere Aufführung von Schnitzlers Tragikomödie statt. – Möglicherweise geht der von Kafka einen Tag später notierte Traum auf den Besuch einer dieser Vorstellungen zurück. Die in der Eintragung erwähnten Personen stehen allerdings in keinem Zusammenhang mit dem Stück Schnitzlers und den Prager Aufführungen.

3] *Utitz]* Emil Utitz (1883–1956), ehemaliger Mitschüler 197
Kafkas, zu dem auch nach der gemeinsamen Zugehörigkeit zum Brentanisten- und Fanta-Kreis (vgl. Kommentar **27–31**2) noch Kontakte bestanden (vgl. 2:**82**). Utitz war 1910 an die Universität Rostock gegangen, wo er zur Zeit dieser Eintragung als Privatdozent für Philosophie tätig war.

1] *ein dritter Sohn der Familie Kisch]* Die Prager Familie Kisch 198
hatte fünf Söhne; Paul, Kafkas ehemaliger Mitschüler, war der älteste (1883–1944), ihm folgten Egon Erwin (1885 bis

1948), Wolfgang (1887–1914), Arnold (1889–1942) und Friedrich (1894–1968).

198 2] *der deutsche Kisch]* Paul Kisch; die Bezeichnung der deutsche Kisch geht auf Kischs Couleurstudententum und seine deutsch-nationale Gesinnung zurück.

199 1] *eine Schauspielerin Hackelberg]* Gertrud Hackelberg gehörte zwar zum Ensemble des Deutschen Landestheaters, trat aber in keiner der Aufführungen von ›Das weite Land‹ auf.

2] *ein Mädchen ... glaub ich)]* Nicht ermittelt.

200 1] *eine Reihe kleiner Buchbesprechungen]* Vermutlich das Manuskript der am 26. November 1911 unter dem Titel ›Neue Literatur‹ im ›Prager Tagblatt‹ erschienenen Buchbesprechungen von Max Brod (MA Nr. 327, S. 11).

200-201 2] *so ist doch jeder Satz, ... heute.]* Bezieht sich auf die gemeinsame Arbeit an ›Richard und Samuel‹, siehe Kommentar **127–131**2.

201 1] *Traum eines Bildes ... Lichtes aus.]* Wohl auf das Bild ›L'Age d'or‹ von Jean A. D. Ingres zurückgehende Traumsequenz; möglicherweise kannte Kafka die im April erschienene Publikation: Henri Lapanze, ›Ingres, sa vie, son œuvre illustré de 400 reproductions et de 11 héliogravures‹. Paris 1911 (Abb. dort auf S. 419).

202-203 1] *für das Drama: ... herrufen müssen.]* Auf die Notizen für ein geplantes Drama (S. **202**: *für das Drama: ... Von uns weg.*) folgt die Ausführung einer ersten Szene.

202 2] *Englischlehrer Weiß]* Der Englischlehrer Emil Weis, ein Freund und entfernter Verwandter Max Brods. »Ganz Prag hat ihn als eine Figur gekannt, die zum Prager Stadtbild gehörte: den kleinen rothaarigen Mann.« (M. Brod, ›Englischlehrer Emil Weis gestorben‹. ›Selbstwehr‹ vom 6. Oktober 1922; Nr. 40, S. 2f.).

203 1] *Mein gewesenes Kinderfräulein]* Da eine Reihe von Erzieherinnen in der Familie Kafka tätig war, läßt sich wegen der

fehlenden weiteren Angaben nicht eindeutig ermitteln, welche von ihnen in der Eintragung gemeint ist.

2] *zum Fräulein]* Als »das Fräulein« wurde im allgemeinen die 203
über viele Jahre hin für die Familie Kafka tätige Marie Werner bezeichnet.

1] *Löwy: ... Berg.]* Siehe Kommentar **156–157**2. 204

2] *Anna (sitzt ... unbegreiflich bist.]* Ein weiterer Ansatz zu einer Szene des geplanten Dramas (S. **202–203**: *E. Anna! ... herrufen müssen.*). Auf die Zusammengehörigkeit der Ansätze weist die noch nicht durchgängig vorgenommene Ersetzung des Vornamens *Emil* durch *Karl* (vgl. S. **204**) hin.

1] *aus einem ... Gegend vor.]* Siehe Kommentar **156–157**2. 205

1] *am 21. ... Geschlechts«]* Unter der Überschrift ›Trauer- 206
feier am Grabe Kleists‹ berichtet das ›Prager Tagblatt‹ am 22. November 1911 u.a.: »Ferner waren Kränze von der Familie Kleist niedergelegt worden, mit der Inschrift ›Dem Größten ihres Geschlechtes‹ (...)« (MA Nr. 323, S. 5).

2] *Schhite ... Gordyn.]* Da seit der Wiederaufnahme des Gastspiels der jiddischen Theatertruppe am 16. November 1911 keine Aufführung dieses Theaterstückes von Jakob Gordin nachgewiesen ist, bezieht sich diese Eintragung offenbar auf die in der folgenden erwähnte Vorlesung Löwys im Kaffeehaus (S. **207**).

1] *Bergstein]* Eine Seitenstraße der Ferdinandstraße, einem 207
der Prager Boulevards.

1] *den ganzen Nachmittag ... weggefahren.]* Die Einführung 211
der »Pensionsversicherungspflicht für Dienstnehmer« bedeutete für Firmeninhaber wie Hermann Kafka eine erhebliche finanzielle Belastung. Der ›Zentralverein der Kurz- und Galanteriewaren-Interessenten zu Prag‹ wandte sich deshalb im Februar 1912 mit einem Telegramm an das Ministerium des Innern sowie den sozialpolitischen Ausschuß, in dem er sich »gegen eine weitere Ausdehnung der Pensionsversiche-

rungspflicht (...) entschieden verwahrt« und darum bittet, »dieser für den Zwischenhändler unerträglichen neuerlichen Belastung nicht zuzustimmen.« (›Prager Tagblatt‹ vom 15. Februar 1912; MA Nr. 45, S. 3).

211 2] *Cafe City]* Siehe Kommentar **163**1.

3] *Miška]* Nach Recherchen Anthony Northeys handelt es sich um Eduard Mischka (tschech.: Myška) (vgl. A. Northey in ›Seminar‹, a.a.O., S. 372).

4] *bei Baum]* Siehe den Kommentar **176**3.

5] *Vorlesung »der Häßlichen«]* ›Die Häßlichen‹ von dem Prager Autor Norbert Eisler, der im Frühjahr 1912 zusammen mit Otto Pick und Willy Haas die Zeitschrift ›Herder-Blätter‹ gründete. ›Die Häßlichen‹ erschien im Januarheft 1912 der Zeitschrift ›Deutsche Arbeit‹ (11. Jg., Heft 4, S. 231ff.) mit dem Hinweis: »Aus dem Roman ›Der Doktor mit dem Heiligenschein‹ der zu Beginn des Jahres 1912 erscheinen wird.«

6] *Mit Max R. u. S.]* Gemeinsame Arbeit mit Max Brod an dem Romanprojekt ›Richard und Samuel‹, siehe Kommentar **127–131**2.

211-215 7] *Dann zu A. M. Pachinger ... Ländern.]* Anton Max Pachinger (1864–1938), Hofrat aus Linz, schreibt am 25. November 1911 an seinen Freund Alfred Kubin: »Sonntag gehts nach Prag, Montag Wien (...) Von Prag kam leider die Nachricht, daß Dr. B[rod]. am Samstag abend (diesen Abend hatte ich für Prag reserviert) nicht frei ist. Von seinen Freunden erwähnte er gar nichts.« (unveröffentlicht, mit freundl. Genehmigung der Städt. Galerie im Lenbachhaus, München). Zur Kontaktaufnahme mit Max Brod sowie zu seinem Besuch in Prag war Pachinger durch die begeisterten Berichte Kubins über seine Streifzüge im Prager Nachtleben mit Brod, Kafka u.a. (vgl. *Der Zeichner Kubin ...* (S. **35**f.) sowie Kommentar **35–36**3) angeregt worden; darauf deutet auch Kafkas Hinweis: *von Kubin empfohlen* (S. **211**) hin. – Max Brod erwähnt Pachingers Besuch in einer Rezension von ›Glaube und Aberglaube im Steinreich‹ (von Kafka als *»Zauberei und Aberglaube im Steinreich«* wiedergegeben, vgl. S. **212**), die am 28. Januar 1912 im ›Prager Tagblatt‹ gleich im Anschluß an einen Beitrag zu Kubin erscheint (vgl. Kommentar **35–36**3): »Wie das Wirken einer Person durch Kenntnis der Persönlichkeit an Resonanz gewinnt, hat mich auch mein Zusammentreffen mit A. M. Pachinger gelehrt. Pachinger ist Sammler, betreibt diese Beschäftigung aber nicht als Sport, sondern schöpferisch. Wie ein Künstler Gestalten oder Formen erfindet, so erfindet Pachinger Sammlungen, das heißt neue Gesichtspunkte, von denen aus man das gleiche Material des von Ureltern Überkommenen ordnen und so wertvoll machen kann.« (MA Nr. 27, S. 25).

1] *Wallfahrtsmedaillen … seine Stimme gilt.]* Zu Pachingers Publikationen zählen u.a.: ›Wallfahrts- und Weihe-Münzen des Erzherzogtums Österreich ob der Enns‹ (Linz 1904), ›Wallfahrts-, Bruderschafts- und Gnaden-Medaillen des Herzogtums Salzburg‹ (Wien 1908), ›Wallfahrts-, Bruderschafts- und Weihe-Medaillen der gefürsteten Grafschaft Tirol und Vorarlberg‹ (Wien 1908). 212

2] *auf der Dresdner hygienischen Ausstellung]* Max Brod schreibt im Rahmen der bereits zitierten Rezension vom 28. Januar 1912: »Auf der ›Hygienischen Ausstellung‹ in Dresden bildete die Pachingersche Kollektion über ›Historische Medizin‹ eine Sehenswürdigkeit, deren sich viele Besucher gemäß mit Vergnügen erinnern.« (a.a.O., S. 25).

3] *Hotel Graf]* Das Hotel Graf befand sich am Komenskyplatz 4.

4] *bewirft uns förmlich … fremden]* Kubin hatte kurz zuvor ein Exlibris für Pachinger angefertigt: »Vielen Dank für Brief u. Exlibris!« (Pachinger an Kubin im bereits zitierten Brief vom 25. November 1911).

212 5] *mit einem Prospekt ... Steinreich«]* Pachingers Buch ›Glaube und Aberglaube im Steinreich‹ erschien Ende 1911 in München.

6] *»Mutterschaft in der Kunst«]* Richtig: ›Die Mutterschaft in der Malerei und Graphik‹ (München 1906).

213 1] *Kleine ... Tanze]*

Kleine Seele
springst im Tanze
legst in warme Luft den Kopf
hebst die Füße aus glänzendem Grase
das der Wind in zarte Bewegung treibt

(überliefert auf einem Kalenderblatt mit dem Aufdruck »September. / 17. Freitag«. Erschlossenes Jahr: 1909). Vgl. auch im Band ›Beschreibung eines Kampfes und andere Schriften aus dem Nachlaß‹, S. 143.

2] *»Ein persischer ... nicht.]* Friedrich Rückert hatte durch Nachbildungen persischer Ghaselen diese Gedichtform in die deutsche Dichtung eingeführt.

3] *Halbes]* Der Schriftsteller Max Halbe (1865–1944).

4] *Blei]* Franz Blei (siehe Kommentar **16**2) galt als »Meister der literarischen Erotomanie« (Franz Blei, ›Erzählung eines Lebens‹. Wien 2004, S. 515).

5] *von seiner Frau ... München]* Maria Blei (siehe Kommentar **16**2) betrieb eine Zahnarztpraxis in München; bei der Tochter handelt es sich um Maria Sybille Blei (1897–1963?). (Ebd., S. 514f.; Todesdatum von Sybille Blei aus: http://www.rudolf-borchardt.de/154.0.html)

214 1] *Sternheims »Hose«]* Carl Sternheims Komödie ›Die Hose‹ war erstmals unter diesem Titel wenige Tage zuvor, am 20. November 1911, in München vor geladenem Publikum aufgeführt worden (die eigentliche Uraufführung hatte unter dem abgeänderten Titel ›Der Riese‹ am 15. Februar 1911 in Berlin stattgefunden).

1] *Aus dem Talmud: ... kurze Zeit.]* Siehe Kommentar **156** 215-216
bis **157**2.

2] *amhorez]* Am ha-Arez (hebr.): talmudische Bezeichnung 215
für die unwissenden Laien (auch Analphabeten) im Gegensatz zu den Gelehrten.

3] *Chassidim]* Anhänger des Chassidismus, einer religiös-mystischen Bewegung im Judentum, die im 18. Jahrhundert in der Ukraine entstand, sich rasch nach Polen und Rumänien ausweitete und zur vorherrschenden Form jüdischer Frömmigkeit wurde.

1] *Kabbala]* Hebräisch für »Überlieferung«: Bezeichnung 216
für die mittelalterliche jüdische Mystik. Der Chassidismus ist eine Popularisierung der Lehren der Kabbala.

2] *»Die Liebe ... Teater«]* Vermutlich Titelentwürfe für eine literarische Verarbeitung der Begegnung mit der jiddischen Schauspieltruppe.

1] *Ich habe jetzt ... gelesen]* Auf einem Notizblock mit ab- 217
reißbaren Blättern ist eine Reihe stichwortartiger, manchmal durch Streichung als »verwendet« gekennzeichneter Notizen überliefert, die fast alle als Quelle für Tagebucheintragungen im »vierten« und »fünften Heft« gedient haben (siehe hierzu im Apparatband der Kritischen Ausgabe, S. 67ff.). Bei den entsprechenden Eintragungen weist der Kommentar im folgenden jeweils auf die ihnen zuordenbare Notiz hin. Die ersten dieser Notizen sind offenbar bei der Lektüre des Buches von Wilhelm Schäfer, ›Karl Stauffers Lebensgang. Eine Chronik der Leidenschaft‹ (München 1911) entstanden, auf die sich die Eintragung *Ich habe jetzt ... gelesen* bezieht.

1] *Selbstbiographie Mörikes]* Hartmut Binder vermutet, daß 218
Kafka Band 4 der Ausgabe Eduard Mörike, ›Sämtliche Werke. Ehrenausgabe‹, hrsg. vom Kunstwart durch Karl Fischer (München 1908) gelesen hat, in der die Lebensbeschreibung Mörikes unter dem von Kafka genannten Titel

erschien (vgl. H. Binder, ›Die Entdeckung Frankreichs‹. ›Euphorion‹, 95 (2001), Heft 4, S. 441–482, hier: 442f.).

219 1] *da ich das erste ... gelungen ansehe]* Siehe hierzu Kommentar **127–131**2 sowie die mit den Worten *Wir steigen in das Koupee ein ...* beginnende Passage von ›Richard und Samuel‹ (im Band ›Ein Landarzt und andere Drucke zu Lebzeiten‹, S. 335).

2] *jener Schillerschen ... Charakter]* Siehe Kommentar **188**1.

3] *zum Statthalterschloß, ... nannte]* Als Statthalterschloß wurde allgemein das Jagdschloß auf der Höhe über dem Baumgarten bezeichnet, das bis 1918 dem jeweiligen Statthalter des Königreichs Böhmen als Sommerresidenz diente; vgl. KK 33; dort auch der Hinweis auf Paul Wieglers Roman ›Das Haus an der Moldau‹, Berlin 1934: »Durch das für die Wagen geöffnete Gittertor erreichte Manja das Schloß des Statthalters, ein normannisches Kastell. Von da führte der Weg zum Baumgarten (...)« (S. 31f.); »(...) gingen sie in den Baumgarten. Hinter ihnen verdämmerten die normannischen Burgzinnen der Statthaltervilla.« (S. 35).

4] *Hetzinsel]* Die größte Prager Moldauinsel; als Ausflugsziel beliebt wegen der Parkanlagen und Gartenwirtschaften.

5] *in die Gesellschaft]* Gemeint ist die jiddische Schauspieltruppe.

6] *Schöner einsamer ... Nerudagasse]* Siehe Kommentar **36**1.

220 1] *In der Mitte ... Schloßwache zu.]* Mit Schloß meint Kafka hier die Prager Burg, den Hradschin.

2] *Max haben ... gefallen]* Im Zusammenhang zu sehen mit der Eintragung *da ich das erste ... gelungen ansehe* (S. **219**) und Kommentar **219**1.

3] *Frl. Haas.]* Wohl identisch mit der bereits erwähnten Helli Haas (S. **38** und Kommentar **38**2).

4] *Frau Blei]* Maria Blei; siehe auch S. **16** und Kommentar **16**2.

1] *Sie trug ihr Dirnenkleid ... »Wilden Menschen«.]* Vgl. *in ihrem* 221
princeßartigen Dirnenkleid (S. **158**) sowie Kommentar **153** bis **155**2.

2] *Kafe Central]* Das – laut Anzeige im ›Prager Tagblatt‹ vom 18. November 1911 (MA Nr. 319, S. 14) – am selben Tag neu eröffnete, im ersten Stock des Hauses am Graben 15 gelegene Café Central.

3] *Durchhaus]* Siehe Kommentar **61**4.

1] *L.]* Jizchak Löwy. 222

2] *auf dem Quai]* Vermutlich der Franzens-Quai, älteste Moldau-Promenade in Prag.

1] *Stauffer-Bern ... zurückbleibt.]* Bezieht sich – wie auch 223
die Eintragung auf S. **224–225** – auf Otto Brahms Buch ›Karl Stauffer-Bern / Sein Leben / Seine Briefe / Seine Gedichte‹, dessen erste Auflage bereits 1892 in Stuttgart erschienen war.

2] *»Die Süßigkeit ... hinweg«]* Zitat aus Karl Stauffer-Berns Brief vom 15. Januar 1886 (ebd., S. 89).

1] *Ich muß ... kleinen Jungen.]* Felix Hermann (1911–1940), 224
das erste Kind von Kafkas Schwester Elli und Karl Hermann, war am Vortag, dem 9. Dezember, zur Welt gekommen.

2] *Später erst ... eines Künstlers]* Siehe Kommentar **217**1. 224-225

3] *von einem Erlebnis ... Freundes ist]* In einem Brief vom 19. 224
April 1887 berichtet Stauffer-Bern vom Tod seines Freundes Lissel (O. Brahm, ›Karl Stauffer-Bern‹, a.a.O., S. 123f.). – Auf Kafkas Notizblock (Kommentar **217**1) findet sich die Notiz: *Tod des Lissner und Betrachtung.*

1] *Biberpelz. ... 4. Akt –]* Die Schauspielerin Else Lehmann 225-226
(1866–1940) vom Berliner Lessingtheater trat am 12. Dezember 1911 in der zweiten und letzten Vorstellung ihres Gastspiels am Prager Neuen deutschen Theater als Mutter Wolffen in Gerhart Hauptmanns ›Der Biberpelz‹ auf (›Prager Tagblatt‹ vom selben Tag; MA Nr. 343, S. 5).

226 1] *»Der Schneider ... von Richter.]* Sowohl am 10. Dezember als auch am 11. Dezember 1911 kündigt ›Herrmanns Café-Restaurant ›Savoy‹‹ im ›Prager Tagblatt‹ Moses Richters ›Mojsche Chajet oder: Der Schneider als Gemeinderat‹ für den jeweiligen Abend als erstmalige Aufführung an (MA Nr. 341, S. 50 und MiA Nr. 342, S. 5). Wahrscheinlich hat Kafka die Vorstellung am 11. Dezember 1911 besucht.

2] *Ehepaar Liebegold]* Nach einer Gastspielpause kündigte eine Anzeige im ›Prager Tagblatt‹ vom 9. Dezember 1911 den »Wiederbeginn der Gastspiele der Deutsch-jüdischen Gesellschaft aus Lemberg« für denselben Abend im Café Savoy an, »unter Mitwirkung des berühmten Komikers u. d. Sängerin Herr und Frau Liebgold vom jüdischen Theater aus Lemberg.« (MA Nr. 340, S. 11).

226-227 3] *Brahmskoncert ... Architektur.]* Am 13. Dezember 1911 fand im Rudolfinum der ›Brahms-Abend‹ des Deutschen Singvereins und des Deutschen Männergesangvereins unter der Leitung des Dirigenten Gerhard von Keußler statt. Zu den auch von Kafka erwähnten Programmpunkten schreibt der Musikkritiker Wenzel Ritter von Bělsky: »Von den gestern zu Gehör gebrachten Tonstücken waren einige auf unserem Boden noch unbekannt. So der ›Gesang der Parzen‹ (...) In gleich gediegener Weise wurde die Kantate ›Nänie‹ erschöpft, zu der die Anregung aus Schillers Gedicht hergeholt ist. (...) Einen fesselnden Gegensatz (...) bildete das ›Triumphlied‹, dessen Motiv der ›Offenbarung Johannis‹ entnommen erscheint aber auf den Sieg der deutschen Waffen gemünzt ist (...) Wie es schien, hat sich das ›Triumphlied‹ gestern des größten Entgegenkommens zu erfreuen gehabt (...) Der Rest des Programmes umfaßte Bekanntes: die tragische Ouvertüre und den Doppelcanon: ›Beherzigung‹ (...)« (Dr. v. B., ›Brahms-Abend‹. ›Prager Tagblatt‹ vom 14. Dezember 1911; MA Nr. 345, S. 4).

1] *Mein Vater ... und schwieg.]* Die Asbestfabrik, an der auch Hermann Kafka mit einer finanziellen Einlage beteiligt war, wurde in der Folgezeit mehr und mehr zu einem Streitpunkt zwischen Vater und Sohn (vgl. S. **253**: *Die Qual, ... Schuldbewußtsein.*). Offenbar im Zusammenhang mit diesen Auseinandersetzungen notiert Kafka auf seinem Notizblock (vgl. Kommentar **217** 1): *Mein Hass auf den Vater.* 227-228

1] *trotzdem er heute in Berlin ... hat;]* Am 16. Dezember 1911 hat Max Brod »im Harmoniumsaal in Berlin eigene Dichtungen und Gedichte des jungen Prager Lyrikers Franz Werfel mit großem Erfolge gelesen.« (›Prager Tagblatt‹ vom 19. Dezember 1911; MA Nr. 350, S. 5). Siehe auch *Max kam ... Tagblatt trug.* (S. **232**) und Kommentar **232** 5. 228

2] *Frl. Taussig]* Elsa Taussig (1883–1942), Max Brods spätere Frau.

3] *Spaziergang ... Brücke.]* Die Elisabethbrücke (die von den Pragern wegen der auf sie zuführenden Elisabethstraße so genannt wurde, deren offizieller Name aber Kaiser Franz Josefs-Brücke war) bot wegen ihrer Hängekonstruktion vom *Quaiplateau* (vgl. S. **163** und Kommentar **163** 4) *unten am Fluß* aus die beschriebenen nächtlichen Impressionen. (Siehe auch die Abb. in WB 69.)

4] *Beethoven ... W. Schäfer]* ›Beethoven und das Liebespaar‹ wurde von Wilhelm Schäfer sowohl in den Band ›Der verlorene Sarg und andere Anekdoten‹ als auch in ›33 Anekdoten‹ aufgenommen (beide München u. Leipzig 1911).

1] *16.* ⟨17.⟩ *XII* ⟨1911⟩ *So.]* Der 16. Dezember 1911 war ein Samstag. Vermutlich hat Kafka das Datum nachträglich in den nach Beginn eines Absatzes freigebliebenen Raum gesetzt. 229

2] *Angst ... fertigzustellen.]* Möglicherweise ›Das ist ein Anblick‹, Kafkas Rezension des kurz zuvor erschienenen Buches: ›Heinrich von Kleist: Anekdoten‹. Drugulindruck 12.

Hrsg. von J. Bab. Leipzig 1911. Ein Druck dieser Rezension zu Kafkas Lebzeiten ist nicht nachgewiesen. Vgl. auch im Band ›Beschreibung eines Kampfes und andere Schriften aus dem Nachlaß‹, S. 148.

229 3] *Die alten Künste ... kůže.]* »Während längst andere Städte ihren Lunapark haben, (...) gibt's auf dem Altstädter Weihnachtsmarkt noch immer bloß Ringelspiele mit sichtbarem Handbetrieb. Und während man anderswo in spiritistischen Séancen des Schicksals Tiefen zu erforschen droht, läßt sich hier – allerdings mit der gleichen Wirkung – das Prager Dienstmädchen von weißen Mäusen oder Kanarienvögeln die ›Planeten‹ ziehen, Zettel mit gedruckten Weissagungen und – allerdings entrichtet man hiefür eine erhöhte Taxe – mit dem Bilde des Zukünftigen.« – »(...) und die Kunstblumen, die man feilhält, sind so ehrlich imitiert, daß kein Mensch sie für echte halten könnte.« (Egon Erwin Kisch, ›Weihnachtsmarkt‹. Zitiert nach: Ders., ›Aus Prager Gassen und Nächten. Prager Kinder. Die Abenteuer in Prag‹. Berlin u. Weimar 1975, S. 98). – Die Übersetzung des tschechischen Spruchs (S. **229**), der sich – erweitert um den Zusatz *planetý* – auch auf Kafkas Notizblock (vgl. Kommentar **217**1) findet, lautet: »Das ist eine Rose aus Leder gemacht«. – Zum Prager Advent- und Weihnachtsmarkt siehe Hartmut Binder, »›... wie die ‚Planeten' auf dem Weihnachtsmarkt‹«, a.a.O., S. 11–54.

4] *Der Schweiß ... Glassplittern.]* Kafkas Notizblock (vgl. Kommentar **217**1) enthält hierzu die Stichworte: *mit Glassplittern bedeckt – Schweiss.*

5] *Der warme Schatten ... Frau Klug.]* Auf Kafkas Notizblock (vgl. Kommentar **217**1) findet sich die Eintragung: *warmer Schatten im Rachen.*

6] *Judengassen ... Rivoli]* Möglicherweise geht dieser Eintrag auf ein Gespräch mit Jizchak Löwy zurück, der sich in Paris aufgehalten und Kafka über seine Eindrücke berichtet hatte. Ohne den Zusatz *Judengassen in Paris* ist diese Eintragung auch auf Kafkas Notizblock (vgl. Kommentar **217** 1) überliefert.

7] *Wird eine ungeordnete ... mischen.]* Der Notizblock Kafkas 229-230
(vgl. Kommentar **217** 1) enthält hierzu die Notiz: *ungeordnete aufgeforderte Bildung.*

1] *Jetzt ... Vrchlicky.]* Die Uraufführung des Dramas ›Hip- 231
podamie‹ von Jaroslav Vrchlický (eigtl. Emil Frída, 1853 bis 1912) fand am 17. Dezember 1911 im Tschechischen Nationaltheater statt. Siehe hierzu auch die Eintragung *Vorgestern Hippodamie ...* (S. **232**).

1] *18. XII 11 Vorgestern Hippodamie.]* Ein Versehen Kafkas 232
bei der Rückdatierung. Die Aufführung von ›Hippodamie‹ im Tschechischen Nationaltheater fand laut Ankündigung in der ›Selbstwehr‹ vom 15. Dezember 1911 (Nr. 49, S. 6) am 17. Dezember statt.

2] *Aufsatz Kvapils]* Jaroslav Kvapil (1868–1950), Dramaturg und Oberregisseur des Tschechischen Nationaltheaters.

3] *nichts als Nachahmung Reinhardts]* Max Reinhardt (1873 bis 1943) gastierte regelmäßig mit den von ihm geleiteten Ensembles des Berliner ›Deutschen Theaters‹ und der ›Kammerspiele‹ an den deutschsprachigen Bühnen Prags. Offenbar stand Kvapil auch über den von Kafka beurteilten Einzelfall hinaus unter Reinhardts Einfluß: »Jaroslav Kvapil (...) führte Regie in der Art von M. Reinhardt (...)« (Antonín Měšt'ăn, ›Geschichte der tschechischen Literatur im 19. und 20. Jahrhundert‹. Köln u. Wien 1984, S. 157).

4] *Der Statthalter]* Zur Zeit der Eintragung Franz Anton Fürst von Thun und Hohenstein (1847–1916), Statthalter des Königreichs Böhmen und offizieller Vertreter des österreichischen Kaisers.

5] *Max kam ... Tagblatt trug.]* Zu Max Brods Lesung im Berliner Harmoniumsaal am 16. Dezember 1911 (siehe auch S. **228**: *Auch an Max . . . hat;*) druckte das ›Prager Tagblatt‹ drei Tage später sowohl einen Auszug aus der positiven Besprechung im ›Berliner Lokal-Anzeiger‹ als auch die erwähnte Rezension aus dem ›Berliner Tageblatt‹. Letztere allerdings unter Auslassung von zwei Brod offenbar mißfallenden Textstellen sowie des letzten Abschnitts, in dem seine musikalische Darbietung im Anschluß an den Vortrag u.a. mit dem Satz »Wenn er sich nicht vorher klüglich durch Werfel gedeckt hätte: das Publikum hätte schwerlich diesen Teil des Programms so geduldig abgesessen« verrissen wird. In dem hier wiedergegebenen Auszug aus dem ›Prager Tagblatt‹ sind die von Brod gestrichenen Textstellen – Kafka bezieht sich auf die zweite – kenntlich gemacht: »Max Brod, der Verfasser der eigenartigen Novelle ›Ein tschechisches Dienstmädchen‹, las im [schwach besuchten] Harmoniumsaal zunächst einige seiner unveröffentlichten Arbeiten vor. (...) Einfache, schlichte Provinzmenschen werden mit ein paar ausgiebigen Strichen gut gezeichnet, und man glaubte schon, der Abend werde auch weiterhin ohne irgendwelche besonderen Emotionen verlaufen. Man hatte diese Rechnung ohne eine des höchsten Lobes würdige Selbstlosigkeit Brods gemacht. Er nahm eine beifällig begrüßte Programmänderung vor und setzte plötzlich mit fünf ganz unglaublich starken Gedichten eines [viel begabteren] zweiundzwanzigjährigen Prager Lyrikers ein, dessen Entdeckung die deutsche Literatur ihm zu verdanken haben dürfte.« (zitiert nach ›Berliner Tageblatt und Handelszeitung‹ vom 17. Dezember 1911; MA Nr. 641, S. 3. Nachgedruckt im ›Prager Tagblatt‹ vom 19. Dezember 1911; MA Nr. 350, S. 5). – Die von Brod vorgetragenen Gedichte stammten aus Werfels kurz zuvor erschienenen Lyrikband ›Der Weltfreund‹ (siehe auch Kommentar **239**1). Über die Albert Ehrenstein zugeschriebene Rezension erregte sich Brod noch Jahrzehnte später in seinen Erinnerungen (siehe ›Streitbares Leben‹, a.a.O., S. 36ff.).

6] *W.]* Franz Werfel (1890–1945) war 1908 durch seinen Mitschüler und Freund Willy Haas (siehe Kommentar 2:**65** 1) mit Brod bekanntgemacht worden, der ihn wiederum mit seinen Freunden Kafka und Weltsch zusammenbrachte. 232

1] *die M.]* Nicht ermittelt. 233

1] *19. XII ... Lateiner.]* Das Datum hat Kafka vermutlich nachträglich in den nach Beginn eines Absatzes freigebliebenen Raum eingefügt. Die Aufführung von ›David's Geige‹ fand laut Anzeige im ›Prager Tagblatt‹ vom 19. Dezember 1911 am selben Abend im Café Savoy statt (AA Nr. 350, S. 4). 234

2] *wie in den Träumen ... Gymnasialzeit]* Vgl. *Ich konnte daher ... überraschen werde* (S. **260–261**).

3] *Packhadern]* »Hadern«, österr. und süddt. für »Lumpen«.

4] *Fräulein Weltsch]* Wahrscheinlich Lise Weltsch (1889 bis 1974), eine Cousine von Kafkas Freund Felix Weltsch. Ihr Vater, Dr. Theodor Weltsch, war Vorstandsmitglied des ›Centralvereins zur Pflege jüdischer Angelegenheiten‹, ihr Bruder Robert war 1911 Leiter des Vereins jüdischer Hochschüler ›Bar-Kochba‹. Lise Weltsch gehörte zum Vorstand des ›Klubs jüdischer Frauen und Mädchen‹. – Daß auch Felix Weltschs Schwester Elizabeth (vgl. S. **241**) gemeint sein könnte, läßt sich nicht mit letzter Sicherheit ausschließen.

5] *Frau T.]* Frau Tschisik, siehe Kommentar **65** 1.

1] *wie der Onkel in Madrid]* Alfred Löwy (1852–1923), ein Bruder Julie Kafkas, war Direktor einer spanischen Eisenbahngesellschaft und lebte in Madrid. 236

2] *Onkel Rudolf]* Rudolf Löwy (1861–1921), ein Halbbruder von Julie Kafka. Er war Buchhalter einer Prager Brauerei, trat aus Überzeugung zum Katholizismus über und galt als Sonderling der Familie (siehe auch 3:**204**f.: *Die Ähnlichkeit mit O.R. ...*).

237-239 1] *Abends bei Max ... gekauft]* Unter dem Titel ›Neue Farbenlithographien von Willy Nowak‹ schreibt das ›Prager Tagblatt‹ einen Tag später, am 24. Dezember 1911: »Willi Nowak, der große Künstler unserer Heimat, hat eben jetzt wieder vier farbige Lithographien geschaffen, die die Größe dieses Meisters aufs neue bezeugen. Es sind vier Stücke von seltener Vollendung und altmeisterlicher Harmonie. Der ›Spaziergang‹ namentlich wird alle Kenner entzücken. Das ›Mädchen mit Äpfeln‹ zeigt seine delikate Farbengebung, das Porträt Max Brods seine fabelhafte Noblesse, die ›Badenden Mädchen‹ eine Grazie der Formen, die an die großen Franzosen gemahnt. Alle vier Blätter sind in unserer Bilderausstellung zu sehen und in der Kunsthandlung Hübscher (Elisabethstraße) käuflich zu erwerben.« (MA Nr. 355, S. 12).

239 1] *Werfels Gedichte]* Franz Werfels bereits am 19. Oktober im ›Börsenblatt für den deutschen Buchhandel‹ (Nr. 244, S. 12414) angekündigte Lyriksammlung ›Der Weltfreund‹ war in der ersten Dezemberhälfte erschienen (Berlin 1911).

2] *Weltsch]* Felix Weltsch (1884–1964), den mit Max Brod eine »Kinder- und Schulfreundschaft« verband, lernte Kafka vermutlich bereits 1903 kennen, entweder im Brentanisten-Kreis, dem beide angehörten, oder durch Vermittlung Brods: »Das Triumvirat Kafka, Weltsch, Brod wurde geschlossen.« (M. Brod, ›Der Prager Kreis‹, a.a.O., S. 35 u. 36).

240 1] *»Orient«]* Café und Kinematographen-Theater gleichen Namens im Haus Hibernergasse 20.

2] *M.]* Max Brod.

3] *bei Baum]* Oskar Baum, siehe auch Kommentar **176**3.

241 1] *W.]* Felix Weltsch.

2] *die Stimme seiner Schwester]* Elizabeth Weltsch (1888 bis 1944), genannt Betty.

3] *meines Neffen]* Felix Hermann. **241**

4] *Ein kleiner ... Austerlitz]* Lev Austerlitz, Rabbiner der jüdischen Gemeinde Prags.

5] *Moule]* Jiddisch für »Beschneider« (hebr. »mohel«; die jidd. Lautform in Prag eigtl. »mojel«, in Westböhmen »mou(h)el«).

1] *Beschneidung in ... zu einander.]* Die beiden Tagebuchein- **245-247**
tragungen halten offenbar Erzählungen Jizchak Löwys fest (vgl. Kommentar **156–157** 2), die durch Kafkas Bericht über die Feier anläßlich der Beschneidung seines Neffen angeregt wurden.

2] *das Schema Israel]* Hebräisch für »Höre Israel«; nach den **245**
Anfangsworten von 5. Moses 6, 4–9 benanntes jüdisches Hauptgebet, meistens um 5. Moses 11, 13–21 und 4. Moses 15, 37–41 erweitert.

1] *Ich heiße ... Mutterseite]* Adam Porias (1794–1862), dessen **247**
Name jiddisch ›Amschel Brias‹ lautete (Hartmut Binder, ›Die Kafkas‹. In: Ders. (Hrsg.), ›Kafka-Handbuch‹. Bd. 1: ›Der Mensch und seine Zeit‹. Stuttgart 1979, S. 110).

2] *Mutter meiner Mutter]* Esther Löwy, geb. Porias (1830 bis 1859).

3] *Groß-Mutter]* Sara Porias, geb. Levit (?–1860).

1] *Onkel Nathan]* Nathan Porias (1824–?). **248**

2] *gegen Stern zu]* Stern, in westlicher Richtung außerhalb Prags in einem Park gelegenes Schloß, in Form eines Sternes im Renaissance-Stil gebaut.

3] *»Blümale oder die Perle von Warschau.«]* Joseph Latteiners ›Blümale‹ wurde von der Lemberger Schauspielgesellschaft am 25. Dezember 1911 mit Frau Tschisik in der Titelrolle im Café Savoy aufgeführt (angekündigt im ›Prager Tagblatt‹ vom 24. Dezember 1911; MA Nr. 355, S. 61).

4] *Fräul. T.]* Elsa Taussig.

1] *Fortsetzung ... herbei.]* Fortsetzung der Eintragungen *Was* **249-250** *ich ... und trägt.* (S. **243–245**) und *Goethe ... erfreuen.* (S. **247**). Siehe hierzu auch *Schema ... gefühlt hat* (S. **253**).

250 1] *der Brückenkreuzer]* Auf allen Brücken Prags, mit Ausnahme der Karlsbrücke, wurde ein Brückengeld erhoben: »(...) der Brückenkreuzer ist eine Unbequemlichkeit für die Reichen, eine empfindliche Ausgabe für die Armen. Jedesmal, wenn man in Prag eine Brücke schlägt, so schlägt man dem modernen Verkehrswesen ein Schnippchen und die Logik aufs Haupt, indem man je ein Mauthäuschen an die Brükkenenden setzt.« (Egon Erwin Kisch, ›Geschichten vom Brückenkreuzer‹. Zitiert nach: Ders., ›Aus Prager Gassen ...‹, a.a.O., S. 38).

250-251 2] *Ein Verzeichnis ... anhalten.]* Die von ihm angegebenen Seitenzahlen (vgl. S. **254** und **255**) zeigen, daß Kafkas Tagebucheintragungen zu ›Dichtung und Wahrheit‹ auf der Lektüre der Tempel-Klassiker Ausgabe beruhen: ›Dichtung und Wahrheit: Erster und zweiter Teil‹; ›Dichtung und Wahrheit: Dritter und vierter Teil‹. Goethes Sämtliche Werke, Bd. 11 u. 12. Hrsg. v. Julius Zeitler. Berlin u. Leipzig 1910. Siehe auch *jene lebendigen ... Wälder«* (S. **254**) und *Goethe: ... grenzenlos.* (2:**33**).

251-252 1] *Tante Julie]* Hermann Kafkas Schwester Julie Ehrmann (1855–1921) aus Strakonitz (Anthony Northey, ›Kafkas Mischpoche‹, a.a.O., S. 61f.). – Zu Kafkas Beschreibung *Sie hat auch das riesige ... gefärbt* (S. **251**f.) vgl. die Photographie in WB 95.

252 1] *Ein unglücklicher ... hervorbringen könnte]* Vermutlich im Zusammenhang zu sehen mit der Eintragung auf Kafkas Notizblock (vgl. Kommentar **217** 1): *Auch im Kinde nicht glücklich.*

253 1] *Schema ... gefühlt hat]* Bezieht sich auf die Eintragungen *Was ich durch Löwy ...* (S. **243**), *Goethe hält durch ...* (S. **247**) und *Fortsetzung ...* (S. **249**).

2] *Die Qual, ... einschränkt.]* Die in der Eintragung *Mein Va-* 253-254
ter ... und schwieg. (S. **227–228**) beschriebene Auseinandersetzung hatte offenbar Kafkas Zusage zur Folge, sich nachmittags (das heißt nach seinem Dienst in der AUVA) um die Asbestfabrik der Familie zu kümmern.

3] *bei der komissionellen Besichtigung]* Die Besichtigung fand 253
offenbar im Zusammenhang mit dem Genehmigungsverfahren statt, das durch den Antrag auf »Errichtung einer offenen Handelsgesellschaft« vom 18. Dezember 1911 beim Prager k.k. Handelsgericht eröffnet wurde (vgl. auch Anthony Northey, ›The American Cousins and the Prager Asbestwerke‹. In: ›The Kafka Debate‹. Hrsg. v. A. Flores. New York 1977, S. 133ff.).

1] *ich bin nur ... Leistung.]* Bezieht sich auf Kafkas Tätigkeit 254
und seinen Vorgesetzten in der AUVA, Oberinspektor Eugen Pfohl (vgl. Kommentar **26**4). In einem Brief vom 14./15. März 1913 an Felice Bauer schreibt Kafka dazu: (...) *mein Chef im Bureau in seiner unbedingten Festigkeit gibt mir Kraft, ich kann ihm nicht folgen aber bis zu einer gewissen Grenze ihn bewußt, bis zu einer weitern Grenze unbewußt nachahmen und weiterhin ihm wenigstens nachsehn und daran mich halten* (...) (KKAB2 Nr. 466).

2] *jene lebendigen ... Wälder«]* Kafka zitiert nach der Tempel-Klassiker Ausgabe: ›Dichtung und Wahrheit: Erster und zweiter Teil‹, a.a.O., S. 265. Siehe auch die Eintragung *Ein Verzeichnis ... anhalten.* (S. **250–251**) sowie Kommentar **250–251**2.

1] *Goethe: ... hinübergezogen.«]* Zitiert nach ›Dichtung und 255
Wahrheit: Erster und zweiter Teil‹, a.a.O., S. 307.

1] *Am Morgen ... M. vorlesen könnte.]* Vgl. die Eintragung 257-258
Silvester. ... (S. **263**ff.).

2] *M.]* Max Brod. 257

1] *So habe ich allerdings ... erinnert haben. –]* Hugo Bergmann 258-259 (siehe Kommentar **178–179**3) bestätigt die Diskussion über *Gott und seine Möglichkeit* in seinen ›Erinnerungen an Franz Kafka‹. In: ›Exhibition Franz Kafka‹. Katalog. Hrsg. von Reuben Klingsberg. Jerusalem 1969, S. 8ff. und auch EaFK 20.

258 2] *»die christliche Welt«]* ›Die christliche Welt‹, das 1887 gegründete ›Evangelische Gemeindeblatt für Gebildete aller Stände‹.

259-263 1] *Während ich mich aber ... keiner seiner Kundschaften.]* Auf Kafkas Notizblock (vgl. Kommentar **217**1) findet sich hierzu die Eintragung: *ich hatte schlechte Kleider.*

259 2] *Nusle]* Südöstlich von Prag gelegener Vorort (1922 als Prager Stadtteil eingemeindet).

263 1] *Viel gelesen ... Guten.]* ›Die Neue Rundschau‹; 23. Jg., Heft 1 (Januar 1912): Emil Strauß, ›Der nackte Mann‹. Erstes und zweites Kapitel, S. 80ff.; Gerhart Hauptmann, ›Gabriel Schillings Flucht‹, S.1ff.

2] *Silvester ... zustande.]* Vgl. die Eintragung *Am Morgen ...* (S. **257**).

264 1] *R. u. S.]* ›Richard und Samuel‹, siehe Kommentar **127** bis **131**2.

2] *Silvester bei Čada.]* Das gegenüber dem Neuen deutschen Theater gelegene Stadtpark-Restaurant (Mariengasse, Ecke Bredauergasse), Ende 1910 neu eröffnet, wurde von Karl Čáda geleitet. Auch Kafkas Notizblock (siehe Kommentar **217**1) hält den Namen des Pächters als Stichwort fest.

3] *Weltsch, Kisch]* Felix Weltsch und wahrscheinlich Egon Erwin Kisch (Paul Kisch, der mit Kafka befreundete ältere Bruder, hielt sich Weihnachten und Silvester 1911 in Wien auf).

4] *Die Flammen ... aufwärts trieben.]* Ausformulierung der auf Kafkas Notizblock (vgl. Kommentar **217**1) enthaltenen Eintragung: *Farrenkräuter Feuer.*

1] *Ceres]* Markenname für Fruchtsäfte der Lebensmittelwerke ›Ceres‹ aus Ringelshain in Böhmen. **265**

2] *daß ich Sonntag ... teilnehmen konnte]* Bezieht sich auf das geplante gegenseitige Vorlesen am Silvestertag, der 1911 auf einen Sonntag fiel (vgl. auch *Am Morgen ...* (S. **257**); *Außerdem stört ...* (S. **258**) und *Silvester. ...* (S. **263**). **265**

3] *In einer Selbstbiographie ... berührt.]* Offenbar eine Reflexion über die Verwendung von *öfters* in der Eintragung *Während ich ...* (S. **258**). Kafkas Notizblock (vgl. Kommentar **217**1) enthält die Eintragung: *das öfters in Tagebüchern.* **265-266**

Nachbemerkung von Hans-Gerd Koch

Franz Kafkas Tagebuchaufzeichnungen sind in zwölf Heften von Quartformat und zwei Konvoluten loser Blätter (die ursprünglich zu einem weiteren Heft gehörten) überliefert. Mit Unterbrechungen erstrecken sich diese Aufzeichnungen vom Sommer 1909 bis zum Sommer 1923; der vorliegende Band der Taschenbuchausgabe enthält die Eintragungen der ersten vier Hefte, die bis zu den ersten Januartagen des Jahres 1912 reichen.

Auf die Entstehungszeit der ersten Tagebucheintragungen gibt ein kulturelles Ereignis des Frühjahrs 1909 einen Hinweis: Im Rahmen der Prager Maifestspiele gab das kaiserlich-russische Ballett vom Marien-Theater in St. Petersburg ein vielbeachtetes Gastspiel. Der Auftritt vom 24. Mai schloß mit einem »Zigeunertanz«, den die »hinreißend rassige Eduardowa ... da capo tanzen mußte«, wie ein Kritiker tags darauf schrieb. Um die Wiederholung des »Czardas« bittet auch Kafka in einem Traum, den er im Anschluß an fünf kürzere Notizen noch auf der ersten Seite seines ersten Tagebuchheftes aufzeichnet.

Mit dem nachweisbaren Auftritt der Eduardowa ist zwar ein Anhaltspunkt für die Entstehungszeit der ersten, undatierten Eintragungen gegeben, eine eindeutige zeitliche Fixierung wird allerdings durch die Bemerkung Kafkas in einem Brief an Felice Bauer vom 17./18. Januar 1913 eingeschränkt, er habe von diesem Auftritt noch monatelang geträumt (KKAAB2 Nr. 398). Man kann aber davon ausgehen, daß die Aufzeichnungen im Sommer 1909, vermutlich bald nach dem 24. Mai, entstanden sind, eine Annahme, die durch

Erinnerungen Max Brods gestützt wird. In seiner Biographie Kafkas berichtet er von einer schriftstellerischen Schaffenskrise des Freundes im Sommer 1909, aus der er ihm mit der Idee, nach Art eines »sportlichen Zweikampfs« parallel über Erlebtes und Beobachtetes zu schreiben, herausgeholfen habe. Resultat dieses Wettkampfs war zum einen der Beginn von Kafkas Tagebuchaufzeichnungen, zum anderen die Publikation der gleichzeitig entstandenen Arbeiten der beiden Freunde über das Flugtreffen in Brescia im Anschluß an die gemeinsame Italienreise im Spätsommer des Jahres. Beides verbucht Brod zurecht als Ergebnis seines Ratschlags, wie es wohl auch der von ihm vermittelten Erfahrung zuzuschreiben ist, daß Kafka fortan bei literarischen Schreibblockaden immer wieder zum Tagebuch greift, um sich dort »durch ein wenig Schreiben« aufzulockern (Eintragung vom 20. August 1911, S. 33).

Das erste Datum setzt Kafka auf der neunten Seite seines ersten Tagebuchheftes – nachträglich – über eine Eintragung, die mit der »Kometennacht« ein Ereignis vom Mai 1910 zum Inhalt hat (S. 16). Inzwischen hat er begonnen, noch ein weiteres, für die Aufnahme rein fiktionaler Texte bestimmtes Heft zu führen, in dem sich als erstes der im November 1909 entstandene und später ›Unglücklichsein‹ betitelte Text findet. Entsprechend den ihnen zugewiesenen unterschiedlichen Funktionen, dienen die beiden Hefte zunächst gleichzeitig der Aufnahme von Eintragungen, bevor schließlich ein Jahr später auch das zweite Heft zum Tagebuchheft wird, und zwar durch Aufzeichnungen über besuchte Veranstaltungen, zu denen Kafka dann folgerichtig, als er den veränderten Charakter der Niederschriften bemerkt, Daten nachträgt. Dieses nunmehr zweite Tagebuchheft benutzt er bis März 1911 abwechselnd mit dem ersten Heft. Danach wird es – seiner ursprünglichen Bestimmung entsprechend – wieder zum literarischen Arbeitsheft, während Kafka die eigentlichen Tagebucheintragungen im ersten und anschließend im dritten Heft fortsetzt.

An den ersten beiden Heften läßt sich nachvollziehen, wie Kafka langsam zu seinem Tagebuchstil findet: Über erste Eintragungen, in denen er Eindrücke und Erlebtes in literarischer Umformung festhält, und den Versuch, datierte diaristische Notizen und fiktionale Aufzeichnungen durch die Benutzung verschiedener Hefte voneinander zu trennen, gelangt er zu einer Mischform, in der sich beides abwechselnd und nebeneinander findet. In ähnlicher Weise bildet sich aus den verschiedenen Formen der Datierung sowie der graphischen Anordnung der Notizen schließlich eine weitgehend einheitliche Form der Aufzeichnung heraus. Diesen einheitlicheren Charakter nehmen Kafkas Aufzeichnungen ab etwa Mitte Dezember 1910 an; für gewöhnlich datiert er jetzt seine Eintragungen sofort, und auch der kurze Querstrich zur Abtrennung beginnt die Regel zu werden. Allerdings führt Kafka zunächst noch in unregelmäßigen Abständen Tagebuch. Erst die täglichen Reiseaufzeichnungen während der gemeinsamen Sommerreise mit Max Brod im Jahr 1911 – wiederum führen die Freunde eine Art Wettstreit (vgl. im Band ›Reisetagebücher‹ S. 19ff. und 117ff.) – haben dann offenbar zur Folge, daß Kafka nach seiner Rückkehr auch in Prag regelmäßig Erlebnisse und Beobachtungen im Tagebuch festhält. So füllt er etwa die 88 Seiten seines dritten Tagebuchheftes in knapp vier Wochen, wobei ihm die Schauspieler einer in Prag gastierenden jiddischen Theatertruppe, von deren Darbietungen er fasziniert ist, reichlich Stoff für seine Aufzeichnungen liefern.

Das vierte Tagebuchheft beginnt Kafka nach dreitägiger Unterbrechung mit dem neuerlichen Versuch, seinen Aufzeichnungen eine andere graphische Gestalt zu geben, den er aber bereits nach der ersten Seite wieder aufgibt (S. 211). Nach seinem einleitenden Hinweis auf die Unterbrechung trägt er zunächst unter dem entsprechenden Tagesdatum die Ereignisse der übersprungenen Tage nach. Damit ist ein Anhaltspunkt für eine Vorgehensweise Kafkas gegeben, nach der er zumindest gelegentlich verfährt und die sich auch anhand eines überlieferten Notizblocks rekonstruieren läßt: die hier enthaltenen, kurzen, stichwortartigen Notizen haben als Quelle für die im vierten (und später auch im fünften) Heft einige Tage später ausformulierten Eintragungen gedient. Die literarisierende Form dieser Ausarbeitungen macht deutlich, daß das Tagebuch selbst inzwischen zu einer Art literarischem Projekt geworden ist, das neben den im Entstehen begriffenen eigentlichen Werken kontinuierlich fortgeführt wird. Nach einigen Versuchen, was Inhalt und Form der Aufzeichnungen anbelangt, hat Kafka schließlich zu jener für ihn typischen Art des Tagebuchschreibens gefunden, die er fortan beibehält und weiterentwickelt.

1883	Franz Kafka wird am 3. Juli als erstes Kind des Kaufmanns Hermann Kafka und seiner Frau Julie, geb. Löwy, in Prag geboren.
1889–1901	Besuch der Volksschule am Fleischmarkt, ab 1893 des Altstädter Deutschen Gymnasiums. Im Sommer 1901 Abitur.
1901–1906	Studium an der Deutschen Universität in Prag; zunächst Besuch von Veranstaltungen in Chemie, Germanistik und Kunstgeschichte, dann Entscheidung für das Jura-Studium.
1902	Im Oktober erste Begegnung mit Max Brod.
1904	Beginn der Arbeit an der ersten Fassung von ›Beschreibung eines Kampfes‹.
1906	Im Juni Promotion zum Doktor der Rechte.
1906–1907	Rechtspraktikum am Landes- und am Strafgericht.
1907	Beginn der Arbeit an der ersten Fassung von ›Hochzeitsvorbereitungen auf dem Lande‹.
1907–1908	Anstellung bei der Versicherungsgesellschaft *Assicurazioni Generali* in Prag.
1908	Im März erste Veröffentlichung: In der Zweimonatsschrift ›Hyperion‹ erscheinen kleine Prosastücke unter dem Titel ›Betrachtung‹; am 30. Juli Eintritt in die *Arbeiter-Unfall-Versicherungs-Anstalt für das Königreich Böhmen in Prag.*
1909	Im Frühsommer Beginn der Eintragungen ins erste Tagebuchheft; im September Reise mit Max und Otto Brod nach Norditalien; es ent-

steht der kurz darauf in der Prager Tageszeitung ›Bohemia‹ publizierte Bericht ›Die Aeroplane in Brescia‹; im Herbst Arbeit an der zweiten Fassung von ›Beschreibung eines Kampfes‹.

1910 Ende März erscheint eine Auswahl kürzerer Prosatexte unter dem Titel ›Betrachtungen‹ in der ›Bohemia‹; im Oktober Reise mit Max und Otto Brod nach Paris.

1911 Im Sommer Reise mit Max Brod in die Schweiz, nach Norditalien und Paris; Ende September Aufenthalt im Sanatorium Erlenbach bei Zürich; Begegnung mit einer mehrere Monate in Prag gastierenden jiddischen Schauspieltruppe.

1912 Im Sommer Reise mit Max Brod nach Leipzig und Weimar, anschließend Aufenthalt im Naturheilsanatorium *Jungborn* bei Stapelburg im Harz; im August erste Begegnung mit der Berlinerin Felice Bauer in Prag, im September Beginn der Korrespondenz mit ihr; es entstehen u. a. die Erzählungen ›Das Urteil‹ und ›Die Verwandlung‹, und Kafka beginnt mit der Niederschrift des Romans ›Der Verschollene‹ (von Max Brod erstmals 1927 unter dem Titel ›Amerika‹ herausgegeben); unter dem Titel ›Betrachtung‹ erscheint im Dezember Kafkas erstes Buch (Ernst Rowohlt Verlag, Leipzig).

1913 Reger Briefwechsel mit Felice Bauer; Ende Mai erscheint ›Der Heizer. Ein Fragment‹ (das erste Kapitel des Romans ›Der Verschollene‹) im Kurt Wolff Verlag in der Buchreihe ›Der jüngste Tag‹, im Juni ›Das Urteil‹ im Jahrbuch ›Arkadia‹; im September Reise nach Wien, Venedig und Riva.

1914 Am 1. Juni offizielle Verlobung mit Felice Bauer in Berlin, am 12. Juli Entlobung; im Juli Reise über Lübeck nach Marielyst; Anfang August Beginn der Niederschrift des Romans ›Der Proceß‹; während der damit einsetzenden Schaffensphase entsteht u. a. die Erzählung ›In der Strafkolonie‹.

1915 Im Januar erste Begegnung mit Felice Bauer nach der Entlobung; ›Die Verwandlung‹ erscheint im Oktoberheft der Zeitschrift ›Die Weißen Blätter‹; Carl Sternheim gibt die Preissumme des ihm verliehenen Fontane-Preises »als Zeichen seiner Anerkennung« an Kafka weiter.

1916 Erneute engere Beziehung zu Felice Bauer, im Juli gemeinsamer Urlaub in Marienbad; Entschluß zur erneuten Verlobung; Beginn der Aufzeichnungen in Oktavheften; in der Buchreihe ›Der jüngste Tag‹ des Kurt Wolff Verlags erscheint im November ›Das Urteil‹.

1916–1917 Viele kurze Texte (vor allem die später in den Band ›Ein Landarzt‹ aufgenommenen) entstehen in Kafkas Arbeitsdomizil in der Alchimistengasse auf dem Hradschin.

1917 Im August erste Anzeichen einer Lungenerkrankung, am 4. September Diagnose einer Lungentuberkulose; im Dezember Lösung der zweiten Verlobung.

1917–1918 Genesungsurlaub im nordböhmischen Zürau auf einem von Ottla Kafka bewirtschafteten Bauernhof; Entstehung vieler Aphorismen.

1919 Im Sommer Verlobung mit Julie Wohryzek; ›In der Strafkolonie‹ erscheint im Herbst bei Kurt

Wolff; im November entsteht der ›Brief an den Vater‹.

1920 Im April Genesungsurlaub in Meran; Beginn des Briefwechsels mit Milena Pollak (geb. Jesenská); im Frühjahr erscheint bei Kurt Wolff der Band ›Ein Landarzt. Kleine Erzählungen‹; im Juli Lösung des Verlöbnisses mit Julie Wohryzek.

1920–1921 Kuraufenthalt in Matliary in der Hohen Tatra (von Mitte Dezember 1920 bis August 1921).

1922 Von Ende Januar bis Mitte Februar Aufenthalt in Spindelmühle im Riesengebirge; Beginn der Niederschrift des Romans ›Das Schloß‹; außerdem entsteht u. a. ›Ein Hungerkünstler‹; am 1. Juli wird Kafka pensioniert; von Ende Juni bis September Aufenthalt in Planá an der Luschnitz (Böhmerwald).

1923 Im Juli erste Begegnung mit Dora Diamant in Müritz an der Ostsee; im September Übersiedlung von Prag nach Berlin, Lebensgemeinschaft mit Dora Diamant; es entsteht u. a. der Text ›Eine kleine Frau‹.

1924 Verschlechterung des Gesundheitszustandes; im März Rückkehr nach Prag; ›Josefine, die Sängerin oder Das Volk der Mäuse‹ entsteht; im April Aufenthalt im Sanatorium Wiener Wald in Ortmann (Niederösterreich), später in der Klinik von Prof. Hajek in Wien, schließlich Sanatorium Dr. Hugo Hoffmann in Kierling bei Wien; Kafka beginnt mit der Satzkorrektur seines Bandes ›Ein Hungerkünstler‹; am 3. Juni stirbt Franz Kafka; er wird am 11. Juni auf dem jüdischen Friedhof in Prag-Straschnitz bestattet.

Register

Zusammengestellt von
Roger Hermes, Waltraud John,
Anita Widera und Andreas Wittbrodt

Für die vier Tagebuchbände dieser Ausgabe werden folgende Siglen verwendet:

1 = ›Tagebücher, Band 1: 1909–1912‹
2 = ›Tagebücher, Band 2: 1912–1914‹
3 = ›Tagebücher, Band 3: 1914–1923‹
R = ›Reisetagebücher‹

Mit * versehene Seitenzahlen verweisen auf einen erschlossenen, in dieser Form nicht im Text stehenden Eintrag; kursive Angaben verweisen auf Fundstellen im jeweiligen Kommentar.

Chronologisch geordnetes Verzeichnis der datierten Tagebuch- und Reisetagebucheintragungen

1911	19. Januar	»Zweites Heft«	**1**: 114
	Jan./Feb.	»Reisen Januar/Februar 1911«	**R**: 11
	19. Februar	»Erstes Heft«	**1**: 26 u. 27
	20. Februar	»Zweites Heft«	**1**: 116
	21. Februar	»Zweites Heft«	**1**: 117
	26. März	»Zweites Heft«	**1**: 124
	28. März	»Erstes Heft«	**1**: 27
	15. August	»Erstes Heft«	**1**: 32
	20. August	»Erstes Heft«	**1**: 33
	24. August	»Erstes Heft«	**1**: 34
	26. August	»Erstes Heft«	**1**: 34
	26. August	»Reise August/September 1911«	**R**: 21
	28. August	»Reise August/September 1911«	**R**: 29
	29. August	»Reise August/September 1911«	**R**: 30
	30. August	»Reise August/September 1911«	**R**: 31
	31. August	»Reise August/September 1911«	**R**: 31
	1. September	»Reise August/September 1911«	**R**: 31 u. 37
	2. September	»Reise August/September 1911«	**R**: 35
	3. September	»Reise August/September 1911«	**R**: 36
	4. September	»Reise August/September 1911«	**R**: 37
	5. September	»Reise August/September 1911«	**R**: 42
	6. September	»Reise August/September 1911«	**R**: 43
	7. September	»Reise August/September 1911«	**R**: 43
	8. September	»Reise August/September 1911«	**R**: 43
	11. September	»Reise August/September 1911«	**R**: 75
	20. September	»Reise August/September 1911«	**R**: 56
	26. September	»Erstes Heft«	**1**: 35
	27. September	»Erstes Heft«	**1**: 36
	29. September	»Erstes Heft«	**1**: 36
	30. September	»Erstes Heft«	**1**: 38
	1. Oktober	»Erstes Heft«	**1**: 40
	2. Oktober	»Erstes Heft«	**1**: 42
	3. Oktober	»Erstes Heft«	**1**: 44
	4. Oktober	»Erstes Heft«	**1**: 46
	5. Oktober	»Erstes Heft«	**1**: 47
	6. Oktober	»Erstes Heft«	**1**: 50

1911	8. Oktober	»Erstes Heft«	**1**: 53
	9. Oktober	»Erstes Heft«	**1**: 57
	10. Oktober	»Erstes Heft«	**1**: 60
	12. Oktober	»Erstes Heft«	**1**: 61
	13. Oktober	»Erstes Heft«	**1**: 61
	14. Oktober	»Erstes Heft«	**1**: 64
	16. Oktober	»Erstes Heft«	**1**: 67 u. 75
	17. Oktober	»Erstes Heft«	**1**: 70
	19. Oktober	»Erstes Heft«	**1**: 72
	20. Oktober	»Erstes Heft«	**1**: 71
	21. Oktober	»Erstes Heft«	**1**: 76
	22. Oktober	»Erstes Heft«	**1**: 77
	23. Oktober	»Erstes Heft«	**1**: 79
	24. Oktober	»Erstes Heft«	**1**: 81
	26. Oktober	»Drittes Heft«	**1**: 153
	27. Oktober	»Drittes Heft«	**1**: 156
	28. Oktober	»Drittes Heft«	**1**: 158
	29. Oktober	»Drittes Heft«	**1**: 160
	30. Oktober	»Drittes Heft«	**1**: 164
	31. Oktober	»Drittes Heft«	**1**: 166
	1. November	»Drittes Heft«	**1**: 168
	2. November	»Drittes Heft«	**1**: 172
	3. November	»Drittes Heft«	**1**: 173
	5. November	»Drittes Heft«	**1**: 176
	7. November	»Drittes Heft«	**1**: 181
	8. November	»Drittes Heft«	**1**: 183
	9. November	»Drittes Heft«	**1**: 186
	11. November	»Drittes Heft«	**1**: 188
	12. November	»Drittes Heft«	**1**: 190
	13. November	»Drittes Heft«	**1**: 193
	14. November	»Drittes Heft«	**1**: 193
	15. November	»Drittes Heft«	**1**: 195
	16. November	»Drittes Heft«	**1**: 196
	18. November	»Drittes Heft«	**1**: 196
	19. November	»Drittes Heft«	**1**: 197
	20. November	»Drittes Heft«	**1**: 201

1911	21. November	»Drittes Heft«	**1**: 203
	22. November	»Drittes Heft«	**1**: 204
	23. November	»Drittes Heft«	**1**: 206
	24. November	»Drittes Heft«	**1**: 206
	25. November	»Viertes Heft«	**1**: 211
	26. November	»Viertes Heft«	**1**: 211
	28. November	»Viertes Heft«	**1**: 211
	29. November	»Viertes Heft«	**1**: 214
	3. Dezember	»Viertes Heft«	**1**: 217
	8. Dezember	»Viertes Heft«	**1**: 219
	9. Dezember	»Viertes Heft«	**1**: 223
	10. Dezember	»Viertes Heft«	**1**: 224
	13. Dezember	»Viertes Heft«	**1**: 225
	14. Dezember	»Viertes Heft«	**1**: 227
	17. Dezember	»Viertes Heft«	**1**: 229
	18. Dezember	»Viertes Heft«	**1**: 232
	19. Dezember	»Viertes Heft«	**1**: 234
	23. Dezember	»Viertes Heft«	**1**: 236
	24. Dezember	»Viertes Heft«	**1**: 240
	25. Dezember	»Viertes Heft«	**1**: 243
	26. Dezember	»Viertes Heft«	**1**: 248
	27. Dezember	»Viertes Heft«	**1**: 252
	28. Dezember	»Viertes Heft«	**1**: 253
	29. Dezember	»Viertes Heft«	**1**: 254
	30. Dezember	»Viertes Heft«	**1**: 255
	31. Dezember	»Viertes Heft«	**1**: 257
1912	2. Januar	»Viertes Heft«	**1**: 260
	3. Januar	»Viertes Heft«	**1**: 263
	4. Januar	»Fünftes Heft«	**2**: 11
	5. Januar	»Fünftes Heft«	**2**: 12
	6. Januar	»Fünftes Heft«	**2**: 14
	7. Januar	»Fünftes Heft«	**2**: 15
	24. Januar	»Fünftes Heft«	**2**: 22
	26. Januar	»Fünftes Heft«	**2**: 23
	31. Januar	»Fünftes Heft«	**2**: 28

1912	4. Februar	»Fünftes Heft«	**2**: 28
	5. Februar	»Fünftes Heft«	**2**: 30
	8. Februar	»Fünftes Heft«	**2**: 33
	13. Februar	»Fünftes Heft«	**2**: 34
	25. Februar	»Fünftes Heft«	**2**: 34
	26. Februar	»Fünftes Heft«	**2**: 37
	27. Februar	»Fünftes Heft«	**2**: 39
	28. Februar	»Fünftes Heft«	**2**: 42
	2. März	»Fünftes Heft«	**2**: 47
	3. März	»Fünftes Heft«	**2**: 48
	5. März	»Fünftes Heft«	**2**: 49
	8. März	»Fünftes Heft«	**2**: 50
	10. März	»Fünftes Heft«	**2**: 51
	11. März	»Fünftes Heft«	**2**: 53
	12. März	»Fünftes Heft«	**2**: 57
	16. März	»Fünftes Heft«	**2**: 58
	17. März	»Fünftes Heft«	**2**: 60
	18. März	»Fünftes Heft«	**2**: 61
	22. März	»Fünftes Heft«	**2**: 61
	24. März	»Fünftes Heft«	**2**: 62
	25. März	»Fünftes Heft«	**2**: 63
	26. März	»Fünftes Heft«	**2**: 63
	27. März	»Fünftes Heft«	**2**: 63
	28. März	»Fünftes Heft«	**2**: 63
	29. März	»Fünftes Heft«	**2**: 64
	1. April	»Fünftes Heft«	**2**: 64
	3. April	»Fünftes Heft«	**2**: 64
	6. April	»Fünftes Heft«	**2**: 64
	6. Mai	»Sechstes Heft«	**2**: 69
	9. Mai	»Sechstes Heft«	**2**: 70
	22. Mai	»Sechstes Heft«	**2**: 71
	23. Mai	»Sechstes Heft«	**2**: 71
	25. Mai	»Sechstes Heft«	**2**: 72
	27. Mai	»Sechstes Heft«	**2**: 72
	1. Juni	»Sechstes Heft«	**2**: 73
	2. Juni	»Sechstes Heft«	**2**: 73

1912	6. Juni	»Sechstes Heft«	**2**: 73
	7. Juni	»Sechstes Heft«	**2**: 74
	28. Juni	»Reise Juni/Juli 1912«	**R**: 81
	29. Juni	»Reise Juni/Juli 1912«	**R**: 82
	30. Juni	»Reise Juni/Juli 1912«	**R**: 83
	1. Juli	»Reise Juni/Juli 1912«	**R**: 86
	2. Juli	»Reise Juni/Juli 1912«	**R**: 86
	3. Juli	»Reise Juni/Juli 1912«	**R**: 87
	4. Juli	»Reise Juni/Juli 1912«	**R**: 88
	5. Juli	»Reise Juni/Juli 1912«	**R**: 89
	6. Juli	»Reise Juni/Juli 1912«	**R**: 91
	7. Juli	»Reise Juni/Juli 1912«	**R**: 93
	8. Juli	»Reise Juni/Juli 1912«	**R**: 95 u. **2**: 74
	9. Juli	»Reise Juni/Juli 1912«	**R**: 95 u. **2**: 74
	10. Juli	»Reise Juni/Juli 1912«	**R**: 97
	11. Juli	»Reise Juni/Juli 1912«	**R**: 97
	12. Juli	»Reise Juni/Juli 1912«	**R**: 98
	13. Juli	»Reise Juni/Juli 1912«	**R**: 99
	14. Juli	»Reise Juni/Juli 1912«	**R**: 99
	15. Juli	»Reise Juni/Juli 1912«	**R**: 100 u. 101
	16. Juli	»Reise Juni/Juli 1912«	**R**: 101
	19. Juli	»Reise Juni/Juli 1912«	**R**: 105
	20. Juli	»Reise Juni/Juli 1912«	**R**: 105
	22. Juli	»Reise Juni/Juli 1912«	**R**: 107
	7. August	»Sechstes Heft«	**2**: 75
	8. August	»Sechstes Heft«	**2**: 75
	9. August	»Sechstes Heft«	**2**: 76
	10. August	»Sechstes Heft«	**2**: 76
	11. August	»Sechstes Heft«	**2**: 76
	14. August	»Sechstes Heft«	**2**: 77
	15. August	»Sechstes Heft«	**2**: 77
	16. August	»Sechstes Heft«	**2**: 78
	20. August	»Sechstes Heft«	**2**: 78
	21. August	»Sechstes Heft«	**2**: 79
	30. August	»Sechstes Heft«	**2**: 80
	4. September	»Sechstes Heft«	**2**: 81

1912	5. September	»Sechstes Heft«	**2**: 81
	8. September	»Sechstes Heft«	**2**: 81
	11. September	»Sechstes Heft«	**2**: 82
	12. September	»Sechstes Heft«	**2**: 83
	15. September	»Sechstes Heft«	**2**: 83
	18. September	»Sechstes Heft«	**2**: 84
	19. September	»Sechstes Heft«	**2**: 85
	20. September	»Sechstes Heft«	**2**: 87
	23. September	»Sechstes Heft«	**2**: 101
	24. September	»Sechstes Heft«	**2**: 103
	25. September	»Sechstes Heft«	**2**: 103
1913	11. Februar	»Siebentes Heft«	**2**: 125
	12. Februar	»Siebentes Heft«	**2**: 126
	28. Februar	»Siebentes Heft«	**2**: 127
	2. Mai	»Achtes Heft«	**2**: 175
	3. Mai	»Achtes Heft«	**2**: 176
	4. Mai	»Achtes Heft«	**2**: 177
	24. Mai	»Achtes Heft«	**2**: 178
	5. Juni	»Achtes Heft«	**2**: 178
	21. Juni	»Achtes Heft«	**2**: 178
	1. Juli	»Achtes Heft«	**2**: 179
	2. Juli	»Achtes Heft«	**2**: 180
	3. Juli	»Achtes Heft«	**2**: 181
	19. Juli	»Achtes Heft«	**2**: 181
	20. Juli	»Achtes Heft«	**2**: 182
	21. Juli	»Achtes Heft«	**2**: 182 u. 183
	23. Juli	»Achtes Heft«	**2**: 187
	13. August	»Achtes Heft«	**2**: 187
	14. August	»Achtes Heft«	**2**: 188
	15. August	»Achtes Heft«	**2**: 189
	21. August	»Achtes Heft«	**2**: 191
	30. August	»Achtes Heft«	**2**: 193
	6. September	»Reise September 1913«	**R**: 111
	7. September	»Reise September 1913«	**R**: 112
	8. September	»Reise September 1913«	**R**: 113

1913	10. September	»Reise September 1913«	**R**: 111
	14. Oktober	»Achtes Heft«	**2**: 194
	15. Oktober	»Achtes Heft«	**2**: 194
	20. Oktober	»Achtes Heft«	**2**: 196
	21. Oktober	»Achtes Heft«	**2**: 198
	22. Oktober	»Achtes Heft«	**2**: 199
	26. Oktober	»Achtes Heft«	**2**: 199
	6. November	»Achtes Heft«	**2**: 201
	17. November	»Achtes Heft«	**2**: 202
	18. November	»Achtes Heft«	**2**: 203
	19. November	»Achtes Heft«	**2**: 203
	20. November	»Achtes Heft«	**2**: 204
	21. November	»Achtes Heft«	**2**: 204
	24. November	»Achtes Heft«	**2**: 205
	27. November	»Achtes Heft«	**2**: 209
	3. Dezember	»Achtes Heft«	**2**: 211
	4. Dezember	»Achtes Heft«	**2**: 211
	5. Dezember	»Achtes Heft«	**2**: 213
	8. Dezember	»Achtes Heft«	**2**: 213
	9. Dezember	»Achtes Heft«	**2**: 213
	10. Dezember	»Achtes Heft«	**2**: 214
	11. Dezember	»Achtes Heft«	**2**: 215
	12. Dezember	»Achtes Heft«	**2**: 216 u. 217
	14. Dezember	»Achtes Heft«	**2**: 218
	15. Dezember	»Achtes Heft«	**2**: 219
	16. Dezember	»Achtes Heft«	**2**: 219
	17. Dezember	»Achtes Heft«	**2**: 220
	18. Dezember	»Achtes Heft«	**2**: 221
	19. Dezember	»Achtes Heft«	**2**: 221
	20. Dezember	»Achtes Heft«	**2**: 221
1914	2. Januar	»Achtes Heft«	**2**: 222
	4. Januar	»Achtes Heft«	**2**: 222
	5. Januar	»Achtes Heft«	**2**: 223
	6. Januar	»Achtes Heft«	**2**: 224
	8. Januar	»Achtes Heft«	**2**: 225

1914	12. Januar	»Achtes Heft«	**2**: 225
	19. Januar	»Achtes Heft«	**2**: 226
	23. Januar	»Achtes Heft«	**2**: 227
	24. Januar	»Achtes Heft«	**2**: 228
	26. Januar	»Achtes Heft«	**2**: 229
	28. Januar	»Achtes Heft«	**2**: 230
	2. Februar	»Achtes Heft«	**2**: 231
	13. Februar	»Achtes Heft«	**2**: 233
	14. Februar	»Achtes Heft«	**2**: 235
	15. Februar	»Achtes Heft«	**2**: 236
	16. Februar	»Siebentes Heft«	**2**: 132
	20. Februar	»Achtes Heft«	**2**: 233
	21. Februar	»Achtes Heft«	**2**: 233
	22. Februar	»Siebentes Heft«	**2**: 132
	23. Februar	»Siebentes Heft«	**2**: 132
	8. März	»Siebentes Heft«	**2**: 132
	9. März	»Siebentes Heft«	**2**: 133
	15. März	»Siebentes Heft«	**2**: 140
	17. März	»Siebentes Heft«	**2**: 140
	27. März	»Siebentes Heft«	**2**: 141
	30. März	»Siebentes Heft«	**2**: 142
	5. April	»Siebentes Heft«	**2**: 142
	7. April	»Siebentes Heft«	**2**: 142
	8. April	»Siebentes Heft«	**2**: 142
	6. Mai	»Siebentes Heft«	**2**: 143
	27. Mai	»Siebentes Heft«	**2**: 145
	28. Mai	»Siebentes Heft«	**2**: 150
	29. Mai	»Siebentes Heft«	**2**: 151
	6. Juni	»Siebentes Heft«	**2**: 153
	12. Juni	»Siebentes Heft«	**2**: 158
	14. Juni	»Siebentes Heft«	**2**: 160
	19. Juni	»Siebentes Heft«	**2**: 160
	21. Juni	»Neuntes Heft«	**3**: 12
	24. Juni	»Siebentes Heft«	**2**: 161
	25. Juni	»Siebentes Heft«	**2**: 161
	30. Juni	»Siebentes Heft«	**2**: 163

1914	1. Juli	»Siebentes Heft«	**2**: 164
	5. Juli	»Siebentes Heft«	**2**: 164
	23. Juli	»Neuntes Heft«	**3**: 24
	27. Juli	»Neuntes Heft«	**3**: 25
	28. Juli	»Neuntes Heft«	**3**: 27
	29. Juli	»Neuntes Heft«	**3**: 30
	29. Juli	»Siebentes Heft«	**2**: 164
	30. Juli	»Neuntes Heft«	**3**: 32
	31. Juli	»Siebentes Heft«	**2**: 164
	1. August	»Siebentes Heft«	**2**: 165
	2. August	»Siebentes Heft«	**2**: 165
	3. August	»Siebentes Heft«	**2**: 165
	4. August	»Siebentes Heft«	**2**: 165
	5. August	»Siebentes Heft«	**2**: 166
	6. August	»Siebentes Heft«	**2**: 166 u. 167
	7. August	»Siebentes Heft«	**2**: 167
	11. August	»Siebentes Heft«	**2**: 168
	12. August	»Siebentes Heft«	**2**: 169
	15. August	»Siebentes Heft«	**2**: 169
	21. August	»Konvolute«	**3**: 37
	29. August	»Konvolute«	**3**: 37
	30. August	»Konvolute«	**3**: 37
	1. September	»Konvolute«	**3**: 38
	13. September	»Konvolute«	**3**: 38
	7. Oktober	»Konvolute«	**3**: 39
	15. Oktober	»Konvolute«	**3**: 39
	21. Oktober	»Konvolute«	**3**: 42
	25. Oktober	»Konvolute«	**3**: 42
	1. November	»Konvolute«	**3**: 42
	3. November	»Konvolute«	**3**: 43
	4. November	»Zehntes Heft«	**3**: 55
	12. November	»Zehntes Heft«	**3**: 56
	24. November	»Zehntes Heft«	**3**: 56
	25. November	»Zehntes Heft«	**3**: 57
	30. November	»Zehntes Heft«	**3**: 59
	2. Dezember	»Zehntes Heft«	**3**: 59

1914	5. Dezember	»Zehntes Heft«	**3**: 60
	8. Dezember	»Zehntes Heft«	**3**: 62
	9. Dezember	»Zehntes Heft«	**3**: 62
	13. Dezember	»Zehntes Heft«	**3**: 63
	14. Dezember	»Zehntes Heft«	**3**: 64
	15. Dezember	»Zehntes Heft«	**3**: 64
	19. Dezember	»Zehntes Heft«	**3**: 65
	20. Dezember	»Zehntes Heft«	**3**: 66
	23. Dezember	»Zehntes Heft«	**3**: 66
	26. Dezember	»Zehntes Heft«	**3**: 66
	27. Dezember	»Zehntes Heft«	**3**: 67
	31. Dezember	»Zehntes Heft«	**3**: 68
1915	4. Januar	»Zehntes Heft«	**3**: 68
	6. Januar	»Zehntes Heft«	**3**: 69
	17. Januar	»Zehntes Heft«	**3**: 69
	18. Januar	»Zehntes Heft«	**3**: 70
	19. Januar	»Zehntes Heft«	**3**: 71
	20. Januar	»Zehntes Heft«	**3**: 73
	24. Januar	»Zehntes Heft«	**3**: 73
	29. Januar	»Zehntes Heft«	**3**: 75
	30. Januar	»Zehntes Heft«	**3**: 76
	7. Februar	»Zehntes Heft«	**3**: 76
	9. Februar	»Zehntes Heft«	**3**: 77
	10. Februar	»Zehntes Heft«	**3**: 77
	14. Februar	»Zehntes Heft«	**3**: 78
	15. Februar	»Zehntes Heft«	**3**: 78
	16. Februar	»Zehntes Heft«	**3**: 79
	22. Februar	»Zehntes Heft«	**3**: 79
	25. Februar	»Zehntes Heft«	**3**: 79
	1. März	»Zehntes Heft«	**3**: 79
	11. März	»Zehntes Heft«	**3**: 80
	13. März	»Zehntes Heft«	**3**: 80
	14. März	»Zehntes Heft«	**3**: 81
	17. März	»Zehntes Heft«	**3**: 82
	23. März	»Zehntes Heft«	**3**: 82

1915	25. März	»Zehntes Heft«	**3**: 82
	9. April	»Zehntes Heft«	**3**: 83
	14. April	»Zehntes Heft«	**3**: 83
	27. April	»Zehntes Heft«	**3**: 83
	3. Mai	»Zelultes Heft«	**3**: 89
	4. Mai	»Zehntes Heft«	**3**: 89
	5. Mai	»Zehntes Heft«	**3**: 90
	14. Mai	»Zehntes Heft«	**3**: 91
	27. Mai	»Zehntes Heft«	**3**: 92
	13. September	»Elftes Heft«	**3**: 97
	14. September	»Elftes Heft«	**3**: 97
	16. September	»Elftes Heft«	**3**: 98
	28. September	»Elftes Heft«	**3**: 99
	29. September	»Elftes Heft«	**3**: 100
	30. September	»Elftes Heft«	**3**: 101
	1. Oktober	»Elftes Heft«	**3**: 101
	6. Oktober	»Elftes Heft«	**3**: 108
	7. Oktober	»Elftes Heft«	**3**: 110
	3. November	»Elftes Heft«	**3**: 111
	4. November	»Elftes Heft«	**3**: 112
	5. November	»Elftes Heft«	**3**: 112
	6. November	»Elftes Heft«	**3**: 113
	19. November	»Elftes Heft«	**3**: 114
	21. November	»Elftes Heft«	**3**: 115
	25. Dezember	»Elftes Heft«	**3**: 115
1916	19. April	»Elftes Heft«	**3**: 117
	20. April	»Elftes Heft«	**3**: 118
	11. Mai	»Elftes Heft«	**3**: 123
	2. Juni	»Elftes Heft«	**3**: 124
	19. Juni	»Elftes Heft«	**3**: 126
	3. Juli	»Elftes Heft«	**3**: 127
	4. Juli	»Elftes Heft«	**3**: 128
	5. Juli	»Elftes Heft«	**3**: 128
	6. Juli	»Elftes Heft«	**3**: 128
	13. Juli	»Elftes Heft«	**3**: 131

1916	14. Juli	»Elftes Heft«	**3**: 131
	15. Juli	»Elftes Heft«	**3**: 132
	19. Juli	»Elftes Heft«	**3**: 132
	20. Juli	»Elftes Heft«	**3**: 133
	21. Juli	»Elftes Heft«	**3**: 134
	22. Juli	»Elftes Heft«	**3**: 135
	21. August	»Elftes Heft«	**3**: 136
	27. August	»Elftes Heft«	**3**: 136
	8. Oktober	»Elftes Heft«	**3**: 138
	16. Oktober	»Elftes Heft«	**3**: 139
	18. Oktober	»Elftes Heft«	**3**: 139
	30. Oktober	»Elftes Heft«	**3**: 142
1917	6. April	»Elftes Heft«	**3**: 143
	29. Juli	»Elftes Heft«	**3**: 143
	30. Juli	»Elftes Heft«	**3**: 144
	31. Juli	»Elftes Heft«	**3**: 146
	1. August	»Elftes Heft«	**3**: 146
	2. August	»Elftes Heft«	**3**: 147
	3. August	»Elftes Heft«	**3**: 148
	4. August	»Elftes Heft«	**3**: 149
	5. August	»Elftes Heft«	**3**: 150
	6. August	»Elftes Heft«	**3**: 151
	7. August	»Elftes Heft«	**3**: 151
	8. August	»Elftes Heft«	**3**: 153
	9. August	»Elftes Heft«	**3**: 154
	10. August	»Elftes Heft«	**3**: 156
	15. September	»Zwölftes Heft«	**3**: 161
	18. September	»Zwölftes Heft«	**3**: 162
	19. September	»Zwölftes Heft«	**3**: 162
	21. September	»Zwölftes Heft«	**3**: 164
	22. September	»Zwölftes Heft«	**3**: 166
	25. September	»Zwölftes Heft«	**3**: 166
	28. September	»Zwölftes Heft«	**3**: 167
	8. Oktober	»Zwölftes Heft«	**3**: 168
	9. Oktober	»Zwölftes Heft«	**3**: 169

1917	14. Oktober	»Zwölftes Heft«	**3**: 169
	15. Oktober	»Zwölftes Heft«	**3**: 169
	21. Oktober	»Zwölftes Heft«	**3**: 170
	6. November	»Zwölftes Heft«	**3**: 170
	10. November	»Zwölftes Heft«	**3**: 170
1919	27. Juni	»Zwölftes Heft«	**3**: 171
	30. Juni	»Zwölftes Heft«	**3**: 172
	6. Juli	»Zwölftes Heft«	**3**: 172
	5. Dezember	»Zwölftes Heft«	**3**: 172
	8. Dezember	»Zwölftes Heft«	**3**: 172
	9. Dezember	»Zwölftes Heft«	**3**: 172
	11. Dezember	»Zwölftes Heft«	**3**: 172
1920	6. Januar	»Zwölftes Heft«	**3**: 173
	9. Januar	»Zwölftes Heft«	**3**: 173
	10. Januar	»Zwölftes Heft«	**3**: 173
	13. Januar	»Zwölftes Heft«	**3**: 175
	14. Januar	»Zwölftes Heft«	**3**: 175
	17. Januar	»Zwölftes Heft«	**3**: 176
	2. Februar	»Zwölftes Heft«	**3**: 178
	15. Februar	»Zwölftes Heft«	**3**: 179
	18. Februar	»Zwölftes Heft«	**3**: 181
	19. Februar	»Zwölftes Heft«	**3**: 183
	29. Februar	»Zwölftes Heft«	**3**: 185
1921	15. Oktober	»Zwölftes Heft«	**3**: 187
	16. Oktober	»Zwölftes Heft«	**3**: 187
	17. Oktober	»Zwölftes Heft«	**3**: 188
	18. Oktober	»Zwölftes Heft«	**3**: 189
	19. Oktober	»Zwölftes Heft«	**3**: 190
	20. Oktober	»Zwölftes Heft«	**3**: 191
	21. Oktober	»Zwölftes Heft«	**3**: 191
	22. Oktober	»Zwölftes Heft«	**3**: 192
	23. Oktober	»Zwölftes Heft«	**3**: 192
	25. Oktober	»Zwölftes Heft«	**3**: 192

1921	29. Oktober	»Zwölftes Heft«	**3**: 193
	30. Oktober	»Zwölftes Heft«	**3**: 194
	7. November	»Zwölftes Heft«	**3**: 195
	1. Dezember	»Zwölftes Heft«	**3**: 196
	2. Dezember	»Zwölftes Heft«	**3**: 196
	6. Dezember	»Zwölftes Heft«	**3**: 196
	20. Dezember	»Zwölftes Heft«	**3**: 197
	23. Dezember	»Zwölftes Heft«	**3**: 198
1922	16. Januar	»Zwölftes Heft«	**3**: 198
	17. Januar	»Zwölftes Heft«	**3**: 199
	18. Januar	»Zwölftes Heft«	**3**: 199
	19. Januar	»Zwölftes Heft«	**3**: 201
	20. Januar	»Zwölftes Heft«	**3**: 202
	21. Januar	»Zwölftes Heft«	**3**: 203
	22. Januar	»Zwölftes Heft«	**3**: 204
	23. Januar	»Zwölftes Heft«	**3**: 206
	24. Januar	»Zwölftes Heft«	**3**: 207
	25. Januar	»Zwölftes Heft«	**3**: 208
	27. Januar	»Zwölftes Heft«	**3**: 209
	28. Januar	»Zwölftes Heft«	**3**: 210
	29. Januar	»Zwölftes Heft«	**3**: 212
	30. Januar	»Zwölftes Heft«	**3**: 214
	31. Januar	»Zwölftes Heft«	**3**: 214
	1. Februar	»Zwölftes Heft«	**3**: 215
	2. Februar	»Zwölftes Heft«	**3**: 215
	3. Februar	»Zwölftes Heft«	**3**: 216
	4. Februar	»Zwölftes Heft«	**3**: 217
	5. Februar	»Zwölftes Heft«	**3**: 217
	6. Februar	»Zwölftes Heft«	**3**: 217
	7. Februar	»Zwölftes Heft«	**3**: 218
	8. Februar	»Zwölftes Heft«	**3**: 218
	9. Februar	»Zwölftes Heft«	**3**: 218
	10. Februar	»Zwölftes Heft«	**3**: 218
	11. Februar	»Zwölftes Heft«	**3**: 220
	12. Februar	»Zwölftes Heft«	**3**: 220

1922	13. Februar	»Zwölftes Heft«	**3**: 220
	14. Februar	»Zwölftes Heft«	**3**: 221
	15. Februar	»Zwölftes Heft«	**3**: 221
	16. Februar	»Zwölftes Heft«	**3**: 221
	17. Februar	»Zwölftes Heft«	**3**: 221
	18. Februar	»Zwölftes Heft«	**3**: 221
	19. Februar	»Zwölftes Heft«	**3**: 221
	20. Februar	»Zwölftes Heft«	**3**: 222
	21. Februar	»Zwölftes Heft«	**3**: 222
	22. Februar	»Zwölftes Heft«	**3**: 222
	23. Februar	»Zwölftes Heft«	**3**: 222
	24. Februar	»Zwölftes Heft«	**3**: 222
	25. Februar	»Zwölftes Heft«	**3**: 222
	26. Februar	»Zwölftes Heft«	**3**: 222
	27. Februar	»Zwölftes Heft«	**3**: 223
	28. Februar	»Zwölftes Heft«	**3**: 223
	1. März	»Zwölftes Heft«	**3**: 223
	5. März	»Zwölftes Heft«	**3**: 223
	6. März	»Zwölftes Heft«	**3**: 223
	7. März	»Zwölftes Heft«	**3**: 223
	9. März	»Zwölftes Heft«	**3**: 223 u. 224
	13. März	»Zwölftes Heft«	**3**: 224
	15. März	»Zwölftes Heft«	**3**: 225
	16. März	»Zwölftes Heft«	**3**: 225
	17. März	»Zwölftes Heft«	**3**: 225
	18. März	»Zwölftes Heft«	**3**: 225
	19. März	»Zwölftes Heft«	**3**: 226
	20. März	»Zwölftes Heft«	**3**: 226
	22. März	»Zwölftes Heft«	**3**: 226
	24. März	»Zwölftes Heft«	**3**: 226
	29. März	»Zwölftes Heft«	**3**: 226
	4. April	»Zwölftes Heft«	**3**: 226
	6. April	»Zwölftes Heft«	**3**: 227
	7. April	»Zwölftes Heft«	**3**: 227
	10. April	»Zwölftes Heft«	**3**: 227
	11. April	»Zwölftes Heft«	**3**: 228

1922	13. April	»Zwölftes Heft«	**3**: 229
	16. April	»Zwölftes Heft«	**3**: 229
	23. April	»Zwölftes Heft«	**3**: 230
	27. April	»Zwölftes Heft«	**3**: 230
	8. Mai	»Zwölftes Heft«	**3**: 230
	12. Mai	»Zwölftes Heft«	**3**: 231
	13. Mai	»Zwölftes Heft«	**3**: 232
	17. Mai	»Zwölftes Heft«	**3**: 232
	19. Mai	»Zwölftes Heft«	**3**: 232
	20. Mai	»Zwölftes Heft«	**3**: 232
	23. Mai	»Zwölftes Heft«	**3**: 233
	25. Mai	»Zwölftes Heft«	**3**: 233
	26. Mai	»Zwölftes Heft«	**3**: 233
	30. Mai	»Zwölftes Heft«	**3**: 233
	5. Juni	»Zwölftes Heft«	**3**: 233
	12. Juni	»Zwölftes Heft«	**3**: 234
	16. Juni	»Zwölftes Heft«	**3**: 234
	23. Juni	»Zwölftes Heft«	**3**: 235
	27. Juli	»Zwölftes Heft«	**3**: 235
	26. August	»Zwölftes Heft«	**3**: 235
	14. November	»Zwölftes Heft«	**3**: 236
	18. Dezember	»Zwölftes Heft«	**3**: 236
1923	12. Juni	»Zwölftes Heft«	**3**: 236

Verzeichnis der in den Tagebüchern enthaltenen fiktionalen Texte und Textansätze

Verzeichnis der erwähnten Werke Kafkas

Verzeichnis der erwähnten Personen, Werke und Periodika

Verzeichnis der erwähnten Vereine, Institutionen, Organisationen und Schauspielensembles

Verzeichnis der erwähnten Orte

Titelübersicht

Die Übersicht verweist unter den aus anderen Editionen bekannten Titeln und Überschriften auf die entsprechende Textstelle in den Bänden dieser Ausgabe. Sie ist nach dem Wortlaut, d. h. ohne Berücksichtigung der Artikel, alphabetisch geordnet. Von Kafka stammende Überschriften und Titel stehen gerade.

Inhalt

Anhang

Register